Kitas pädagogisch leiten

Spannungsfelder bewältigen – Kompetenzen entwickeln

Michael Wünsche
Tina Prinz

1. Auflage 2018

Carl Link

Bibliographische Information der Deutschen Nationalbibliothek
Die Deutsche Nationalbibliothek verzeichnet diese Publikation in der Deutschen Nationalbibliografie; detaillierte bibliografische Daten sind im Internet über http://dnb.d-nb.de abrufbar.

ISBN: 978-3-556-07875-4

www.wolterskluwer.de
www.kita-aktuell.de

Alle Rechte vorbehalten.
© 2018 Wolters Kluwer Deutschland GmbH, Luxemburger Straße 449, 50939 Köln.

Das Werk einschließlich aller seiner Teile ist urheberrechtlich geschützt. Jede Verwertung außerhalb der engen Grenzen des Urheberrechtsgesetzes ist ohne Zustimmung des Verlages unzulässig und strafbar. Das gilt insbesondere für Vervielfältigungen, Übersetzungen, Mikroverfilmungen und die Einspeicherung und Verarbeitung in elektronischen Systemen.

Verlag und Autor übernehmen keine Haftung für inhaltliche oder drucktechnische Fehler.

Umschlagkonzeption: Martina Busch, Grafikdesign, Homburg-Kirrberg
Umschlagbild: contrastwerkstatt – Fotolia.com
Satz: MainTypo, Reutlingen
Druck und Weiterverarbeitung: Williams Lea & Tag, München

Gedruckt auf säurefreiem, alterungsbeständigem und chlorfreiem Papier.

Inhalt

Einleitung

Wie wird die Kita-Leitung zur Kita-Leitung?

Die Frage steht eingangs dieses Buches, weil sie auf zweierlei Arten verstanden werden kann. Zum einen bezieht sie sich auf die Entscheidung, die dazu führte, die Leitung einer Kindertageseinrichtung zu übernehmen. Zum anderen verweist sie auf die Prozesshaftigkeit des Leitens, die es mit sich bringt, sich als Leitung immer wieder aufs Neue zu positionieren, zu reflektieren und weiterzuentwickeln. In diesen beiden Aspekten werden zentrale Herausforderungen in der Thematik der Kita-Leitung deutlich.

Zum erstgenannten Aspekt: Insbesondere in Kindertageseinrichtungen, aber auch in anderen kleineren und mittelständischen Unternehmen und Betrieben, geht die Übernahme einer Leitungs- oder Vorgesetztenfunktion nicht unbedingt einher mit dem Wunsch, solch eine Funktion übernehmen zu wollen. Wenngleich sich viele die Entscheidung, eine Leitungsfunktion zu übernehmen, nicht leicht machen oder leicht gemacht haben, entspringt sie doch selten einem intrinsisch motivierten Wunsch zur Veränderung bzw. einer geplant anvisierten beruflichen Perspektive. Stattdessen ist die Übernahme einer Leitungstätigkeit häufig die Folge eines Zusammentreffen äußerer Umstände (Nentwig-Gesemann/Nicolai/Köhler 2016, S. 36). So mag es z.B. Überlegungen des Trägers, wie denn die Leitung, die gekündigt hat, oder die in Elternzeit gehende Leitung vertreten wird, entsprungen sein, eine kompetente pädagogische Fachkraft aus dem Kita-Team direkt anzufragen. Die Entscheidung der angehenden Leitungskraft besteht dann letztlich in der positiven Beantwortung der Trägeranfrage, und die eigene Intention steht dabei im Hintergrund. Gleichwohl folgt daraus keineswegs, dass die Motivation, eine Leitungsstelle kompetent zu erfüllen und sich persönlich und fachlich im Rahmen dieser Rolle weiterzuentwickeln geringer ausfallen muss. Trotzdem entstehen vor allem in Bezug auf organisationale und managementbezogene Aufgabenkomplexe Situationen der Verunsicherung, weil diese Themen weder Inhalt der Ausbildung waren, noch mit dem klassischen Rollenverständnis als pädagogische Fachkraft oder Mitglied des pädagogischen Teams einhergehen.

Erschwerend hinzu kommt die Tatsache, dass sich viele Leitungspersonen oder angehende Leitungskräfte durch ihre Ausbildung nicht hinreichend qualifiziert empfinden. Und tatsächlich: das Anforderungsprofil einer Leitungskraft unterscheidet sich doch in solchem Maße von dem einer pädagogischen Fachkraft, dass auch fachlich davon ausgegangen werden kann, dass die vorhandenen Qualifikationen selten eine ausreichende Basis dafür bieten, die Herausforderungen der Leitungstätigkeit professionell bewältigen zu können (vgl. Lill/Sauerborn 1995, S. 39). Dies hat Auswirkungen auf »das Kompetenzerleben und die Kompetenzüberzeugung in Bezug auf Leitungsaufgaben [...]: Dem eigenen Tätigkeitsprofil liegt zum einen kein entsprechendes Ausbildungs- bzw. formal bestätigtes Qualifikationsprofil zugrunde, zum anderen kommt es immer wieder zu Selbstzweifeln und Überforderungsgefühlen« (Nentwig-Gesemann/Nicolai/Köhler 2016, S. 36.)[1].

Zum zweitgenannten Aspekt: Leitung bestimmt sich nicht allein dadurch, die Stelle angetragen und übernommen zu haben, sondern in der Art und Weise, wie grundsätzlich die situativen Anforderungen wahrgenommen werden. Das Angebot von Weiterbildungsmöglichkeiten für Kita-Leitungen ist zwar reichhaltig, worauf z.B. größere wie auch bundesweite Trägerverbände von Kindertageseinrichtungen verweisen. Allerdings gibt es keinen formalen Abschluss mit staatlicher Anerkennung zur Leitung von Kindertageseinrichtungen, der sich über ein verbindliches Angebot an Inhalten und Kompetenzen absichern würde. In handwerkliche, technische, gewerblichen und landwirtschaftliche Berufssparten geblickt wäre eine derartige Situation nicht denkbar: gleichwohl der sogenannte Meisterzwang in Deutschland seit 2004 aufgehoben wurde, haben dennoch i.d.R. nur Meister das Recht auszubilden sowie in vielen Handwerksberufen Firmen zu eröffnen – und damit zu leiten. Dafür haben laut des Europäischen Qualifikationsahmens (unter: https://ec.europa.eu/ploteus/content/descriptors-page) folgende Kenntnisse, Fertigkeiten und Kompetenzen vorzuliegen:

- Fortgeschrittene Kenntnisse in einem Arbeits- oder Lernbereich unter Einsatz eines kritischen Verständnisses von Theorien und Grundsätzen,
- Fortgeschrittene Fertigkeiten, die die Beherrschung des Faches sowie Innovationsfähigkeit erkennen lassen, und zur Lösung komplexer und nicht vorhersehbarer Probleme in einem spezialisierten Arbeits- oder Lernbereich nötig sind,
- Leitung komplexer fachlicher oder beruflicher Tätigkeiten oder Projekte und Übernahme von Entscheidungsverantwortung in nicht vorhersehbaren Arbeits- oder Lernkontexten; Übernahme der Verantwortung für die berufliche Entwicklung von Einzelpersonen und Gruppen.

1. In selbiger Studie traf dies nicht auf die männlichen Leitungen zu; diese gaben an, die Entscheidung bewusst getroffen zu haben (Nentwig-Gesemann/Nicolai/Köhler 2016, S. 69).

Bezogen auf das Feld der Kindertageseinrichtungen, lässt sich dabei allerdings durchaus erkennen, dass vor allem diejenigen Fachkräfte Leitungsfunktionen übernehmen, die entweder über einen besonders umfangreichen Erfahrungshintergrund verfügen und/oder über einen umfassenden theoretischen Zugang zum Feld (den sie beispielsweise im Rahmen einer Hochschulausbildung erworben haben) (Lange 2017).

Darüber hinaus möchte vorliegendes Buch dabei helfen, die Lücke zwischen wahrgenommener und erwarteter Kompetenz zu mindern, indem Aufgabenbereiche sowie die erforderlichen Kompetenzen von Kita Leitungen weitreichend dargelegt werden. Gleichermaßen sollen Leitungen dabei unterstützt werden, ihre Kompetenzüberzeugungen weiterzuentwickeln und sich für die Anforderungen eines komplexen Arbeitsfeldes gerüstet zu fühlen. Hierzu wird die fundierende Theorie durch Beispiele aus der Kitapraxis und durch Möglichkeiten systematisierter Reflexion ergänzt.

Einerseits handelt es sich bei Kindertageseirichtungen nicht um große Wirtschaftsunternehmen, sondern um kleinere Organisationen mit einer überschaubaren Anzahl an Mitarbeiterinnen und Mitarbeitern und damit verbundenen Managementanforderungen: »durchschnittlich sind 10,4 pädagogisch Tätige (einschließlich Leitungen) in einer Kindertageseinrichtung beschäftigt« (Autorengruppe Fachkräftebarometer 2017, S. 9). Andererseits wird auch in der Leitung eines kleineren »Betriebes« mit der Analogie zum Meister weiteres deutlich: Die Leitung von Kindertageseinrichtungen hat eine zentrale oder auch Schlüsselposition inne, weil es in ihrer Verantwortung liegt, die Prozesse innerhalb der Kita zu konzipieren und zu verantworten, die Kita nach außen zu vertreten und für Weiterentwicklung zu sorgen. Diese generellen Aufgaben, die für größere Wirtschaftsunternehmen ebenso wie für die Leitung von 10-Personen-Teams gelten, sind allerdings im Rahmen einer Funktionsrolle wahrzunehmen, die in Kitas nur bedingt und nicht grundsätzlich Zeitanteile für ihre Erledigung vorsieht. Originäre Leitungstätigkeit in Kindertageseinrichtungen hat damit häufig den Status des Nebengeschäfts inne, was insbesondere bei denjenigen Leitungskräften deutlich wird, die neben den Leitungstätigkeiten auch Tätigkeiten im Gruppendienst übernehmen.

Die Bereitstellung von Ressourcen für Leitungstätigkeit hat sich zwar in den letzten Jahren verbessert, trotzdem besteht weiterhin Verbesserungsbedarf (Autorengruppe Fachkräftebarometer 2017). Dies führt zu einem weiteren Anliegen des Buches, indem mit Verdeutlichung der Komplexität des zu leitenden Systems und der weitereichenden Aufgaben, Leiter/innen darin unterstützt werden, ihre eigene Positionierung selbstbewusster herausstellen zu können und damit ihre Schlüsselposition auch auf struktureller Ebene zu verbessern.

Inhaltlich folgen wir im Aufbau des Buches den Bausteinen des Titels. Anhand der Darlegung des zu leitenden Systems werden die Aufgaben und das daraus entstehende Anforderungsprofil von Leitung herausgearbeitet. Diese werden mit Kompetenzen in Verbindung gesetzt, derer es bedarf, um diese auf fachlich angemessenem und ansprechendem Niveau wahrzunehmen. Diese Ausführungen mögen zur Stärkung der Selbstpositionierung und gleichermaßen zur Reflexion von Selbstgewissheiten beitragen. Der Annahme folgend, dass sich das eigene Kompetenzempfinden, aber auch die Sicherheit im Umgang mit der eigenen Rolle auf alle Bereiche des Leitungshandelns auswirkt, nimmt die Reflexion des persönlichen Selbstverständnisses eine zentrale Stelle ein. Hieraus hervorgehend werden im letzten Kapitel 4 Qualitätsbereiche des Leitungshandelns in den Blick genommen. Hierbei stellt sich die Frage, wie gelingendes Leitungshandeln auf der kontextuellen und strukturellen Ebene aussehen kann, welche Maßnahmen sich unterstützend auf die Gestaltung professionell pädagogischer Orientierungen auswirken und schließlich, welche Schlüsselprozesse einer Kita-Leitung beschrieben werden können. Im Verlauf des Buches nimmt der anfänglich hohe Anteil von Theorie ab, die Anregungen für die Praxis nehmen zu.

Abschließend sei zum Begriff »Leitung« noch angemerkt, dass der doch regelmäßig in Theorien des Managements verwendete Begriff der »Führung« aufgrund dessen historischer Dimension nicht verwendet wird. Nimmt man darüber hinaus die Rolle der Mitarbeiter/innen in den Blick, wird deutlich, dass Geführtwerden eher mit einem Nachfolgen – womöglich ohne eigene Perspektiven und Anliegen einzubringen – assoziiert wird. Die von den Autoren dieses Buches geteilte Haltung, dass Mitarbeiter/innen als Akteure im Leitungsgeschehen eine aktive und gestalterische Funktion übernehmen, soll durch den Begriff der »Leitung« ausgedrückt werden.

Eine weitere Abgrenzung erfolgt durch die Unterscheidung zwischen »managen« und »leiten« und kann wie folgt vorgenommen werden (Moyles[2] 2006, S. 6):

2. In der Publikation von Moyles (2006) findet sich ein umfangreicher Fragebogen, welcher von Leitungen zur Selbstevaluation herangezogen werden kann.

Managers	Leaders
Planen: setzen Ziele, prognostizieren Entwicklungen, analysieren Probleme, treffen Entscheidungen, formulieren die Organisationspolitik	Geben Orientierung: finden einen Weg in die Zukunft, kommunizieren in klarer Weise, identifizieren neue Ziele, Möglichkeiten und Strukturen
Organisieren: legen die Vorgehensweisen, die der Zielerreichung dienen, fest; teilen die Arbeit(en) ein und ordnen zu	Bieten Begeisterung: haben Ideen und teilen Gedanken mit, die andere motivieren
Koordinieren: regen die Mitarbeitenden an, individuell wie als Team die Ziele der Organisation zu erreichen	Entwickeln Teamwork: nutzen Teams als wirkungsvollste Art des Leitens; wenden Zeit auf, um Zusammenarbeit anzuregen und zu ermöglichen
Kontrollieren: Überprüfen Leistungen, die den Planungen entgegenlaufen; entwickeln Menschen und maximieren ihre Potenziale um vereinbarte Ergebnisse zu erzielen	Geben Beispiel bzw. sind Vorbild: wirken als Modell für Leitung und wie geleitet wird
	Gewinnen Akzeptanz: handeln auf eine Art und Weise, die Wissen und Fähigkeiten erzeugt

Tabelle 1: Unterscheidung zwischen managen und leiten

Die Relevanz der Unterscheidung liegt dabei in den Wirkungen des Bildes, welches die Leitung von sich selbst hat, da mit diesem Selbstverständnis auch festgelegt wird, welche als gute Eigenschaften einer Leitung angesehen werden, auf welche Art und Weise Leitung wirkungsvoll ist und welche Fähigkeiten es anzustreben gilt. Hierbei gilt es, einen Leitungsstil zu finden, der der eigenen Persönlichkeit ebenso entspricht, wie den individuellen und biografisch geprägten Wertevorstellungen und der zugleich geeignet ist, die Ziele der Einrichtung ebenso wirkungsvoll zu erreichen, wie eine stetige qualitative Weiterentwicklung der Kita.

In diesem Sinne sollen Leitungskräfte und zukünftige Leitungskräfte nachfolgend eine Vielzahl an Anregungen vorfinden, die es ihnen ermöglichen, ihren Weg als Leiter/in professionell zu gestalten und den zahlreichen Spannungsfeldern im Aufgabenkontext kompetent zu begegnen.

Mai 2018

Michael Wünsche & Tina Prinz

1 Kompetenzerwartungen an Leitungen von Kindertageseinrichtungen

Eine Annonce für eine Fachzeitschrift für Kita-Leitungen warb mit der Möglichkeit, kostenlos und ohne Risiko testen zu können – die Zeitschrift, nicht die Position als solche. Ein solches Versprechen, die Leitung einer Kindertageseinrichtung risikofrei ausüben zu können, wäre angesichts der Mannigfaltigkeit des zu leitenden Systems und der permanenten Entwicklung des gesamten kindheitspädagogischen Feldes illusorisch. Denn die Leitung einer Kita kostet und fordert persönlichen Einsatz und hohes Engagement, um die Einrichtung weiterzuentwickeln:

- im Sinne der Kinder und ihrer Bildungsprozesse,
- im Sinne der Eltern und Familien, damit sie zugewandte Ansprechpersonen finden und
- im Sinne des Teams, damit es einen Arbeitsrahmen vorfindet, in dem Orientierung und Beteiligung gegen sind.

Persönliches Einlassen auf unterschiedliche Personen und Anforderungen sind somit unabdingbar, bei gleichermaßen bestehendem Risiko ungewissen Nutzens oder Ertrags. Ebenso – und dies ist die andere Seite – bietet die Gestaltung und Weiterentwicklung einer Kita zahlreiche Möglichkeiten, persönliche Potenziale und Kreativität einzubringen, Selbstwirksamkeitserfahrungen in unterschiedlichen Bereichen zu machen und somit beruflichen Zufriedenheit zu erlangen.

Entsprechend der obigen Fragen und Gedanken wird in diesem Kapitel zunächst beleuchtet, welche Aufgaben Leitungen von Kindertageseinrichtungen wahrzunehmen haben und welche Modelle von Leitung bzw. welche Leitungsstile in allgemeinen sowie kindheitspädagogisch spezifischen Diskussionen erkennbar sind. Die daraus abzuleitende Frage, wie Leitungen sich der Aufgaben annehmen können und welcher Fähigkeiten sie bedürfen, wird in die Debatte um Kompetenzen im kindheitspädagogischen Feld gebettet und mündet in spezifischen Anforderungen und Erwartungen an die Kita-Leitung als Person und ihr professionelles Handeln.

1.1 Modelle von Organisationen und Aufgaben von Leitungen – eine Übersicht

»Der Begriff der Aufgabe ist ein Wesensbestandteil des Menschseins: Den Menschen gibt es nicht ohne die Aufgabe.« (José Ortega y Gasset)

Ein Blick auf die Vielfalt der Aufgaben, derer sich eine Leitungskraft anzunehmen hat – gleich ob es sich dabei um eine große oder eine kleine Organisation handelt – lässt das Bild der »eierlegenden Wollmilchsau« aufkommen. Es bedarf somit der Bestimmung und Beschreibung der Aufgaben wie auch deren Priorisierung. Möglichkeiten dafür bietet die Bezugnahme auf Theorien des Managements und der Ökonomie, der Organisationssoziologie und insbesondere auf die Systemtheorie und die Organisationspsychologie sowie eine Spezifizierung dieser Ansätze durch die Engführung auf Leitung im Dienstleistungsbereich und letztlich in Kindertageseinrichtungen.

In *Theorien der Managementlehre* ist die Führung von Organisationen zentraler Gegenstand. Management wird mit Leitung gleichgesetzt und es lassen sich über unterschiedliche Bestimmungen von Management hinweg universelle Aufgaben erkennen. Diese sind:

1. Ziele setzen
2. Organisieren und koordinieren
3. Entscheiden
4. Erfolgskontrolle
5. Mitarbeiter fördern und entwickeln (vgl. auch Drucker 2009)

Malik (2014) hat diese Aufgaben in ein Führungsrad gebettet und zudem Werkzeuge zur Wahrnehmung der Aufgaben hinzugefügt.

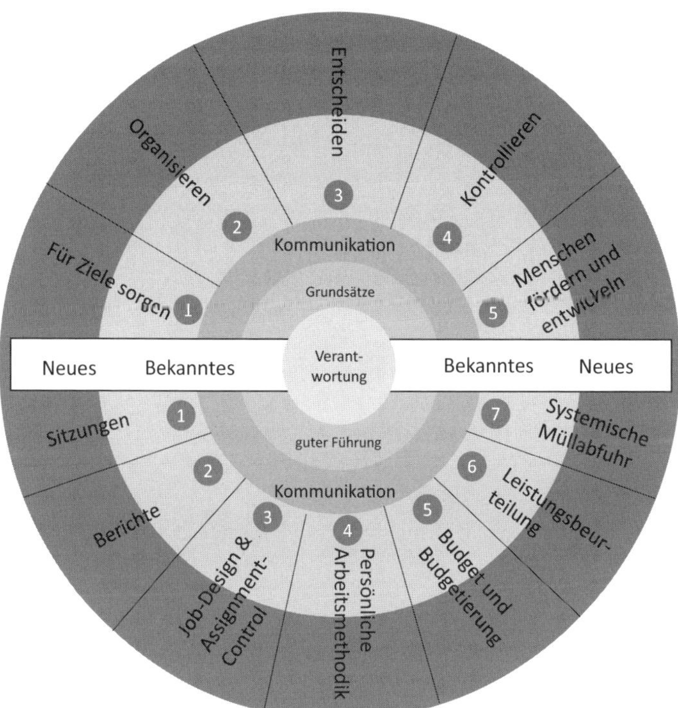

Abb. 1: Führungsrad (Quelle: http://www.malik-management.com/de/malik-ansatz/malik-basis-modelle)

Innerhalb des Führungsrades steht die Person der Leitung, die sich durch Kommunikations- wie Verantwortungsbewusstsein, -bereitschaft und entsprechendes Handeln auszeichnet. Grundlegend ist dabei die Annahme, dass bei richtiger Wahrnehmung der Aufgaben die Organisation funktioniert und die Mitarbeitenden »ihre Stärken und Fähigkeiten wirksam in Leistung und Erfolg umsetzen« (Malik 2014, S. 15).

Simsa und Patak (2016) heben in ihrem Führungspuzzle hingegen die Selbstführung hervor und verorteten diese in der Mitte von Leitungshandeln. Die Persönlichkeit von Leitung wird damit in den Mittelpunkt gerückt. Selbstführung geht von dem Anspruch aus, dass alles, was Leitungskräfte von den eigenen Mitarbeiterinnen und Mitarbeitern fordern, auch von sich selbst gefordert werden muss. Die Leitung hat Vorbildfunktion und zeichnet sich durch Mut und Entscheidungsfreude (ebd., S. 42) aus. Als Instrument zur Wahrnehmung der Aufgabe der Selbstführung dient die persönliche Reflexion.

Abb. 2: Führungspuzzle (Quelle: Simsa/Patak 2016, S. 4)

Hingegen: So einleuchtend die universellen Aufgaben von Leitung (Malik) in ihrer Auflistung bzw. das Führungspuzzle in seiner Systematik erscheinen mögen, so kritisch ist die erwartete Wirkung und damit letztlich die Grundannahme von Organisationen zu betrachten. Eine Betrachtung dessen, um was es sich bei Organisationen – also letztlich dem Gegenstand des Leitens – handelt, wird im Folgenden mit Bezugnahme auf soziologische Theorie ausgeführt.

Die *Organisationssoziologie* nimmt sich der Beschreibung und Analyse von Organisationen und deren Entwicklung an. Auf dieser Grundlage werden Möglichkeiten der Steuerung und Gestaltung von Organisationen entworfen. Organisationen werden dabei als soziale Systeme verstanden, also als Systeme innerhalb derer Menschen interagieren und handeln. Den Interaktionen und Handlungen liegen Erwartungen zugrunde, die in Entscheidungen münden. Gleichermaßen verweisen diese Kommunikationen und Handlungen sowie Erwartungen und Entscheidungen innerhalb des Systems aufeinander, korrespondieren miteinander – oder mit anderen Worten: machen in der Perspektive des Systems Sinn – und grenzen somit das jeweilige System von Umwelten nicht dazugehöriger Handlungen – also von anderen Systemen – ab (Willke 1999). Es liegt auf der Hand, dass ein soziales System sich deutlich von einem einfachen bzw. trivialen System unterscheidet.

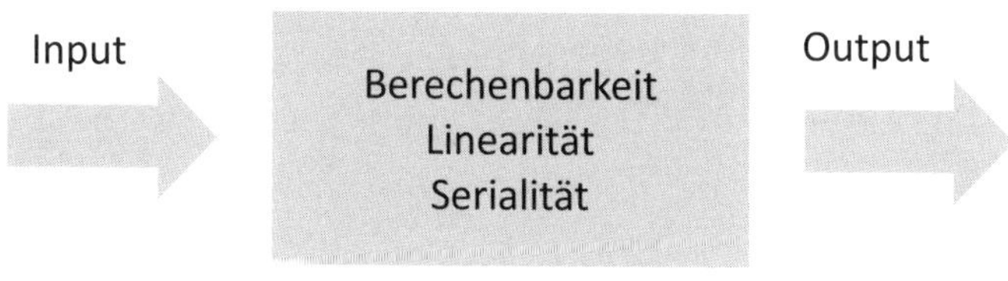

Abb. 3: Triviales System (Quelle: eigene Darstellung)

Ein triviales System kann mit einer Maschine verglichen werden. Ein Kaffeeautomat in einer Kantine zeichnet sich z.B. dadurch aus, dass nach Einwurf des Zahlbetrages in Münzen und dem Drücken eines Signets, welches für das gewählte Produkt steht – z.B. Kaffee mit Milch und ohne Zucker – ein Becher in eine Halterung ausgeworfen wird, der anschließend mit dem gewünschten Produkt befüllt wird. Sofern nun der Kaffee und die Milch vor der Bereitstellung des Bechers ausgegossen werden, ist der Fehler leicht zu identifizieren, indem in der Abfolge die Ursache der Störung ausfindig gemacht wird. Eine Behebung des Fehlers und eine Korrektur bzw. Neuausrichtung des Systems ist damit machbar.

In sozialen Systemen hingegen liegt diese Einfachheit nicht vor. Merkmale sozialer Systeme sind deren Non-Trivialität und Komplexität, sowie die Autopoiese[3] und strukturelle Koppelung an relevante Umwelten. Beeindruckbar sind soziale Systeme unter Berücksichtigung von Viabilität, d.h. Interventionen von außen müssen aus Perspektive des Systems als sinnvoll, passend und anschlussfähig erscheinen. Hinsichtlich der Entwicklung und Förderung eines Sozialen Systems wird erkennbar, dass dieses aufgrund fehlender Kausalmechanik des Systems nicht mit standardisierten Vorgängen und Programmen ausgelöst werden können, sondern als Ausgangspunkt Beobachtung und ein möglichst weitreichendes Verstehen des Systems benötigen.

3. Autopoiese wird aus dem Altgriechischen abgeleitet und ist »auto« mit »selbst« und »poiese« mit »Werk« oder »Erschaffung« zu übersetzen. Autopoiese meint damit »Werk seiner Selbst« und verweist auf die Selbstbezüglichkeit von Systemen.

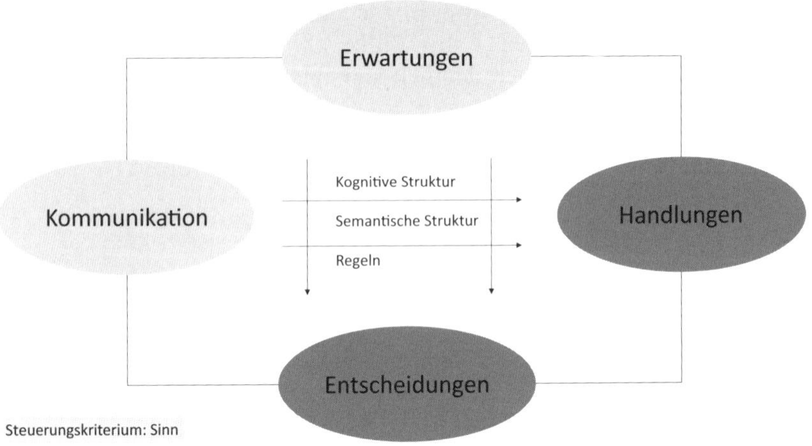

Abb. 4: Was ist ein soziales System? (Quelle: eigene Darstellung)

Auf die Thematik von Leitung übertragen heißt dies, dass zentrale Leitungsaufgaben sind:

- Kommunikation und Handlungen wie auch die Wahrnehmung und Wahrnehmungsverarbeitung, also die kognitive und semantische Struktur des Systems wahrzunehmen,
- zugrundeliegende Erwartungen wie Regelhaftigkeiten, die zu Entscheidungen führen, zu identifizieren,
- um damit brauchbare, d.h. viable Hypothesen über die Werte und Regeln, und damit den Sinn auf dessen Grundlage das System operiert, zu generieren.

Leitung hat also zunächst sowie nicht mehr und nicht weniger die Aufgabe, das System in seiner Entwicklung wie aktuellem Stand zu beobachten und zu verstehen – um dann darauf bezogen zu intervenieren bzw. zu gestalten, Impulse zu geben, Anforderungen zu setzen etc.

Beispiel

Übertragen auf das Feld der frühkindlichen Bildung, Betreuung und Erziehung (FBBE) lässt sich hier eine Analogie zwischen den Aufgaben einer pädagogischen Fachkraft in der Arbeit mit Kindern und der Leitungstätigkeit ausmachen. Die pädagogische Fachkraft hat die einzelnen Kinder zu beobachten und deren Bildungsprozesse zu reflektieren, also zunächst Verstehensleistungen zu erbringen. Darauf aufbauend werden dem Kind Anregungen und Unterstützung für dessen

Bildungsprozesse und weitere Entwicklung angeboten. Gleichermaßen werden, basierend auf dem Verstehen des Kindes, auch Anforderungen, die aus erzieherischen und reflektierten Zielen abgleitet sind, an das Kind herangetragen. Weiterhin hat die pädagogische Fachkraft die Gesamtgruppe in den Alltagsprozessen zu moderieren und in ihrer Entwicklung zu unterstützen.

Gleiches gilt für die Leitung: So wie die pädagogische Fachkraft auf Grundlage von Beobachtung und Reflexion Hypothesen bildet, um die Bildungsprozesse der Kinder zu unterstützen, zu fördern und zu fordern, so hat die Leitung dies für die Kindertageseinrichtung zu leisten. Handlungen und Prozesse sind zu beobachten, deren Zusammenwirken und Wirkungen zu analysieren und unterschiedliche Ursachen bzw. Sinnhaftigkeiten zu reflektieren. So wie pädagogische Fachkräfte versuchen, sich den Themen der Kinder anzunähern, so ist es Aufgabe der Leitung die Themen des sozialen Systems – hier: der Kita – zu verstehen.

Gleichermaßen wird durch diese Analogie deutlich, dass Leitungshandeln Entwicklungen des Systems in eine intendierte Richtung ermöglichen kann, hingegen ein erwünschtes und exakt bestimmtes Ergebnis nicht zwingend und zudem nicht nach einmaligem Handeln bzw. – in der Begrifflichkeit der Systemtheorie – einmaliger Intervention erzielt werden kann. Wie bei den Kindern handelt es sich auch hier um Prozesse, die es zu ermöglichen und zu unterstützen gilt.

Das Eisbergmodell als ein weiteres Modell von Organisationen offeriert hier zusätzliche Verstehensmöglichkeiten.

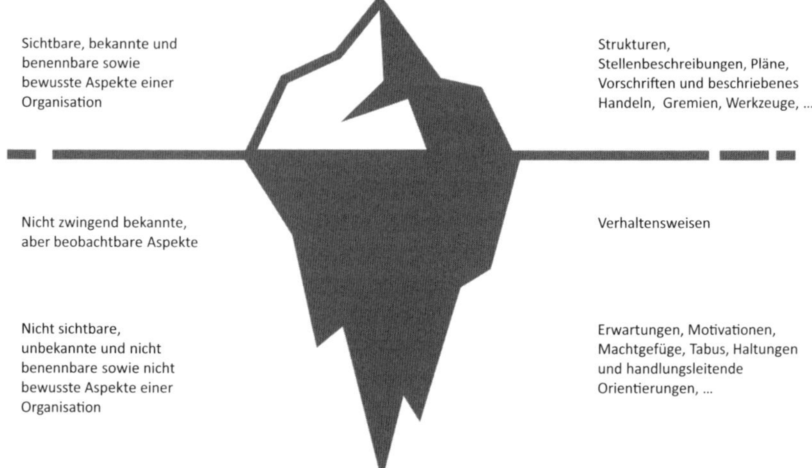

Abb. 5: Übertragung des Eisberg-Modells auf Leitungshandeln (Quelle: eigene Darstellung)

Die sichtbare Ebene in diesem Modell entspricht dabei der formalen Systemebene. Unter der Oberfläche ist zunächst die informelle Systemebene verortet. Hier finden sich Verhaltensweisen der Systemmitglieder wieder, die sich je nach Rolle und Funktion sowie nach Situation verändern (können). Dazu zählen z.B. das Team- und Konfliktverhalten sowie Leitungsverhalten. Verhalten kann beobachtet und beschrieben und damit für alle bekannt gemacht, also an die Oberfläche geholt werden. Noch tiefer in diesem Eisbergmodell findet sich die Ebene der Haltungen und Bedürfnisse – Aspekte, die nicht beobachtbar sind. Hierzu zählen z.B. nicht zwingend bewusste Werte und Einstellungen, gleichermaßen Tabus und Ängste.

Die Ebenen spielen zusammen und haben Einfluss aufeinander, d.h. Veränderungen auf einer Ebene ziehen Wirkungen auf den anderen Ebenen nach sich. Hinsichtlich der Weiterentwicklung von Organisationen steigt die Dauer von Veränderungsprozessen je tiefer die Ebene im Eisberg liegt.

Mit Bezug auf die vorgestellten Modelle sozialer Systeme, beziehen sich die Verstehensleistungen von Leitungskräften demnach nicht nur auf das Sichtbare und Offensichtliche, sondern eben auch auf die genannte kognitive und semantische Struktur des Systems, auf Erwartungen und auf Sinnhaftigkeiten, auf deren Basis das System operiert – was übersetzt werden kann mit der Frage: wie und auf welcher Grundlage nimmt das System wahr? Welche systemspezifischen Haltungen, welche handlungsleitenden Orientierungen lassen sich zugänglich machen und werden erkennbar?

Eine weitere zentrale Aufgabe von Leitung besteht somit im Verstehen und Reflektieren kollektiver Haltungen und wie das System umgebende Systeme wahrnimmt.

Beispiel

Das Kinderhaus Bullerbü befindet sich in einem Stadtteil, in dem vor allem Familien in Armutsverhältnissen leben. Zudem ist der Anteil von Alleinerziehenden und Familien mit Migrationshintergrund hier deutlich höher als in anderen Quartieren der Stadt. Durch akuten Fachkräftemangel gestaltet sich die Arbeitssituation als besonders belastet.

Zur Arbeit mit den Kindern und Familien hört die freigestellte Leitung immer wieder Aussagen wie:

- »Da brauche ich gar nicht erst anfangen, ein Bildungsangebot zu planen, die Kinder verstehen mich ja eh nicht – und wenn, dann halten sie sich nicht an die Regeln!«
- »Am besten wäre es, die Kinder hier würden in eine spezielle Fördereinrichtung gehen. Das, was die brauchen, können wir einfach nicht bieten.«
- »Die Kinder sind einfach nicht bereit, sich richtig anzustrengen – und Frustrationstoleranz haben sie auch keine.«
- »Na, was kann man schon erwarten bei solchen Eltern, da wundert es mich nicht, dass die Kinder dann auch so sind.«
- »Es ist schon besonders hart hier zu arbeiten. Da kannst Du hingehen, wo Du willst, leichter hättest Du es überall. Aber zumindest haben wir hier ein tolles Team.«

In der kognitiven Struktur des Systems lassen diese Aussagen auf eine Defizitorientierung in der Wahrnehmung der Kinder und Eltern schließen. Zudem scheint im Team Einigkeit zu herrschen hinsichtlich dieser Einschätzungen. Mit Bezug auf das Merkmal der Autopoiese wird das System durch seine Wahrnehmung auch im Bereich der Erfahrungen – wie bei einer sich selbst erfüllenden Prophezeiung – zu Bestätigungen der Haltungen kommen. Das Team bestätigt sich somit selbst.

Für die Leitung stellt sich neben der Formulierung der Haltungen die Herausforderung, diese mit dem Team zu thematisieren, um dem System dabei zu helfen, Erkenntnisse über sich selbst und die Wahrnehmung zu erhalten.

Weiterhin gilt es für Leitung, systemrelevante Umwelten als mögliche, weil aus Systemperspektive viable Einflussbereiche, zu beachten. Hierfür ist das Modell von Bronfenbrenner (1993) – gleichwohl ursprünglich zur Beschreibung individueller Entwicklung im Wechselspiel mit unterschiedlichen Umwelten angelegt – dienlich, innerhalb dessen in unterschiedliche Systemebenen differenziert wird: Die Ebene der Mikrosysteme stellt den Bereich der Beziehung von Individuum und nahen Umwelten dar, wie z.B. Familie, Kindertageseinrichtung bzw. Schule sowie Freunde und Gleichaltrige. Die Ebene der Mesosysteme umfasst die Beziehungen zwischen den einzelnen umgebenden Systemen, wie z.B. die Zusammenarbeit von Kindertageseinrichtung mit den Eltern, deren Qualität wiederum Auswirkungen auf die Entwicklung des Kindes hat. Die nächste Ebene ist die des Exosystems, der das Kind nicht mehr direkt angehört, Prozesse auf dieser Systemebene können jedoch durchaus Auswirkungen auf die Entwicklung des Kindes zeigen. Hier sind Bereiche repräsentiert wie z.B. der Arbeitsplatz der Eltern. Relevanz für die kindliche Entwicklung weisen hier beispielsweise Regelungen zur Arbeitszeitgestaltung auf. Die äußerste Ebene ist die der Makrosysteme, in der Kultur, Werte, Sozialpolitik etc. verortet sind. Wichtig erscheint zudem, dass die Ebenen in Verbindung miteinander stehen und sich Einflüsse nicht nur von außen nach innen vollziehen, sondern auch in umgekehrter Richtung.

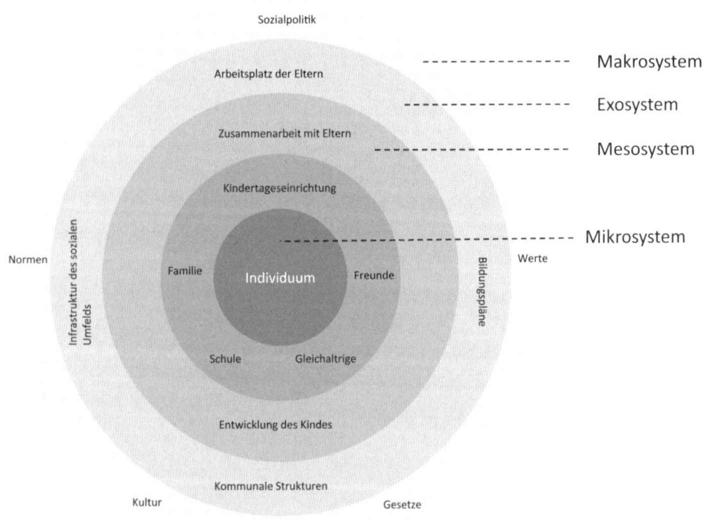

Abb. 6: Modell der Systemebenen nach Bronfenbrenner (Quelle: eigene Darstellung)

Leitung hat demnach weiterhin die Aufgabe, die relevanten Umwelten und Systeme auf den verschiedenen Ebenen wahrzunehmen und Prozesse wie Entwicklungen auf diesen hinsichtlich ihres möglichen Einflusses zu analysieren.

Mit der Aufgabe der Wahrnehmung und Reflexion des Systems und der Prozesse innerhalb des Systems sowie der Bedeutung weiterer, umgebender Umwelten, kristallisiert sich das Merkmal der Komplexität deutlich heraus. Dies mag einerseits den Grad der Herausforderungen an die Leitung eines sozialen Systems gesteigert erscheinen lassen, sind doch Lösungen nicht auf einzelne Aspekte (wie im unten angeführten Beispiel auf die Neugestaltung des Dienstplanes) reduzierbar. Andererseits wird es mit systemtheoretischer Fundierung möglich, sich der Komplexität anzunähern und eine ganzheitliche Sichtweise des Systems zu gewinnen.

Beispiel

In der Kita Sonnengarten werden die Öffnungszeiten entsprechend einer Bedarfsumfrage verändert. Gab es zuvor neben den beiden Ganztagsgruppen noch 2 Gruppen mit verlängerten Öffnungszeiten von 7:00 bis 13:30 Uhr, so wird es zukünftig ausschließlich Gruppen mit einer Öffnungszeit von 6:30 bis 18:00 Uhr geben. Für die pädagogischen Fachkräfte bedeutet dies, dass die Arbeitszeiten sich verändern und ein Schichtplan für alle Kolleginnen und Kollegen erstellt werden muss. In diesen würden auch die Prozentanteile an Personal, die aufgrund der Ausweitung der Öffnungszeiten zusätzlich bereitgestellt werden, einbezogen.

Würde nach dem Modell des trivialen Systems vorgegangen, wäre mit der Erstellung des neuen Schichtplanes die Arbeit für die Leitung bereits beendet. Die universellen Aufgaben des Setzens von Zielen, der Organisation und Koordination, der Entscheidung bzgl. des neuen Arbeitszeiten- und Schichtmodells sowie dessen Kontrolle wären eingehalten. Einzig Möglichkeiten der Förderung der Mitarbeiter/innen könnten noch in Betracht gezogen werden. Wird hingegen auf das Modell des Sozialen Systems Bezug genommen, wird deutlich, dass hier weitere Aspekte sowie deren Zusammenwirken wahrzunehmen sind:

- Welche Positionierungen und welche Emotionen werden bei den Mitarbeiterinnen und Mitarbeitern erkennbar?
- Wie ist die Erwartung der Mitarbeiter/innen bzgl. eigener Bedarfe im Kontext der Arbeitszeitgestaltung? Wie sieht eine gerechte Einteilung der Mitarbeiter/innen aus?

- Wie beurteilen die Mitarbeiter/innen, die bisher aufgrund der Öffnungszeiten grundsätzlich ab 13:30 Uhr die Verfügungszeit leisten konnten, die Veränderungen? Und wie werden deren Möglichkeiten zur Besprechung und fachlichen Reflexion zukünftig gestaltet?
- Wie sehen die Mitarbeiter/innen die Eltern, deren Votum zur Umstellung geführt hat und ggf. ihre Kinder nun länger bringen als zuvor – obwohl sie ja vorher auch mit den Zeiten zurechtgekommen sind (Stichwort Haltung)?
- Wie werden Kontaktzeiten mit Eltern, insbesondere Tür- und Angelgespräche, die bisher in den Gruppen mit den Öffnungszeiten von 7:00 bis 13:30 Uhr problemlos von denselben pädagogischen Fachkräften wahrgenommen wurden – was weitere Elterngespräche oftmals unnötig machte – gestaltet?
- Wie nehmen die Eltern die Änderungen tatsächlich an?
- Wie nehmen die Kinder, die länger bleiben, die Änderungen an?
- Welcher grundsätzlichen Fragen ist sich anzunehmen: Hat die Kita den Bedarfen der Eltern zu entsprechen, zumal einzelne Mütter und Väter einerseits noch eine deutliche Ausweitung am Abend wie auch samstags wünschen, andererseits die Flexibilisierung ihrer Arbeitszeiten beklagen? Inwieweit trägt die Kita damit gesellschaftlichen und arbeitsmarktpolitischen Entwicklungen Rechnung und stehen diese ggf. im Widerspruch zu den Bedürfnissen von Kindern und deren Familien oder zum eigenen Bild von Familie?

Diese Auflistung an Fragen ist nicht abgeschlossen – dennoch wird bereits deutlich, dass Spannungsverhältnisse zwischen individuellen Zielen einzelner Mitarbeiter/innen und Zielen der Organisation entstehen können. So sind neben der Änderung im Bereich der Strukturqualität auch Änderungen im Bereich der Prozessqualität (z.B. bei den Tür- und Angelgesprächen) vorzunehmen. Zudem gilt es die Haltung, d.h. den Bereich der Orientierungsqualität und dortige Entwicklungen, wahrzunehmen.

Gleichwohl einerseits das System in seiner Komplexität möglichst weitreichend zu betrachten ist – und diese Betrachtung eben ob der Komplexität nie abgeschlossen sein kann – so wird andererseits deutlich, dass Leitungskräfte Entscheidungen zu treffen haben, an welcher Stelle ihr Handeln ansetzt. Leitung hat demnach die Aufgabe, Komplexität handhabbar zu machen.

Aus den vorherigen Ausführungen wird eine weitere Aufgabe erkennbar, die gleichermaßen bereits in den universellen Aufgaben von Leitung enthalten ist: dem System Möglichkeiten der Orientierung zu offerieren, d.h. Ziele zu erstellen, sowie – weitreichender – Visionen gemeinsam mit allen Systemzugehörigen zu generieren und zu formulieren. Hierbei ist insbesondere die motivationale Komponente von Relevanz, denn »eine gemeinsame Vision, insbesondere eine intrinsische, gibt dem Menschen Auftrieb« (Senge 2006, S. 254). So ermutigt eine Leitung, die gemeinsame Visionen aufbauen will, »ihre Mitglieder dazu, ihre persönlichen Visionen zu entwickeln. Wenn Menschen keine eigene Vision haben, können sie sich nur für die Vision eines anderen »vertraglich verpflichten«. Das Ergebnis ist lediglich Einwilligung, nicht Engagement. Wenn sich dagegen Menschen zusammenschließen, die eine klare Vorstellung von ihrer persönlichen Richtung haben, können sie eine machtvolle Synergie erzeugen, um ihr individuelles/gemeinsames Ziel zu verwirklichen« (ebd., S. 258). Die aktive Beteiligung der Fachkräfte und die Berücksichtigung ihrer Werte führen demnach zu hohem Engagement. Eine wesentliche Aufgabe kommt dabei der Leitung zu, die bei den Mitarbeiterinnen und Mitarbeitern das Formulieren und Verwirklichen gemeinsamer Vorstellungen einer erstrebenswerten Zukunft des Systems moderiert. Dies wirkt sich positiv auf Kultur, Arbeitssituation und -motivation aus (vgl. Goleman/Boyatzis/McKee 2002). In Kapitel 2 dieses Buches wird die Arbeit mit Visionen konkretisiert.

Mit der Vision kann eine Neuorientierung und -ausrichtung des Systems einhergehen, sofern Vision einerseits und Selbstwahrnehmung des Systems andererseits sich unterscheiden.

Beispiel

In der Kita Bullerbü wurde auf Basis von Astrid Lindgrens Bullerbü eine gemeinsame Vision entworfen. Im gemeinsamen Prozess verständigten sich Leitung und Mitarbeiter/innen darüber, dass die Kita als ein Lebensort verstanden werden soll, und dies im Leitbild formuliert werden soll. Die Mitarbeiter/innen haben einen intensiven Prozess erlebt, der auch von Emotionen geprägt war, die nach wie vor spürbar sind. Als formulierte Vision wird das Bild von Astrid Lindgrens Bullerbü herangezogen als einem Lebensort für Kinder,

- an dem sich Kinder eigenständig ausprobieren und Fehler machen dürfen – so wie beim Einkaufen, wo der Weg dreimal gegangen wird,
- an dem Kinder entscheiden können, wann sie die Kinder der anderen Häuser treffen – indem zwischen den Fenstern der Häuser Planken gelegt werden, um zueinander zu kommen,

- an dem die Erwachsenen achtsame Erziehende sind – so wie beim Krebsfangen in der Nacht, bei dem die Kinder mitdürfen und nicht allein gelassen werden,
- …

Die Erarbeitung der gemeinsamen Vision wurde als intensiver Prozess erlebt, der insbesondere auf der emotionalen Ebene stattfand. Gleichzeitig impliziert eine solche Vision eine Öffnung der Kita hin zum Stadtteil, aber vor allem auch nach innen. Hat die Kita doch bisher nach einem gruppenorientierten Konzept gearbeitet, erscheint die Weiterentwicklung hin zu einer Öffnung nun für alle lohnens- und erstrebenswert. Die Öffnungsprozesse werfen aber auch Fragen bei den Kolleginnen und Kollegen auf, weil Abläufe, die bisher routiniert ablaufen konnten, nun nicht mehr passen. Zudem kommt auch das Gefühl von Unsicherheit auf, denn wie die konkrete Ausgestaltung aussehen kann, ist noch ungeklärt – und vor allem sind die Wirkungen nicht exakt vorhersehbar.

Die Aufgaben von Leitung bestehen nun nicht nur in dem Organisieren und Koordinieren des neuen Alltags, sondern es bedarf eines Verstehens darüber, was Veränderungsprozesse mit sich bringen auf der individuellen wie auf der Systemebene. Eine weitere substantielle Aufgabe von Leitung ist also die Unterstützung von individuellen sowie die Gestaltung von organisationalen Transitionen und Entwicklungsprozessen.

Als Ausgangspunkt kann das Modell von individuellen Transitionen, wie Hopson und Adams (1976) es entworfen haben, herangezogen werden.

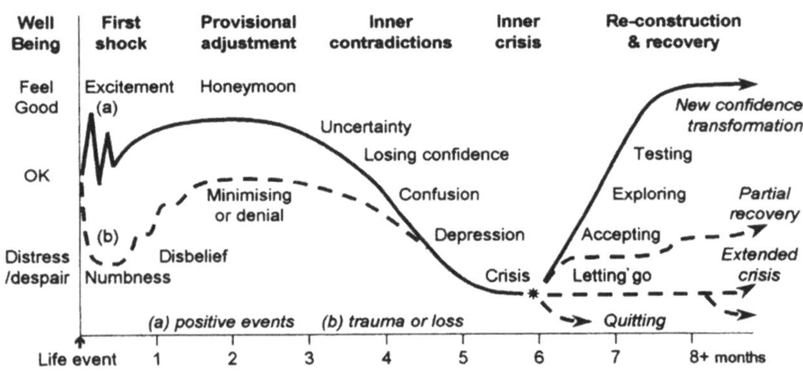

Abb. 7: Modell von persönlichen Veränderungen (Quelle: Hopson/Adams 1976)

Die waagrechte Achse steht für den Zeitverlauf, die senkrechte Achse für das Erleben. Deutlich wird hierbei, dass das Wohlbefinden beim Individuum zunächst hoch war, die anstehende Veränderung dieses nun erschüttert und das Gefühl von Taubheit oder Aufregung eintritt. Im weiteren Verlauf kommt es zur Krise, gleich ob auf die anstehende Änderung zunächst positiv (Honeymoon) oder ablehnend (Minimising or denial) zugegangen wurde. Für die folgende Zeit ist es wichtig, die Änderungen immer wieder erproben und reflektieren zu können, um neue Handlungssicherheit zu entwickeln. Geschieht dies, zeitigen sich neue Selbstwirksamkeitsüberzeugungen bzw. Vertrauen in sich selbst und das Wohlbefinden ist höher als zu Beginn der Veränderung. Lewin (1947; 1958) hat dieses Modell von Transition für Gruppen beschrieben, welches gleichermaßen auf Teams und Organisationen anwendbar ist.

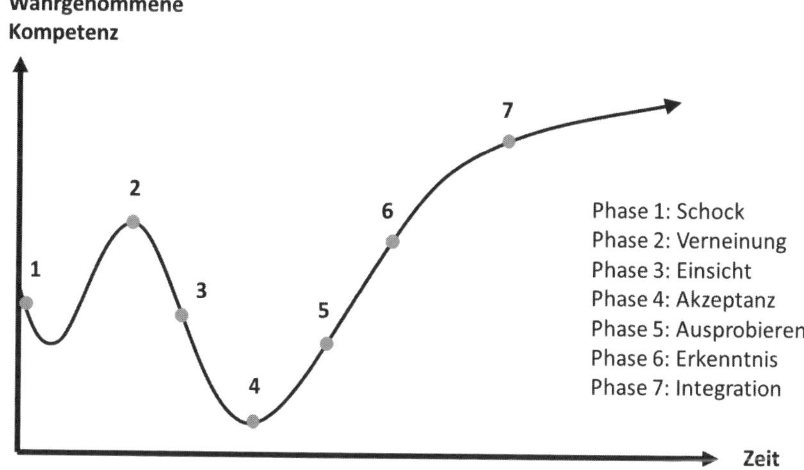

Abb. 8: Veränderungsprozesse in Gruppen (Quelle: Lewin 1947, 1958)

Nach dem Schock wird zunächst die Notwendigkeit eines Wandels bestritten. Mit der Einsicht und der Akzeptanz sinkt das Kompetenzempfinden ab, denn nun stehen Handlungsanforderungen im Raum, die noch nicht eingeübt sind. Dafür benötigt es eine Phase des Ausprobierens. Erscheint diese Phase im Schaubild wie ein kontinuierlicher Prozess, so bedarf es in der Realität in der Regel des mehrfachen Ausprobierens und Modifizierens, bis die Handlugen eingeübt und kompetent wahrgenommen werden können. Man mag sich die Transition als Kugel vorstellen, die von Punkt 4 nach 5 hochrollt und dann nicht bei der Erkenntnis ankommt, sondern zunächst langsamer wird und dann auch manchmal zurückrollt.

In systemtheoretischen Begrifflichkeiten ausgedrückt wurde in der Vision die bewusste Ebene des Sinns verändert beschrieben. Somit mögen sich auch Erwartungen und Kommunikationen punktuell geändert haben, hingegen sind die Handlungspraxen damit nicht unmittelbar so verinnerlicht bzw. etabliert, dass der beschriebene Sinn sich auch als tragfähig erweist und gelebt werden kann. Die als universelle Aufgabe kategorisierte Förderung und Entwicklung von Mitarbeiterinnen und Mitarbeitern hat hier anzusetzen: Unsicherheiten bedürfen der Möglichkeit des Benennens und der Reflexion, und es sind Räume und Zeiten für die Erprobung weiterentwickelter Vorgehensweisen zu schaffen. Mit anderen Worten: Leitung hat Veränderung und Wandel partizipativ zu gestalten, dabei auftretende Unsicherheiten und Ängste zum Vorschein kommen zu lassen, Möglichkeiten des Ausprobierens zu offerieren und deren Durchführung gemeinsam zu reflektieren. Ausprobieren beinhaltet dabei auch die Eventualität des Scheiterns, d.h. Fehler sind erlaubt, sind dabei gleichermaßen Anlass für weitere Reflexionen und Modifikationen.

Eine erste Zusammenfassung der Aufgaben von Leitung

In der Zusammenführung der bisher genannten Leitungsaufgaben lässt sich eine Analogie zu denen der pädagogischen Fachkräfte erkennen: Die mit den Kindern arbeitenden Fachkräfte haben die Kinder zu beobachten und die Handlungen bezüglich ihres Sinngehaltes zu verstehen. Auf der Reflexion der kindlichen Bildungsprozesse aufbauend wird das pädagogische Handeln konzipiert. Zudem werden dabei die für die pädagogischen Fachkräfte wichtigen Ziele sowie soziokulturellen Bedeutungsgehalte mit in das Geschehen eingespeist. Das Handeln der Fachkräfte fördert und fordert die Kinder, sodass sie in ihren Bildungsprozessen Wissen und Fähigkeiten ausdifferenzieren und erweitern und in ihrer Entwicklung Schritte vollziehen können. Zudem: Kinder werden in tagtäglichen Mikrotransitionen wie in den großen Makrotransitionen begleitet und desgleichen weitest möglich beteiligt – auch dies unter Einbezug ihrer Ressourcen und Stärken und unter Berücksichtigung ihrer Unterstützungsbedarfe.

Dieser spiralförmige Verständigungsprozess (Schäfer o.J., S. 6) kann wie folgt dargestellt werden:

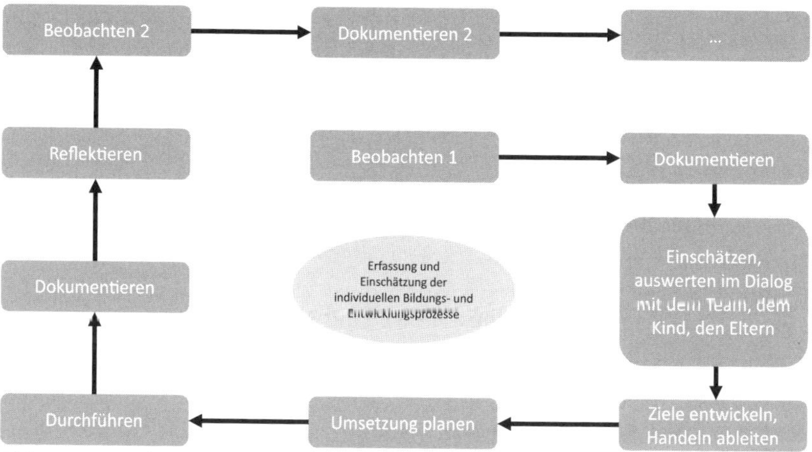

Abb. 9: Verständigungsprozesse professionellen Handelns (Quelle: Schäfer o.J., S. 6)

So wie die pädagogischen Fachkräfte den Kindern zu ermöglichen haben, Bildungsprozesse auf höchstmöglichem Niveau zu vollziehen, so hat die Leitung der Kita als System und den einzelnen Mitgliedern des Teams ebenfalls derartige Bildungsprozesse zu ermöglichen. Als zentrale Aufgaben von Leitung lassen sich theoriegeleitet folgende erkennen:

- Beobachten und Verstehen des Systems
- Verstehen und Reflektieren kollektiver Haltungen
- relevante Umwelten wahrnehmen
- Komplexität handhabbar machen: Ziele setzen, Impulse geben, Anforderungen stellen
- Formulieren und Verwirklichen gemeinsamer Vorstellungen und Visionen einer erstrebenswerten Zukunft des Systems
- Unterstützen individueller sowie Gestaltung von organisationalen Transitionen
- partizipative Gestaltung von Veränderung und Wandel

Zudem hat die Leitung – als permanente Aufgabe – sich selbst zu beobachten und diese Beobachtungen zu reflektieren. Dies erscheint paradox bzw. unmöglich, werden doch die Selbstbeobachtungen mit den eigenen Möglichkeiten der Wahrnehmung und eigenen Beobachtungsmustern vorgenommen. Damit ist auch die Beobachtung des Systems, von sich selbst und der eigenen Beobachtung immer subjektiv gebunden. Ebendiese Anerkennung der Gebundenheit der Beobachtung – gleich was Gegenstand der Beobachtung ist – an das Subjekt bzw. an sich selbst, macht zwar das

Vorhaben nicht einfacher, lässt aber die eigenen Deutungen in Relation stellen. Hilfreich erscheinen dabei Fragen an sich selbst[4]:

- Warum nehme ich dies wahr?
- Welche Gefühle und Reaktionen werden dabei ausgelöst?
- Auf was springe ich an, was rührt mich an – und weshalb?
- Welche Aspekte erscheinen mit besonders wichtig? Und welchen messe ich weniger Bedeutung zu? Warum ist dies so?
- Welche biografischen Zusammenhänge erkenne ich? Welche Erinnerungen steigen auf?
- Wie (be-)werte ich das Beobachtete? Und welche (Be-)Wertungen sind gleichermaßen möglich?

Durch das Stellen dieser Fragen werden unterschiedliche Perspektiven gegenüber ein und derselben Beobachtung eingenommen. Zudem wird die Absolutheit und Richtigkeit der eigenen Sichtweisen mit einer Vielfalt an Sichtweisen und Deutungsmöglichkeiten kontrastiert.

Diese aufgeführten Leitungsaufgaben lassen sich in folgendes Prozessmodell gießen:

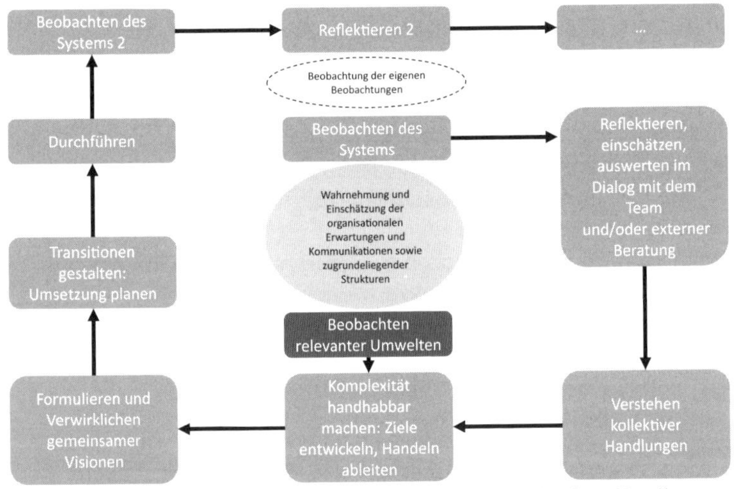

Abb. 10: Prozessmodell professionellen Handelns von Leitungskräften (Quelle: eigene Darstellung)

4. Auch hier lässt sich die Analogie zum Vorgehen von Beobachtung, hier spezifisch der Bildungsinteressen und Bildungsthemen nach Andres/Laewen (2011), erkennen. Im entsprechenden Bogen von infans sind zur Reflexion der Gebundenheit der Beobachtung an die eigene Person ebenfalls Fragen gelistet, um erkennen zu können, welche Aspekte in die Wahrnehmung einfließen.

Wurden bisher die Aufgaben von Leitung mit Bezugnahme auf unterschiedliche Fachdisziplinen – Managementlehre, Organisationssoziologie und Systemtheorie, Organisationspsychologie – aufgefächert, so wird im Folgenden der Blick auf die spezifischen Aufgaben von Leitungen im Dienstleistungsbereich sowie in Kindertageseinrichtungen gerichtet.

1.2 Spezifische Aufgaben von Leitungen im Bereich sozialer Dienstleistungen

Ein zentrales Werk, in dem die *Anforderungen an Dienstleistungsbetriebe und Leitung* beschrieben sind, stellt die DIN-EN-ISO 9000 ff. (2016) dar. Hinter der Abkürzung verbirgt sich das Deutsche Institut für Normung – Europäische Norm – International Organization for Standardization, hinter der ersten Zahl die Nummer der Norm und sofern weitere Zahlen angegeben sind, das Jahr und der Monat, in dem die Norm erschienen ist. Im Namen wird deutlich, dass diese Norm weltweit Gültigkeit hat und im Bereich der Dienstleistung zur Anwendung kommt. Die Norm legt ein prozesshaftes Verständnis der Entwicklung von Dienstleistungen zugrunde, deutlich orientiert an den Erfordernissen und Erwartungen der Kundinnen und Kunden. Die Leitung hat in diesem Prozess eine zentrale Stellung inne.

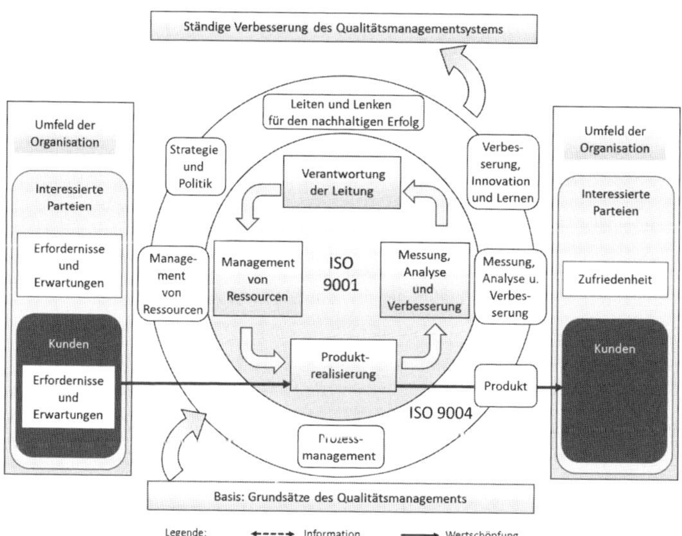

Abb. 11: Erweitertes Modell eines prozessbasierten Qualitätsmanagementsystems (vgl. DIN EN ISO 9004: 2009–12, S. 7)

In der DIN-EN-ISO 9001:2015–11 wird für Leitung der Begriff *Führung* verwendet. Aufgabe der Leitung ist es v.a. für die Wirksamkeit des Qualitätsmanagementsystems Sorge zu tragen. Die damit verbundenen Aufgaben bestehen in der Festlegung von Zielen und Qualitätspolitik, dem Sicherstellen von Ressourcen, der Schaffung von Möglichkeiten für die Personalentwicklung sowie der Förderung prozessorientierten Denkens und Handelns. Diese Aufgaben korrespondieren unmittelbar mit einer weiteren: der Orientierung an den Anforderungen, die die Kunden an die Dienstleistung haben. Weiterhin hat die Leitungskraft festzulegen, wer an welcher Stelle entscheiden darf.

Wird in der DIN-EN-ISO 9001:2015 das Qualitätsmanagementsystem in den Mittelpunkt gerückt, so fokussiert die DIN-EN-ISO 9004 Leiten und Lenken und beschreibt die genannten Aufgaben nochmals dezidierter. Hinzu kommt hier eine wertorientierte Ausrichtung des Leitens: dies hat der nachhaltigen Entwicklung der Organisation zu dienen.

In der Normenreihe der DIN-EN-ISO 9000 ff. werden damit die für das System bzw. die Organisation relevanten Umwelten als interessierte Parteien, an deren Anforderungen die Konzipierung der Dienstleistung auszurichten ist, konkretisiert. Weiterhin bietet die Norm die Möglichkeit, die Aufgaben von Leitung in eine Prozessstruktur zu betten und damit die Komplexität von Organisationen sowie deren Leitung modellhaft zu fassen und letztlich handhabbarer zu machen.

Galten die in der DIN-EN-ISO-Normenreihe genannten Aufgaben von Leitung allgemein für den Dienstleistungssektor, so werden in dem folgenden, weiteren Schritt diese nochmals spezifiziert auf den Bereich der Kindertageeinrichtungen.

Forschungsbasierte Erkenntnisse aus England und dem angloamerikanischen Raum weisen als zentrale Leitungsaufgaben aus:

1. *Der Organisation Orientierung geben durch:*
   - Identifizieren und Artikulieren einer gemeinsamen Vision
   - Fördern der Leidenschaft für die Erziehung in der Kindheit
   - Sicherstellen eines gemeinsamen Verstehens und von gemeinsamen Zielen
   - Herstellen transparenter Kommunikation und Sorge tragen für Aufrichtigkeit, Offenheit und Zugänglichkeit
   - Lesen von Literatur im Sinne von evidenzbasiertem Handeln
   - Reflektieren, Nachdenken und Aufmerksamkeit wie Empathie zeigen

2. *Einflussnahme ermöglichen und Personal entwickeln durch:*
   – (Selbst-)Vereinbarung zu stetiger professioneller Weiterentwicklung
   – Vereinbarung von Lernen aller
   – Beobachten und evaluieren
   – Als Vorbild und Rollenmodell agieren
   – Teammitglieder in einem werte- wie zielorientierten Weg unterstützen
3. *Die Organisation entwickeln durch:*
   – Lerngemeinschaften bilden und kooperative Prozesse anregen
   – Eltern- und weitere Netzwerk anregen und fördern
   – Veränderungen gestalten
   – Fördern eines fürsorglichen und achtsamen Ethos, der sich auf die Bedürfnisse aller bezieht
   – Als Leitung der Organisation erkennbar auftreten und Führungsqualitäten zeigen (vgl. Siraj/Hallet 2014, S. 27 f. mit Bezug auf die REPEY-Studie[5]).

In einer weiteren umfangreichen Studie aus England, der ELEYS-Studie[6] (Siraj-Blatchford/Manni 2007), zeichnen sich ähnliche Erkenntnisse ab. Hier wird im Sinne wirkungsvollen Leaderships die gemeinsame Vision, die Sicherung gemeinsamen pädagogischen Verständnisses, die Reflexion der pädagogischen Prozesse und deren Weiterentwicklung und letztlich die Förderung von lernenden Gemeinschaften auf allen Ebenen hervorgehoben (ebd., S. 12).

Hinsichtlich der Aufgaben von Kita-Leitungen in Deutschland wurde im Rahmen der Weiterbildungsinitiative Frühpädagogische Fachkräfte (WiFF) durch ein Expertengremium eine Zusammenstellung vorgenommen (Deutsches Jugendinstitut/Weiterbildungsinitiative Frühpädagogische Fachkräfte 2014). Diese orientiert sich an dem oben vorgestellten Modell von Simsa und Patak (2008 bzw. 2016). Eine Anmerkung hierzu: In den WiFF-Kompetenzprofilen wird generell von Handlungsanforderungen und nicht von Aufgaben gesprochen. Hierbei handelt es sich um »typische, regelmäßig wiederkehrende Situationen aus dem Berufsalltag der frühpädagogischen Fachkräfte […], die eine Fachkraft bewältigen muss (Deutsches Jugendinstitut/Weiterbildungsinitiative Frühpädagogische Fachkräfte 2014, S. 120). In der Summe finden sich unter den einzelnen Bereichen

5. REPEY: Researching Effective Pedagogy in the Early Years
6. ELEYS: Effective Leadership in the Early Years Sector

- Bildungs-, Erziehungs- und Betreuungsauftrag
- Betriebsführung
- Selbstmanagement: sich selbst führen
- Mitarbeiterinnen und Mitarbeiter führen
- Zusammenarbeit gestalten
- Organisation entwickeln (ebd. S. 128f.)

29 Handlungsanforderungen.

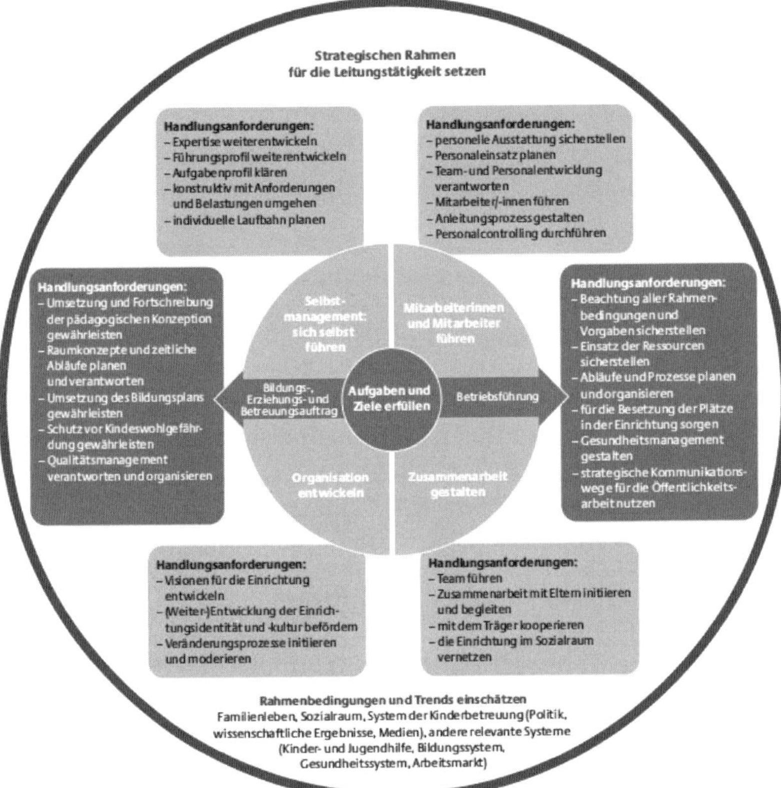

Abb.12: Führungspuzzle für die Leitungstätigkeit in Kindertageseinrichtungen (Quelle: Skoluda-Feldes 2014, S. 126)

Die einzelnen Handlungsanforderungen werden präzisiert durch die Einbettung in das Raster des Deutschen Qualifikationsrahmens. So werden für jede Handlungsanforderung Wissen, Fertigkeiten, Sozialkompetenz und Selbstkompetenz bestimmt. Als Beispiel sei hier aus dem WiFF-Kompetenzprofil die Handlungsanforderung 29 »Die Kita-Leitung initiiert und moderiert Veränderungsprozesse in der Einrichtung (Change Management)« (ebd., S. 181 f.) genannt.

Fachkompetenz		**Personale Kompetenz**	
Wissen	**Fertigkeiten**	**Sozialkompetenz**	**Selbstkompetenz**
• … kennt Methoden des Projekt- und Change Managements. • … kennt das Konzept der »lernenden Organisation«. • … kennt Methoden der Organisationsentwicklung. • … kennt Best-Practice-Beispiele zur Umsetzung neuer Anforderungen. • … kennt die Rahmenbedingungen, in denen die Veränderungen der Einrichtung stattfinden. • … kennt die Motive, die Veränderungsprozesse auslösen. • … weiß um die verschiedenen Erwartungen und Widerstände, die an Veränderungsprozesse geknüpft sind.	• … wählt geeignete Methoden des • Projekt- und Change Managements sowie der Organisationsentwicklung aus und setzt diese um. • … entwickelt mit dem Träger die mittel- und langfristigen Ziele für die Organisation und zieht daraus Rückschlüsse für Veränderungsprozesse in der Einrichtung. • … schätzt gemeinsam mit dem Team Trends aus dem Umfeld ein und leitet bei Bedarf Veränderungen für die Einrichtung ab. • … führt eine umfassende Bestandsaufnahme vor Beginn eines Veränderungsprozesses durch. • … schätzt Teamprozesse im Zuge von Veränderungen ein und steuert diese.	• … sichert die Unterstützung durch den Träger und verhandelt die Bereitstellung der notwendigen Ressourcen für Veränderungsprozesse. • … aktiviert das Bewusstsein und Verständnis aller Beteiligten (Fachkräfte, Eltern, Kinder) für den Veränderungsbedarf. • … informiert alle Beteiligten (z.B. Fachkräfte, Kinder, Eltern, Sozialraum) frühzeitig und zielgruppengerecht über Veränderungsprozesse. • … schafft ein fehlerfreundliches Organisationsklima. • … kommuniziert alle Veränderungsbedarfe sensibel und behutsam und mit Wertschätzung für die bisherigen Leistungen.	• … reflektiert die eigene Fähigkeit, sich auf Neues einzulassen. • … reflektiert ihre eigene Fähigkeit, mit unterschiedlichen, möglicherweise gegensätzlichen Erwartungen umzugehen. • … reflektiert mögliche eigene Widerstände und Abwehrhaltungen gegenüber Veränderungen. • … reflektiert ihr kommunikatives Geschick in Veränderungsprozessen. • … reflektiert die Notwendigkeit für Veränderungsprozesse in der Einrichtung. • … ist offen für andere Ideen und Vorgehensweisen.

Fachkompetenz		Personale Kompetenz	
Wissen	**Fertigkeiten**	**Sozialkompetenz**	**Selbstkompetenz**
	• … etabliert Beteiligungsformen an den Veränderungsprozessen für Eltern und Kinder, Team und Träger. • … stellt Zeitressourcen für partizipative Veränderungsprozesse bereit. • … zieht ggf. externe Unterstützung hinzu (Organisationsberatung, Supervision). • … plant Explorations- und Erprobungsphasen für veränderte Abläufe ein und zieht daraus gemeinsam mit dem Team Rückschlüsse.	• … erkennt Konflikte bei Veränderungsprozessen als »normal« an und geht offen und sensibel damit um. • … bringt verschiedene Erwartungen zusammen.	

Tabelle 2: Handlungsanforderung 29 »Die Kita-Leitung initiiert und moderiert Veränderungsprozesse in der Einrichtung (Change Management)«

In den hier genannten Kompetenzen finden sich in differenzierter Form die einzelnen Unteraufgaben, die im Rahmen der Initiierung und Moderation von Veränderungsprozessen wahrzunehmen sind. Die meisten Aufgaben sind in den Kompetenzen explizit enthalten, so z.B. » … stellt Zeitressourcen für partizipative Veränderungsprozesse bereit« (ebd., S. 182), andere sind implizit zu erkennen, so z.B. » … kennt Best-Practice-Beispiele zur Umsetzung neuer Anforderungen« (ebd., S. 181). Hier ist es dann Aufgabe der Leitung, nach Best-Practice-Beispielen zu recherchieren, sofern nicht bereits bekannt, und sich damit Kenntnis zu verschaffen.

Abschließend: Sich bildende Kinder benötigen sich bildende pädagogische Fachkräfte. Sich bildende pädagogische Fachkräfte benötigen sich bildende Leitungen, die ihre Aufgaben im Sinne der Weiterentwicklung der Kita und einer lernenden Organisation wählen und wahrnehmen. Gleichwohl können Aufgaben auf unterschiedliche Art und Weise wahrgenommen werden. Dies führt zu den folgend aufgezeichneten Leitungsstilen.

1.3 Modelle von Leitung und Leitungsstile

»Wer die Laterne trägt, stolpert leichter, als wer ihr folgt.« (Jean Paul)

Wie zu den Aufgaben von Leitungen liegen auch für Leitungsstile unterschiedliche Entwürfe jeweiliger Wissenschaftsdisziplinen vor. Hier sei v.a. auf Theorien des Managements zurückgegriffen und die Bezüge zum Feld der Kindheitspädagogik und dem Leiten von Kindertageseinrichtungen hergestellt.

Tannenbaum und Schmidt (1958) haben ein 7-stufiges Modell für Leitung entwickelt. Die Stufen sind eingeteilt entsprechend der Entscheidungsmächtigkeit der Leitung bzw. der Teammitglieder, die sich in einem Wechselverhältnis befinden: Je höher die Entscheidungsmacht bei der Leitung verortet ist, desto geringer sind die Entscheidungsmöglichkeiten bei den Teammitgliedern – und umgekehrt. Zwischen diesen beiden Polen der autoritären, allein entscheidenden Leitung und dem demokratischen Führungsstil, nach dem einzelne Gruppen innerhalb eines Systems autonom entscheiden können, finden sich folgende Führungsstile:

- *der patriarchalische Stil*, bei dem die vom Vorgesetzten getroffenen Entscheidungen begründet werden;
- *der beratende Stil*, bei dem Ideen von Seiten der Leitung angefragt werden, die Entscheidung jedoch bei der Leitung verbleibt;
- *der konsultative Stil*, bei dem Entscheidungen der Leitung durch Meinungen der Mitarbeitenden ergänzt werden;
- *der partizipative Stil*, bei dem die Leitung ein Problem thematisiert, die Mitarbeitenden Lösungen entwerfen und die Leitung wiederum entscheidet;
- *der delegierende Stil*, bei dem die Leitung wiederum ein Problem thematisiert und gleichermaßen den Grad der Entscheidungsmacht der Mitarbeitenden festlegt, innerhalb dessen sie entscheiden.

Kritisch ist hinsichtlich dieses Modelles anzumerken, dass es sich ausschließlich auf die Dimension der Entscheidungsmacht und Partizipation bezieht.

Weitreichender aus der Empirie abgesichert ist das Konzept des Transformationalen Leaderships (Felfe 2006). Transformationale Leitungen motivieren Mitarbeiter/innen dadurch, »[...] dass sie attraktive Visionen vermitteln, überzeugend kommunizieren, wie Ziele gemeinsam erreicht werden können, selber als Vorbild wahrgenommen werden und die Entwicklung der Mitarbeiter[Innen] unterstützen« (Felfe 2006a, S. 163), und damit gleichermaßen die Ziele der Organisation mit den Bedürfnissen der Mitarbeiter/innen in Passung bringen. Ihnen gelingt es auf diese Weise, Veränderungen bei den Mitarbeiter/innen zu bewirken, sodass diese besondere Leistungen im Sinne der Organisation erzielen (ebd.). Im Rahmen personaler Veränderungsprozesse werden insbesondere Werte und intrinsische Motive angesprochen, die langfristig und übergeordnet statt kurzfristig und egoistisch wirken sollen. Dieser Führungsstil »[...] zielt letztlich darauf, den Mitarbeitern Sinn in der Arbeit zu vermitteln« (Nerdinger 2011, S. 87). Hierbei wird gleichermaßen deutlich, warum sich dieses Leitungskonzept auf den Begriff der »Transformation« bezieht: Abgeleitet vom lateinischen Verb »transformare« steht eine Umformung, Umgestaltung oder Abänderung im Fokus des Interesses der transformationalen Leitung.

Abgegrenzt wird der transformationale zum einen vom transaktionalen Leitungsstil. Bei letzterem geht es den Leitungen um »den angemessenen Austausch von Ressourcen. Sie geben den Mitarbeitern etwas (z.B. Lohn, Anerkennung) im Austausch für das, was die Führungskräfte erreichen wollen (z.B. Leistung)« (Schulz-Hardt/Brodbeck 2014, S. 497). Zum anderen wird der transformationale Leitungsstil vom Laissez-faire-Stil unterschieden. Hier verhalten sich Leitungskräfte überwiegend passiv, sie vermeiden es, »Entscheidungen zu fällen, zögern, tätig zu werden, und sind häufig abwesend, wenn sie gebraucht werden« (ebd.).

Für Pädagoginnen und Pädagogen wird hier die Analogie zu den Erziehungsstilen erkennbar:

		Dimension: Kontrolle/ Anspruchsetzung/Anforderung	
		hoch ausgeprägt	**niedrig ausgeprägt**
Dimension: Emotionale Unterstützung/ Wärme	**hoch ausgeprägt**	autoritativer Stil	permissiver Stil (laissez-faire)
	niedrig ausgeprägt	autoritärer Stil	vernachlässigender Stil

Tabelle 3: Dimensionen von Erziehungsstilen (Quelle: Fröhlich-Gildhoff/Mischo/Castello 2011, S. 146)

Auch hier ermöglicht eine hohe Ausprägung emotionaler Wärme und Unterstützung gekoppelt mit dem angemessenen Setzen von Anforderungen und Ansprüchen gelingende Entwicklung – in diesem Fall des Kindes.

Begründet wird der transformationale Leitungsstil generell in Organisationen mit auftretenden Anforderungen zur Veränderung (Felfe 2006b, S. 63) aufgrund sich wandelnder Rahmenbedingungen. Auch im Kontext von Kindertagesstätten sind gestiegene Anforderungen und Veränderungsbedarfe zu erkennen, so z.B. in aktuellen Professionalisierungs- und Akademisierungsdiskursen (Böhm/Jungmann/Koch 2017, S. 9 ff.; Friederich/Schoyerer 2016, S. 38; Pasternack 2015, S. 15), oder z.B. durch programmatische Anforderungen der Bildungs- und Erziehungspläne der einzelnen Bundesländer (Viernickel/Nentwig-Gesemann/Nicolai/Schwarz/Zenker 2013). Bezüglich der Bewältigung der Anforderungen, wie etwa der Umsetzung der Bildungspläne, stehen Leitungskräfte vor der Herausforderung, diesen Wandel zu moderieren und zu gestalten.

So ist wertschätzend mit bisher Erreichtem umzugehen, darauf aufbauend sind neue Visionen zu entwickeln, das Personal dabei einzubeziehen und zu motivieren sowie den Sinn der Veränderung kenntlich zu machen – letztlich transformational zu leiten (Felfe 2006b, S. 63). Darüber hinaus streben transformationale Leitungskräfte die Stabilisierung des Selbstkonzepts der Mitarbeiter/innen an, um deren Selbstvertrauen sowie die individuelle Einsatzbereitschaft zu steigern (Felfe 2006a, S. 163 f.). Im Vordergrund des Konzepts stehen also nicht klassische Leitungsaspekte wie etwa Kontrolle, sondern vielmehr ein teamorientiertes Arbeiten, das auf Vertrauen und Unterstützung basiert (Felfe 2006b, S. 61). Diese Ausrichtung korrespondiert mit pädagogisch-konzeptionellen Grundannahmen in der Kindheitspädagogik.

Die »vier I« werden als kennzeichnende Merkmale und Verhaltensweisen transformationaler Leitungskräfte beschrieben:

1. »Idealisierter Einfluss«,
2. »Inspirierende Motivation«,
3. »Intellektuelle Stimulation« und
4. »Individuelle Berücksichtigung« (Felfe 2006a, S. 164f.; Schulz-Hardt/Brodbeck 2014, S. 497).

Als weiteres Charakteristikum der transformationalen Führung wird »Ausstrahlung und emotionale Bindung (Charisma)« (Felfe, 2006a, S. 165) angeführt.

»I«	Beispielitem
Idealisierter Einfluss (*Idealized Influence*)	• Führungskraft stellt die eigenen Interessen zurück, wenn es um das Wohl der Gruppe geht • Führungskraft spricht mit anderen über ihre wichtigsten Überzeugungen und Werte
Inspirierende Motivation (*Inspirational Motivation*)	• Führungskraft spricht mit Begeisterung über das, was erreicht werden soll
Intellektuelle Stimulation (*Intellectual Stimulation*)	• Führungskraft bringt Mitarbeiter/innen dazu, Probleme aus verschiedenen Blickwinkeln zu betrachten
Individuelle Berücksichtigung (*Individualized Consideration*)	• Führungskraft hilft Mitarbeiter/innen, ihre Stärken auszubauen

Tabelle 4: Transformationale Führung– Übersicht der »vier I« (Quelle: Felfe 2006a, S. 165; Ausschnitt aus dessen Tab. 1 zu Dimensionen transformationaler Führung, Mediatoren, Moderatoren und Erfolgskriterien; Schulz-Hardt/Brodbeck 2014, S. 497)

Für das transformationale Leadership liegt ein Fragebogen vor: Deutscher Multifactor Leadership Questionnaire (MLQ) (Felfe/Goihl, 2014). Dieses normierte Verfahren weist eine, im statistischen Sinne, hohe bis angemessene Messgenauigkeit auf und erfasst die Perspektiven der Leitung wie auch der Mitarbeiter/innen.

Beispiel

Werden die abgebildeten Dimensionen und Beispielitems betrachtet, so lassen sie sich auf das Miteinander von Einrichtungsleitungen und pädagogischen Fachkräften übertragen:

- Im Kontext von inklusivem Arbeiten offeriert die Leitung nicht nur den Wert als solchen, sondern stellt dies auch anhand eines biografischen Beispiels transparent dar (Idealized Influence);
- der bevorstehende Ausbau um eine Gruppe für unter 3-jährige Kinder wird den Mitarbeiterinnen und Mitarbeitern auch als Möglichkeit, persönliche Kompetenzen zu erweitern, aufgezeigt (Inspirierende Motivation);

- die Mitarbeiter/innen werden angeregt, sich bei einer Kinderbesprechung in die Lage des Kindes zu versetzen oder die Perspektive der Mutter bzw. des Vaters einzunehmen (Intellektuelle Stimulation);
- einer Mitarbeiterin, die sich mit Digitalen Medien auskennt, wird ermöglicht mit Tablett und Kamera ein Musterportfolio anzulegen verbunden mit der Perspektive, dies dann später im Team vorzustellen (Individualized Consideration).

In ihrer Persönlichkeit sind transformationale Leitungen als »selbstbewusst, extrovertiert, emotional stabil, offen, proaktiv sowie sozial kompetent« (Felfe 2006a, S. 169) zu charakterisieren. Dies steht in Einklang mit einer hohen emotionalen Intelligenz als Merkmal (ebd., S. 169 f.).

Auch wenn die Theorie des transformationalen Leaderships nicht explizit aus dem pädagogischen, sondern vielmehr aus einem organisationspsychologischen Bereich stammt, so ist sie im Bereich der FBBE doch denkbar. Solange Aspekte ökonomisch ausgerichteten Managements nicht eins-zu-eins in den frühpädagogischen Bereich und dessen Personalmanagement übertragen werden, sondern reflektiert integriert werden (Hogrebe/Schulz/Böttcher 2012, S. 249 f.), ist das Konzept des transformationalen Leaderships hilfreich, um sich als Kita-Leitung zu konturieren und zu positionieren.

Ebenfalls im Bereich des Managements zu verorten ist das Modell von Blake und Mouton (1964). Hier wird ein zweidimensionales Gitter angelegt, gespannt zwischen einer Produktionsorientierung auf der X-Achse und einer Mitarbeiter/innen-Orientierung auf der Y-Achse.

hoch	9 8 7	**1.9 Führungsstil** Arbeitsatmosphäre & Berücksichtigung der persönlichen Belange stehen im Vordergrund.		**9.9 Führungsstil** Hohes Leistungsstreben bei gleichzeitig starker Berücksichtigung der Mitarbeiterlage.
Mitarbeiterorientierung	6 5 4		**5.5 Führungsstil** Befriedigender Kompromiss zwischen Belangen & Wünschen der Mitarbeiter sowie des Leistungsprozesses.	
gering	3 2 1	**1.1 Führungsstil** Minimale Anstrengungen zur Erreichung der Leistung und guter Arbeitsatmosphäre.		**9.1 Führungsstil** Streben nach Höchstleistung, ohne Rücksichtnahme auf die Belange der Mitarbeiter.
		1 2 3	4 5 6	7 8 9
		gering	**Produktionsorientierung**	hoch

Abb.13: Führungsmodell nach Blake & Mouton (Quelle: Steinmann/Schreyögg 2013, S. 600)

Der Bogen der Leitungsstile spannt sich von einem als Überlebens-Management zu charakterisierenden Leitungsstil (1.1), der weder eine Produktions- noch eine Mitarbeiter/innen-Orientierung erkennen lässt, über einen Stil, der auf Befehl und Gehorsam basiert (9.1), in der entgegengesetzten Ausprägung auf X- und Y-Achse über einen Samthandschuh-Stil, in dem Wünsche der Mitarbeiter/innen permanente Berücksichtigung finden, hin zu einem Stil, der als Team-Management (9.9) angesehen werden kann (Steinmann/Schreyögg 2000) und bei dem organisationale mit persönlichen Zielen auf hohem Niveau synchronisiert sind. Letztgenannter Stil entspricht dem transformationalen Führungsstil.

Beispiel

In der Kita Sternenzauber, in der nach dem infans-Handlungskonzept gearbeitet wird, sind Individuelle Curricula (IC) für die Kinder anzufertigen. Bei einer hohen Produktions- und einer geringen Mitarbeiter/innen-Orientierung gibt es von Seiten der Leitungskraft, Frau Zuber, die Vorgabe, dass je Kind und Quartal ein individuelles Curriculum anzufertigen ist. Dies ist nicht verhandelbar und zu erfüllen. Wäre die

Orientierung eine diametral entgegengesetzte, dann gäbe es keine Vorgabe der Leitung und die Mitarbeiter/innen würden entsprechend ihrer persönlichen Belange entscheiden.

Im Zuge eines Organisationsentwicklungsprozesses fragt Frau Zuber nach, was es der jeweiligen Mitarbeiterin ermöglichen würde, ICs anzufertigen. Zudem richtet sie zur Unterstützung Portfoliosprechstunden ein, regt die Teilnahme an Weiterbildungen an und kooperiert mit einer Hochschule zur Ausarbeitung der ICs. Des Weiteren werden für alle Mitarbeiter/innen individualisierte Zeitfenster für die IC-Erstellung geschaffen.

Im Stil des Teammanagements hat sich die Vision – trotz der Lage der Kita in einem Wohngebiet, in dem eine hohe Anzahl von Menschen unter prekären finanziellen Bedingungen lebt und der Anteil an armen Kindern deutlich über dem Schnitt der gesamten Kommune liegt – allen Kinder gerechte Chancen für ihr Aufwachsen zu schaffen, in Kopf und Herz der Mitarbeiter/innen entwickelt. So wird miteinander überlegt, wie die Kinder in ihren Bildungsprozessen auf höchstmöglichem Niveau gefördert und angeregt werden können. Die Erstellung von ICs wird dabei als hilfreiches Vorgehen angesehen. Fachliche Reflexionen finden systematisiert in Kleinteams statt, wenngleich hier aufgrund von nicht geplanten Ausfällen flexibel nach Lösungen gesucht werden muss. Gelegentlich springt die Leitung, Frau Zuber, dann zusätzlich ein, da sie generell um alle Kinder und deren Entwicklung weiß, weil die Ergebnisse in der Gesamtteamsitzung kurz berichtet werden. Die beobachtbaren Effekte der Veränderung sind dabei unterschiedlicher Art: Die Teammitglieder haben einen hohen professionellen Habitus entwickelt und auch von der Grundschule kommt wiederholt die Rückmeldung, dass die schulischen Leistungen der Kinder nicht in so hohem Maße erwartet worden wären.

Vergleichbar ist das Gitter der Leitungsstile von Blake und Mouton auch mit den Führungsstilen, die Goleman, Boyatzis und McKee (2002) ausgewiesen haben:

- befehlender Führungsstil
- fordernder Führungsstil
- demokratischer Führungsstil
- gefühlsorientierter Führungsstil
- coachender Führungsstil
- visionärer Führungsstil

Hierbei wird einerseits darauf hingewiesen, dass die Stile den Situationen zu entsprechen haben, es also nicht den besten und/oder den schlechtesten Stil gibt. Andererseits gilt, dass der coachende und der visionäre Stil als die den weitreichendsten Erfolg ermöglichenden Stile angesehen werden. Die coachende Leitung hat die Stärken der einzelnen Mitarbeiter/innen im Blick und koordiniert diese im Sinne des gesamten Systems. Individuelle Ziele werden mit organisationalen in Einklang gebracht. Der visionäre Leitungsstil zeichnet sich durch eine gemeinsame Vision oder auch weite, übergeordnete Ziele aus. Die Art und Weise, wie diese Ziele erreicht werden, obliegt den Mitarbeiterinnen und Mitarbeitern – in der Gewissheit, dass bei Fragen und Unsicherheiten die Leitung hinzugezogen werden kann. Die fachliche wie auch emotionale Bindung der einzelnen Mitarbeitenden ist hoch.

Hieran schließt auch der dialogische Leitungsstil an (Bohm 2002). »Dialog kommt von dem griechischen Wort dialogos. Logos heißt »Wort« oder auch »Wortbedeutung, Wortsinn«. Und dia heißt »durch« – nicht »zwei«. Ein Dialog kann von einer beliebigen Anzahl von Leuten geführt werden, nicht nur von zweien. Sogar ein einzelner kann einen gewissen inneren Dialog mit sich selbst pflegen. Wesentlich ist, dass der Geist des Dialogs vorhanden ist. Die Vorstellung oder das Bild, das diese Ableitung nahelegt, ist das eines freien Sinnflusses, der unter uns, durch uns hindurch und zwischen uns fließt. Das macht einen Sinnstrom innerhalb der ganzen Gruppe möglich, aus dem vielleicht ein neues Verständnis entspringen kann. Diese Einsicht ist etwas Neues, das zu Beginn möglicherweise gar nicht vorhanden war. Sie ist etwas Kreatives. Und dieser untereinander geteilte Sinn ist der Leim oder Zement, der Menschen und Gesellschaften zusammenhält« (Bohm 2002, S. 32 f.).

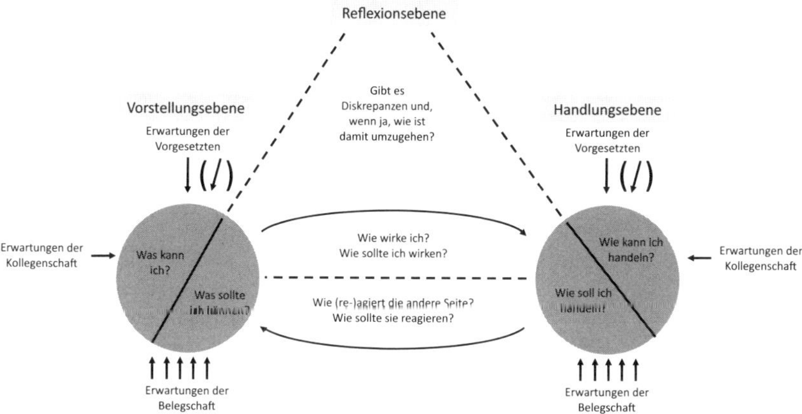

Abb. 14: Reflexion der Identitätsausbildung von Leitungskräften (Quelle: Steinmann/Schreyögg/Koch 2013, S. 639)

Die Kultur einer Kindertageseinrichtung baut demnach auf dem zentralen Wert der Verständigung und der prozesshaft angelegten und gemeinsamen Generierung von Sinn auf. Die Leitung hat dabei die Funktion, diese Kultur hervorzurufen und aufrecht zu erhalten sowie Dialoge mit allen Beteiligten und auf unterschiedlichen Ebenen zu initiieren.

Aktuelle Diskurse in den Wirtschaftswissenschaften zum Thema Leadership spiegeln die Relevanz von Interaktion wieder. So stehen im Leader-Member-Exchange-Modell (LMX) die Austauschprozesse von Leitung und Mitarbeitenden und die mit den jeweiligen Rollen verbundenen Erwartungen im Fokus (Steinmann/Schreyögg/Koch 2013, S. 629–633). Leitung ist damit nicht etwas statisches, sondern reicht über ein situationsangemessenes Leitungsverhalten hinaus und wird so prozesshaft betrachtet.

Weiterhin wird in neueren Ansätzen zur Analyse und zum Verständnis von Leitung deren Identität in den Blick genommen. Auch hier wird eine Abkehr von Annahmen, die eine gefestigte Persönlichkeit und ebensolches Selbstverständnis von Leitung als Voraussetzung ansehen, abgelöst durch eine dynamisches und veränderbares Bild und Verstehen von Leitung und Leadership (ebd. S. 635–640). Für Leitung bedeutet dies, verstärkt den eigenen Identitätsausbildungsprozess als Aufgabe wahrzunehmen.

Der Identitätsbildungsprozess vollzieht sich auf den Ebenen der Vorstellung, der Handlung und der Reflexion. In der Summe wird Leitung erfolgreich entsprechend des Grades, in dem Interaktionsprozesse für alle

Beteiligten gelingend gestaltet werden und die Leitungskraft angemessene Reflexionen vollzieht, die sie systemrelevante Erkenntnisse gewinnen lässt.

Stammten die bisherigen Leitungsstile vorrangig aus dem Bereich des Managements und der Organisationstheorie, so seien hier abschließend die Stile vorgestellt, wie sie Siraj und Hallet (2014, S. 35) für den Bereich der Kindertageseinrichtungen auf Basis ihrer Forschungen vorgelegt haben.

Leitungsmotiv bzw. -stil	Leitungshandeln
gerichtetes Leiten	• gemeinsame Vision entwickeln • wirkungsvolle Kommunikation
gemeinschaftliches, partizipatives Leiten	• Fördern einer Teamkultur • Fördern der Zusammenarbeit mit Eltern
befähigendes Leiten	• Fördern von Handlungsmächtigkeit • Veränderung gestalten
pädagogisches Leiten	• Lernen (an-)leiten • reflektiertes Lernen

Tabelle 5: Leitungsstile in Kindertageseinrichtungen (Quelle: Siraj/Hallet 2014, S. 35)

Zentrale Aspekte, die bereits in den vorhergehenden Ausführungen zu erkennen sind, erscheinen hier ebenfalls: die gemeinsame Vision, Partizipation, Handlungsmächtigkeit und reflektiertes Lernen.

1.4 Kompetenzdiskurs in der Kindheitspädagogik

»Qualität beginnt beim Menschen, nicht bei den Dingen. Wer hier einen Wandel herbeiführen will, muss zuallererst auf die innere Einstellung aller Mitarbeiter abzielen.« (Philip B. Crosby)

Leitungsaufgaben wie -stile lassen implizite Kompetenzen bereits erkennen. Nachfolgend wird die Diskurslage um Kompetenz und Kompetenzmodelle in der Kindheitspädagogik aufgegriffen – gleichwohl an anderer Stelle bereits punktuell auf diese Thematik eingegangen wurde – um zu ermöglichen, Leitung innerhalb der Modelle zu verorten. Weiterhin wird der Frage nachgegangen, welche Kompetenzen Leitungen benötigen, um die dargestellten Aufgaben wahrnehmen zu können.

1.4.1 Kompetenzbegriff in der Frühpädagogik

Die Kompetenzdefinition, die im frühpädagogischen Diskurs am weitesten verbreitet ist, wurde von Weinert (2001) formuliert. Er versteht unter Kompetenz: »Die bei Individuen verfügbaren oder durch sie erlernbaren kognitiven Fähigkeiten und Fertigkeiten, um bestimmte Probleme zu lösen sowie die damit verbundenen motivationalen, volitionalen und sozialen Bereitschaften und Fähigkeiten um die Problemlösungen in variablen Situationen erfolgreich und verantwortungsvoll nutzen zu können« (Weinert 2001, S. 27 f.).

In der Definition des DQR (Deutschen Qualifikationsrahmen) wird Kompetenz als »die Fähigkeit und Bereitschaft des Einzelnen [bezeichnet], Kenntnisse und Fertigkeiten sowie persönliche, soziale und methodische Fähigkeiten zu nutzen und sich durchdacht sowie individuell und sozial verantwortlich zu verhalten. Kompetenz wird in diesem Sinne als Handlungskompetenz verstanden« (AK DQR 2011, S. 4).

In der Literatur finden sich 3 Arten von Kompetenzmodellen:

1. Strukturmodelle: inhaltliche Ausdifferenzierung von Kompetenz(en),
2. Stufenmodelle: Zuordnung von Aufgabenbereichen zu spezifischen Kompetenzniveaustufen, hierarchische Graduierungs- und Entwicklungsmodelle,
3. Prozessmodelle: Ausformulierung von Lernfeldern als auch Niveaustufen innerhalb eines Modells (Fröhlich-Gildhoff et al. 2011, S. 15 f.).

1. Strukturmodelle

Beim Strukturmodell wird der Kompetenzbegriff inhaltlich gegliedert (Robert Bosch Stiftung 2011, S. 40). Als Beispiel für eine solches Strukturmodells ist der Deutsche Qualifikationsrahmen (DQR) (AK DQR 2011) aufgeführt. Hier erfolgt eine Differenzierung zwischen fachlichen und personalen Kompetenzen. Erstere sind nochmals unterteilt in Wissen und Fertigkeiten, letztere in Sozialkompetenz und Selbstständigkeit.

Niveauindikatoren/Anforderungsstruktur			
Fachkompetenz		**Personale Kompetenz**	
Wissen	*Fertigkeiten*	*Sozialkompetenz*	*Selbstständigkeit*
Tiefe und Breite	Instrumentale und systematische Fertigkeiten, Beurteilungsfähigkeit	Team/Führungsfähigkeit, Mitgestaltung und Kommunikation	Eigenständigkeit/Verantwortung, Reflexivität und Lernkompetenz

Tabelle 6: 4-Säulen-Struktur des DQR (Quelle: AK DQR 2011, S. 5)

Der DQR stützt sich, wie auch der Europäische Qualifikationsrahmen (EQR), auf eine Bildungsbereich-übergreifende Matrix, in die Qualifikationen auf 8 Niveaustufen eingeordnet werden können. Wie aus Tabelle 6 ersichtlich wird, sind diese über die Unterteilung in Fachkompetenzen (Wissen und Fertigkeiten) und personale Kompetenzen (Sozialkompetenz und Selbstständigkeit) charakterisiert, welche zur Erlangung einer Qualifikation erforderlich sind. Methodenkompetenzen verstehen sich als Querschnittskompetenzen.

2. Stufenmodelle

Mittels Stufenmodellen wird das Ziel verfolgt, für Kompetenzen in unterschiedlichen Aufgabenbereichen Niveaustufen zu formulieren. Somit können Kompetenzstände aufgezeigt werden (Hensge et al. 2009; Robert Bosch Stiftung 2011, S. 40; Fröhlich-Gildhoff et al. 2011, S. 16).

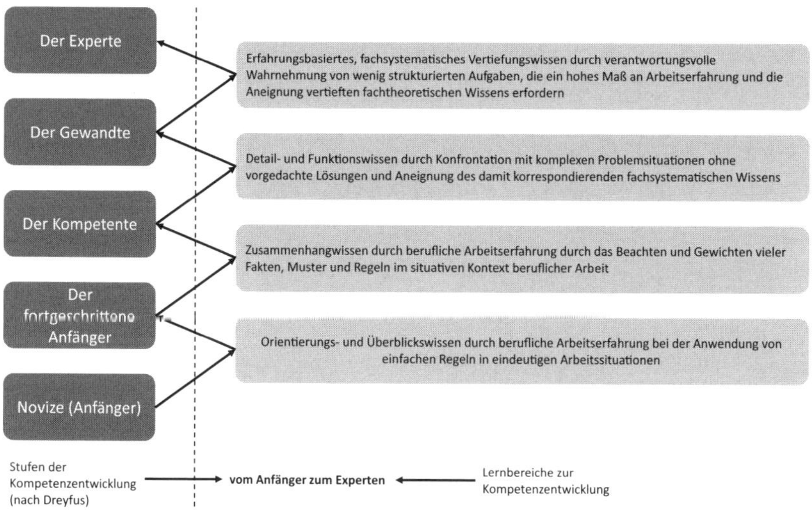

Abb. 15: Novizen-Experten-Modell (Quelle: Rauner 2007, S. 60; Dreyfus/Dreyfus 1987)

Das in Abb. 15 dargestellte Modell bildet berufliche Kompetenzentwicklung ab. Hier werden 5 Stufen unterteilt, welche Bezüge zu 4 entwicklungstheoretisch fundierten Lernbereichen zulassen. Das Stufenmodell versteht sich so, dass auf den unteren Stufen Wissen in bekannten Situationen abruf- und verfügbar ist, auf höheren Stufen zeichnet es sich als komplexes Zusammenhangs- und Reflexionswissen aus (Klieme et al. 2007, S. 77 ff.).

3. Prozessmodelle

Mittels Matrix- oder Prozessmodellen werden verschiedene inhaltliche Kompetenzkomponenten bzw. Lernfelder und Niveaus sowie die Haltung in einem komplexen Modell abgebildet. Speziell im Bereich der Frühpädagogik finden sich Kompetenzmodelle mit Prozesscharakter (Robert Bosch Stiftung 2011, S. 40). Dabei liegt der Kern der Kompetenzentwicklung bei der »kompetente[n] und systematisch reflektierte[n] Bewältigung von Situationen vom Verstehen bis zur Evaluation »durchzubuchstabieren«» (Robert Bosch Stiftung 2011, S. 40). Ein Beispiel eines Prozessmodells ist das »Allgemeine Kompetenzmodell« von Fröhlich-Gildhoff, Nentwig-Gesemann, Pietsch, Köhler und Koch (2014). In diesem Modell wird zwischen den Handlungsgrundlagen und -vermögen (Disposition), der Handlungsbereitschaft sowie der Handlungsrealisierung (Performanz) unterschieden.

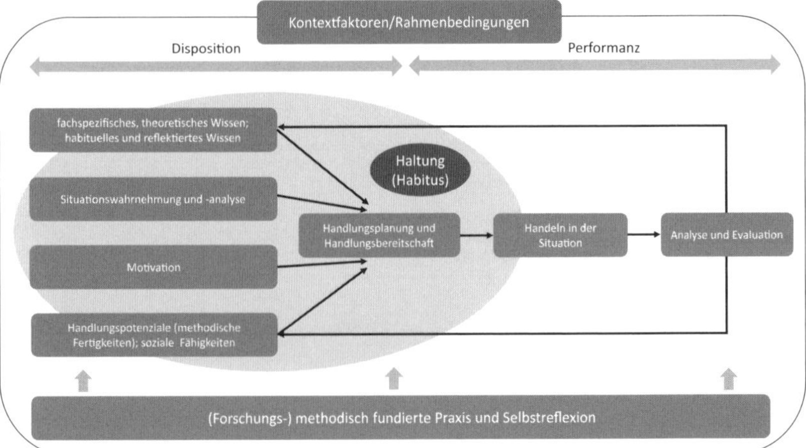

Abb. 16: Allgemeines Kompetenzmodell (Quelle: Fröhlich-Gildhoff/Nentwig-Gesemann/Pietsch/Köhler/Koch 2014, S. 22)

Der Kita-Alltag ist komplex und mehrdeutig. Situationen und Anforderung sind nicht grundsätzlich vorhersehbar und bedürfen einer elaborierten Wahrnehmung. Professionelle Kompetenz lässt sich damit fassen als Möglichkeit und Fähigkeit von pädagogischen Fachkräften, die Komplexität des Kita-Alltags wahrzunehmen und in dieser situativ angemessen und fachlich begründbar zu handeln. Gleichermaßen wird zur systematischen Reflexion von Wahrnehmung, Handeln und der eigenen Haltung auf Verfahren zurückgegriffen, die aus der Forschungsmethodologie abgeleitete wurden.

Aus dem Modell geht hervor, dass die Grundlagen zur Handlungsfähigkeit im Wesentlichen aus folgendem Wechselspiel resultieren:

»1. Wissen, differenziert in fachspezifisches theoretisches Wissen sowie habituelles und reflektiertes Erfahrungswissen
2. Situationswahrnehmung und -analyse
3. Motivation
4. Handlungspotenziale (methodische Fertigkeiten und soziale Fähigkeiten)
5. Handlungsplanung und Handlungsbereitschaft
6. Handeln in der Situation
7. (Analyse und) Evaluation
8. (forschungs-)methodisch fundierte Praxis- und Selbstreflexion
9. Haltung (Habitus)« (Fröhlich-Gildhoff/Nentwig-Gesemann/Pietsch/Köhler/Koch 2014, S. 24)

Eben dieses Wechselspiel muss von Leitungskräften wahrgenommen werden – zum einen bei sich selbst, zum anderen bei den Mitarbeiterinnen und Mitarbeitern.

Exkurs: Haltung – Theoretischer Hintergrund/aktuelle Diskussionslage

»Pädagogische Grundhaltung« hat im Rahmen des früh-/kindheitspädagogischen Diskurses eine hohe Bedeutung, gleich ob generell in Konzeptualisierungen von kindheitspädagogischer Kompetenz, oder in spezifischen Themenbereichen wie Diversity und Inklusion, wie in der Gestaltung von Interaktion mit Kindern und mit deren Familien. Ebenso wird im Fachdiskurs die pädagogische Grundhaltung als wichtiges Element gesehen, das im Rahmen von Qualitätsentwicklung und -sicherung als Bestandteil der Orientierungsqualität die Prozessqualität mit bedingt und bestimmt (z.B. Tietze/Viernickel, 2016). Gemeinsam ist diesen Diskursen, dass der Pädagogischen Grundhaltung handlungsleitende Wirkung und eine maßgebliche Relevanz für die Gestaltung pädagogischen Handelns zugeschrieben wird.

Indessen liegen zum einen wenig konkrete Operationalisierungen des Konstruktes »Pädagogische Grundhaltung« vor, sondern lediglich Versuche, das Phänomen zu er‚fassen' (Nentwig-Gesemann et al. 2011). Zum anderen lassen sich in den Diskursen in der Kindheitspädagogik wie auch in Nachbardisziplinen weitere Termini erkennen, die mit dem der Pädagogischen Grundhaltung korrespondieren oder auch synonym verwendet werden:

- »Handlungsleitende Orientierungen« u.a. in der Lehrer/innen-Forschung (z.B. Fellmann 2014), die hier auf ihre Stabilität und Konsistenz vs. einer phasenspezifischen Varianz analysiert werden;
- »Subjektive Theorien« verstanden als individuelle Überzeugungen im Sinne von mentalen Repräsentationen (hier von Lehrerinnen und Lehrern, die sich in der Unterrichtsgestaltung widerspiegeln, also handlungsleitend wirken) in der Gegenüberstellung zu objektiven Theorien (von Groeben et al. 1988) zum Gegenstand der Forschung gemacht. In ihrer Bedeutung für die bewusste wie auch unbewusste Steuerung des Verhaltens der Lehrpersonen und die Gestaltung des Unterrichts stellt sich die Frage nach der Auswirkung auf die Gestaltung des Unterrichts (Helmke 2003);

- »Mentale Modelle« u.a. in der Kognitionsforschung und Organisationspsychologie (Nerdinger et al. 2011; Senge 2006), beschrieben wiederum als Wertvorstellungen und Orientierungen, die nicht nur das Handeln beeinflussen, sondern auch die Wahrnehmung von Welt. Das Handeln bzw. die wahrgenommenen Wirkungen des Handelns bestätigen (oder, im selteneren Fall, widerlegen) die eigenen Vorstellungen sind somit als selbstreferentiell charakterisiert (Senge 2006);
- »Einstellungen« (gleichgesetzt mit »Haltung«) ebenfalls in der Organisationspsychologie, inhaltlich gefasst als »bewertende, positive oder auch negative Aussagen über Objekte, Menschen oder Ereignisse« (Robbins et al. 2014, S. 408) und ausdifferenziert in eine kognitive, eine affektive und eine Verhaltenskomponente (ebd.);
- »Einstellungen« aus der humanistischen Psychologie und die darauf basierende Vorurteilsforschung (Allport 1974; 1971);
- »Habitus« als Konstrukt aus der Soziologie, insbesondere geprägt von Bourdieu (1996), verstanden als durch Erfahrungen gebildete Schemata des Denkens und Wahrnehmens, dementsprechend auch des Handelns sowie von Werten (oder auch persönlichen Präferenzen, des Geschmackes etc.) und damit auch des Bewertens; »Habitus« als Prinzip allen menschlichen Handelns, als ein Spiel- und praktischer Sinn, nicht als ein intentionales Bewusstsein beschrieben;
- »Mentale Repräsentationen«, die die kognitive und damit bewussten Anteile Pädagogischer Grundhaltung beschreiben (Strohmer et al., 2014).

In aktuellen Fachdiskursen der Kindheitspädagogik lässt sich ob der Uneindeutigkeit und entsprechend indifferent vorgenommenen Verwendungen der Termini aktuell ein Bemühen um Klärung des viel strapazierten Begriffes »Haltung« (Schwer et al. 2014) erkennen. Der Entwurf eines theoretischen Modells von Schwer et al. (ebd.) auf Grundlage vorliegender Befunde zu pädagogischen Orientierungen, kognitiven Repräsentationen und subjektiven Theorien und der Theorie der Persönlichkeits-System-Interaktion von (PSI-Theorie) von Kuhl (2001), konnotiert als Voraussetzung einer professionellen Haltung »viele verschiedene, objektiv messbare (Selbst-)Kompetenzen [...] und vor allem ein »integrationsstarkes Selbst«, das es den Pädagoginnen und Pädagogen z.B. ermöglicht, trotz vieler konträrer Anforderungen und rasch veränderlicher Kontextbedingungen in vielen Situationen flexibel und selbstkongruent zu handeln« (ebd., S. 216). Fröhlich-Gildhoff et al. (2014b) heben die handlungsleitende Wirkung von Orientierungen heraus und die Notwendigkeit einer »(forschungs-)methodisch fundierten Reflexions- und Selbstreflexionsfähigkeit […], die damit ein wesentlicher Motor pädagogischer Handlungskompetenz« (ebd., S. 23) ist. Beiden Modellen gemeinsam ist zum einen die Unterscheidung zwischen persönlicher und professioneller Kompetenz, die nicht zwingend identisch sein müssen und weiterhin die – bei aller Stabilität – potenzielle Veränderbarkeit und Weiterentwicklung einer professionellen (pädagogischen) Haltung.

Im Qualifikationsrahmen der Robert-Bosch-Stiftung (2008) wird im Sinne eines professionellen Habitus insbesondere die Rückbindung der Reflexion von pädagogischen Settings und Situationen an empirische Erkenntnisse hervorgehoben (ebd., S. 97 ff.). In der Kompetenzexpertise für das BMFSFJ (Fröhlich-Gildhoff et al. 2014a) wird dies im Sinne professioneller Kompetenz, die durch den reflektierten, d.h. auf Erfahrungen im professionellen und persönlichen Kontext wie auf wissenschaftstheoretische Erkenntnisse rekurrierenden Umgang mit genereller wie situativer Unsicherheit gekennzeichnet ist, um das Moment der systematischen Selbstreflexion, die die biografische Dimension einbezieht, erweitert (vgl. ebd., S. 8 ff.). Spannungen können entstehen, wenn Erfahrungen in der Praxis als inkongruent oder von der eigenen Haltung abweichend erlebt werden. Gleichermaßen liegen in diesen Spannungen Potenziale der Weiterentwicklung der professionellen wie persönlichen Orientierungen, sofern sie in systematische Reflexion münden.

Bislang nicht ausreichend thematisiert bzw. empirisch gefasst werden in diesen kindheitspädagogischen Diskursen die unbewussten Anteile von Haltung, der Zusammenhang von Haltung und Wahrnehmung sowie die Faktoren, die Haltung in Handlung münden lassen.

Die hier aufgeführten Aspekte von Haltung bzw. genauer: Pädagogischer Grundhaltung lassen sich in folgendem Schaubild zusammenführen:

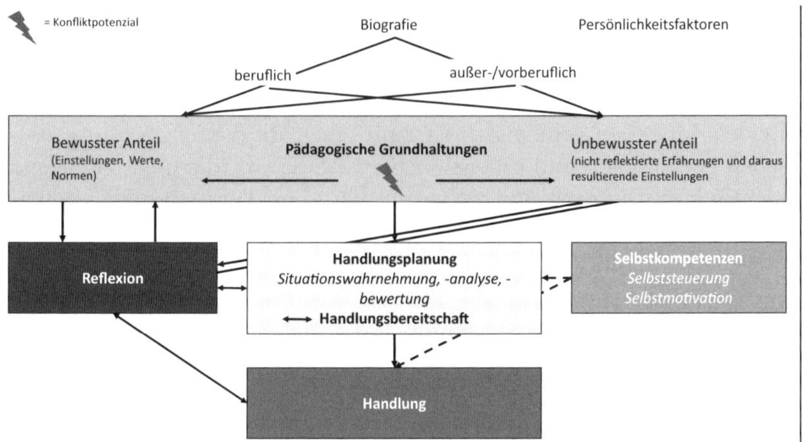

Abb. 17: Pädagogische Grundhaltung (Quelle: eigene Darstellung)

Pädagogische Grundhaltungen sind geprägt durch vor/außerberufliche sowie berufliche biografische Erfahrungen. Im Sinne professioneller Kompetenz sind die »Haltungen« nicht a priori als pädagogisch zu klassifizieren, sondern werden dies erst durch systematische Reflexion biografischer Prägungen und deren Kontrastierung mit theoretischen wie empirischen Erkenntnissen (vgl. Fröhlich-Gildhoff/Nentwig-Gesemann/Pietsch 2011, S. 18 ff.).

Die – z.T. in Sekundenschnelle erfolgende – Handlungsplanung von pädagogischen Fachkräften als Grundlage von Handlungsbereitschaft und dann des eigentlichen Handelns erfolgt anhand von teilweise fachlich begründbaren, teilweise anhand von biografisch begründeten Orientierungen. Für die nicht im professionellen Kontext entwickelten handlungsleitenden Orientierungen besteht die Herausforderung, diese der Reflexion zugänglich zu machen und weiterführend in modifiziertes Handeln münden zu lassen.

So können pädagogische Fachkräfte in einem derartigen Spannungsfeld zwischen fachlich angemessenem Agieren und subjektiven Orientierungen mit starken Emotionen konfrontiert werden. Pädagogische Grundhaltungen sind dementsprechend nicht zwingend »automatisch« durch v.a. auf Wissen ausgerichtete Weiterbildungsangebote zu beeinflussen. Sie fußen oft »tiefer als erworbene Wissensbestände« (ebd., S. 32), sind gleichermaßen dennoch veränderbar (vgl. ebd.). »Pädagogische Fachkräfte scheinen sich demgemäß nach abgeschlossener Berufsausbildung wieder vordergründig an biographisch geprägten subjektiven

Vorstellungen und Überzeugungen zu orientieren (Dippelhofer-Stiem 2000). Die Entwicklung einer professionellen pädagogischen Haltung ist demnach im Kontext des gesamten Lebenslaufes und der individuellen Biographie der jeweiligen (zukünftigen) pädagogischen Fachkraft als Bildungsprozess zu sehen« (Prinz/Teuscher/Wünsche 2014, S. 32).

Wahrscheinlich stehen auch Selbstkompetenzen wie Selbstmotivation und Selbststeuerung in einem Zusammenhang mit Handlungsbereitschaften, aber auch der Pädagogischen Grundhaltung an sich, wie Ergebnisse von Schwer et al. (2014) nahelegen. Dieser Aspekt muss näher untersucht werden.

Ungeklärt ist noch die Frage, ob sich bei einer Person/Fachkraft eine generalisierte Pädagogische Grundhaltung identifizieren lässt – oder ob sich für verschiedene Themen oder Bereiche (bspw. zum »Bild vom Kind«, zum Thema Diversity, zur Zusammenarbeit mit Eltern etc.) verschiedene, möglicherweise auf einen »Kern« bezogene Grundhaltungen erkennen und nachweisen lassen.

1.4.2 Kompetenz(en) im Spiegel von Qualitätsentwicklung und -sicherung

Nachdem die besondere Bedeutung der inneren Einstellung, bzw. pädagogischen Haltung, für die Erreichung hochwertiger Arbeit herausgestellt wurde, werden im folgenden Diskurse um Qualität in der Kindheitspädagogik und der Zusammenhang mit Kompetenz beleuchtet.

Kindheitspädagogische Qualität: Zugänge und Entwürfe

Qualität kann definiert werden als »Grad, in dem ein Satz inhärenter Merkmale Anforderungen erfüllt« (Din EN ISO 9000–2000, Punkt 3.1.1, S. 20). Die Logik dieser weitgefassten Definition offeriert unterschiedliche Zugänge zur Bestimmung von Qualität und somit auch die Berücksichtigung differierender Perspektiven.

Diskurse um Qualität wie auch um systematische Qualitätsentwicklung und -sicherung sind in der Kindheitspädagogik hervorgehoben seit den späten 1990er Jahren erkennbar. Dies lässt sich zum einen ablesen an der vom Bundesministerium für Familie, Senioren, Frauen und Jugend 1999 gestarteten Nationalen Qualitätsinitiative (NQI), welche zum Ziel hatte in 5 Teilprojekten Qualität in der Kindheitspädagogik zu bestimmen und Möglichkeiten der Evaluation bereitzustellen (Fthenakis/Hanssen/Oberhuemer 2003; Preissing/Heller 2003; Strätz et al. 2008; Tietze/Viernickel

2016). Neben diesem Diskursstrang ist ein weiterer zu erkennen, der die Bemessung von Qualität fokussierte und Zusammenhänge analysierte zwischen der Qualität der Kindertageseinrichtung in den Bereichen der Struktur, der pädagogischen Orientierungen und der Gestaltung der Prozesse sowie der Entwicklung der Kinder (Tietze 1998).

Diese beiden Stränge – die Vorgehensweisen im Rahmen der NQI sowie die erste umfangreiche Evaluation pädagogischer Arbeit in Kindertageseinrichtungen von Tietze – weisen die Gemeinsamkeit eines fachlich-normativen Rahmens als Ausgangspunkt der Erbringung bzw. Bemessung von Qualität auf. In der Untersuchung von Tietze wurde zur Bestimmung der Güte der Prozessqualität, d.h. der Interaktion der pädagogischen Fachkräfte mit den Kindern sowie der Gestaltung der Umwelt der Kinder durch die pädagogischen Fachkräfte, die Kindergarten-Einschätz-Skala (Tietze/Schuster/Roßbach, 1997) eingesetzt. Diese entsprach weitestgehend der Übersetzung einer 1980 publizierten Skala aus den USA von Harms und Clifford.

Die Entwicklung der Qualitätskriterien und Evaluationsvorgehensweisen im Rahmen der NQI wurden je nach Teilprojekt unterschiedlich vorgenommen. Der nationale Kriterienkatalog rekurrierte zum einen auf theoretische und empirische Kenntnisse der Kindheitspädagogik und bezog zum anderen über Fragebögen bundesweit 250 Projekteinrichtungen ein (Tietze/Viernickel 2016). Die Qualitätsbestimmung im Situationsansatz erfolgte hingegen über die Entwicklung von Qualitätskriterien auf Basis von Leitbild und konzeptionellen Grundsätzen mit 17 Kitas bzw. 220 Fachkräften in einem dialogisch angelegten Prozess (Preissing/Heller 2003).

Erkennbar wird hier die unterschiedliche Herangehensweise zur Bestimmung von Qualität: In der Untersuchung von Tietze (1998) wurden fachliche Kenntnisse als Grundlage herangezogen, in der Entwicklung des Kriterienkataloges (Tietze/Viernickel 2016) die pädagogischen Fachkräfte per Bogen befragt – also durch eine als unidirektional zu charakterisierende Kommunikation – und im Rahmen des Situationsansatzes, entsprechend in diesem Ansatz vorzufindender konzeptioneller Grundannahmen, der Prozess dialogisch konzipiert. Mit anderen Worten: Die in der obigen Definition als konstitutiv für Qualität genannten Anforderungen wurden erst im letztgenannten Projekt zur Qualität im Situationsansatz auch konsequent unter Einbezug der Perspektive der pädagogischen Fachkräfte entwickelt und bestimmt.

Als drittes ist bezüglich der Konzeptualisierung von Qualität – neben des Rekurses auf Fachwissen und dementsprechend vorgenommener und einzuhaltender fachlicher Normen, sowie der Entwicklung von Qualität in einem dialogischen Prozess – die Systematisierung des Gesamtprozesses wie auch von Einzelaspekten als Bedingung auszumachen. Solcherlei Ansätze waren zu Beginn der Qualitätsdiskurse nicht in bereits vorgenommenen kindheitspädagogisch fachspezifischen Bettungen vorhanden, sondern in Konzepten, die den Anspruch hatten, professionsübergreifend anwendbar zu sein, so z.B. die DIN EN ISO 9000–2000 ff. oder der EFQM-Ansatz. Derartige, die Qualitätsentwicklung systematisierende Ansätze bargen allerdings für die kindheitspädagogische Praxis den Nachteil, dass die dortige Terminologie der Übersetzung wie auch der feldspezifischen Anpassung bedurfte. Beispiele für eine kindheitspädagogische Adaption liegen für die DIN EN ISO 9000–2000 ff. unter anderem mit dem KTK-Gütesiegel des Caritas Bundesverbandes vor. Für den EFQM-Ansatz wird der Prozess der Transformation und Anwendung in der Startphase der Qualitätsentwicklung bei KLAX beschrieben (Bostelmann/Metze 2000)[7].

Die dialogischen, fachlich normativen und systematisierenden Vorgehensweisen lassen sich folgendermaßen zusammenführen:

Interaktive Dimension	**Fachliche Dimension**	**Organisationale Dimension**
Dialogisches Konzept: • *Kronberger Kreis* • *Qualität im Situationsansatz (Preissing)*	*Normativ-individualistisches und fachlich-normatives Konzept:* • *Nationaler Kriterienkatalog* • *KES-R*	*Organisationales Konzept:* • *DIN EN ISO 9000 ff.* • *EFQM*
Auseinandersetzung der am Prozess Beteiligten steht im Mittelpunkt	Fachwissenschaftliche Werte stehen im Mittelpunkt	Prozess der Produkterstellung und Leistungserbringung steht im Mittelpunkt

7. Im Schulbereich wurde von Rausch, Schwendemann und Howoldt (2013) die Anwendung des EFQM-Modells aufgezeigt.

Interaktive Dimension	Fachliche Dimension	Organisationale Dimension
Qualität umso höher, je besser es gelingt, die unterschiedlichen und sich ständig verändernden Erwartungen einzubeziehen, zusammenzuführen bzw. auszugleichen	Qualität umso höher, je besser es den Mitarbeiterinnen und Mitarbeitern gelingt, die fachlichen Vorgaben zu erfüllen	Qualität umso höher, je besser es gelingt, klare und transparente Strukturen zu schaffen unter Einbezug der Bedürfnisse und Erwartungen
Teilaspekte: • Kunden sind nicht immer eindeutig zu identifizieren • Kunden wirken bei der Erbringung der Leistung mit • Unbestimmtheit hinsichtlich der Aspekte, die Kunden bewerten können	Teilaspekte: • Einhaltung hoher pädagogischer Standards • Einhaltung gesetzlicher Vorgaben • Erfüllung des Zweckes	Teilaspekte: • stringenter Prozess von den Leitlinien über die Ziele und das Leistungsangebot hin zu Standards, Dokumentation und Evaluation

Tabelle 7: Dimensionen von Qualität (Quelle: eigene Darstellung)

In der Zusammenführung der Dimensionen lässt sich für die Entwicklung von Qualität in Kindertageseirichtungen somit attestieren: »Die Gesamtqualität einer Einrichtung ist umso höher, je besser es gelingt, die unterschiedlichen Erwartungen und Wünsche aller Interessenspartner zu vermitteln und diese im Rahmen einer optimalen Organisationsstruktur und unter Einhaltung einer möglichst hohen Fachlichkeit umzusetzen« (Erath/Amberger 2000, S. 41).

Kindheitspädagogische Kompetenz: Modell und Kontextualisierung mit Qualitätsdimensionen

Aus der Tabelle geht eine weitere, bisher nicht genannte Form der Qualitätsentwicklung hervor: die normativ individualistische, die die Subjektposition mit ihren individuellen Vorstellungen von pädagogischer Fachlichkeit konnotiert. Diese lässt sich u.a. in dem Konstrukt der

Orientierungsqualität finden, definiert als Summe von Vorstellungen der pädagogischen Fachkräfte über das Wesen des Kindes und der kindlichen Entwicklung, als Summe individueller Werte und Überzeugungen der pädagogischen Fachkräfte sowie Auffassungen von pädagogischer Qualität in Kindertageseinrichtungen (Tietze 1998; Viernickel 2006). Zu differenzieren ist hier zwischen den intraindividuellen Einstellungen und Überzeugungen der einzelnen pädagogischen Fachkraft und den interindividuellen, gemeinsamen und im Team geteilten Einstellungen und Überzeugungen. Diese Überzeugungen finden sich in der weiter oben thematisierten Haltung wieder und sind nicht zwingend reflektiert, bilden jedoch den Referenzrahmen pädagogischen Handels und weisen als »Alltagstheorie« (Kruthaup 2004, S. 118), die pädagogisches Handeln beeinflusst und als entscheidendes Moment hinsichtlich Veränderung und Weiterentwicklung stabilisierend wirkt (vgl. ebd., S. 118), Relevanz auf.

Waren Diskurse in der Kindheitspädagogik eine Dekade und länger zurückliegend deutlich von der Qualitätsthematik geprägt, so heben aktuelle Debatten in der Kindheitspädagogik unter anderem die Bestimmung von kindheitspädagogischer Professionalisierung, die entsprechend zugrunde zu legenden Qualifikationen und insbesondere die fachspezifischen Kompetenzen hervor, welche sich in dem Kompetenzmodell von Fröhlich-Gildhoff, Nentwig-Gesemann, Pietsch, Köhler und Koch (2014, S. 22)[8] darlegen lassen.

Zwischen diesen beiden thematischen Strängen sind inhaltliche Verknüpfungen vorhanden. Das Kompetenzmodell weist zentrale Aspekte des Qualitätsdiskurses auf:

8. Dies spiegelt sich u.a. in der Arbeit und den Publikationen der Weiterbildungsinitiative Frühpädagogische Fachkräfte (WiFF) wider (http://www.weiterbildungsinitiative.de/).

Konzeptualisierungsaspekte von Kompetenz	**Konzeptualisierungsaspekte von Qualität**
Performanz im Sinne von Handlungsvollzug: • Handlungsplanung, Handeln in der Situation sowie Analyse und Evaluation	Prozessqualität: • Gestaltung der Interaktion mit dem Kind und Gestaltung der Umwelt des Kindes • Zusammenarbeit mit Eltern und Familien • Möglichkeiten der Erfahrungen, die ein Kind wie dessen Familienmitglieder in einer Einrichtung machen können • Zusammenarbeit im Team • Zusammenarbeit in Netzwerken
Kontextfaktoren und Rahmenbedingungen	Strukturqualität: • institutionelle Bedingungen der Kindertageseinrichtung bzw. die situationsunabhängigen, zeitlich stabilen Rahmenbedingungen (z.B. Gruppengröße, Personalschlüssel, Öffnungszeiten, Arbeitszeiten und Zeiten der Vor- und Nachbereitung pädagogischer Arbeit, Räumlichkeiten, Finanzierung, Träger)
Ebene der Disposition: • fachspezifisches, theoretisches Wissen • habituelles und reflektiertes Wissen • Situationswahrnehmung und -analyse • Motivation • Handlungspotenziale (methodische Fertigkeiten) • soziale Fähigkeiten • (forschungs-)methodisch fundierte Praxis- und Selbstreflexion	• als Merkmale der Strukturqualität im Sinne formal erworbener Qualifikation pädagogischer Fachkräfte • als Merkmale der Orientierungsqualität im Sinne pädagogischer Orientierungen und kognitiver Repräsentationen (z.B. Orientierung an einem spezifischen pädagogischen Ansatz und damit auf entsprechende anthropologische Grundannahmen, auf dezidierte Zielsetzungen und daraus abgeleiteter methodischer Vorgehensweisen)

Haltung (Habitus): • durch Erfahrungen gewonnenes und bestätigtes wie verinnerlichtes Wissen über die eigene Praxis (Nentwig-Gesemann 2008, S. 256) und • kritische wie systematische Reflexion der eigenen Praxis auf der Grundlage von Theorien und empirischen Erkenntnissen (ebd.)	• als Merkmal der Orientierungsqualität

Tabelle 8: Qualität und Kompetenz (Quelle: eigene Darstellung)

Beispiel

Bezüglich der Entwicklung einer qualitativ hochwertigen Praxis kann dabei ein Spannungsfeld zwischen fachlich-normativen Aspekten und subjektiven, in der eigenen Biografie verankerten Einstellungen entstehen – pädagogisches Handeln wird damit als widersprüchlich und spannungsreich erlebt. Dies zeigt sich an unterschiedlichen konkreten Handlungsanforderungen, z.B.

- einerseits die im Leistungsangebot einer Kindertageseinrichtung vorgesehene Aufnahme von Kindern unter einem Jahr; andererseits eine ggf. ablehnende Einstellung der pädagogischen Fachkräfte, da Kinder letztlich nicht bereits in einem derartig jungen Alter aufgenommen werden sollten und dennoch professioneller Anspruch ist, mit dem Kind wie mit den Eltern eine positiv getönte Zusammenarbeit zu gestalten;
- einerseits eine Öffnungszeit bis 17.00 Uhr; andererseits ein Abholen des Kindes von Seiten der Mutter, die erst zu diesem Zeitpunkt kommt, aber bereits um 14.00 Uhr Feierabend hatte und statt das Kind bereits abzuholen, noch Kaffee trinken war; dies mag auf eine Einstellung treffen, die das Zusammensein der Mutter mit dem Kind für wichtig erachtet und das Agieren der Mutter als nicht ausreichende Bereitschaft des Zusammenseins mit dem Kind bewertet;
- in Essenssituationen mit Kindern: »Beginnt ein Kind beispielsweise während des Mittagessens mit seinem Löffel und Kartoffelbrei zu experimentieren, gilt es für die pädagogische Fachkraft abzuwägen

zwischen der Aufrechterhaltung institutioneller Abläufe (das Mittagessen kann nicht ewig dauern), gesundheitlichen Aspekten (das Kind soll den Kartoffelbrei essen, nicht damit spielen), biographischen Erfahrungen und Prägungen (mit dem Essen spielt man nicht), dem Forscherdrang und Bildungsbedürfnis des Kindes (das Kind experimentiert mit der Haptik eines bislang unbekannten Materials) sowie den Bedürfnissen der Kindergruppe (andere Kinder, die noch am Tisch sitzen, fordern die Aufmerksamkeit der Fachkraft ein). In immer wieder neu zu treffenden Handlungsentscheidungen, müssen sich also professionelle Pädagogen entsprechend ihren unterschiedlichen Handlungsmöglichkeiten positionieren« (Prinz/Teuscher/Wünsche 2014, S. 31).

Entscheidungen werden demnach von pädagogischen Fachkräften anhand von teilweise fachlich begründbaren, teilweise anhand von biografisch begründeten Orientierungen getroffen. Für die nicht im professionellen Kontext entwickelten handlungsleitenden Orientierungen besteht die Herausforderung, diese der Reflexion zugänglich zu machen und vor allem in modifiziertes Handeln münden zu lassen. So formulierte eine Fachkraft in einer Fortbildungsveranstaltung zum Abschluss der Reflexion der im Beispiel beschriebenen Kartoffelbreisequenz, dass sie weiterhin Kinder zum richtigen Essen anregen und Experimentieren mit Essen verbieten werde, da ein derartiges Spiel bei ihr Ekel hervorriefe.

Dies zeigt, dass pädagogische Fachkräfte in einem derartigen Spannungsfeld zwischen fachlich angemessenem Agieren und subjektiven Orientierungen mit starken Emotionen konfrontiert werden können. Handlungsleitende Orientierungen sind dementsprechend nicht zwingend durch Weiterbildungsangebote zu beeinflussen, fußen oft »tiefer als erworbene Wissensbestände« (ebd., S. 32), sind gleichermaßen dennoch veränderbar (vgl. ebd.). Insbesondere sind in diesem Kontext Erkenntnisse über den Berufseinstieg zu nennen: Wurden in der Ausbildung ideale Vorstellungen bezüglich der Arbeitens mit Kindern und Eltern generiert, so tritt mit Eintritt in das Berufsleben ein »Praxisschock« ein (Dann et al. 1978; Müller-Fohrbrodt et al. 1978; Ulich 1998) und die idealistischen Vorstellungen weichen konservativeren Orientierungen und Einstellungen (Strohmer et al. 2012). »Pädagogische Fachkräfte scheinen sich demgemäß nach abgeschlossener Berufsausbildung wieder vordergründig an biografisch geprägten subjektiven Vorstellungen und Überzeugungen zu orientieren (Dippelhofer-Stiem 2000). Die Entwicklung einer professionellen pädagogischen Haltung ist demnach im Kontext des gesamten Lebenslaufes und der individuellen Biographie der jeweiligen (zukünftigen) pädagogischen Fachkraft als Bildungsprozess zu sehen« (Prinz/Teuscher/Wünsche 2014, S. 32).

Im Kontext von Qualitätsmanagement, d.h. der Entwicklung und Sicherung einer qualitativ hochwertigen Pädagogik, lassen die Aspekte der handlungsleitenden Orientierungen aus den Diskursen um kindheitspädagogische Kompetenz erkennen, dass im Sinne der eingangs aufgeführten Definition von Qualität die Anforderungen an eine Dienstleistung – hier: des kindheitspädagogischen Handelns – biografisch begründete Bestimmungsmomente beinhalten können. In diesem Sinne sei abschließend nochmals auf das Philip B. Crosby zugeschriebene Zitat verwiesen: Die innere Einstellung der pädagogischen Fachkräfte ist zentrales Konstitutivum für die Vorstellungen und Erbringung kindheitspädagogischer Arbeit. Mit diesen Einstellungen ist über die gesamte berufliche Biografie zu arbeiten. Hierin bestehen nicht nur für die pädagogischen Fachkräfte selbst, sondern ebenfalls für Leitungen, Weiterbildungsanbieter und Ausbildungsorte, zentrale Handlungsanforderungen. Als Anforderung an Qualitätsmanagementsysteme ist zu erkennen, dass diese zum einen die Teilhabe der pädagogischen Fachkräfte an der Konzeptualisierung pädagogischen Handelns vorzusehen haben und zum anderen systematische Optionen der Reflexion eigenen Handelns offerieren.

1.5 Studien – Wissenschaftlich abgesicherte Erkenntnisse zur Thematik der Leitung von Kindertageseinrichtungen

»Erkennen ist der Weg, um es uns zum Gefühl zu bringen, dass wir bereits etwas wissen: also die Bekämpfung eines Gefühls von etwas Neuem und Verwandlung des anscheinend Neuen in etwas Altes.« (Friedrich Wilhelm Nietzsche)

Die Ausbildungs- und Berufssituation von Leitungen im Bereich der Kindheitspädagogik ist bisher nur in geringem Maße Gegenstand wissenschaftlicher Forschung. Zwar liegen Studien im Bereich Sozialmanagement vor, doch nur vereinzelte Studien, die spezifisch die Leitung von Kindertagesstätten zum Gegenstand haben (Nentwig-Gesemann/Nicolai/Köhler 2016, S. 4) – gleichwohl diese Forschungslücke bereits 13 Jahre zuvor benannt wurde (Garske 2003, S. 23). Dieser Umstand ist zudem irritierend, weil der Leitung von Kindertageseinrichtungen eine zentrale Funktion zugesprochen wird und die Rolle von Leitungskräften einer »Schlüsselposition« (Autorengruppe Fachkräftebarometer 2014, S. 35) gleichkommt.

Gemindert wurde diese Lücke in den Folgejahren unter anderem durch

- den Wegweiser der Weiterbildungsinitiative Frühpädagogische Fachkräfte zum Thema Leitung in Kindertageseinrichtungen und die darin enthaltene Expertise von Strehmel und Ulber (2014),
- die Studie von Nentwig-Gesemann, Nicolai und Köhler (2016),
- die Bestandsaufnahme zu Leitungen von Kindertageseinrichtungen von Lange (2017) sowie
- die Befragungen zur Wertschätzung und Anerkennung von Kitaleitungen BeWAK (Wolters Kluwer 2015, 2016) bzw. DKLK-Studie (Wolters Kluwer 2017).

Bedeutsam erscheint hierbei, dass zwar durch den Wegweiser der Weiterbildungsinitiative Frühpädagogische Fachkräfte (2014) ein Berufsprofil für die Leitung einer Kindertagesstätte konturiert wurde, hingegen eine systematische Verankerung in der Fachschulausbildung wie auch an Hochschulen der angewandten Wissenschaften nicht erkennbar wird. Eine Ausnahme im Rahmen akademischer Qualifizierungsmöglichkeiten stellt der Bachelor-Studiengang »Bildungs- und Sozialmanagement« der Hochschule Koblenz-Remagen dar, der mit dem expliziten Schwerpunkt »Frühe Kindheit« aufwartet.

Eine Erzieher/innenausbildung reicht angesichts der Komplexität der Anforderungen und Aufgaben bei Weitem nicht aus, um eine Leitungsfunktion zu übernehmen. Dementsprechend herrscht bei vielen Leitungen hinsichtlich ihres Berufsprofils Orientierungslosigkeit (ebd., S 29, 38).

Bereits vorhandene, relevante Studien zum Thema Leitung in pädagogischen Berufsfeldern werden im Folgenden exemplarisch vorgestellt.

Studie KiTa-Leitung als Schlüsselposition (Nentwig-Gesemann/Nicolai/Köhler 2016)

Ein differenzierteres Bild von Leitung von Kindertageseinrichtungen ergibt die qualitative Studie von Nentwig-Gesemann, Nicolai und Köhler (2016). Im Rahmen von insgesamt 16, in jedem Bundesland geführten Gruppendiskussionen mit Kita-Leitungen, wurden anhand vorzufindender Dilemmata im Leitungsalltag bestimmte Typen des Leitens generiert.

Allgemein konnte anhand der Befragungen festgestellt werden, dass sich Leitungen von Kindertagesstätten, in einem komplexen Gefüge bewegen, welches geprägt ist von »Fremd- und Selbstzuschreibungen« (ebd., S. 15) und den damit verbundenen Erwartungen bezüglich Aufgaben und Kompetenzen. Zwischen »strukturell bedingten bzw. begrenzten Realisierungspotenzialen ihrer beruflichen Aufgaben« (ebd., S. 15) und den eigenen Orientierungen und daraus resultierenden Handlungsmustern, zeigen sich gemeinsame Erfahrungsräume des Alltags und gleichfalls unterschiedliche Umgangsweisen mit diesen Gegebenheiten. Nentwig-Gesemann et. al (2016) extrahieren 3 Dilemmata, die sich aus dem Alltagsgeschehen für Leitungskräfte in Kindertagesstätten ergeben und 3 sinngenetische Typen, deren Aushandlungen und Reaktion mit den vorzufindenden Dilemmata unterschiedlich verlaufen.

Zunächst wurden Umsetzungsdilemmata identifiziert, die durch eine steigende Anzahl an Aufgaben, durch zunehmende Komplexität, durch hohe Erwartungen von außen an die gesamte Kita und an die Leitung sowie durch hohe eigene Ansprüche hervorgerufen werden. Dies trifft auf unzureichende Rahmenbedingungen, die in der FBBE vorzufinden sind und weitgehend unverändert bleiben. Die wahrgenommene Schnelllebigkeit wird von den Leitungen als Belastung empfunden und die Erfüllung der anstehenden Aufgaben ist teilweise »nur noch unter Mobilisierung all ihrer Kräfte möglich« (ebd., S. 18). Die Verausgabungsneigung, das Gefühl selbst primär verantwortlich zu sein, ein schlechtes Gewissen zu haben und an der eigenen Kompetenz zu zweifeln, stellt dabei eine Orientierung dar, die im Kontext der Fülle an Aufgaben besonders deutlich zu Tage tritt. Das Gefühl den Erwartungen nicht entsprechen zu können, ist besonders prägend für Leitungen, die gleichzeitig im Gruppendienst tätig sind. Dabei wird von Leitungen i.d.R. versucht, das Umsetzungsdilemma nicht nach außen zu tragen, sondern die Anforderungen selbstständig zu bewältigen (vgl. ebd., S. 20). Die Unterstützungsfunktion des Trägers beispielsweise hat aber eine wichtige Funktion im Umgang mit der Realisierung der herangetragenen Aufgaben (vgl. ebd., S. 20). Systematische Lösungen könnten durch die Nicht-Adressierung von Träger, Eltern und Team blockiert werden. Die Belastung wird als »persönlich zu (er-)tragendes und nicht als strukturell bzw. systemisch zu lösendes Problem« (ebd., S. 23) wahrgenommen. Dieses Orientierungsmuster zeigt sich verstärkt für den Typ der Fürsorglichkeit. Als starke Belastungsfaktoren werden insbesondere das in der Gesellschaft vorzufindende »Anerkennungsdefizit« (ebd., S. 16) und die Gratifikation des Berufsfeldes erlebt. Die Leitungen investieren im Zuge ihres eigenen professionellen Verständnisses viel, auch außerhalb der offiziellen Arbeitszeiten und dies steht nicht in angemessenem Verhältnis zur gewünschten »Gegenleistung« (ebd., S. 22). Es zeigt sich die Verbindung des Anerkennungsdefizits mit der Verausgabungsneigung, die sich wiederum besonders ausgeprägt für den »Leitungstyp der Fürsorglichkeit« (ebd., S. 21) zeigt.[9]

Weiter wird ein Ringen um ein klares Aufgabenprofil deutlich, insbesondere wenn »keine spezifische und explizit angestrebte Leitungsprofilierung vorliegt« (ebd., S. 25) oder auch der Träger in den Aufgabenbeschreibungen zu unklar bleibt. Damit verbunden ist die Unsicherheit hinsichtlich einer ausreichenden Qualifizierung für die Funktion. Die Leitungen berichten ein Passungsdilemma, welches durch Erwartungen von außen und auf der anderen Seite durch das eigene Professionsverständnis aufkommt. Die Nicht-Passung gestaltet sich entsprechend des eigenen Professionsverständnisses unterschiedlich.

Z.B. betont der Leitungstyp »Fürsorglichkeit« Aufgaben der Verwaltungsebene negativ, pädagogische Themen und die Anleitung der Mitarbeitenden hingegen positiv. Darin sehen die befragten Leitungen gleichfalls die eigentliche anspruchsvolle Aufgabe, für die sie gerne mehr Zeit hätten. Beklagt wird, dass für das, was man tut, die eigenen Kompetenzen nicht immer ausreichend sind und für das, was man kann, nicht ausreichend Zeit bleibt (vgl. ebd., S. 27).

Der Leitungstyp »Management« hingegen verortet sich stärker auf der strukturellen Ebene. Es wird eine »hierarchisch übergeordnete Position« geschaffen, weshalb sich das Passungsdilemma auf umgekehrte Weise ergibt. Verwaltungsaufgaben werden als das Kerngeschäft von Leitung wahrgenommen. Konflikte, Elterngespräche oder Themen, die pädagogischer Art sind, werden häufig als störend empfunden, die von der eigentlichen Aufgabe ablenken, aber von außen an sie herangetragen werden (vgl. ebd., S. 38).

Schließlich ergibt sich für die Basistypik ein Orientierungsdilemma, welches sich »auf der Ebene des Impliziten und Habituellen« (ebd., S. 17) befindet. Es kommt zu »krisenhaften Erfahrungen der eigenen Orientierungs-

9. Dies wird ebenfalls unterstrichen durch die Befragung im Rahmen der DKLK-Studie 2017, bei der 76 % der befragten Leitungskräfte der Meinung sind, »die Gesellschaft glaube, in der Kita werde nur gebastelt und gespielt« (Wolters Kluwer 2017, S. 9). Viernickel et al. (2014) weisen bereits darauf hin, dass 83 % der von ihnen befragten Leitungskräfte in Kindertagesstätten eine »berufliche Gratifikationskrise« (Viernickel et al. 2014, S. 45) erleben. Ihre Arbeit als ausgeglichen erleben nur 17 % der Leitungen, die das, was sie hineingeben im Einklang empfinden, zu dem was an sie zurückgegeben wird (ebd.). Interessant sind in diesem Kontext ebenfalls die Ergebnisse der AQUA- Studie, die vorerst bezogen auf pädagogisches Personal allgemein, eine Gratifikationskrise ausmachet, in diesem Zuge jedoch noch höhere Werte auf der »Anstrengungsskala« für die Leitungskräfte misst. Qualitative und quantitative Befragungen stärken demnach das Bild der Gratifikationskrise die speziell für die Leitungen präsent ist.

losigkeit bzw. der Verstrickung in widersprüchliche handlungsleitende Orientierungen« (ebd., S. 17). Dabei wird auf gewohnte »Muster des Denkens, Deutens und Handelns« (ebd., S. 17), zurückgegriffen, die mit den Erwartungen von außen oder auch dem eigenen Professionsverständnis der Leitungsrolle und Leitungskompetenz nicht zusammenpassen (vgl. ebd., S. 17 f).

Als dritter Leitungstyp wurde der Typ »Leadership« identifiziert, der wiederum 2 Ausprägungen aufweist. Zum einen wird ein teambezogener Leadershiptyp definiert, dessen Visionen sich durchaus auf die »Beziehungs- und Interaktionsqualität« (ebd., S. 42) der Einrichtung beziehen. Die Orientierung des Leitungstyps erfolgt eng an der pädagogischen Organisation, was für die Leitung eine hervorgehobene Position mit sich bringt und selbstwirksam umgesetzt wird (vgl., ebd., S 42). Trotz teambezogener Orientierung erfolgt eine professionelle Ausgestaltung der Leitungsrolle, die das Kompetenzerleben stärkt und Leitung tritt hier auch als pädagogisches Vorbild auf. Auf der anderen Seite wird der Typus Leadership in der Ausprägung einer strukturbezogenen Ausrichtung beschrieben. Zentral gestaltet sich die Leitung über den Fokus auf strukturelle Weiterentwicklung. »Visionen beziehen sich auf Veränderungen, die über das konkrete pädagogische Beziehungshandeln weit hinausgehen« (ebd., S. 43). Für beide Ausprägungen des Leitungstyp Leadership werden Umsetzungsdilemmata festgestellt, weil die schlechten Rahmenbedingungen trotz des Kompetenzerlebens immer wieder zu Frustration führen. Orientierungsdilemmata werden dagegen nicht ausgemacht. Ein professioneller Habitus scheint bei den Leitungen etabliert zu sein und sorgt in diesem Sinne für Sicherheit (vgl. ebd., S. 43).

Aus den Interviews ließen sich mittels der Dokumentarischen Methode als herangezogenes Auswertungsverfahren die zuvor schon angedeuteten 3 Typen von Leitung erkennen, die in Tabelle 9 nochmals überblicksartig zusammengefasst sind.

<table>
<tr><th>Typ Fürsorglichkeit</th><th>Typ Management</th><th colspan="2">Typ Leadership</th></tr>
<tr><td>Kita-Leitung als »verberuflichte« Mütterlichkeit</td><td>Kita-Leitung als Führung eines Unternehmens</td><td colspan="2">Kita-Leitung als pädagogische und Managementaufgabe</td></tr>
<tr><td>Kita als Familie – Fokus: Beziehungen –</td><td>Kita als Unternehmen – Fokus: Organisation und Funktionen –</td><td colspan="2">Kita als pädagogische Organisation – Fokus: Konzeption und Team</td></tr>
<tr><td>Paternalistisch-fürsorgliches Führungsverständnis</td><td>Effizient- bzw. leistungsorientiertes Führungsverständnis</td><td colspan="2">Effektivitätsorientiertes, an Fachlichkeit ausgerichtetes und partizipatives Führungsverständnis</td></tr>
<tr><td rowspan="3">Eher geringes Erleben von (professioneller) Handlungsautonomie und Selbstwirksamkeit</td><td rowspan="3">Auf Kita-Management fokussierte Handlungsautonomie und Selbstwirksamkeitsüberzeugung</td><td colspan="2">Auf Kita-Management und Pädagogik fokussierte Handlungsautonomie und Selbstwirksamkeitserleben</td></tr>
<tr><th>Untertyp: Strukturbezogenes Leadership</th><th>Untertyp: Teambezogenes Leadership</th></tr>
<tr><td>Visionäre, kreative und reflexive Leitung einer Organisation mit Fokus auf Strukturbezug</td><td>Pädagogisch-reflexive Leitung eines Teams mit Fokus auf Gruppenbezug</td></tr>
</table>

Tabelle 9: Typen von Leitung (Quelle: Nentwig-Gesemann et al. 2015, S. 9)

Zusammenfassend lässt sich ein reflektiertes Kompetenzprofil für Leitungen einer pädagogischen Institution mit doppelter Führungsverantwortung erkennen. Dies bezieht sich auf die Kindertageseinrichtung als Organisation und als pädagogischen Raum.

Studie zu Leitung und Wissen in Weiterbildungsorganisationen (Herbrechter 2011)

Die qualitative Studie von Herbrechter (2011) untersucht 11 Personen, welche eine Leitungstätigkeit ausüben. Im Sinne maximaler Kontrastierung wurden Leitungen ausgewählt, welche entweder über eine langjährige oder über sehr kurze Leitungserfahrung verfügen (ebd. S. 80). Ziel der Erhebung war es zu ergründen, welches Wissen die jeweiligen Leitungen über ihre professionelle Tätigkeit ansammeln (ebd. S. 78).

Unter anderem wurde hierbei deutlich, dass der leitungsspezifische Wissensbestand bei Personen mit langjähriger Leitungserfahrung größer ist, als bei Personen, welche erst seit Kurzem eine Leitungsposition innehaben. Erfahrung ist somit konstitutiv für Leitungswissen. Des Weiteren wurde die These generiert, dass Leitung sich von Organisation zu Organisation anders gestaltet.

Studie zu Leitung im Entwicklungsprozess organisationaler Lernfähigkeit (Feld/Meisel 2010)

Die zentrale Fragestellung dieser Studie betraf die Herausbildung von organisationalen Lernfähigkeiten innerhalb einer Weiterbildungseinrichtung (Feld/Meisel 2010, S. 136). Rahmenbedingungen wie Anforderungen an Leitung standen im Fokus. Ziel dieser Studie war es, ein »Anforderungsprofil mit einer dezidierten Charakterisierung von Anforderungsdimensionen und Anforderungsmerkmalen [zu entwickeln]« (ebd., S. 136).

Es wurden 24 Experteninterviews durchgeführt, die eine Hälfte der Interviews fand mit Leitungen öffentlicher Weiterbildungseinrichtungen statt, die andere mit Wissenschaftlern und Beratern mit Expertise in der Thematik.

Als Ergebnis lässt sich festhalten, dass die Leitung eine Schlüsselposition bei der Herausbildung organisationaler Lernprozesse innehat. Diese lassen sich durch die »zentrale Machtposition, den umfangreichen Aufgaben- und Verantwortungsbereich sowie umfassenden Informationszugang« erklären (ebd., S.137). Des Weiteren wurden 2 zentrale Funktionen der Leitung herausgestellt: Einerseits hat sie eine organisational-konstruierende Funktion, die »die Gestaltung der Einrichtung mit den entsprechenden strukturellen, strategischen und kulturellen Ausprägungen als lernendes System« (ebd., S 137) umfasst. Das Ziel ist es hierbei Rahmenbedingungen zu erschaffen, welche den Mitarbeiterinnen und Mitarbeitern möglichst viel Raum für Autonomie, Partizipation und Reflexion lässt. Andererseits hat die Leitung eine sogenannte personell-befähigende Funktion. Diese betrifft sämtliche zwischenmenschliche Interaktionen zwischen Leitung und den ihr unterstellten Mitarbeiterinnen und Mitarbeitern. In den Aufgabenbereich der Leitung fällt die Förderung der Mitarbeiter/innen in ihrer Motivation und ihrer Verantwortlichkeit für den eigenen Arbeitsbereich.

Hier lassen sich Bezüge zum Traineeprogramm von Fröbel e.V. herstellen. Es wird deutlich, wie wichtig die Leitung für das Gelingen der gesamten Institution ist und welch hohen Stellenwert es demnach hat, zukünftige Leitungen zu fördern, zu motivieren und vor allem gute Ausbildungsarbeit zu leisten.

Studie zu Berufsbild von Leitungen (Garske 2003)

Die qualitative Studie von Garske (2003) thematisiert das Berufsbild von Leitungen in Kindertageseinrichtungen. Garske (2003) differenziert in ihrer Arbeit unterschiedliche Typen von Leitungen. Auffällig hierbei war, dass sämtliche an der Studie teilnehmenden Leitungen, bis auf eine Ausnahme, dem Typus »Nicht-Leitung« entsprachen, welcher »sich durch ein Desinteresse an der Pädagogik bei gleichzeitig nicht-konstruktiven Lösungs- und Umgangsmustern« kennzeichnet (Garske 2003, S. 218). Ferner spricht sie vom »zentralen Problem der Orientierungslosigkeit der Leiterinnen bezüglich ihres Berufs- und Aufgabenprofils. Diese Orientierungslosigkeit wird von Leiterinnen, die zum einen über keine pädagogischen Ideen und Ziele verfügen und zum anderen eine Präferenz wenig konstruktiver Lösungsmuster mitbringen, durch die Konstruktion von Nicht-Leitungsformen gelöst« (ebd., S 128).

Die Schwierigkeit der Leitungstätigkeit lag damit nicht vorrangig im Managementbereich, sondern in fehlender pädagogischer Orientierung. Die untersuchten Leitungen wurden demnach als eher ungeeignet eingeschätzt. Als Erklärung wird herangezogen, dass die Wahl der Leitungstätigkeit eine Notlösung darstellt, um dem Alltag in den Kindertageseinrichtungen zu entfliehen. Perspektiven der Änderung finden sich in einer Anhebung des Qualifikationsniveaus, insbesondere in der Einrichtung eines Studienganges (Garske 2003).

Abschließend sei für Leitungen von Kindertageseinrichtungen ein Bild aus dem Bereich des Sports offeriert:

»Wie Sportfans wissen, wählt der Coach seine Spieler sorgsam aus, weist ihnen je nach individueller Stärke bestimmte Positionen und Funktionen zu und sorgt für intensives Training. Er wird sich auch bemühen, ein Team zu formen, einzelne Spielzüge und dem Gegner angepasste Strategien einzuüben. Er kann jedoch nicht jede Entwicklung in einem künftigen Spiel voraussehen und seine Leute im Detail darauf vorbereiten. Darüber hinaus ist seine Arbeit mit Beginn des Spiels im Wesentlichen beendet. Verbannt an den Rand des Spielfelds, hat er auch nicht die Möglichkeit, das Spielfeld aus dem jeweils relevanten Blickwinkel der Spieler zu sehen. Seine Entscheidungen wären inadäquat und zu langsam, er ist also dazu angehalten, der gemeinsamen Vorbereitung und der Selbstorganisation seiner Leute voll zu vertrauen« (Graf-Götz/Glatz, 1998, S. 113).

Zusammenfassend lässt sich für die aktuelle Situation, die sich für Leitungen von Kindertagesstätten ergibt, festhalten, dass die zeitlichen Rahmenbedingungen allgemein für einen Großteil nicht angemessen sind. Leitungsaufgaben können bei zu wenig zeitlichen Ressourcen nicht adäquat umgesetzt werden. Zweitens ergibt sich für die Rolle der Leitung ein stark unterschiedlicher Zugang bei nicht oder nur punktuell vorhandener Regelung der Zugangsqualifizierung zu dieser Funktion. Die Qualifizierung erfolgt häufig über die Fachschulausbildung, welche für die Leitungskompetenz und die vielfältigen Aufgaben von Leitung nicht ausreichend ist. Fort- und Weiterbildung wird stark in Anspruch genommen, weshalb ein Großteil der Kita-Leitungen vorbereitende Weiterqualifizierungen wahrnehmen. Die Befragungen des Kompetenzerlebens und die Erzählungen aus dem Alltag anhand qualitativer Interviews zeigen ein gemischtes Bild. Insbesondere auf die pädagogischen Themen bezogen fühlt sich ein Großteil der Leitungen kompetent, trotzdem zeigen sich Dilemmata, die der professionellen Ausübung der Leitungsrolle entgegenstehen. Die ungenügenden Rahmenbedingungen werden auch von den Leitungen genannt, die sich sicher und selbstwirksam in ihrer Position als Leitung erleben. Es zeichnet sich damit ein Handlungsbedarf ab, Leitung angemessen mit zeitlichen und personellen Ressourcen auszustatten. Ebenfalls wird es nötig sein der geleisteten Arbeit eine stärkere Anerkennung zukommen zu lassen. Die Forschungsergebnisse deuten darauf hin, dass die kompetente Ausgestaltung der Leitungsrolle immer wieder Unterstützung von außen erfordert.

2 Das persönliche Selbstverständnis als Kita-Leitung

Ausgehend von dem im vorangehenden Kapitel beschriebenen Kompetenzdiskurs und der zentralen Rolle der Haltung für die Erreichung hoher pädagogischer Qualität, stellen sich nun unterschiedliche Fragen:

- Reicht es, als gute Leitung sozusagen einen beschriebenen Aufgabenkatalog zu erfüllen?
- Oder bedarf es weiterer (überfachlicher) Fähigkeiten, um eine Kindertagesstätte zu leiten und die Entwicklung des Mitarbeiterteams zu steuern und zu begleiten?
- Kann man lernen, eine gute oder sehr gute Leitung zu sein?
- Was unterscheidet eine sehr gute Leitung von solchen, die von ihren Mitarbeiterinnen und Mitarbeitern eher als durchschnittlich erlebt werden?
- Und nicht zuletzt: An welchen Herausforderungen können und müssen Leiter/innen wachsen?

2.1 Herausforderungen und Widersprüchlichkeiten

»Gib mir Gelassenheit, Dinge hinzunehmen, die ich nicht ändern kann; gib mir den Mut, Dinge zu ändern, die ich zu ändern vermag, und gib mir die Weisheit, das eine vom andern zu unterscheiden.« (Friedrich Oetinger)

Leitungskräfte sehen sich mit einer Vielzahl von Widersprüchlichkeiten konfrontiert, die sowohl die Leitung des pädagogischen Teams, als auch das eigene Selbstverständnis im Rahmen der Vorgesetztenrolle betreffen. Diese Widersprüchlichkeiten müssen zunächst wahrgenommen und geklärt werden, um einen angemessenen Umgang daraus abzuleiten.

Sozialpädagogische Einrichtungen und andere Non-Profit-Organisationen halten eine Bandbreite solcher Widersprüchlichkeiten bereit, die beispielsweise durch die engen und intensiven Arbeitsbeziehungen der Mitarbeiter/innen untereinander, aber auch häufig zu den Leitungskräften gekennzeichnet sind. Formale Hierarchien und Dienstwege sind eher unüblich, was Leitungshandeln zwar einerseits auf den ersten Blick praktikabler und selbstverantworteter macht, aber auch ein hohes Maß an psychosozialen Kompetenzen der Leitung voraussetzt (vgl. Simsa/Patak 2010). Neben einer selbstreflektierten Haltung, die in Kapitel 2.2 beschrieben wird, sollten Leitungskräfte über 5 zentrale Kompetenzen verfügen, um den Widersprüchlichkeiten des Anforderungsprofils und des Handlungsfeldes gewachsen zu sein:

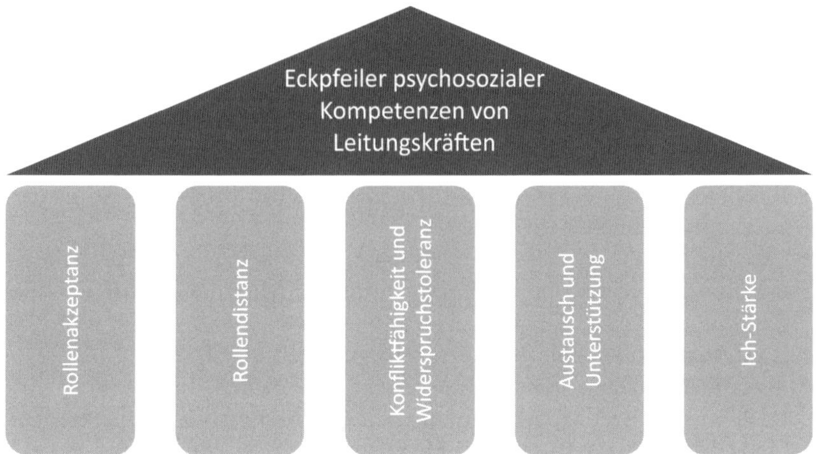

Abb. 18: 5 Eckpfeiler psychosozialer Kompetenzen (Quelle: Simsa/Patak 2010, S. 55 f.)

Im Rahmen der *Rollenakzeptanz* geht es um eine vertiefte Auseinandersetzung damit, ob Leiter/innen diejenigen Aspekte, die mit der Übernahme einer Leitungsposition in einer Kindertageseinrichtung einhergehen, auch wirklich annehmen können und möchten. Hierzu zählt in allererster Linie die Auseinandersetzung mit der Tatsache, dass pädagogische Aufgaben in der Regel in den Hintergrund rücken und dafür andere Organisations-, Verwaltungs- und Managementaufgaben bewältigt werden müssen. Hierbei stellt sich weniger die Frage, ob (angehende) Leitungskräfte bereits über entsprechende Kompetenzen verfügen. Vielmehr geht es darum, ob sie willens sind, sich ggf. solche anzueignen und umzusetzen. Daneben erfordern Leitungsfunktionen in der Regel ein hohes Maß an Engagement und Verantwortungsbereitschaft. Nur diejenigen, die sich dieser Herausforderung stellen möchten, sollten die Stelle einer Leitungskraft antreten. Denn – und darauf muss an dieser Stelle ausdrücklich verwiesen werden – Kita-Leitung ist zwar häufig die einzige Aufstiegs- oder Karriereoption, aber deshalb noch lange nicht für all diejenigen eine Option, die als Erzieher/innen oder Kindheitspädagoginnen/-pädagogen erfolgreich waren. All diejenigen, die sich mit einer Veränderung ihres beruflichen Schwerpunktes schwer tun; all diejenigen, für die das pädagogische Arbeiten mit den Kindern stets die zentrale Kraftquelle ist; all diejenigen, die sich vor der Übernahme und Durchsetzung von Führungsverantwortung scheuen;

all diejenigen, die es sich nicht vorstellen mögen, ein Kündigungsgespräch zu führen; all diejenigen seien aufgefordert, den Mut und das Rückgrat aufzubringen, eine angebotene Leitungsstelle auch abzulehnen. Denn all diese Aufgaben können auf Leitungskräfte in Kindertageseinrichtungen zukommen – einige davon sogar mit absoluter Sicherheit. Demnach geht es um eine bewusste Annahme der (veränderten) Rolle als Leitung, die sich von der Rolle einer pädagogischen Fachkraft in vielen Aspekten grundlegend unterscheidet. Für diejenigen, die neben Leitungstätigkeiten auch noch Arbeiten im Gruppendienst wahrnehmen ist die Frage fast noch evidenter, weswegen sie in Kapitel 2.1.2 ausführlich behandelt wird.

Guten und sehr guten Leitungskräften gelingt es also einerseits, die Herausforderungen und Erwartungen, die an die Rolle der Kita-Leitung geknüpft sind, nachzuvollziehen und anzunehmen. Andererseits bleiben sie auch menschlich greifbar und sind mehr als ein Funktionsträger. Im Rahmen von *Rollendistanzierung* verlieren sie sich nicht in ihrer Leitungsrolle, sondern sehen bedeutungsvolle Lebensbereiche auch außerhalb der Einrichtung und sind dahingehend mehr als nur die Leitung einer Einrichtung. Sie sind sich darüber bewusst, dass sie diese Rolle für einen Teil des Tages erfüllen und darüber hinaus frei sind, andere Rollen zu bekleiden. Im Gegensatz dazu sind Personen, die sich ausschließlich über ihre Rolle als Leitungskraft in der Einrichtung definieren, die Bezugspersonen und Interessen außerhalb ihrer Arbeit vernachlässigen, die nicht mehr in der Lage sind abzuschalten und die ihre Arbeit zumindest gedanklich immer präsent haben, zum einen sehr gefährdet in eine Burn-Out-Falle zu gelangen und zum anderen langfristig auch keine gute Leitungskraft. »Eine gesunde Distanz zur Organisation, zur eigenen Funktion und damit auch zu manchen Problemen und Konflikten ermöglicht eine *funktionale Leichtigkeit* im Umgang mit Schwierigkeiten, und damit häufig erst tragfähige Lösungen. Wer zu nahe an einer Sache dran ist, nimmt bald nur mehr Details wahr, nicht mehr aber das große Ganze« (Simsa/Patak 2010, S. 55).

Als Leitung einer Kindertageseinrichtung zählen Konflikte auf unterschiedlichen Ebenen zum Tagesgeschäft. Dabei kann es sich um Konflikte mit oder unter Mitarbeitenden handeln, um Interessenkonflikte, um Konflikte mit dem Träger oder der Fachberatung, mit Eltern, Elternvertretern, um Verteilungskonflikte, Gewissenskonflikte oder natürlich Konflikte mit Kindern. In diesem Zusammenhang werden unterschiedliche *Konfliktfähigkeiten*, wie das Erkennen und Aushalten von Konflikten, der Einsatz von Konfliktlösemechanismen oder auch das produktive Auslösen von bis dato verdeckten Konflikten benötigt. Vor allem diejenigen Konflikte, die strukturell bedingt sind, sollten von Leitungskräften als solche erkannt und auch benannt werden.

Beispiel

Nach der Teamsitzung und dem Feierabend stehen einige Mitarbeiter/innen am Eingang der Kita und unterhalten sich lebhaft. Das Gespräch wird immer wieder von Lachen wie auch von Unmutsäußerungen unterbrochen. Als die Leitung aus dem Gebäude tritt, verstummen die Mitarbeiter/innen schlagartig. Die Leitung geht an ihnen vorbei, schmunzelt, und meint: »Das muss einfach sein, auch einmal über die Leitung zu lachen oder zu schimpfen. Tut gut. Euch noch einen schönen Abend und bis morgen.«

Die Tatsache, dass viele Leitungskräfte im Rahmen ihrer Funktion zum ersten Mal in ihrem Berufsleben nicht mehr Teil eines Teams sind, wird häufig unterschätzt. Während die Zusammenarbeit im Team für die überwiegende Mehrzahl sozialpädagogischer Handlungsfelder kennzeichnend ist, bedeutet die Übernahme einer Leitungsstelle in der Regel, dass diese Arbeitsform Vergangenheit ist. Wenngleich es Leitungskräften, die noch im Gruppendienst tätig sind, auch gelingen kann, im Alltag zwischen den unterschiedlichen Rollen als Teammitglied und Leitung zu wechseln, so stehen doch auch und vielleicht gerade sie vor der Herausforderung, sich (unter anderem) als Einzelkämpfer/innen wahrzunehmen. Besonders entlastend erweist sich deshalb der Aufbau oder der Beitritt zu einer neuen Gemeinschaft von »Gleichgesinnten«. Der Austausch und die gegenseitige Unterstützung auf kollegialer Ebene durch andere Leitungskräfte stellen eine wichtige Ressource im Leitungsalltag dar. In diesem Rahmen können Fragestellungen und Probleme gemeinsam erörtert und beispielhafte Ideen oder Lösungen geteilt werden. Es wird deutlich, dass andere Leiter/innen mit ganz ähnlichen Herausforderungen konfrontiert sind und das Klima der gegenseitigen Unterstützung macht Mut und gibt Rückhalt in schwierigen Situationen. Einige Träger organisieren solch eine kommunikative Plattform beispielsweise in Form von Leitungsrunden, runden Tischen, Qualitätszirkeln o.ä. Dort wird die Begegnung mit anderen Leitungskräften ermöglicht und der Erfahrungsaustausch zu unterschiedlichen Themen initiiert.

Praxishinweis

Informieren Sie sich über trägerinterne Zusammenkünfte auf Leitungsebene. Wenn Ihr Träger kein entsprechendes Angebot bereithält, fordern Sie eines ein oder initiieren Sie eines. Denken Sie auch trägerübergreifend und knüpfen Sie Kontakte in der Gemeinde bzw. im Stadtteil. Besuchen Sie einschlägige Fort- und Weiterbildungsangebote und Veranstaltungen (z.B. den Deutschen Kitaleitungskongress (DKLK)).

Die Stärke solcher Runden besteht darin, dass Themen angesprochen werden können, die im Rahmen des eigenen Teams nicht zur Sprache gebracht werden können, beispielsweise die eigene Unsicherheit vor einem Kündigungsgespräch o.ä. Außerdem wirkt es unterstützend, Teil einer Gemeinschaft zu sein und mit bestimmten Sorgen und Herausforderungen nicht alleine da zu stehen.

Und schließlich verlangt das Berufsprofil so vieles, dass es besonders dann mit Freude gefüllt werden kann, wenn sich Leitungen ihrer *eigenen Stärken* bewusst sind, ihre Werte leben und mit Mut und Klarheit Ihren Weg gehen (vgl. Simsa/Patak 2010, S. 55 f.)

Nachfolgend wird aufgezeigt, mit welchen Widersprüchlichkeiten Leitungskräfte im Rahmen Ihrer Tätigkeit sein können, mit welchen Unklarheiten sie rechnen müssen und in welchen Spannungsfeldern sie sich bewegen müssen.

2.1.1 Diffuse Rollenerwartungen

»Bisweilen macht es Freude, einen Menschen dadurch in Erstaunen zu setzen, dass man ihm nicht ähnelt und anders denkt als er.« (Maxim Gorki)

Menschen übernehmen im Laufe Ihres Lebens unterschiedliche soziale Rollen. Damit einhergehend werden ihnen von der Gesellschaft bestimmte Einstellungen, Wertvorstellungen und Verhaltensweisen unterstellt, die zur jeweiligen Rolle dazu gehören (Linton 1936; Mead 1934/1968; Wiswede 1977). Dabei sind Rollen »relativ konsistente, mitunter interpretationsbedürftige Bündel von Erwartungen, die an eine soziale Position gerichtet sind und als zusammengehörig empfunden werden« (Wiswede 1977, S. 17).

Erwartungen von anderen und an sich selbst

Die Übernahme einer Rolle bringt demnach immer auch ein Bündel an teils diffusen Erwartungen mit sich, die andere an sie (explizit oder implizit) formulieren. Leitungskräfte von Kindertageseinrichtungen finden hier ein besonders dickes Bündel bestehend aus einer Vielzahl an Erwartungshaltungen und -trägern vor, die im Wesentlichen auf 4 Rollenmodelle zurückgehen:

1. Die Rolle als pädagogische Leitung
2. Die Rolle als Vorgesetzte/r
3. Die Rolle als Weiterentwickler/in der Organisation
4. Die Rolle als Kooperationspartner/in der Zusammenarbeit mit Familien und mit weiteren Kooperationspartnern

In ihrer Rolle als pädagogische Leitung (1) ist die Leitung in erster Linie gefordert, die pädagogische Konzeption einer Einrichtung mit Leben zu füllen und die vereinbarten Grundsätze des pädagogischen Handelns sichtbar zu machen. Die sich hieraus ergebende Funktion als Vorbild erstreckt sich sowohl auf den Umgang mit den Kindern, als auch auf den Umgang mit den pädagogischen Fachkräften, der das zugrundeliegende Menschenbild spiegelt. Die hieraus entstehenden Aufgabenfelder und Herausforderungen werden nachfolgende detaillierter in Kapitel 2.1.2 dargestellt.

Die Rolle als Vorgesetzte/r (2) enthält die Handlungsanforderungen an Leitungskräfte, die sich aus allen Prozessen der (Personal-)Leitung und Führung zusammensetzen. Hiermit verbunden sind Fragen der Personalentwicklung ebenso wie die Entwicklung eines wesensgemäßen Leitungsstils. Weil Leitungshandeln dabei stets auf der Folie der Haltung und des Selbstverständnisses basiert, werden die hierzu gehörigen Facetten und Kompetenzbereiche ausführlich in diesem und in Kapitel 3 als Handlungsanforderungen in Qualitätsbereichen konkretisiert.

Die Rolle als Weiterentwickler/in der Organisation (3) bildet die Position der Leitungskraft im Kontext ihrer Einrichtung ab. Die systemische Sicht auf Entwicklungsprozesse der Kindertageseinrichtung macht dabei deutlich, dass die Gestaltung von Veränderungsprozessen ebenso zum Kerngeschäft einer Leitung zählt, wie die Herausforderung, Strukturen zu schaffen, die ein fehlerfreundliches und nach Innovation und bester Qualität strebendes Teamklima ermöglichen.

Die Rolle als Partner/in in der Zusammenarbeit mit Familien und mit weiteren Kooperationspartnern (4) verlangt von der Leitung, die Einrichtung als Bestandteil des Sozialraums zu sehen. Hierzu werden Fähigkeiten der Netzwerkarbeit ebenso benötigt, wie solche, die zur Inszenierung eines sozialen Raumes nötig sind. In ihrer Funktion als Brückenbauer/in verortet sie die Einrichtung in den kontextuellen Gegebenheiten und Bedingungen. Eine zentrale Anforderung ist dabei die Gestaltung einer gelingenden Zusammenarbeit mit Familien, die die Individualität der Familien, ihre Lebenssituation und -wirklichkeit anerkennt, ihre Bedürfnisse wahrnimmt und sich mit ihren Erwartungen auseinandersetzt (siehe Kapitel 3.4.4).

Ausgehend von diesen 4 Rollenbildern können folgende Träger von Erwartungen an Leitungskräfte identifiziert werden:

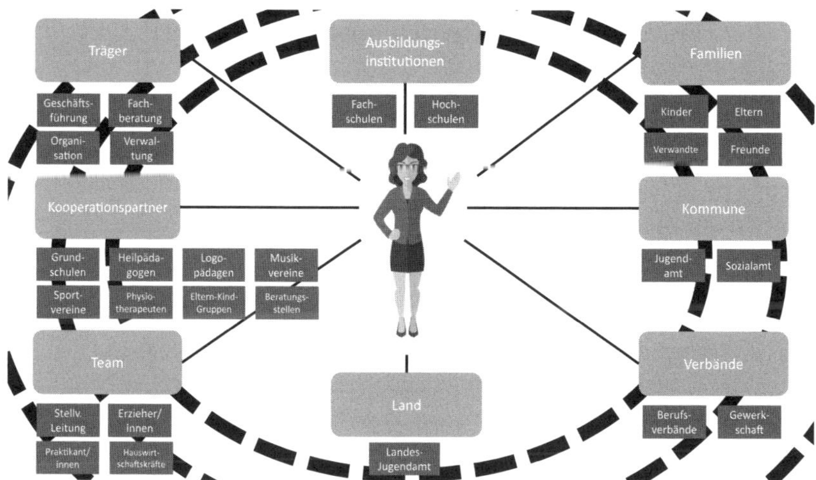

Abb. 19: Erwartungsträger von Leitungskräften (Quelle: eigene Darstellung)

Dabei führt nicht nur die schiere Anzahl an Erwartungsträgern zu Schwierigkeiten, sondern vor allem die Tatsache, dass die Leitung einer Kindertageseinrichtung ein eher »unbestimmtes Berufsprofil« darstellt (Beher/Lange 2014). So zeigt sich in der sehr heterogenen Situation von Leitungskräften in Deutschland, dass es DIE typische Leitungskraft nicht gibt (Lange 2017, S. 12). In fast der Hälfte aller Einrichtungen in Deutschland steht Leitungskräften nämlich ein Teil ihrer Arbeitszeit für Leitungsaufgaben zur Verfügung, während es auf der anderen Seite in 12,6 % aller Einrichtungen keinerlei zeitliche Ressourcen für die Leitung der Einrichtung gibt (Lange 2017, S. 41). Hinzu kommt die Unterscheidung, dass 40,5 % aller Leitungskräfte Leitungsaufgaben quasi »nebenbei«, d.h. mit einem geringen zeitlichen Umfang bewältigen müssen, während sich knapp 42 % in ihrem vollen Stellenumfang Leitungstätigkeiten widmen können. Wo die Rahmenbedingungen bundesland- und trägerspezifisch so unterschiedlich gestaltet sind, können demnach eigentlich unmöglich einheitliche Erwartungen an Leitungen gelten.

Was daraus folgt, ist eine Rollenunsicherheit, mit der zahlreiche Leitungskräfte in ihrem Alltag umgehen (müssen).

Bund, Länder und Kommunen geben die Rahmenbedingungen vor, innerhalb derer die Träger das Thema »Leitung« gestalten können. Wie bereits in Kapitel 1 beschrieben, wurden aus der Fachpraxis Kompetenzprofile formuliert, die festlegen, über welches Wissen, welche Fertigkeiten, welche Sozialkompetenzen und welche Selbstkompetenzen Leitungspersonen in unterschiedlichen Bereichen verfügen sollen (WiFF 2014). Diese Festlegungen können als normative Erwartungen und Anforderungen bezeichnet werden; sie sind und werden öffentlich kommuniziert, sind fachlich begründet und gesellschaftlich anerkannt. Darüber hinaus haben Leitungskräfte aber auch eigene Erwartungen und Ansprüche an sich selbst und ihr professionelles Handeln. Ihr Handeln wird geleitet von ihrer Vorstellung einer guten Leitung, handlungsleitende Orientierungen z.B. zu Konflikten oder auch zum Durchsetzen eigener Meinungen, die durch die eigene Biografie geprägt sind, und durch fachliche Erfahrungswerte und Einstellungen. Außerdem werden Erfahrungen einbezogen, die sie mit ihren eigenen Vorgesetzten oder ihren Vorgängern gemacht haben. Auch die Erfahrungen, die ihre Mitarbeiter/innen mit anderen Leitungen gemacht haben, wirken sich als explizit formulierte oder unterschwellig vorhandene Erwartungen indirekt auf das Leitungshandeln aus.

In zahlreichen Situationen entscheiden Leitungen auf Basis ihres impliziten Wissens, also einem Wissen, das sie nur bedingt in Worte fassen können. Denn praktisches Handeln unter Alltagsbedingungen enthält neben rationalen und theoretisch begründbaren Komponenten immer auch kreative, intuitive Bestandteile, die in der konkreten Situation neu anzupassen oder zu entscheiden sind. Und so besteht die Herausforderung darin, die eigenen impliziten Wissensbestände sowie das unbewusste Wissen von anderen sichtbar zu machen und darüber ins Gespräch zu kommen.

Konflikte und Krisen

a) Aufgabenfülle und Komplexität vs. unzureichende oder belastende Rahmenbedingungen

Das Spannungsfeld, das von Leitungen am deutlichsten wahrgenommen wird, ist die große Diskrepanz von einerseits gesellschaftlichen und politischen Erwartungen an eine hohe Qualität der Arbeit in Kitas und die andererseits gleichzeitig unzureichende Bereitstellung von Ressourcen im Sinne von guten Rahmenbedingungen und Strukturen. Während Bund, Länder und Kommunen also einerseits nach mehr Qualität in den Einrichtungen rufen und dabei stetig neue Herausforderungen (Ausbau U3-Plätze, Inklusion) in Gang setzen, haben sich die Rahmenbedingungen in den letzten Jahrzehnten kaum verändert. Übernehmen Leitungskräfte die gesellschaftlichen und normativen Erwartungen in ihr Selbstbild, stoßen sie dabei häufig an die äußersten Grenzen der vorgefundenen Rahmenbedingungen und damit ihrer Machbarkeit (Viernickel et al. 2013; Nentwig-Gesemann 2015). Die Ansprüche an die eigene Arbeit, die eigene Person und die Qualität der pädagogischen Arbeit in der Einrichtung sind mit den vorgefundenen Strukturen vielerorts nicht zu bewältigen. Leitungskräfte finden sich in einem sogenannten Umsetzungsdilemma wieder: »Angesichts einer als unzureichend wahrgenommenen Strukturqualität auf der einen Seite sowie der großen – als wachsend und zum Teil diffus wahrgenommenen – Aufgabenfülle und -komplexität, mit der Kitas und damit in verantwortlicher Position auch Kita-Leitungen konfrontiert sind, auf der anderen Seite, haben sie den Eindruck, nicht alles und nicht in der Qualität leisten zu können, was von ihnen erwartet wird und/oder was sie von sich selbst erwarten« (Nentwig-Gesemann/Nicolai/Köhler 2016, S. 16). Oder anders: Die Rahmenbedingungen verhindern, dass ich als Leitung die Arbeit leisten kann, die ich gerne möchte oder die von mir erwartet wird. Diese Diskrepanz zwischen eigenen und fremden Ansprüchen auf der einen Seite und unzureichenden Rahmenbedingungen zur Verwirklichung dieser auf der anderen Seite, verfestigt sich als diffuses Gefühl, nur noch das Schlimmste abzuwenden bzw. gerade noch eine »Verwaltung des Mangels« (Nentwig-Gesemann et al. 2016, S. 19) zu betreiben. Vor allem diejenigen, die solche Zustände über längere Zeiträume so empfinden, laufen Gefahr, sich darüber völlig zu verausgaben und den beruflichen Alltag nur noch unter Einsatz aller persönlichen Kräfte (oder darüber hinaus) bewältigen zu können (Siegrist/Dragano 2008). Manch einer mag da das Gefühl haben, aus Wasser Wein machen zu müssen.

b) Hohe Leistungen vs. geringe Anerkennung

Weitere Krisen können sich ausgehend vom Missverhältnis von erbrachter Leistung und erfahrener Anerkennung entwickeln. Die oben beschriebene kräfteraubende Situation wird nicht selten durch das Gefühl verschlimmert, dass das eigene Bemühen nicht gesehen wird. In der öffentlichen Wahrnehmung ist das Berufsprofil der Kita-Leitung weder finanziell, noch ideell mit besonders hohen Vergütungen, Ansehen oder Wertschätzung verbunden. Dieses Anerkennungsdefizit (Viernickel/Nentwig-Gesemann/Weßels 2014) führt zu einer weiteren Verunsicherung der eigenen Rolle, die mit einer erhöhten Gefahr des Burn-Outs einhergeht und fast schon charakteristisch für die Übernahme einer Leitungsposition in Kindertageseinrichtungen ist. Fast 87 % aller Leitungen beschreiben demnach, dass sie für ihre beruflichen Anstrengungen keine angemessene

Anerkennung und Wertschätzung erfahren (Schreyer/Krause/Brandl/Nicko 2014, S. 69).

Praxishinweis

»Im Sinne eines eigenen Professionsverständnisses wäre es angemessen, wenn Leitungen sich nicht als möglichst gute Umsetzer/innen von Vorgaben z.B. durch den Träger oder die Bildungsprogramme adressieren lassen und verstehen. Ein Ausweis hoher Professionalität wäre es, das eigene Leitungshandeln an fachlich gut begründeten pädagogischen Standards in der Kita auszurichten« (Nentwig-Gesemann et al. 2016, S. 22).

Was gutes oder sehr gutes Leitungshandeln ausmacht, sollten Leitungen demnach mit Bezugnahme auf Fachwissen und Theorie bestimmen. Erfolge und gute Ergebnisse können davon ausgehend selbst wahrgenommen und eingeschätzt werden.

Wege aus der Krise führen also dahin, sich weniger mit Leistungserwartungen von anderen zu belasten und hierfür dann auf Dankbarkeit und Wertschätzung zu hoffen, sondern die eigene Arbeitszufriedenheit davon abhängig zu machen, ob man die selbst gesteckten, fachlich begründeten Ziele erreichen konnte. Eine wichtige Unterstützung hierbei wäre die Formulierung von differenzierten und mit dem Träger abgestimmten Aufgabenprofilen von Leitungskräften, aus denen die Vielzahl von Handlungsfeldern hervorgeht (Nentwig-Gesemann et al. 2016, S. 24). Damit würde transparent, was bislang häufig in erster Linie nur die Leitungskräfte selbst wahrnehmen: wie die Herkulesaufgabe Leitung gestemmt werden kann.

c) Fachliches Anforderungsprofil vs. persönliches Leitungsprofil

Bezüglich der Frage, welche Tätigkeiten, Aufgaben und Anforderungen an den Beruf als Leitung geknüpft sind oder sein sollten, unterscheiden sich gesellschaftliche bzw. in diesem Sinne fachwissenschaftliche Vorstellungen von den Vorstellungen der Leitungskräfte selbst. Einerseits benennen fachliche Anforderungsprofile die Bereiche Organisation und Management zwar als zentrale Aufgaben von Leitungen. Andererseits sind dies häufig gerade die Bereiche, mit denen sich viele Leitungskräfte überhaupt nicht identifizieren können oder wollen. »Einsame« Bürotätigkeiten rangieren in der Beliebtheit deutlich hinter der Arbeit mit den Kindern oder der fachlichen Beratung von Mitarbeiterinnen und Mitarbeitern. Im Rahmen dieses Passungsdilemmas stellt sich schließlich das Gefühl ein, dass das, was ich als Leitung mache, nicht das ist, was von mir erwartet wird.

Beispiel

Die Leiterin, Frau Himmels, ist sich bewusst darüber, dass sie sich endlich gemeinsam mit ihrem Team um die Entwicklung des Leitbildes kümmern sollte, und von ihr seitens des Trägers erwartet wird, dass sie Zielvereinbarungsgespräche führt. Nun steht auch noch die Überarbeitung des Dienstplanes an, bei der sie dieses Mal darauf achten möchte, die gesetzliche Pausenregelung zu berücksichtigen. Und dabei war sie doch nicht am Verwalten, sondern am Gestalten interessiert!

Gleichzeitig ist es ihr wichtig, immer ein offenes Ohr für ihr Team zu haben, sie versteht sich als Ansprechpartnerin für Probleme und Unsicherheiten und als Unterstützung in schwierigen Zeiten. Deshalb ist sie auch gerne bereit, im Gruppendienst einzuspringen. Diese Unterstützung weiß das Team glücklicherweise ebenso zu schätzen, wie Frau Himmels unermüdlichen Einsatz für die Einrichtung.

Neben der Herausforderung, sich auch für Themen zu öffnen, die bislang ggf. nicht Teil des beruflichen Alltags waren, geht es auch darum, sich mit diesen Aufgaben zu identifizieren. Dabei werden immer wieder Aufgabenkomplexe auftauchen, die weder in der Berufsausbildung/im Studium noch auf dem bisherigen Berufsweg thematisiert wurden und deren Bearbeitung deshalb zunächst für Verunsicherung sorgt. Die Frage: »Bin ich für all das, was ich tun soll, überhaupt ausreichend qualifiziert?« wird (wenn auch leise) also immer wieder im beruflichen Alltag auftauchen. Gleichwohl brauchen sich Leitungen vor der Antwort nicht zu ängstigen, da die Auseinandersetzung mit neuen Themenbereichen als der Leitungsfunktion in ihrem Wesen zugehörig erlebt werden kann.

d) Pädagogisches Kerngeschäft vs. managementorientiertes Handeln

Auch das Zurechtfinden im eigenen Wertekanon, der häufig unbewusst durch die eigene Biografie geprägt ist, und professionellen Handlungsmustern stellt eine große Herausforderung dar, die im Rahmen einer Leitungsposition ausbalanciert werden muss. So kann ich beispielsweise einerseits ein Menschenbild haben, dem es entspricht, Mitarbeitern mit Wertschätzung, Anerkennung und Achtsamkeit zu begegnen und andererseits muss und möchte ich die Durchsetzung eines disziplinarischen Verfahrens (wie einer Abmahnung o.ä.) verfolgen, weil es eben auch in meiner Verantwortung steht, für ein funktionierendes Team zu sorgen.

Weitere Herausforderungen ergeben sich durch die Auseinandersetzung mit der eigenen Machtposition, die in Einklang mit persönlichen Grundwerten und biografischen Mustern gebracht werden muss (siehe Kapitel 2.2.2). Dieses Orientierungsdilemma macht es Leitungen schwer, zwischen »richtigen« und »falschen« Verhaltensweisen zu unterscheiden, sich für den einen oder anderen Weg zu entscheiden bzw. diesen Weg als stimmig zur eigenen Persönlichkeit zu erleben. Hierzu gilt es, den eigenen Wertekanon in managementorientiertes und zielführendes Handeln zu integrieren und somit seinen eigenen authentischen Führungsstil zu finden (vgl. auch Kapitel 1.3).

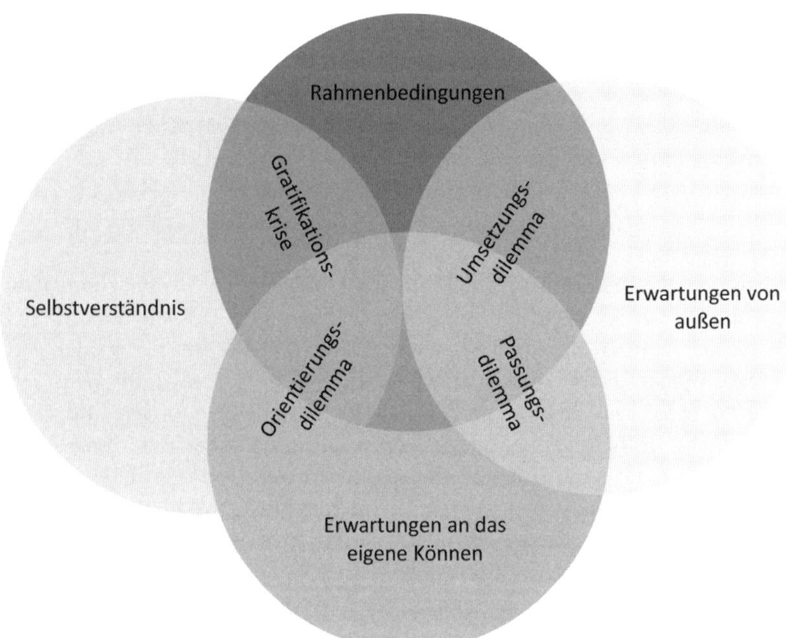

Abb. 20: Dilemmata ausgelöst durch die Schnittstellenbereiche von Rahmenbedingungen, Selbstverständnis, Selbst -und Fremderwartungen (Quelle: eigene Darstellung)

- *Gratifikationskrise:* Meine erbrachten Leistungen werden durch die Rahmenbedingungen (Bezahlung, Status) nicht gewürdigt und anerkannt.
- *Umsetzungsdilemma:* Die strukturellen Rahmenbedingungen behindern mich dabei, das zu tun, was ich tun soll bzw. tun will.

- *Passungsdilemma:* Mein Leitungshandeln und mein Selbstverständnis als Leitung passen nicht ohne Weiteres zu den Professionalitätserwartungen, die von außen an mich gerichtet werden.
- *Orientierungsdilemma:* Ich bin in meinen eigenen Orientierungsmustern und Praktiken des Leitens verunsichert, fühle mich weder durch eigene Erfahrungen noch durch eindeutige normative Vorgaben abgesichert (vgl. Nentwig-Gesemann et al. 2016, S. 16 f.).

Klärungen und Akzeptanz

Zumindest aktuell ist die Position der Kita-Leitung von diesen Dilemmata und Krisen gekennzeichnet. Wer sich also dafür entscheidet, Leitungsaufgaben zu übernehmen, wird sich mit diesen Herausforderungen konfrontiert sehen und seinen Weg im Umgang mit Ihnen finden müssen. In erster Linie bejahen Sie als Leitung diese Widersprüchlichkeiten und stimmen zu, dass sie – in unterschiedlicher Intensität – Teil Ihres Lebens werden. Leiten heißt, mit Widersprüchlichkeiten und Dilemmata umgehen zu können und sie als wichtigen, nie vollständig zu lösenden Teil der eigenen Arbeit zu begreifen.

Ein weiterer wichtiger Schritt besteht in der offensiven Klärung von unterschiedlichen Erwartungshaltungen. Die Auseinandersetzung mit fachlichen Erwartungen (z.B. mit dem Kompetenzprofil WiFF 2014), Erwartungen von Mitarbeiterinnen/Mitarbeitern, Eltern und Kooperationspartnern kann beispielsweise im Rahmen eines Qualitätsentwicklungsprozesses Ihrer Einrichtung erfolgen (siehe Kapitel 3.4.1) oder auch durch die Anwendung des Multifactoral Leadership Questionnaire (Felfe/Goihl 2014; vgl. Kapitel 1.3). Die Formulierung eines eindeutigen und passgenauen Stellen- und Aufgabenprofils in Abstimmung mit dem Träger bietet hierbei die vielversprechende Möglichkeit, sich über diejenigen Aufgaben- und Kompetenzbereiche zu verständigen, die Leitungskräften einerseits selbst wichtig sind und die andererseits von ihnen erwartet werden. Gegenstand eines solchen gemeinsam erarbeiteten Profils sollte auch die Rolle der stellvertretenden Leitung und die damit einhergehende Aufgabenverteilung sein. Ausgehend von dieser transparenten und nachvollziehbaren Vereinbarung fällt es leichter, ein professionelles Selbstverständnis als Leitung zu entwickeln, aber auch Unterstützungs- und Veränderungsprozesse einzufordern, wenn es zu Abweichungen oder Unvereinbarkeiten kommt (vgl. Nentwig-Gesemann et al. 2016, S. 76).

Praxishinweis

Fordern Sie die gemeinsame Erstellung eines ausformulierten Leitungsprofils mit klar definierten Aufgaben und Verantwortlichkeiten, z.B. in Form einer Stellenbeschreibung, ein und suchen Sie sich für den Umgang mit neuen und unbekannten Themen unterschiedliche Unterstützungssysteme, z.B. Fort- und Weiterbildungsveranstaltungen, Leitungsrunden beim Träger, Bücher, Fachartikel, externe Coachings etc.

Vor allem im Hinblick auf die Diskrepanz zwischen den gegebenen Rahmenbedingungen und Strukturen einerseits und den eigenen und fremdbestimmten Erwartungen andererseits gilt es, einen Weg für die eigene Einrichtung zu finden. Dass dies an einigen Stellen zur Herkulesaufgabe werden kann, darf an dieser Stelle nicht verschwiegen werden. Nichtsdestotrotz brauchen gerade Einrichtungen, die mit schwierigen Rahmenbedingungen konfrontiert sind, eine selbst- und zielbewusste Leitungskraft, die richtungsweisende und mutige Entscheidungen trifft, die Prioritäten setzt und gegenüber dem Träger und anderen Entscheidungsebenen auch auf die Grenzen des Machbaren verweist.

Es gilt demnach ein professionelles und reflektiertes Leitungsverständnis zu entwickeln, im Rahmen dessen sich Leiter/innen sowohl mit ihrer übergeordneten Position im Team, als auch mit den Themen Management, Organisation und Personalentwicklung identifizieren können. Besonders gewinnbringend ist in diesem Zusammenhang die Teilnahme an einer spezifischen Leitungsqualifizierung in Form einer Weiterbildung oder eines Studiums.

In der bereits in Kapitel 1.5 dargestellten aktuellen Studie »Kita-Leitung als Schlüsselposition« (Nentwig-Gesemann et al. 2016) werden 4 zentrale Entwicklungspotenziale benannt, die von denjenigen Leitungskräften aktiviert werden können, die ihre Führungstätigkeit als gewinnbringend und positiv erleben.

Entwicklungspotenzial	Handlungsfelder
Vom Helfersyndrom zur Handlungsautonomie	• Nehmen Sie Entscheidungen möglichst selbst in die Hand. • Reflektieren Sie den Aspekt der Macht. • Entwickeln Sie eine Vorstellung davon, was Sie mit Ihrer Arbeit verändern möchten. • Bringen Sie Ihre Kita im eigenen Tempo voran.
Von der Allzuständigkeit zu partizipativen Strukturen	• Setzen Sie Prioritäten in Ihrer Arbeit und der Arbeit der Kita. • Machen Sie einzelne Leitungsaufgaben zu Teamaufgaben. • Teilen Sie die Verantwortung in einem Leitungsteam.
Vom Teammitglied zur professionellen Führungskraft	• Finden Sie Ihre Position als Leitung und grenzen Sie sich ggf. von der Rolle als Teammitglied und von der Rolle als »Fürsorgerin« für Ihr Team ab. • Ziehen Sie nach außen klare Grenzen, was Ihre Zuständigkeit und die Aufgabenübernahme weiterer Aufgaben der Kita betrifft.
Vom Ressourcenverschleiß zur Ressourcensicherung	• Schonen Sie Ihre Ressourcen. • Identifizieren Sie Zeitfresser und beseitigen oder delegieren Sie diese (an das Team oder den Träger). • Fordern Sie bei der Übernahme weiterer Aufgaben und Verantwortungsbereiche auch weitere Ressourcen ein. • Formulieren Sie Missstände hinsichtlich der Ressourcen öffentlich und in Gremien (Berufsgenossenschaften, Jugend hilfeausschuss etc.).

Tabelle 10: Entwicklungspotenziale von Leitungskräften in Kindertageseinrichtungen (Quelle: nach Nentwig-Gesemann et al. 2016)

2.1.2 Herausforderungen und Chancen für Leitungskräfte im Gruppendienst

»Wir brauchen nicht zu tun, was andere von uns erwarten. Es genügt vollkommen, wenn wir tun, was wir von den anderen erwarten.« (Ernst Ferstl)

Zusätzlich zu den allgemein diffusen und widersprüchlichen Erwartungen an Leitungskräfte in Kindertageseinrichtungen hat die Mehrheit aller Leitungen noch weitere Herausforderungen zu bewältigen. Denn über 58 % aller Leitungskräfte nehmen neben ihren Leitungsaufgaben noch mindestens eine weitere Aufgabe in der Einrichtung wahr (Lange 2017).

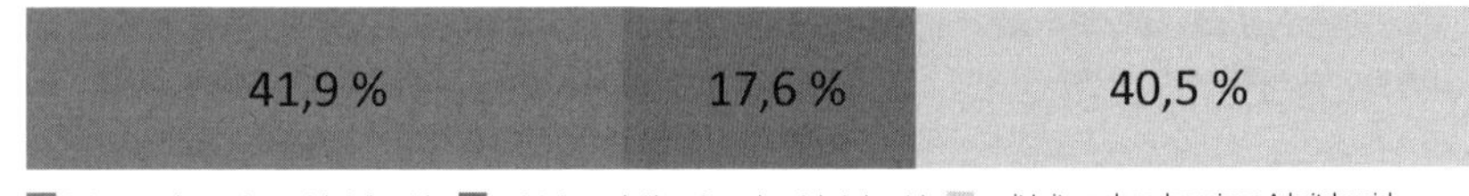

Abb. 21: Leitungskräfte in Kindertageseinrichtungen nach Anteil der Zeitressourcen für Leitungsaufgaben am 01.03.2016 (in %) (Quelle: FDZ der Statistischen Ämter des Bundes und der Länder, Kinder und tätige Personen in Tageseinrichtungen und in öffentlich geförderter Kindertagespflege 2016; Berechnungen Jens Lange, Forschungsverbund DJI/TU Dortmund 2016)

Dieses Modell, in dem Leitungen als Kombi-Leitungskräfte, Leitungskräfte mit anteiliger Leitungsfreistellung[10] oder Leitungskräfte, die noch anteilig im Gruppendienst beschäftigt sind, bezeichnet werden, ist dabei nicht nur das am weitesten verbreitete, sondern auch dasjenige, das in den vergangenen Jahren wohl eher als Trend gelten konnte.

10. Aufgrund eines sich entwickelnden Professionalitätsverständnisses, wird in diesem Buch der Begriff der Freistellung nicht verwendet, da er den Eindruck erweckt, dass Leitung ein Aufgabenbereich wie jeder andere ist, der alleine durch die Bereitstellung von zeitlichen Ressourcen zu bewältigen wäre und damit außen vor lässt, dass sich Leitungspersonen bewusst mit dieser Rolle identifizieren müssen (siehe Kapitel 2.1.1).

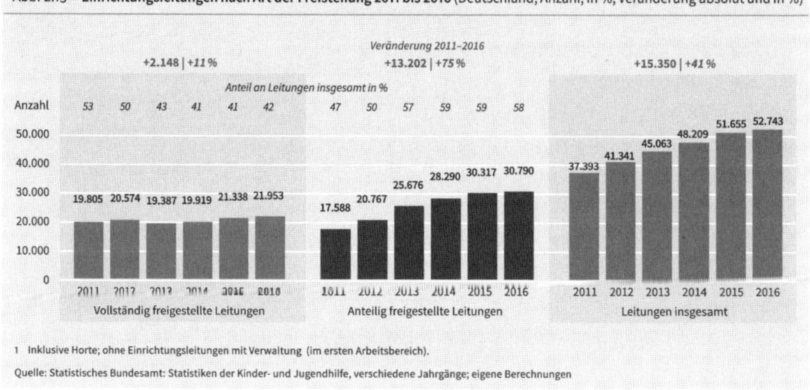

Abb. 22: Einrichtungsleitungen nach Art der Freistellung 2011 bis 2016 (Autorengruppe Fachkräftebarometer, 2017)

Während die Anzahl der anteilig freigestellten Leitungen von 2011 bis 2016 um 75 % gestiegen ist, lag der Zuwachs bei vollständig freigestellten Leitungen nur bei knapp 11 %. Diese Situation, in der teilweise die Leitung als überwiegender Arbeitsbereich gilt (17,6 %) oder Leitungsaufgaben häufig praktisch nebenbei erledigt werden müssen (40,5 %) unterscheidet sich vom Profil der Nur-Leitungskraft z.B. hinsichtlich der erlebten Erfahrungen und der unbewusst wirkenden Orientierungen (Nentwig-Gesemann et al. 2016, S. 59).

Leitungskräfte, die zwischen der Arbeit mit den Kindern und managementorientierten Tätigkeiten hin- und herwechseln, müssen sich in ihren unterschiedlichen Rollen und den damit einhergehenden Erwartungen immer wieder neu orientieren – manchmal mehrmals täglich. Dabei übernehmen sie mal die Rolle des Gruppenmitglieds, das gleichberechtigt in der Verantwortung steht die Abläufe des pädagogischen Alltags mitzugestalten und mal die Rolle der Leitungskraft, die dafür Sorge zu tragen hat, dass beispielsweise getroffene Vereinbarungen im Sinne der Qualitätssicherung eingehalten werden. Die Leitungsverantwortung kann dabei einhergehen mit der Anwendung disziplinarischer Methoden oder dem Durchsetzen von Entscheidungen im Rahmen einer übergeordneten Position. Zugleich verlangt die Verantwortung als Teammitglied eine Wertschätzung der anderen Teammitglieder, die gerade fernab einer solchen Hierarchisierung stattfindet.

Beispiel

Frau Felbert arbeitet als Gruppenleitung mit ihrer Kollegin, Frau Cosic, in der blauen Gruppe seit einigen Jahren zusammen. Dabei schätzen es beide sehr, dass sie sich aufeinander verlassen und einander vertrauen können. Gerade erst heute Vormittag haben die beiden wieder einen gemeinsamen Ausflug organisiert und durchgeführt, der sie in diesem Gefühl bestätigt hat. Was Frau Felbert allerdings beschäftigt, ist, dass Frau Cosic die Information der Eltern, wie vereinbart, nicht übernommen hat. Bereits mehrfach hatte das Team im Rahmen des Qualitätsentwicklungsprozesses darüber gesprochen, welche Rolle Transparenz im Kontext der Zusammenarbeit mit Eltern spielt. Deshalb sieht sich Frau Felbert gezwungen, Frau Cosic zu einem Mitarbeitergespräch aufzufordern.

Herausfordernd ist für Frau Felbert dabei nicht nur, dass sie sich gegenüber Frau Cosic teilweise in der Rolle der Kollegin und teilweise in der Rolle der Leitung befindet, sondern dass es von außen (für die Mitglieder des Teams, für Eltern, für Kooperationspartner) in der Regel nicht zu erkennen ist, in welcher Rolle sie sich zu welchem Zeitpunkt befindet. Und auch im pädagogischen Alltag werden Leitungskräfte, die noch im Gruppendienst tätig sind, von Eltern beispielsweise in der Regel nicht von anderen Teammitgliedern unterschieden.

Weitere Schwierigkeiten ergeben sich dadurch, dass Leitungskräfte in der Vielzahl der zu bewältigenden Aufgaben Prioritäten setzen müssen und dabei zwischen der Dringlichkeit einzelner Bereiche ebenso unterscheiden müssen, wie zwischen Aufgaben, deren Erledigung sozusagen überprüft wird und solchen, bei denen dies nicht der Fall ist. Vielfach haben Leitungskräfte dann das Gefühl, dass die Kolleginnen und Kollegen im Gruppendienst »im Stich gelassen« werden oder Aufgaben erledigt werden, die sie selbst für eher unwichtig erachten, die aber wiederum von anderen Personen oder dem Träger eingefordert werden (Abrechnungen etc.). Die Ansprüche und Erwartungen, die sich einerseits aus der Rolle der Leitungskraft und andererseits aus der Rolle der Teamkollegin/des Teamkollegen heraus ergeben, führen nicht selten dazu, dass man die eigene Position sozusagen »zwischen den Stühlen« erlebt (vgl. Nentwig-Gesemann et al. 2016).

Neben diesen ohnehin bestehenden Spannungsfeldern, kann es zu punktuell besonders schwierigen Rollenkonflikten kommen, die durch Personalengpässe entstehen. Wenn Leitungskräfte beispielsweise in Krankheitsfällen in Gruppen oder Positionen spontan einspringen, die ansonsten nicht zu ihrem Aufgabenspektrum zählen, entsteht eine zusätzliche Rollenkonstellation, in der sie sich zurechtfinden müssen. Ähnlich der Rolle eines Praktikanten müssen sie sich in diesen Situationen den »erfahrenen« Kolleginnen und Kollegen unterordnen, von ihnen in Arbeitsabläufe einweisen lassen oder sich an deren Arbeitsweise anpassen.

Einige Studien kommen aus den genannte Gründen zu dem Ergebnis, dass die Übernahme einer solchen Doppelrolle zu unüberwindbaren Schwierigkeiten führt und die Leitungskräfte mit einer Vielzahl an parallelen Aufgabenstellungen überfordert sind (Strehmel/Ulber 2014b; Nagel-Prinz/Paulus 2012; Wichtl 2011). Dabei ist festzustellen, dass solch ein System der Doppelrolle keineswegs nur in Kindertageseinrichtungen vorzufinden ist, sondern auch in anderen Bildungseinrichtungen durchaus gewollt ist: So übernehmen sowohl Schulleiter/innen, als auch Dekan/innen von Universitätsfakultäten neben ihren Leitungstätigkeiten die Gestaltung von Seminaren und Unterrichtseinheiten sowie andere Aufgabenkomplexe (vgl. Lange 2017, S. 14). Es stellt sich also die Frage, welche Chancen ein solches Kombi-Leitungsprofil birgt.

Vorausgesetzt, die unterschiedlichen Rollen werden reflektiert, ergibt sich durch die Doppelrolle die Möglichkeit, pädagogische Grundhaltungen und Werte nicht nur als Vision oder Leitbild gemeinsam mit dem Team festzulegen, sondern auch in der Arbeit mit den Kindern und ihren Eltern lebendig werden zu lassen. Diese Vorbildwirkung auch als wichtige Führungs- und Leitungsfunktion wahrzunehmen, zu reflektieren und einzusetzen, ist ein Kennzeichen gelingenden Führungsverhaltens von Leitungen, die auch im Gruppendienst tätig sind. Diese Leitungskräfte »streben danach, ihre Expertise auch in der (un-)mittelbaren pädagogischen Arbeit – mit den Kindern und/oder mit dem Team – einzusetzen und damit als beispielgebende Pädagog/innen zu agieren« (Nentwig-Gesemann et al. 2016, S. 64). Leitungskräfte fungieren in ihrem Handeln in der Gruppe demnach als pädagogisches Vorbild in der Zusammenarbeit mit Eltern, im pädagogischen Handeln und in der Anwendung von Beobachtungs- und Dokumentationsverfahren. Gerade Leitungskräfte, die im Wesentlichen aufgrund ihrer Erfahrung bzw. ihrer langjährigen Betriebszugehörigkeit in die Leitungsposition gelangt sind, entfalten ihr Potenzial als Leitungskraft häufig im Rahmen ihrer Vorbildrolle. Aber auch Leitungskräfte, die nicht im Gruppendienst tätig sind, entfalten ihre Vorbildfunktion in zahlreichen Bereichen:

- im Umgang mit Gesundheit,
- in der Achtsamkeit (sich selbst und anderen gegenüber),
- in der wertschätzenden Kommunikation,

- in der Bereitschaft, Wagnisse bzw. Risiken einzugehen,
- in der Umsetzung pädagogischer Grundsätze und Werte,
- im Umgang mit Konflikten im Rahmen einer höflichen und sensiblen Konfliktkultur,
- in der Frage, wie Spannungen und Ambiguitäten bzw. Uneindeutigkeiten ausgehalten und artikuliert werden können,
- in der Vermittlung von Anerkennung auf der emotionalen, kognitiven und sozialen Ebene,
- in der Erkennung von Vielfalt und individuellen Ressourcen,
- in der Erschließung und dem Einbezug unterschiedlicher Perspektiven,
- im Leben und Gestalten von Teamgeist und Partizipation,
- in der Funktion als Netzwerkarbeiter/in und Brückenbauer/in.

Außerdem enthält die Doppelrolle eben nicht nur eine doppelte Erwartungshaltung, ein doppeltes Aufgabenbündel und eine Doppelung des Verantwortungsbereiches, sondern eben auch die doppelte Möglichkeit hinsichtlich der beruflichen Aufgabenvielfalt. So genießen es zahlreiche Leitungskräfte, neben den verwaltungs- und managementassoziierten Themen auch weiterhin Themen- und Aufgabenstellungen zu bearbeiten, die mit den Kindern und ihren Familien direkt zu tun haben. Viele schöpfen aus der pädagogischen Arbeit mit den Kindern Kraft und Energie zur Bewältigung ihrer Leitungsaufgaben (Nentwig-Gesemann et al. 2016; Viernickel/Voss 2013). Leitungen, die Aufgaben im Gruppendienst übernehmen, haben damit auch die Chance unterschiedliche Aufgaben- und Arbeitsbereiche miteinander zu verbinden und mal den einen, mal den anderen Arbeitsbereich als »Rückzugsmöglichkeit« zu empfinden.

Praxishinweis

Die Basis gelingender Kita-Leitung in Leitungsfunktion mit Aufgaben im Gruppendienst ist die reflektierte Auseinandersetzung mit Aufgaben und Erwartungen an die unterschiedlichen Rollen und die Identifizierung möglicher Konfliktpotenziale. Eine Grundlage bieten die Hinweise im nachfolgenden Kapitel »Die Rollen der Kita-Leitung«. Des Weiteren unterstützen auch hier eindeutige, mit dem Träger vereinbarte Stellenprofile, die die jeweiligen Aufgaben konkret beschreiben und somit Verantwortungsbereiche und die daraus resultierenden Anforderungen transparent machen.

2.1.3 Initiierung von Veränderungsprozessen in Kindertageseinrichtungen

»Lernen ist wie Rudern gegen den Strom. Sobald man aufhört, treibt man zurück.« (Benjamin Britten)

Sich bildende Kinder benötigen sich bildende pädagogische Fachkräfte. Sich bildende pädagogische Fachkräfte benötigen sich bildende Leitungen, die ihre Aufgaben im Sinne der Weiterentwicklung der Kita und einer lernenden Organisation wahrnehmen – so die abschließenden Ausführungen in Kapitel 1.1. Dieser Gedanke beinhaltet zweierlei: zum einen hat die Leitung damit eine Vorbildfunktion inne – und zwar eine ausdrücklich pädagogische, wie es bereits in der Studie von Nentwig-Gesemann et al. (2016) und in den Ausführungen zum transformationalen Leitungsstil zum Ausdruck kommt (Felfe/Goihl 2014; Felfe 2006a, b). Zum anderen wird die Bedeutung der gesamten Einrichtung, die Atmosphäre in dieser Kita und wie diese Kita Lust am Lernen hervorruft und befördert – und dies für alle am Leben der Kita beteiligten – herausgestellt.

Zunächst sei im Folgenden der Blick auf das Konzept der lernenden Organisation gerichtet.

Das Modell der lernenden Organisation entstand Anfang der 1980er Jahre, wurde jedoch erst in den 1990er Jahren aufgrund der Forschungsarbeiten des Massachusetts Institute of Technology (MIT) weitreichender rezipiert (vgl. Bachmann 1997, S. 26). Das Buch »Die fünfte Disziplin« von Peter Senge trug wesentlich zur steigenden Bekanntheit des Konzeptes bei und hatte etliche Veröffentlichungen zu diesem Thema zur Folge, die jedoch zu keiner klaren und einheitlichen Begrifflichkeit des Organisationskonzeptes führten (vgl. Wahren 1996, S. 4). Letztlich umfasst das Konzept der lernenden Organisation den Gedanken einer besonderen Lernkultur als Basis einer Organisation (Argyris/Schön 1978; Senge 2006). Ziel ist es, Mitarbeiter/innen zum Lernen zu befähigen, zu motivieren und das Weitergeben von Wissen karriereförderlich zu behandeln – zumal der permanente Wandel in der Arbeitswelt die Halbwertszeit des Wissens und die damit verbundenen individuellen Qualifikationen sinken lässt, was sich auch seit dem PISA-Schock für den Bereich der Kitas attestieren lässt. Lernen wird dementsprechend nicht mehr nur mit einer bestimmten Lebensphase, der Kinder- und Jugendzeit, assoziiert, sondern tangiert Menschen nun ein Leben lang.

»Organisationales Lernen umfasst somit über die Förderung und Integration individuellen Lernens hinaus die Schaffung organisationaler Wissensstrukturen und einer unterstützenden Lernkultur im Unternehmen. Es schafft Lernkulturen für die Personalentwicklung, fördert Lernvorbilder und bietet umfassende institutionelle Anreize zur Selbstentwicklung ihrer Mitglieder (von Rosenstiel 2007). Auf der Ebene der Mitarbeiter wird dies [...] mit dem Prinzip »lebenslanges Lernen« umschrieben (Dubs 2000)« (Spieß/Rosenstiel 2010, S. 90).

Dabei ist Lernen essentieller Bestandteil von Arbeit, indem regelmäßige Reflexionsphasen über die Ausrichtung, Strategie und Prozesse stattfinden und systematisch Probleme und Fehler in den internen Abläufen gesucht und ob ihrer Ursachen analysiert werden (vgl. ebd.). Fehler werden nach diesem Konzept als Lernchancen verstanden und nicht als ein Versagen der Organisation oder des Einzelnen betitelt (Spieß/Rosenstiel 2010, S. 90). Stattdessen bietet das Konzept der lernenden Organisation die Möglichkeit einer neuen Form der Persönlichkeitsentwicklung, indem der einzelne Mensch als Individuum sein persönliches Potenzial und seine Schlüsselkompetenzen, die das eigentliche unternehmensspezifische Anforderungsprofil übersteigen, dem Unternehmen zur Verfügung stellen kann und daraufhin Wertschätzung erfährt (Bachmann 1997, S. 24). Dies setzt eine Attraktivität des Unternehmens für die Mitarbeitenden sowie beidseitiges Vertrauen voraus, als auch ein Umdenken in der Teamarbeit (ebd., S. 24 f).

»Untersuchungen haben eindrucksvoll bestätigt, daß in der Zusammenarbeit das Kooperationsprinzip dem Konkurrenzprinzip weit überlegen ist, daß jedoch für eine funktionierende Kooperation gewisse Voraussetzungen geschaffen werden müssen wie offener Informations- und Meinungsaustausch, wechselseitiges Vertrauen, Zuverlässigkeit, Kritikfähigkeit, Lernkultur usw« (Bachmann 1997, S. 25).

Das Konzept der Lernenden Organisation umfasst 5 Disziplinen (Senge 2006):

- Systemisches Denken
- Personal Mastery
- Mentale Modelle
- Gemeinsame Vision
- Teamlernen

Die Disziplinen verweisen aufeinander, stehen in Bezug zueinander und weisen Überschneidungen auf.

Systemisches Denken stellt die integrative Disziplin dar, denn sie rahmt die anderen 4 genannten Disziplinen ein. Systemisches Denken geht von der

Komplexität und der Unmöglichkeit, soziale Systeme linear steuern zu können aus (vgl. auch ausführlich in Kapitel 1).

Personal Mastery ist die Disziplin der Selbstführung und richtet sich auf die Persönlichkeitsentwicklung. Sie entspricht der Fähigkeit, Ziele kontinuierlich zu klären und konsequent zu verwirklichen, objektivierbare Sichtweise von Realität zu entwickeln und Gesamtzusammenhänge zu erkennen. Personal Mastery basiert auf der Anwendung von emotionaler Intelligenz und bewusster Kommunikation. Ohne Personal Mastery sind Menschen in reaktiven Denkmustern gefangen, z.B. in der Einstellung, dass jemand anderes schuld ist an meinen Problemen. Systemische Betrachtungsweisen werden als bedrohlich empfunden, da zu komplex und nicht ausreichend verstetigte Sicher- und Gewissheiten bietend. In Kitas finden sich Entsprechungen dieses Beispiels in dem Typus, der Neuerungen und Veränderungen – wie z.B. die eingeführten Bildungsprogramme in den Bundesländern – ablehnt und sich davon distanziert (vgl. Viernickel et al. 2013), u.a. mit der Begründung, dass in der Vergangenheit auch bereits gut gearbeitet worden sei. In der positiven Umkehrung, also erkennbarer Personal Mastery, finden sich Entsprechungen in dem wertekernbasierten Typus mit einer professionellen Haltung als zentralen Orientierungshorizont (Viernickel et al. 2013).

Mentale Modelle entsprechen tief verwurzelte Annahmen, Verallgemeinerungen oder auch Bildern und Symbolen der Welt. Diese haben Einfluss darauf, wie die Welt wiederum wahrgenommen und wie gehandelt wird. Die Disziplin der mentalen Modelle erfordert die Fähigkeit, lernintensive Gespräche zu führen, in denen die Beteiligten klar zum Ausdruck bringen, was sie denken und ihr Denken für die Einflüsse anderer öffnen. Die eigenen Sichtweisen von Welt werden als individuelle anerkannt und zugelassen, dass es weitere Perspektiven gibt.

Eine weitere Disziplin der lernenden Organisation stellt die *gemeinsame Vision* dar (vgl. auch Kapitel 2.2.3 und Kapitel 3.3.1). Diese entspricht einer gemeinsamen Vorstellung von der Zukunft. Eine gemeinsame Vision kann Gefühl von Gemeinschaft hervorrufen und langfristiges Engagement begünstigen, da Menschen, um eine gemeinsame Vision zu erreichen, eigenmotiviert lernen und so neue Handlungspotenziale entwickeln.

Die Disziplin des *Teamlernens* entspricht der Fähigkeit, eigene Annahmen aufzuheben und sich auf ein gemeinsames Denken einzulassen. Im Dialog kommt das Team zu Einsichten, die dem Einzelnen verborgen bleiben. Teamlernen trägt dazu bei, dass Menschen in Gruppen ein Gespür für das Gesamte entwickeln. In der Kita bedeutet dies, dass über die Gruppe der

Kinder hinaus, für die explizite Verantwortung als Bezugsfachkraft besteht, eine Wahrnehmung der gesamten Kita, der Elternschaft, des Quartiers und des fachlichen Netzes, in dem sich die Kita befindet, entwickelt wird.

Organisationales Lernen kann in verschiedene Formen vollzogen werden:

- Anpassungslernen (single-loop learning)
- Veränderungslernen (double-loop learning)
- Prozesslernen – das Lernen lernen (deutero learning)

Anpassungslernen entspricht instrumentellem Lernen. Sofern Fehler erkannt oder auch erwartete Ergebnisse nicht erreicht werden (mismatch), wird die Handlungsstrategie angepasst. Die leitenden Wert- und Zielvorstellungen bleiben erhalten. Dies ist mit einem Thermostat zu vergleichen: Wird es kälter und die Heizleistung reicht nicht aus, die bisherige Temperatur zu halten, wird die Leistung erhöht. In Kitas kann dies z.B. sprachfördernde Maßnahmen betreffen: Sofern in der Diagnose lt. Sprachentwicklungstest für Kinder (SET-K) die bisher getroffenen Maßnahmen nicht wirken, werden diese häufiger angeboten.

Veränderungslernen stellt Handlungstheorien in Frage. Normen und Werte werden im Zusammenhang mit einer veränderten Umwelt reflektiert und ggf. neu definiert. Dieser Veränderungsprozess erfasst den gesamten kollektiven Bezugsrahmen, Gewohntes wird damit in Frage gestellt. In Kitas kann als Beispiel die Reflexion bisheriger Erziehungsziele genannt werden: ob diese in ihrer Gesamtheit umfassend genug sind, ob die daraus abgeleiteten Handlungsziel in der Praxis weitreichend ihren Niederschlag finden etc. Das Beispiel der Sprachförderung weiterführend wird hier die bisherige Art und Weise reflektiert, in der Sprachförderung stattfand und wie diese deutlicher in den Kita-Alltag einbezogen werden kann, anstatt 2 Mal wöchentlich eine Sprachfördergruppe zusammenkommen zu lassen.

Das *Prozesslernen* geht – wie das Veränderungslernen – von dem Wissen um die Notwenigkeit von Anpassungs- und Veränderungslernen aus und wird auf einer Metaebene ergänzt. Lernziele, Lernprozesse und -potenziale werden hinterfragt und die Organisation als Lernsystem thematisiert. Gleichermaßen wird versucht, kollektive Wahrnehmungsmuster zu erkennen und zu reflektieren. In Kitas kann dies z.B. die Frage sein, wie Eltern wahrgenommen werden, inwieweit Pauschalierungen vorgenommen werden und woher derartige Wahrnehmungsmuster kommen (vgl. Kapitel 3.4.4). Das Beispiel der Sprachförderung weiterdenkend würde Fragen nachgegangen werden, wie zu Erkenntnissen gelangt werden kann, die eine Sprachförderung gestalten lassen, die die kindliche Entwicklung insgesamt besser unterstützen. Weiter wird reflektiert, welche Annahmen der Sprachförderung bisher zugrunde lagen, welche weiteren Annahmen zu kindlichem Lernen herangezogen wurden und inwiefern diese auch aktuellen Fachdiskursen in der Kindheitspädagogik entsprechen. Es wird somit weitereichend nach Ursachen der bisher nicht ausreichend wirkenden Sprachförderung geforscht. Folgendes Schaubild verdeutlicht die Reichweite der unterschiedlichen Lernformen:

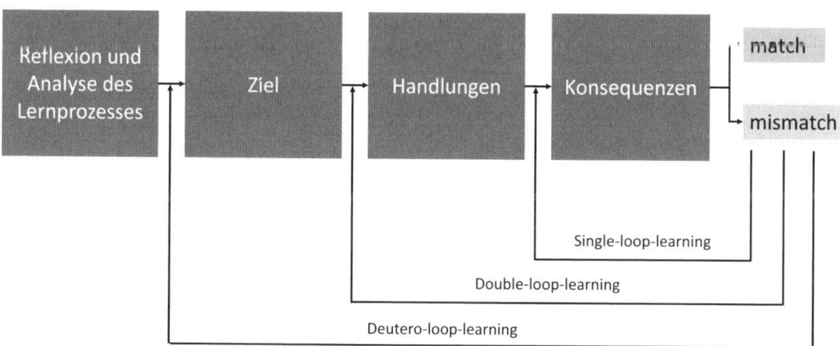

Abb. 23: Formen des organisationalen Lernens (Quelle: Argyris/Schön 2008)

Insbesondere das Prozess- bzw. Deutero-Lernen mag in der Kita auf Hemmnisse stoßen. Derlei Lernhemmnisse können in folgenden Annahmen bestehen (Senge 2006):

- »Ich bin meine Position« – was sich in der Kita in einer Fixierung auf die eigene Gruppe bzw. die Bezugskinder äußern kann. Hier wird unabhängig von allen anderen gehandelt und Auswirkungen des eigenen Handelns auf weitere Kinder, Eltern und Kolleginnen/Kollegen nicht gesehen.
- »Der Feind da draußen« – was in einer Kita z.B. in einer Sicht des Wohnquartiers bestehen kann, welches aufgrund einer hohen Anzahl von Familien in Armutsverhältnissen und mit niedrigen formalen Bildungsabschlüssen verhindert, den Kindern Bildungsprozesse auf hohem Niveau zu ermöglichen. So wird an ein Außen verwiesen, welches nicht veränderbar ist, anstatt über Ressourcen, die Kinder und Familien mitbringen, nachzudenken, diese einzubeziehen und Lernen so gemeinsam zu ermöglichen.
- »Angriff ist die beste Verteidigung« – was z.B. in oben skizzierter Kita seine Entsprechung finden kann in einem Träger, der die verstetigte Partizipation von Eltern einfordert. Dies mag im Team grundsätzlich auf

Ablehnung stoßen; im Gegenteil wird attestiert, dass der Träger keine Ahnung hat von den Eltern, die bereits mehrfach eingeladen wurden und dennoch nicht kamen. Der Träger wird angegriffen ob dessen Forderungen, anstatt das Gespräch zu suchen und v.a. dessen Intention zunächst verstehen zu wollen. Zudem zieht der Angriff gegen den Träger Energie ab, sich dessen Anliegen überhaupt zu widmen oder sich den Eltern zuzuwenden.
- »Fixierung auf Ereignisse« – es werden kurzfristige Ereigniserklärungen vorgenommen, die in der Identifikation einer Ursache münden. Dies ist nicht zwingend realitätsunangemessen, jedoch wird der Blick auf mögliche weitere sowie weitreichendere Ursachen und damit auf langfristige Entwicklungsmuster sowie Auswirkungen verstellt.
- »Das Gleichnis vom gekochten Frosch« – so wie ein Frosch, der in langsam erhitztes Wasser geworfen wird, dies nicht erkennt und darin umkommt, so werden sich langfristig und schleichend vollziehende Veränderungen nicht wahrgenommen.
- »Die Illusion, dass wir aus Erfahrung lernen« – was grundsätzlich stimmt. Allerdings erfahren wir in der Regel nicht, wie sich unsere Entscheidungen und Vorgehensweisen auswirken. In der Kita kann dies z.B. darin bestehen, dass ein Kind als lernbehindert eingeschätzt wird und an die Eltern die Empfehlung ergeht, das Kind in einer besonderen Fördereinrichtung betreuen zu lassen. Ob diese Einschätzung richtig war und wie sich das Kind – nachdem die Eltern dem Anraten der pädagogischen Fachkräfte nachgekommen sind – tatsächlich entwickelt hat, erfährt das Team nur selten.
- »Der Mythos vom Managementteam« – dass Teams im Zusammenarbeiten bessere Ergebnisse erzielen, als wenn jede/r Mitarbeiter/in allein vor sich hin arbeitet, ist bekannt. Hingegen wird dieser Annahme nicht zwingend Rechnung getragen, sondern folgen die einzelnen Mitarbeiter/innen ihren individuellen Interessen und grenzen sich ab.

Die Gesetze weisen Überschneidungen auf und können nicht völlig getrennt voneinander betrachtet werden. Sie offerieren Hinweise auf typische oder als unsystemisch zu charakterisierende Denk- und Handlungsweisen. Sie können Leitung und auch den Mitarbeiterinnen und Mitarbeitern helfen, das System und – spezifisch – das Lernen zu verstehen. Gleichermaßen bieten sie Ansatzpunkte für das Auffinden neuer Lösungen.

Als Handwerkszeug für eine lernende Organisation und das Annehmen von Herausforderungen bietet sich das Methodenkonzept der Handlungsforschung an.

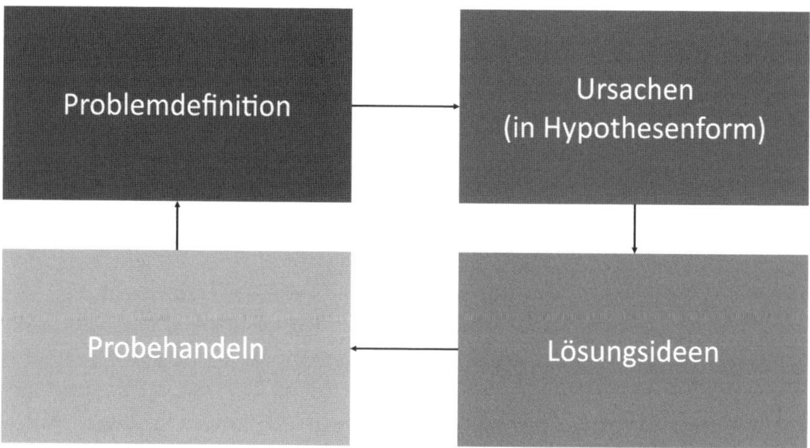

Abb. 24: Methodenkonzept der Handlungsforschung (Quelle: vgl. Regel/Wieland 2007)

Im 1. Schritt bedarf es der präzisen Definition der Herausforderung bzw. des Problems

Beispiel

Kinder in einer 5-gruppigen Kita, die mit Funktionsräumen arbeitet, verbleiben immer im dem Raum, in dem ihre Stammguppe untergebracht ist.

Zu fragen ist hierbei, ob es sich, wie die Formulierung suggeriert, um alle bzw. zumindest um den Großteil der Kinder der Kita handelt. Sofern es sich um eine Kleingruppe mit spezifischen Kindern handelt, ist das Problem differenzierter zu formulieren. Weiterhin ist zu prüfen, wie lange dieses Phänomen erkennbar ist.

Im 2. Schritt wird nach Ursachen geforscht. Hier werden so viele Ursachen formuliert, wie irgend möglich. Dabei ist alles zu nennen, was in den Sinn kommt und der Grad der Plausibiliät wird noch nicht geprüft.

Beispiel

- Die Kinder wissen noch nicht von den Möglichkeiten der Räume.
- Die Kinder fühlen sich nicht ausreichend wohl in der Kita.
- Die Kinder bleiben lieber bei ihren Bezugsfachkräften.
- Die Kinder bleiben lieber bei den Kindern, die sie kennen.

- Die Kinder haben die Möglichkeiten des Stammgruppenraumes noch nicht weitreichend genug ausgelotet.
- Die Kinder haben keine für sie erkennbare Sinnhaftigkeit im Wechsel der Räume entdeckt.
- Die Fachkräfte bieten in den Räumen Spannendes an, sodass kein Interesse an einem Raumwechsel aufkommen kann.
- Die Räume sind nicht ausreichend profiliert, die Kinder erkennen nicht deren spezifischen Möglichkeiten.
- Es gibt keine Inszenierungen oder Rituale für den Raumwechsel.
- Die Mikrotransition ist mit zu hohen Hürden belegt, wie z.B. Anmelde- und Abmeldesystem.

Im 3. Schritt werden die Hypothesen geprüft, diskutiert und auf Wahrscheinlichkeit hin priorisiert. Für die plausibelsten Ursachen werden Vorgehensweisen zur Lösung erarbeitet.

Im 4. Schritt werden die Vorgehensweisen erprobt. Zudem wird vereinbart, wann sie bzgl. ihrer Wirkung reflektiert werden.

Der 5. Schritt ist der 1. Schritt eines neuen Kreislaufs. Das am Ausgangspunkt stehende Problem wird nochmals herangezogen. Es wird überlegt, wie sich dieses verändert hat und ob der Kreis neuerlich zu durchlaufen ist oder die Kinder in ausreichendem Maß die Räume wechseln.

2.1.4 Ökonomische und pädagogische Aspekte

»Wer zu spät an die Kosten denkt, ruiniert sein Unternehmen. Wer zu früh an die Kosten denkt, tötet die Kreativität.« (Philip Rosenthal)

Die Entwicklungen im System der Frühkindlichen Bildung, Betreuung und Erziehung (FBBE), die zunehmende Trägervielfalt und der Kostendruck in den Kommunen führten in den vergangenen Jahrzehnten zu einer spürbaren Ökonomisierung des Berufsfeldes. Obwohl die öffentlichen Kassen diesbezüglich schon immer eher knapp gefüllt waren, hat sich die Bedeutung betriebswirtschaftlichen Handelns in den vergangenen Jahren nochmals deutlich gesteigert. »Wirtschaftliches Handeln von Leitungskräften bedeutet in diesem Zusammenhang durch planvolles Handeln und unter Beachtung des ökonomischen Prinzips die bestehende Knappheit an Gütern zu verringern« (Kany 2015, S. 90). Neben dem Gefühl der Überforderung im Umgang mit Budgetierungen, Haushalts- oder Wirtschaftsplänen und Controlling entfaltet sich an dieser Stelle ein weiteres mögliches Spannungsfeld von Kita-Leitung: das Spannungsfeld zwischen

Pädagogik und Ökonomie. Dabei sind die Entscheidungen von Leitungskräften einerseits ethischen Orientierungen (als Basis der pädagogischen Arbeit) und andererseits wirtschaftlichen Überlegungen (im Rahmen der betriebswirtschaftlichen Dimension) verpflichtet (vgl. Hess 2010, S. 231).

Grundlegend ist zunächst die Erkenntnis, dass Entscheidungen rund um die Finanzierung von Kindertageseinrichtungen auch in die Hand der Leitungskräfte gehören. Nicht selten hängen pädagogische und finanzielle Entscheidungen eng zusammen und bedingen einander. Dies wird beispielsweise deutlich, wenn über die Anzahl gleichzeitig neu aufzunehmender Kinder entschieden werden soll. Während trägerseits aus finanziellen Gründen möglichst alle Plätze schnellstmöglich (wieder-)belegt werden sollten, kann die pädagogische Argumentationslage ganz anders aussehen. Gleichwohl kann es sich wiederum lohnen, eine weitere Gruppe mit Kindern zu eröffnen, um eine solidere Personalplanung vornehmen zu können.

Praxishinweis

Nehmen Sie die Herausforderung an, sich mit finanziellen Aspekten der Kita-Leitung zu befassen. Betrachten Sie sie als Möglichkeit, neue Handlungsspielräume für die Umsetzung ihrer pädagogischen Ideen und Schwerpunktsetzungen zu schaffen. Übernehmen Sie die Verantwortung, sich bei unterschiedlichen Entscheidungsträgern für die Erhaltung oder Verbesserung von Rahmenbedingungen einzusetzen.

Aus ökonomischer Sicht steht dem Träger gegenüber die Frage im Vordergrund, ob die jeweilige Einrichtung effizient arbeitet. Der Aspekt der Effizienz lotet dabei aus, ob es Leitungskräften und Trägerverantwortlichen gelingt, die unterschiedlichen Ausgaben einer Einrichtung (Personalkosten, Sachkosten, Raumkosten/Miete, Energiekosten) mit den Einnahmen (öffentliche Zuschüsse, Elternbeiträge, Spenden, Mitgliedschaften) auszubalancieren. Um die komplexe Leistungserbringung der Dienstleistung »Frühkindliche Bildung, Betreuung und Erziehung« in einer Weise (faktisch und ökonomisch) nachvollziehbar zu machen, soll im Rahmen des regelmäßigen Controllings die Effizienz überprüft werden. Ausführliche Hinweise zu einer entsprechenden Vorgehensweise finden Sie in themenspezifischer Literatur (z.B. bei Skalla 2015; Klug/Kratzmann 2013; Fischer 2001). An dieser Stelle soll nur kurz die sogenannte »3-Schritt-Methode« dargestellt werden, die die komplexen Zusammenhänge vereinfacht abbildet (Steinfeld/Vaudt 2014, S. 169):

1. *Erstellung einer Planungsrechnung (Wirtschaftsplan) des neuen Kita-Jahres:* Die geplanten Kosten und Leistungen werden bestimmt und als SOLL-Zahlen festgelegt.
2. *Erhebung der Ist-Werte:* Die tatsächlichen Zahlen (Ausgaben und Einnahmen) werden erfasst und als IST-Zahlen dargestellt.
3. *Abgleich der Soll-Ist-Werte:* In der so genannten Abweichungsanalyse sollen die Unterschiede von SOLL- und IST-Zahlen möglichst früh erkannt und ggf. noch verhindert werden.

Aber auch über das Controlling hinaus ergeben sich für Leitungskräfte Möglichkeiten der Einflussnahme auf die finanzielle Ausgestaltung ihrer Einrichtung. Neben den daraus folgenden Fragen, wie ein attraktives Betreuungsangebot aussehen kann und soll, welche Schwerpunktsetzungen gefragt sein könnten, welche Öffnungszeiten Eltern ansprechen, welche Mitarbeiter/innen hierfür gewonnen werden müssen und welches Altersspektrum in der Einrichtung betreut werden soll, kommt es darauf an, die Identifikation der Einrichtung im Rahmen von Marketingprozessen und Corporate Identity nach innen und außen zu kommunizieren. Öffentlichkeitsarbeit umfasst dabei sowohl die nach innen gerichtete Beziehungsgestaltung einer Einrichtung im Sinne einer Einrichtungskultur bzw. Corporate Identity durch beispielsweise ein Leitbild, als auch die Beziehungsgestaltung nach außen durch Flyer, Informationsveranstaltungen, etc.

Instrumente der Öffentlichkeitsarbeit				
Schriftliche Instrumente	**Mündliche Instrumente**	**Pressearbeit**	**Bild- und Tonmaterial**	**Sonstige**
• Prospekt/Faltblatt • Jahres(abschluss) bericht • Leitbild • Konzeption • Projektdokumentation • Aushang • Aufkleber • Fragebogen	• Befragung • Angehörigengespräch • (Info-)Veranstaltung • Mitarbeitergespräch • Telefongespräch • Besichtigung/Führung • Tag der offenen Tür	• Persönlicher Pressekontakt • Presseinformation • Pressegespräch/Interview • Pressekonferenz • Leserbrief	• Grafik • Plakat • Film • Fotos	• Internetseite • Spendenveranstaltung

Tabelle 11: Instrumente der Öffentlichkeitsarbeit (Quelle: Gartinger/Janssen 2014, S. 756)

Praxishinweis

Der Einsatz unterschiedlicher Instrumente der Öffentlichkeitsarbeit erhöht den Bekanntheitsgrad der Einrichtung und kann dabei mehrere Ziele verfolgen:

- die Sicherung der Nachfrage an Plätzen und damit eine Konsolidierung der Finanzierung,
- die Gewinnung von Spendengebern oder Sponsoren, die beispielsweise einzelne Projekte unterstützen,
- das Leisten von »Überzeugungsarbeit«/Lobbyarbeit bei politischen Entscheidungsträgern, die sich in unterschiedlichen Gremien für die Belange der jeweiligen Einrichtung einsetzen.

Außerdem besteht die Möglichkeit, sich gezielt für die Akquise von Geldern zu engagieren. Neben den Möglichkeiten des Fundraisings, des Social Sponsorings und der Spendenakquise im Allgemeinen, ist vor allem die Beantragung von Projektmitteln interessant. Teilweise existieren hierzu konkrete Ausschreibungen, auf die sich Einrichtungen direkt bewerben können. Im anderen Fall besteht die Möglichkeit, einen solchen Antrag in Eigeninitiative beim Träger oder der Kommune einzureichen. Grundlage hierfür ist die Vorlage eines soliden und transparenten Finanzierungsplans, der kurz- und langfristige Kosten darstellt. Darüber hinaus ist es hilfreich, unterschiedliche Unterstützer für das Projekt zu gewinnen. Hierfür bieten sich Gespräche mit allen Teammitgliedern, der Elternschaft, der Politik und Kooperationseinrichtungen an. Und nicht zuletzt ist der Antragsstellungszeitpunkt bewusst zu wählen.

Praxishinweis

Die ökonomische Führung bedarf eines guten Gespürs für die Bedürfnisse des Marktes, innovativer Ideen, fachlicher Kompetenzen für die Entwicklung neuer Konzepte, Ausdauer und Standkraft zur Durchsetzung und Verteidigung sowie Organisationstalent für deren Umsetzung (Krenn, S. 191 in Fischer 2001).

2.1.5 Leitungsbezogene Spannungsfelder

»Damit das Mögliche entsteht, muss immer wieder das Unmögliche versucht werden.« (Hermann Hesse)

Bereits die unklaren Rollenerwartungen, die Herausforderungen der Doppelrolle als Leitungskraft und Teammitglied im Gruppendienst sowie die Aufgabe, pädagogisches und ökonomisches Denken zu synchronisieren, erzeugen eine große Anzahl von Widersprüchlichkeiten, die Leitungskräfte in ihrem Führungsalltag bewältigen müssen. Hinzu kommen weitere Spannungsfelder, die für das Leiten einer Kindertageseinrichtung charakteristisch sind. Im Rahmen dieser Spannungsfelder entfalten sich zwischen unterschiedlichen Wertepolen Handlungsspielräume, innerhalb derer sich Leitungen positionieren müssen. Diese Positionierung ist dabei keinesfalls eine grundsätzliche Entscheidung, die als Schablone für zukünftige Situationen gelten kann. Stattdessen müssen sich Leitungskräfte in kommenden Situationen immer wieder neu verorten, sich vergewissern, zu welchem Wert (oder Pol) sie in diesem Moment tendieren und auf Basis dessen Entscheidungen treffen. Stimmiges Leitungsverhalten ist dabei, ebenso wie pädagogisches Verhalten, immer situationsbezogen: Wenn die pädagogische Arbeit zum einen dadurch gekennzeichnet ist, dass Erzieher/innen mit Ungewissheiten pädagogischer Situationen umgehen müssen und zum anderen ihr jeweiliges pädagogisches Verhalten fall- und situationssensibel anpassen müssen und wenn sie dabei einerseits auf ihr theoretisches Wissen und andererseits auf praktisches Handlungs- und Erfahrungswissen zurückgreifen können und müssen (vgl. Stichweh 1994; Nentwig-Gesemann 2008), dann gilt dies in gleichem Maße für professionelles Leitungsverhalten. Es gilt also die Fähigkeit zu entwickeln, in konkreten Leitungssituationen, die durch Unsicherheit, Widersprüchlichkeit, Einmaligkeit und Komplexität gekennzeichnet sein können, die entsprechenden Wertepole zu reflektieren und auf Basis des impliziten (Erfahrungs-)Wissens zu kreativen Lösungen zu kommen. Dabei muss die getroffene Entscheidung stets mit den persönlichen Werten der Leitungskraft in Einklang sein (wie solche Werte bewusst gemacht werden können, wird in Kapitel 2.2.2 erläutert). Nur so werden Leiter/innen als kongruent, stimmig und authentisch erlebt.

Professionelles Leitungsverhalten setzt also zum einen voraus, dass diese Spannungsfelder erkannt und als grundsätzlich vorhanden respektiert werden müssen. Zum anderen verlangt es, sich innerhalb dieser Spannungsfelder zu bewegen und »Eigenschaften, die scheinbar nicht harmonieren, miteinander zu verbinden« (Simsa/Patak 2010, S. 50). Auf Grundlage der von Schneewind und Landowsky (2015) beschriebenen Dimensionen des Führungshandelns werden im Folgenden 8 zentrale Spannungsfelder von Kita-Leitungskräften benannt:

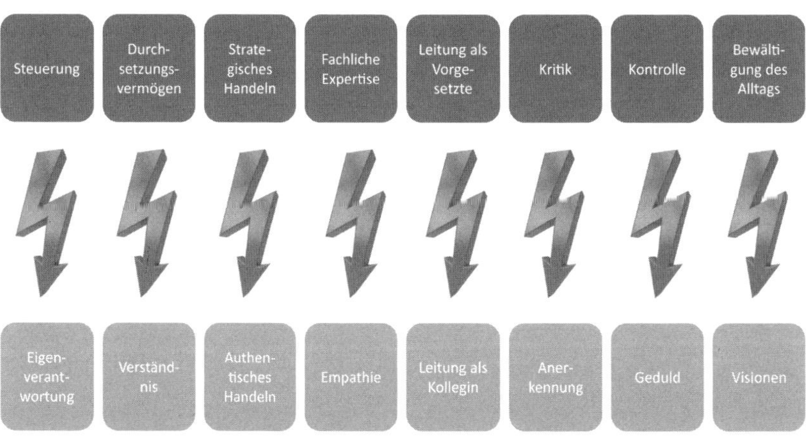

Abb. 25: Zentrale Spannungsfelder (Quelle: eigene Darstellung)

1. Spannungsfeld zwischen Steuerung und Eigenverantwortung

Frühpädagogische Bildungseinrichtungen bzw. Kindertageseinrichtungen arbeiten in der Regel auf Basis eines ko-konstruktivistischen Bildungsverständnisses – zumindest ist ein solches durchgängig in allen Bildungs- und Erziehungsplänen der Bundesländer zu Grunde gelegt. Dehnt man dieses Bildungsverständnis im Sinne einer Unternehmenskultur vom Verhalten der Erzieher/innen den Kindern gegenüber auf den Umgang der Kita-Leitung mit ihren Mitarbeiterinnen und Mitarbeitern aus, so ist Leitungshandeln in erster Linie geprägt von Selbstverantwortung und einer damit einhergehenden größtmöglichen Selbstständigkeit des Teams und seiner einzelnen Mitglieder. Gleichwohl bedarf es in einzelnen Phasen des Leitungshandelns auch der Prozesssteuerung bzw. der Formulierung klarer Vorgaben und Richtlinien. Vor allem im Rahmen von Qualitätsmanagementprozessen wie beispielsweise der Umsetzung pädagogischer Standards (z.B. beim Thema Eingewöhnung) sind die Handlungsspielräume der Mitarbeiter/innen ebenso eingeschränkt, wie in der Umsetzung gesetzlicher Vorgaben, die von der Leitungskraft sichergestellt werden müssen. Abgesehen von der Formulierung pädagogischer Standards im Rahmen des Qualitätsmanagements (Prozessbeschreibungen) geht es im Kontext der Steuerung weniger um Vorschriften und Kontrollen im kleinformatigen Bereich (z.B. wie Portfolios geführt werden), was schon alleine aus Gründen des Zeitmanagements nicht effizient wäre. Vielmehr sollen (Qualitäts-/Güte-)Kriterien und Kontrollzeitpunkte transparent gemacht werden

Praxishinweis

Vereinbaren Sie zu bestimmten Themen sinnvolle Kontrollzeitpunkte mit Ihrem Team. So erleben Mitarbeiter/innen eine eindeutige Formulierung von Zielsetzungen innerhalb derer sie sich selbständig organisieren und koordinieren können.

Das Portfolio, das alle Bezugserzieher/innen für und mit ihren Bezugskindern führen sollen, muss beispielsweise immer im Dezember der Leitungskraft vorgelegt werden.

2. Spannungsfeld zwischen Durchsetzungsvermögen und Verständnis

Bestimmte Situationen erfordern ein besonders klares Auftreten der Leitungskraft. Dies betrifft sowohl Situationen außerhalb der Einrichtung, wenn Leitungen neue Ideen in Gremien verteidigen müssen und andere von ihren Zielen überzeugen möchten (z.B. bei der Präsentation einer neuen Projektidee vor Entscheidungsträgern des Jugendhilfeausschusses). Aber auch Situationen innerhalb der Einrichtung – beispielweise mit Eltern – können es erforderlich machen, dass die Leitungskraft sich zum Schutze ihrer Einrichtung oder ihrer Mitarbeiter eindeutig und selbstsicher positioniert (wenn mit Eltern beispielsweise im Rahmen eines Gespräches das weitere Vorgehen besprochen werden soll, weil sie ihr Kind zum wiederholten Male nach Ende der Öffnungszeiten abgeholt haben). Und nicht zuletzt müssen sich Leitungskräfte auch gegenüber ihren Mitarbeiterinnen und Mitarbeitern durchsetzen können (wenn es beispielsweise darum geht, auf die Beachtung eines gemeinsam formulierten Beschlusses hinzuweisen, der von einem Mitarbeiter ohne Nennung neuer Argumente nun schlichtweg abgelehnt oder ignoriert wird). Kindertageseinrichtungen brauchen also starke und klare Leitungspersönlichkeiten, die für ihre eigenen Bedürfnisse ebenso eintreten können, wir für diejenigen ihrer Mitarbeiter/innen oder ihrer Einrichtung.

Andererseits ist sowohl in der Personalführung als auch in der Arbeit mit den Kindern und der Zusammenarbeit mit deren Eltern Achtsamkeit und Feinfühligkeit vonnöten. So ist davon auszugehen, dass Mitarbeiter/innen erst dann bereit sind, ihr ganzes Potenzial in der Arbeit ein- und freizusetzen, wenn sie sich sicher und wertgeschätzt fühlen, wenn sie mithin eine

Arbeitsumgebung bzw. Unternehmenskultur erleben, in der sie als »ganze« Persönlichkeit wahrgenommen und anerkannt werden. Gerade in Kritik- und Coachinggesprächen kann der Erfolg des Gespräches davon abhängig sein, inwiefern sich Mitarbeiter/innen im Rahmen einer Atmosphäre der Wertschätzung und Anerkennung auch tatsächlich für die Annahme eines kritischen Feedbacks öffnen oder sich auf einen Lösungsprozess einlassen. Und während Kritik fachlich durchaus gerechtfertigt sein kann, können gleichwohl triftige persönliche Gründe vorliegen, die bestimmte Verhaltensweisen erklären. Nur einer feinfühligen und empathischen Leitung wird es in diesen Situationen gelingen, ihren Mitarbeiterinnen und Mitarbeitern einerseits sehr klar zu kommunizieren, was sie von ihnen erwartet und ihnen andererseits das Gefühl geben können, dass sie bei der Umsetzung ggf. alle mögliche Unterstützung erfahren.

Um es aber unmissverständlich auszudrücken: Berechtigte Kritik darf und muss auch genau als solche formuliert werden. Sie sollte argumentativ belegt sein und muss nicht gerechtfertigt werden. Wenn eine Mitarbeiterin beispielsweise Kinder auf dem Wickeltisch aus den Augen lässt, ist es uninteressant, ob sie wegen ihres Liebeskummers nicht bei der Sache war oder weil sie wegen der bevorstehenden Fahrprüfung so angespannt war. Berechtigte Kritik muss auch nicht schöngeredet oder weichgespült werden, sondern fachlich begründet und sachlich kommuniziert werden; dabei gilt es grundsätzlich, das entsprechende Verhalten des Mitarbeiters bzw. der Mitarbeiterin zu beurteilen und nicht seine/ihre Persönlichkeit oder andere Merkmale seiner/ihrer Person.

Beispiel

Schon seit längerem hat Herr Horn bemerkt, dass seiner Mitarbeiterin, Frau Nelson, in vielen Arbeitsbereichen Fehler unterlaufen. Dies betrifft sowohl die konkrete Arbeit mit den Kindern, bei der sie häufig überdurchschnittlich emotional und ungeduldig reagiert, als auch die Zusammenarbeit mit Kolleginnen und Kollegen: Hier ist sie sehr dünnhäutig und reagiert unprofessionell auf Kritik. Auch ihre Arbeitshaltung im Allgemeinen macht Herrn Horn unzufrieden. So zeigt sie weniger Engagement als früher und wirkt häufig, als sei sie gar nicht wirklich da. In einem anberaumten Mitarbeitergespräch erfährt Herr Horn etwas über die aktuelle familiäre Situation seiner Mitarbeiterin: Sie lebt seit einem halben Jahr in Scheidung und droht nun das gemeinsame Familienheim, in dem sie mit ihren beiden Kindern leben, im Rahmen einer Zwangsversteigerung zu verlieren.

Zunächst muss festgestellt werden, dass es für den Umgang mit Frau Nelsons Situation kein einfaches und eindeutig richtiges Verhalten geben kann. Eine Herangehensweise von Herrn Horn könnte es sein, grundsätzlich so weit möglich, Verständnis für Frau Nelson und ihre Situation aufzubringen. Frau Nelson befindet sich in einer (vermutlich zeitlich absehbaren) schwierigen familiären Situation, in der sie die Rücksichtnahme von ihrem Arbeitgeber als hilfreich und unterstützend wahrnehmen wird. Eine Entlastung im beruflichen Arbeitsfeld, z.B. indem vereinbart wird, dass sie bestimmte Verantwortungsbereiche eine Zeit lang unterschiedlichen Kollegen überlässt oder sie ihre Arbeitszeit für einen definierten Zeitraum reduzieren kann, kann helfen, ihre private Situation fokussiert und mit Priorität schnellstmöglich zu verbessern. Andererseits sollte Herr Horn aber auch die Situation der Einrichtung und des Teams im Blick behalten, die sich vor allem dann zuspitzen wird, wenn weitere Kollegen ausfallen oder sich die Leistungseinbußen von Frau Nelson über einen langen Zeitraum hinweg erstrecken. Hier gilt es, kreative Lösungen zu finden und zu überlegen, wie Frau Nelson einerseits beruflich entlastet werden könnte ohne andererseits die Ressourcen des gesamten Teams zur Bewältigung ihrer persönlichen Situation in Anspruch zu nehmen. Es wäre in diesem Sinne beispielsweise denkbar, dass Frau Nelson einige Wochen unbezahlten Urlaub nehmen kann, um ihre private Situation zu regeln. In dieser Zeit hätte Herr Horn die Möglichkeit, eine Vertretungskraft einzustellen, damit die anderen Teamkollegen und -kolleginnen wieder von der Übernahme ihrer zusätzlichen Verantwortungen entbunden werden. Ist Frau Nelson allerdings auch nach einiger Zeit nicht in der Lage, ihre Situation zu verändern bzw. die Auswirkungen ihrer privaten Situation auf ihren Beruf zu begrenzen, muss Herr Horn die Bedürfnisse der Einrichtung und des Teams mit aller Deutlichkeit formulieren und eine entsprechende Lösung finden.

3. Spannungsfeld zwischen strategischem und authentischem Handeln

Ökonomische, (qualitäts-)managementbezogene und personalentwicklungsbedingte Ziele verlangen von Leitungskräften, eine taktische, strategische und strukturierte Vorgehensweise. Solch geplantes und taktierendes Vorgehen entspricht dabei nur selten intuitivem Handeln und wird dementsprechend von anderen auch zumeist nicht als solches erlebt. Es stellt sich deshalb die Frage, wie Leitungskräfte einerseits strategisch handeln sollen, ohne dass sie andererseits ihre Authentizität und Glaubwürdigkeit verlieren.

Umso weniger die strategischen Handlungen dabei mit der eigenen Leitungshaltung und den darunter liegenden Werten übereinstimmen, umso deutlicher erleben Mitarbeiter/innen Diskrepanzen zwischen der Person der Leitungskraft und ihrer Funktion. Voraussetzung einer professionellen Haltung, die im Rahmen des Spannungsfeldes zwischen strategischem und authentischem Handeln erreicht werden kann, ist demnach das Bewusstsein über den eigenen Wertehorizont und seine biografische Prägung sowie die Verinnerlichung persönlicher Ziele wie sie in Kapitel 2.2 beschrieben wird.

Professionelles Leitungsverhalten grenzt sich darüber hinaus vom Verhalten in Alltagssituationen in erster Linie durch seine reflexiven Bestandteile aus.

Beispiel

Die Leitung, Frau Eiselmann, hat sich im Rahmen einer Meinungsverschiedenheit mit ihrem Mitarbeiter, Herrn Vogler, vergangene Woche gestritten. Seitdem ist das Verhältnis zwischen beiden angespannt. Im Alltag sprechen sie nur wenig miteinander, die üblichen Floskeln in der Mittagspause bleiben aus.

Weil Frau Eiselmann sowohl ihre wertschätzende Grundhaltung leben möchte, als auch die Verbesserung der Qualität der morgendlichen Bringsituation weiterhin im Blick hat, ist sie über den persönlichen Konflikt mit Herrn Vogler hinaus in der Lage. sein Verhalten auf Basis strategischer Entscheidungen einzuschätzen. Herr Vogler gelang es nämlich als einzigem Mitarbeiter des Teams die gerade vereinbarten Qualitätsstandards in der Bringsituation zu berücksichtigen.

Professionelles Leitungshandeln im Spannungsfeld von Strategie und Authentizität versucht demgemäß einerseits die Ziele der Kindertageseinrichtung mit persönlichen Wertvorstellungen in Einklang zu bringen und stellt andererseits strategische Ziele über persönliche Befindlichkeiten.

4. Spannungsfeld zwischen fachlicher Expertise und Empathie

Sowohl was die pädagogische Arbeit betrifft, als auch was leitungsbezogene Aspekte betrifft, benötigen Leitungskräfte eine stabile theoretisch verortete Basis an Fachwissen (vgl. auch Strehmel/Ulber 2014a, S. 26). So trifft die Leitung beispielsweise die Entscheidung, in welcher Gruppe ein neues Kind aufgenommen werden soll, auf Basis ihrer Fachlichkeit. Neben diesen zentralen fachlichen Gesichtspunkten können aber auch persönliche

Gesichtspunkte im Rahmen der Beziehungsebene solch eine Entscheidung wesentlich beeinflussen oder infrage stellen. So kann z.B. aus fachlichen Gründen (Gruppenzusammensetzung, Kinderzahl, Alter des Kindes) die Entscheidung für die Aufnahme in die gelbe Gruppe getroffen werden. In einem Gespräch teilt dann aber die eingeplante Bezugserzieherin der gelben Gruppe mit, dass sie derzeit mit der Pflege ihrer Mutter neben der Arbeit in der Kindertageseinrichtung sehr herausgefordert ist und bittet um jede nur mögliche Entlastung im Beruf. Auf Basis des persönlichen Verständnisses für die Situation der eigentlich eingeplanten Bezugsperson, kann die Leitung nun ihre (eigentlich fachlich argumentierte) Entscheidung aus begründetem Anlass nochmals überdenken.

Die Ebene des persönlichen Verständnisses für die Bedürfnisse der Mitarbeiter/innen oder Eltern steht im Rahmen dieses Spannungsfeldes fachlichen Ansprüchen und Begründungszusammenhängen gegenüber.

5. Spannungsfeld zwischen Kollegen und Vorgesetztem

Die Herausforderungen des Spannungsfeldes zwischen der Rolle des Kollegen/der Kollegin und der Position der/des Vorgesetzten wurden bereits im Kontext der Anforderungen an Leitungskräfte, die auch im Gruppendienst tätig sind, dargestellt (siehe Kapitel 2.1.2). Aber auch für Leitungskräfte, die sich ausschließlich mit Leitungsaufgaben befassen, gehen von diesem Spannungsfeld zu überbrückende Diskrepanzen aus. Dies gilt vor allem deshalb, weil auch ein großer Anteil derjenigen, die aktuell ausschließlich Leitungstätigkeiten übernommen haben, vor Übernahme der Leitungsposition noch Kolleginnen ihrer aktuellen Mitarbeiter/innen waren. Außerdem besteht gerade in pädagogischen Berufen die Tendenz dazu, (berufliche) Anerkennung durch Zugehörigkeit zu erfahren. Denn während sich Personen in Wirtschaftsunternehmen häufig um die ranghöhere Position duellieren und das Erreichen einer Machtposition dort als positiv besetztes Statussymbol gilt, sind Leitungspositionen in Kitas teilweise eher mit Widerwillen oder zumindest mit Unsicherheiten besetzt (vgl. auch Viernickel/Voss 2013, S. 80 f.). Insbesondere angehende Leitungskräfte mögen sich unsicher sein, ob sie den Herausforderungen gewachsen sind, fürchten die Notwendigkeit unliebsamer Entscheidungen und den dadurch hervorgerufenen Druck ebenso wie die Übernahme einer Funktion mit Budget- und Personalverantwortung. Nicht selten ist dabei das Gefühl von Macht eher schambesetzt und unerwünscht. Es gilt demnach zunächst als Herausforderung für professionelle Leitungskräfte, im Rahmen von Selbstreflexion diese Aspekte in die eigene Persönlichkeit zu integrieren (siehe Kapitel 2.2).

Außerdem müssen sich Leitungen darüber klar werden, in welcher Form sie persönliche Anerkennung und das Eingehen sozialer Beziehungen in der Kindertageseinrichtung leben möchten. Leitungskräfte, die sich in erster Linie darüber definieren, dass sie von den Teammitgliedern gemocht werden und bei Ihnen beliebt sind, sind dabei ebenso zum Scheitern verurteilt wie solche, denen die Unterstützung und Kooperation ihres Teams völlig egal ist. Es gilt daher zum einen, mutige Entscheidungen zu treffen und sie nicht aus Angst vor Konflikten hinauszuzögern. Zum anderen müssen Diskussionen konstruktiv moderiert werden, was nicht nur heißt, alle Anliegen zur Sprache kommen zu lassen, sondern Redner/innen vor entwertenden Beiträgen anderer Kolleginnen und Kollegen zu schützen sowie zu einer zielführenden Entscheidung zu kommen. Es gilt auch, diese Entscheidungen auf Basis von Zielen und Strategien zu treffen und dabei Sympathien, Tagesformen und die Beziehungsebene insofern außer Acht zu lassen, wie sie sich wieder im Spannungsfeld der Fachlichkeit und Empathie bewegen. Andernfalls besteht die Gefahr, dass Leitungshandeln ungerecht und beliebig ist.

Gerade im Handlungsraum der Leitungskräfte, die noch im Gruppendienst arbeiten, kann es hilfreich sein, die jeweilige Rolle kurz zu thematisieren: »Aus kollegialer Sicht würde ich gerne etwas mit dir gemeinsam besprechen« oder »Als Leitung teile ich Dir mit …«. Dabei geht es nicht darum, sich hinter der jeweiligen Rolle zu verstecken, weil bestimmte Themen unangenehm sind und auch bleiben werden – was im Übrigen sowohl für den Leitenden als auch für den oder die Geleitete/n gilt (z.B. Abmahnungs- oder Kündigungsgespräche). Stattdessen kann die Benennung der jeweiligen Rolle auf beiden Seiten für Klarheit sorgen, innerhalb welchen Handlungsraumes sich die Leitung bzw. Kollegin momentan bewegt.

»Leitungskräfte in Kitas stehen vor der Herausforderung, ein gesundes Maß für Nähe und Distanz, Hierarchie, Gleichberechtigung und Machtausübung zu entwickeln« (Schneewind/Landowsky 2015, S. 236). Zentral ist es hierbei das Bewusstsein dafür zu erlangen, dass die eigene Position eine hierarchisch unterschiedliche ist und bleiben wird. Entschieden muss an dieser Stelle davor gewarnt werden, »Koalitionen« mit einzelnen Mitarbeiterinnen oder Mitarbeitern einzugehen und andere Mitarbeiter/innen im selben Schritt außen vor zu lassen. Im Sinne ihrer Personalverantwortung obliegt es der Verantwortung der Leitungskraft, allen Mitgliedern des Teams wertschätzend zu begegnen (vgl. auch Kapitel 3.3), dabei die Persönlichkeitsrechte aller zu wahren und Konflikte dort zu bearbeiten, wo sie entstehen oder entstanden sind.

6. Spannungsfeld zwischen Anerkennung und Kritik

Während Leitungskräfte grundsätzlich im Rahmen einer wertschätzenden Grundhaltung agieren sollten, kann und soll Kritik an fehlerhaftem und verbesserungsfähigem Verhalten nicht vermieden werden. Gespräche mit kritischem Inhalt können dabei einerseits als Feedback an die Mitarbeiter/innen verstanden werden, das den einzelnen Teammitgliedern Auskunft darüber gibt, wie die Leitungskraft die pädagogische Arbeit wahrnimmt, welche Aspekte weiterentwickelt werden können und welche Aspekte verändert werden müssen. In diesem Sinne kann auch eine kritische Rückmeldung durchaus als Wertschätzung verstanden werden: Der Leitungskraft ist es nicht gleichgültig, welche Ergebnisse die einzelnen Teammitglieder erzielen, wie sie pädagogisch handeln oder ob sie sich an vereinbarte Qualitätsstandards halten. Stattdessen betont die Leitung die Wichtigkeit und Ernsthaftigkeit der gemeinsam verabschiedeten Vereinbarungen, Standards oder Verhaltenskodexe.

Beispiel

Wir hatten angefangen, den Kindern in der Vollversammlung am Ende eines jeden Monats Zertifikate zu verleihen. Damit wollten wir prosoziales Verhalten anerkennen. Sollten wir den Erwachsenen auch Anerkennung entgegenbringen? […] Ich dachte an all die Mitarbeitergespräche, die ich über die Jahre geführt hatte. Das, was sich die meisten wünschen, ist mehr Feedback zu ihrer Arbeit von Kollegen und von der Leitung. Also vereinbarten wir, es auszuprobieren. […]

In der Versammlung jenen Freitag war es May, die ihr Zertifikat und die Schokolade bekam. »Weißt du, Mona«, sagte sie, »auch wenn es nur ein Zertifikat ist, bin ich trotzdem tatsächlich ein bisschen stolz. Jetzt verstehe ich, warum wir das machen müssen. Es ist so schön, wenn jemand beachtet, was ich tue.«

Das schönste dabei ist allerdings nicht das Zertifikat, sondern dass wir lernen, uns gegenseitig bei der Arbeit wahrzunehmen (Auszüge entnommen aus Fløgstad/Helle 2016, S. 130 f.).

Obwohl die Leiterin Mona in diesem Beispiel ihre Mitarbeiter/innen im Rahmen eines Zertifikats positiv wertschätzt, wird doch deutlich, dass die Mitarbeiterin May vor allem die Tatsache schätzt, dass jemand ihre Arbeit beachtet. Wenngleich kritische Rückmeldungen sicherlich weniger spontane Zustimmung der Mitarbeiter/innen auslösen, können auch sie den

Eindruck vermitteln, dass einzelne Mitarbeiter/innen und ihre Arbeit in der Einrichtung wahrgenommen werden.

Darüber hinaus können Kritikgespräche mit einzelnen Fachkräften zwingend nötig sein, weil ansonsten die Leistung anderer Mitarbeiter/innen geschmälert wird bzw. das Fehlverhalten eines Einzelnen zulasten Anderer oder des gesamten Teams geht. In diesen Fällen bedeutet Leitungsverantwortung auch, sich für die anderen Mitarbeiter/innen und das Team einzusetzen und die entsprechende Kritik sachbezogen anzusprechen.

Praxishinweis

Die Einführung unterschiedlicher Feedback-Systeme schafft eine Rückmeldekultur innerhalb derer sowohl Lob als auch Kritik als Zeichen von Wertschätzung und Anerkennung verstanden und als alltägliche Praxis erlebt werden. Beispiele finden Sie in Kapitel 3.3.3 (Mitarbeitergespräche, Zielvereinbarungsgespräche etc.)

7. Spannungsfeld zwischen Geduld und Kontrolle

Insbesondere im Rahmen der Personalentwicklung und in Prozessen des Veränderungsmanagements (siehe Kapitel 1.1) besteht die hohe Kunst der Leitung darin, auszuloten, wieviel Zeit man sich selbst und seinem Team zur Umsetzung organisations- und konzeptionsbezogener Ziele zugestehen soll und mit wieviel Nachdruck man die Umsetzung entsprechender Vereinbarungen einfordern soll. Im schlechtesten Falle verpuffen Besprechungs- und Fortbildungsinhalte in langen Zeitschleifen, weil die beschlossenen Veränderungen von niemandem eingehalten, eingefordert oder überprüft werden. Im umgekehrt schlechtesten Falle fühlen sich die Mitarbeiter/innen durch eine unrealistische Terminierung der Überprüfung oder die regelmäßigen Rückfragen so unter Druck gesetzt, dass sie die Aufgabe(n) entweder in schlechter Qualität erfüllen oder in Stagnation verfallen.

Praxishinweis

Legen Sie in Besprechungen und Fortbildungen jeweils gemeinsam einen Verantwortlichen fest, der die besprochenen Punkte zur gemeinsam vereinbarten Zeit nachhält oder einfordert; so sind Sie zumindest teilweise in der Leitungsverantwortung entlastet und die Themen bleiben trotzdem im Blick.

8. Spannungsfeld zwischen der Leitung auf Basis von Visionen und der Bewältigung von Herausforderungen des pädagogischen Alltags

Leitungskräfte haben die Aufgabe, ihre Mitarbeiter/innen immer wieder mit einer gemeinsamen Vision in Berührung zu bringen und damit das jeweilige Gesamtziel der Einrichtung mit der individuellen Motivation von einzelnen in Zusammenhang zu bringen. Gemäß dem Leitsatz »Wenn Du ein Schiff bauen möchtest, so trommle nicht Männer zusammen, um Holz zu beschaffen, Aufgaben zu vergeben und die Arbeit einzuteilen, sondern lehre die Männer die Sehnsucht nach dem weiten, endlosen Meer« (Antoine de Saint-Exupéry, Die Stadt in der Wüste/Citadelle), besteht eine zentrale Leitungsaufgabe darin, diese »Sehnsucht« zu entwickeln und aufrecht zu erhalten.

Aber Leitungskräfte müssen eben auch eine Balance finden, um zwar einerseits regelmäßig – auch auf der Meta-Ebene – neue Ideen zu entwickeln und voranzutreiben und sich mit ihrem sich teilweise immer wieder verändernden Team über Werte und Visionen verständigen. Andererseits dürfen sie darüber das Alltagsgeschäft mit seinen Herausforderungen nicht vernachlässigen bzw. als selbstverständlich hinnehmen.

Beispiel

Herr Olima möchte seine Einrichtung gerne zu einem Familienzentrum weiterentwickeln. Nun hat er sich bereits umfassend selbst mit diesem Thema auseinandergesetzt, darüber gelesen, eine Fortbildung gemeinsam mit einer Mitarbeiterin besucht und darüber mit dem Träger gesprochen. In der nächsten Teamsitzung möchte er endlich die ersten Schritte gemeinsam mit seinem Team planen und hofft dabei auf kreative Ideen und Gedanken.

Das Team von Herrn Olima wiederum kämpft seit Wochen darum, das herausfordernde Verhalten eines Kindes im Alltag zu bewältigen und die Kommunikation mit der Familie des Kindes endlich wieder in konstruktive Bahnen zu lenken. Alle fühlen sich überfordert und hoffen auf die nächste Teamsitzung, um das Thema endlich gemeinsam mit Herrn Olima besprechen zu können.

Es wird deutlich, dass beide Situationen es verdient haben, von der Leitungskraft, Herrn Olima, mit hoher Priorität behandelt zu werden. Während die Idee rund um das Familienzentrum bereits seit langer Zeit von Herrn Olima überwiegend alleine verfolgt wird, sollte das Team schnellstmöglich mit ins Boot geholt werden und sich mit der weiteren konzeptionellen Ausrichtung der Einrichtung identifizieren können. Obwohl davon auszugehen ist, dass solch ein konstruktiver Veränderungsprozess auch wieder neue Energien freisetzt, bleibt doch zu befürchten, dass das Team in seiner aktuellen Situation der Überforderung und Überlastung ggf. zunächst Unterstützung in der Bewältigung der aktuellen Herausforderungen und Konflikte benötigt, bevor an der gemeinsamen Vision in Bezug auf das Familienzentrum gearbeitet werden kann.

2.1.6 Gesundheitsförderung

»Gesundheit ist weniger ein Zustand als eine Haltung. Und sie gedeiht mit der Freude am Leben.« (Thomas von Aquin)

Das stetige Sich-Bewegen innerhalb der beschriebenen Spannungsfelder sowie ungeklärte Rollenkonstellationen, Rollenkonflikte und Krisen wirken sich belastend auf die physische und psychische Gesundheit von Leitungskräften aus. Dabei fällt auf, dass Leitungskräfte deutlich stärker belastet sind, als pädagogische Fachkräfte ohne Leitungsfunktion (Viernickel/Voss 2013, S. 187; Nagel-Prinz/Paulus 2012). Die »kognitiven Belastungen von Kita-Leitungen beziehen sich zusammenfassend v.a. auf die Anforderungen, die in den Entscheidungs-, Kontroll- und Planungssituationen entstehen, die für das fachlich-inhaltliche Profil der Leitungsarbeit kennzeichnend sind und den Unterschied zu den anderen Fachkräften deutlich machen. Wie die Leitungskräfte berichten, sind im Kita-Alltag diese Anforderungen häufig unübersichtlich, von komplexer psychosozialer Natur und vielfach auch mit Zeitdruck verbunden« (Nagel-Prinz/Paulus 2012, S. 132). Die empfundenen Belastungen führen zu gesundheitlichen Beeinträchtigungen, was sich in erster Linie in der Entwicklung von Stresssymptomen und psychischen Belastungen zeigt und im weiteren Verlauf mit einer verminderten Arbeitsfähigkeit einhergeht. So sind bereits ⅓ aller Leitungskräfte gesundheitlich eingeschränkt und beinahe die Hälfte aller Leitungen ist gefährdet, an einem Burn-Out zu erkranken (Schreyer et al. 2014).

All dem sind sich Leitungskräfte in der Regel zumindest anteilig bewusst und erleben die Herausforderungen ihres Berufsprofils im Alltag deutlich. Mehr als die Hälfte von über 2.000 deutschlandweit befragten Leitungen fühlt sich den Belastungen des Berufsalltags nicht gewachsen und fühlt sich erschöpft und ausgelaugt (BeWAK-Studie 2015). Deshalb ist der Anteil derjenigen Fachkräfte, die sich selbst als gesund und zufrieden bezeichnen, unter den Fachkräften mit Leitungsverantwortung geringer als in der Gesamtgruppe der pädagogischen Fachkräfte in Kindertageseinrichtungen (Viernickel/Voss 2013). Am schlechtesten fühlen sich dabei Leitungskräfte, die sich ausschließlich ihren Leitungstätigkeiten widmen können – oder wie man in diesem Zusammenhang vielleicht formulieren müsste: widmen müssen – und die in dieser Position häufig sowohl unter dem fehlenden Leitungsteam und damit unter kollegialem Rückhalt sowie unter der »Abwesenheit« der pädagogischen Arbeit mit den Kindern leiden. Neben den zusätzlichen Herausforderungen für Leitungskräfte, die anteilig im Gruppendienst arbeiten, die Doppelrolle Kollegin und Leitungskraft zu vereinbaren und die Vielfalt der Aufgaben im Blick zu behalten, ergeben sich aus dieser Art des Leitungsprofils heraus eben auch Chancen (Viernickel/Voss 2013). Vor allem der direkte Kontakt zu den Kindern und die hierdurch die erfahrene Nähe und Bestätigung, stellen für Leitungskräfte offenbar eine Kraftquelle dar (vgl. Kapitel 2.1.2).

Im Einzelnen ergeben sich aus den beschriebenen Krisen (vgl. Kapitel 2.1.1.) folgende Gefahren für die Gesundheit von Leitungskräften:

a) Aufgabenfülle und Komplexität vs. unzureichende oder belastende Rahmenbedingungen

Für alle Leitungskräfte gilt, dass die oben beschriebenen Spannungsfelder, die im Kontext von Leitung entstehen, und die diffusen Rollenwartungen sich zunächst belastend auf die eigene Gesundheit auswirken (Nagel-Prinz/Paulus 2012; Nentwig-Gesemann et al. 2016). Darüber hinaus sind es vor allem die Rahmenbedingungen, die den Alltag von Leitungskräften deutlich erschweren können (Gragert/Peucker/Seckinger 2008). Schlechte Rahmenbedingungen können beispielsweise eine karge finanzielle und sächliche Ausstattung, aber auch knappe oder fehlende Zeitressourcen für Leitungstätigkeiten sein (Nagel-Prinz/Paulus 2012). Unter solchen Voraussetzungen stellt sich die Arbeitsfähigkeit von Leitungskräften gerade noch als halb so gut dar, wie unter positiven Voraussetzungen (Viernickel/Voss 2013, S. 8). Dies wird nachvollziehbar, wenn man bedenkt, dass Leitungen ohne oder mit zu geringen zeitlichen Ressourcen üblicherweise gleichfalls mit hohen Ansprüchen an sich selbst und ihre Arbeit zu Werke gehen. Um die Menge an Aufgaben trotzdem bewältigen zu können, müssen Arbeiten unter hohem Zeitdruck bewältigt, Überstunden gemacht, die Freizeit geopfert oder auf Pausen verzichtet werden (Viernickel et al. 2014; Bertelsmann Stiftung 2017). Und obwohl z.B. 2/3 der Leitungskräfte in Nordrhein-Westfalen mit ihrer Wochenarbeitszeit zufrieden sind, würden die meisten, wenn sie könnten, gerne weniger arbeiten (Viernickel et al. 2014). Neben der Tatsache, dass schlechte Rahmenbedingungen per se ein

Risiko für die Gesundheit von Leitungskräften darstellen, muss darauf hingewiesen, dass dies auch – zu einem nicht unerheblichen Maße damit einhergeht, wie handlungsfähig sich Leitungen im Kontext von Vorgaben und Bedingungen sehen.

b) Hohe Leistungen vs. geringe Anerkennung

Weitere Belastungen ergeben sich durch das Risiko der Erschöpfung, wenn sich Leitungskräfte zwar einerseits stark verausgaben, aber andererseits keine Anerkennung für Ihre Leistungen empfinden (Siegrist/Dragano 2008). Obwohl diese Diskrepanz zwischen Leistung und Anerkennung auch von pädagogischen Fachkräften im Allgemeinen verspürt wird, ist die so genannte Gratifikationskrise geradezu charakteristisch für Leitungskräfte (Viernickel et al. 2014). Bleibt diese empfundene mangelnde Anerkennung der beruflichen Tätigkeit längerfristig bestehen, ergeben sich deutlich negative Aspekte für das gesundheitliche Wohlergehen von Leitungen (Nagel-Prinz/Paulus 2012; Nentwig-Gesemann et al. 2016).

Die Frage einer umfassenden Gesundheitsförderung nimmt jedoch nicht nur die eben angesprochenen Belastungsfaktoren, sondern im Sinne der Salutogenese auch die zur Verfügung stehenden Ressourcen mit in den Blick. Denn wenn Gesundheit als »[…] Zustand des völligen körperlichen, psychischen und sozialen Wohlbefindens und nicht nur [als] das Freisein von Krankheit und Gebrechen« verstanden wird (WHO 1946), müssen auch diejenigen Faktoren beachtet werden, die dazu beitragen, dass sich jemand wohl und gesund fühlt. Antonovsky (1997) fokussiert mit seinem Konzept also gerade nicht diejenigen Aspekte, die Menschen krank machen, sondern frägt danach, was Menschen gesund hält (siehe Bengel et al. 2001). Menschen – bzw. in spezifischen Sinne: Leitungskräfte – können demnach auf Basis unterschiedlicher Ressourcen dafür sorgen, dass sie auch unter erschwerten Bedingungen nicht erkranken. Zentral hierbei ist die Frage, wie bestimmte Risiken wahrgenommen und bewertet werden. Werden sie als Herausforderungen gesehen (und damit eher als Eu-Stress, denn als Di-Stress wahrgenommen) oder als Gegebenheiten wahrgenommen, auf die und deren Gestaltung der einzelne keinen Einfluss hat?

In diesem Sinne führen die folgenden Aspekte in der Regel dazu, dass Leitungskräfte die beschriebenen Herausforderungen positiv wahrnehmen und angehen können:

- *Gestaltbarkeit des Aufgabenprofils:* Leitungskräfte, die das Gefühl haben, nicht nur mit Anforderungen und Herausforderungen konfrontiert zu sein, sondern auch Gestaltungs- und Handlungsspielräume sehen und wahrnehmen, spüren, dass sie etwas bewegen können. Sie erleben, dass das, was sie tun, Sinn ergibt und haben den Eindruck, dass sie (trotz verbesserungswürdiger Rahmenbedingungen) tragfähige Lösungen entwickeln können (Viernickel et al. 2014; Nagel-Prinz/Paulus 2012). Selbstwirksamkeitserfahrungen und -überzeugungen wirken sich besonders positiv auf das Selbstverständnis als Leitung aus.

- *Kohärenzempfinden und hohe Identifikation:* Vor allem die Erkenntnis, dass das eigene Leitungshandeln sinn- und wertvoll ist, bestärkt Leitungen in ihrem selbstbewussten und professionellen Handeln. Selbstverständlich ist hier jedwede Ermutigung durch den Träger oder das Team hilfreich und zuträglich. Trotzdem entwickeln professionelle Leitungskräfte im Laufe der Zeit ein solches Empfinden in erster Linie aus sich selbst und ihren Erfolgen heraus (wie sich diese Prozesse vollziehen können, wird in Kapitel 2.2 erläutert). Das bringt sie in die Lage, ihr Leitungshandeln zuallererst an fachlich begründeten Vorgaben auszurichten und im Rahmen dessen Schwerpunkte und Prioritäten selbständig festzulegen und weiterzuverfolgen. Das entbindet zwar weder von der Umsetzung gesetzlicher Bestimmungen, noch von der Implementierung landesspezifischer Bildungspläne oder trägerspezifischer Konzepte und Ausrichtungen, führt jedoch dazu, dass es letztlich die Leitungen selbst sind, die auswählen, mit welcher Dringlichkeit sie welche Themen gemeinsame mit ihrem Team bearbeiten möchten (Nentwig-Gesemann et al. 2016). Durch die Schlüsselposition der Leitungskraft im Team wirken sich die Belastungsfaktoren nicht nur auf das eigene Wohlbefinden aus, sondern beeinflussen die gesamte Einrichtung. »Wenn Leitungskräfte Erfahrungen von Selbstwirksamkeit und Kohärenz machen [können], so bildet dies die Basis für eigenverantwortliches, als sinnvoll erlebtes und lösungsorientiertes Handeln, mindert Stress, erhöht die Leistungsfähigkeit und ist damit gesundheitsförderlich« (Nentwig-Gesemann et al. 2016, S. 88) – und zwar nicht nur für die Gesundheit der Leitung, sondern für das gesamte Team.
- *Rückhalt durch Team und Träger:* Eine weitere zentrale Ressource erfährt der Großteil aller Leitungskräfte im eigenen Team. Die teaminterne Kommunikation und Kooperation bestärkt Leitungskräfte in ihrem Handeln und gibt ihnen Kraft, die Fülle der Aufgaben und die Komplexität der Themen zu bewältigen. An dieser Stelle nehmen auch die Träger eine zentrale Rolle ein. Durch die Verfassung klarer Aufgaben- und Stellenbeschreibungen legen sie die Grundlage für ein professionelles Verständnis von Leitungsaufgaben. Gleichwohl ist die regelmäßige Kommunikation zwischen Leitungskraft und Träger die Basis einer wertschätzenden Zusammenarbeit auf dieser Ebene, innerhalb

derer die Aufgaben- und Verantwortungsbereiche von Leitungskräften und ihr Umgang damit sichtbar gemacht werden (Nagel-Prinz/Paulus 2012).

Im Schaubild sind weitere Belastungsfaktoren und Ressourcen von Leitungskräften, die im Rahmen der STEGE-Studie erhoben wurden, überblicksartig zusammengestellt. Dabei sind die Aspekte, die mittig angeordnet sind, zunächst neutral einzustufen. Sie wirken sich – je nach Ausprägungsgrad und subjektivem Empfinden der Leitungskraft – entweder gesundheitsförderlich oder belastend aus.

Abb. 26: Gesundheit und Wohlbefinden von Leitungskräften (Quelle: eigene Darstellung in Anlehnung an Viernickel/Voss 2013)

Zusammengefasst sind Leitungskräfte durch zahlreiche Faktoren deutlich belasteter in ihrem Arbeitsalltag als pädagogische Fachkräfte ohne Leitungsaufgaben. Bedenkt man nun (a), dass sich pädagogische Fachkräfte im Allgemeinen deutlich schlechter fühlen als gleichaltrige Frauen mit gleicher Bildung in der deutschen Bevölkerung (Robert-Koch-Institut 2012), (b) dass rund 1/3 aller Leitungskräfte so schwer belastet ist, dass eine akute Burn-Out-Erkrankung befürchtet werden muss und (c), dass das Belastungsempfinden von Leitungskräften sich auf die gesamte Einrichtung auswirkt, muss die Auseinandersetzung mit der eigenen Gesundheit eine zentrale Aufgabe von Leitungskräften darstellen.

2.2 Verinnerlichen einer Leitungshaltung – Leadership

»Mit sich beginnen, aber nicht bei sich enden, bei sich anfangen, aber sich nicht selbst zum Ziel haben.« (Martin Buber)

Wenn das Kohärenzempfinden, wie oben benannt, eine wichtige Ressource und Kompetenz von Leitungskräften darstellt, stellt sich die Frage, wie ein solches entwickelt und fachlich verortet werden kann. Daneben spielt die Grundhaltung, auf deren Basis Fachkräfte pädagogische oder Leitungsprozesse gestalten, eine herausragende Rolle (siehe Kapitel 1.4.1). Beide Aspekte gehen auf die Persönlichkeit der Leitungskraft zurück, die in diesem Verständnis allerdings weniger als Bündel festgelegter Charaktereigenschaften verstanden werden soll, denn eher als Ergebnis eines selbstreflektierten Blickes auf die eigene Person.

Besonders im Kontext der sozialpädagogischen Arbeitsfelder, also auch in Kindertageseinrichtungen, spielt die Persönlichkeit der Leitung eine zentrale Rolle. Sie muss authentisch und kongruent sein, denn ihr Wertehorizont und ihre Ziele müssen sich in ihrem pädagogischen Handeln mit den Kindern ebenso ausdrücken wie in der Zusammenarbeit mit den Mitarbeiterinnen und Mitarbeitern oder Eltern. Zuvorderst gilt es also, sich mit seiner Persönlichkeit im ganzheitlichen Sinne auseinanderzusetzen, sich zu vergegenwärtigen, was einen antreibt, beeinflusst und von anderen unterscheidet. Denn je besser man sich selbst kennt, desto leichter fällt einem das authentische Einfühlen in andere Personen. »Wer andere führt, muss zuerst bei sich selbst beginnen. Nur wer bewusst reflektiert, wie er sich selbst führt, und sich kontinuierlich weiterentwickelt, kann anderen zum Vorbild werden, kann fair und angemessen mit anderen Personen umgehen und die Führungsaufgabe als Dienstleistung an den Menschen und der Organisation sinnvoll gestalten« (Simsa/Patak 2010, S. 42). Das Konzept des »Leadership« stellt die Person der Leitung deshalb in den Mittelpunkt allen Leitungshandelns.

Um zu einem reflektieren und professionellen Selbstverständnis zu gelangen, ist es wichtig, die eigene Person aus 3 unterschiedlichen zeitlichen Blickwinkeln betrachten zu können: (1) was hinter mir liegt, (2) wo ich stehe und (3) wo ich hinmöchte.

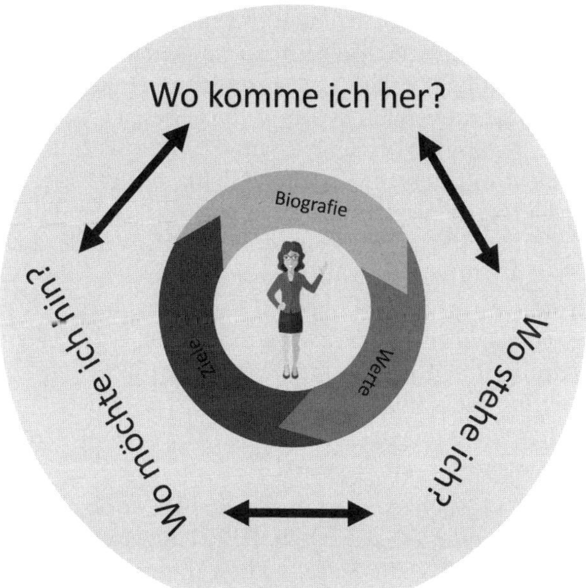

Abb. 27: Selbstreflexion aus 3 Perspektiven (Quelle: eigene Darstellung)

Die Auseinandersetzung mit der eigenen Person wird in der Regel sowohl zeit- als auch kraftaufwändig erlebt. So mag sich die Frage stellen, ob dieser Aspekt nicht übersprungen werden kann und man sich lieber direkt mit unterschiedlichen Leitungsstilen und den dazugehörigen Methoden beschäftigen kann; in diesem Fall würde man sich das für einen selbst Passende auswählen, sich mit den zahlreichen Aufgabenstellungen des Leitens befassen und sich ggf. neues Fachwissen in unterschiedlichen Bereichen aneignen, um seinen Leitungsaufgaben (wieder besser) gewachsen zu sein. Da jedoch die Persönlichkeit als solche jedes Leitungshandeln (häufig nicht bewusst) mitbestimmt und individuell unterschiedlich einfärbt, muss sie, ebenso wie die daraus folgende »Arbeit an ihr«, als grundlegend und unverzichtbar für professionelles Leitungshandeln betrachtet werden. Insbesondere ein Verständnis, das davon ausgeht, dass eine erfolgreiche Leitung im Wesentlichen über einen großen Fundus an unterschiedlichem pädagogischen sowie organisations- und managementbezogenen »Handwerkszeug« verfügen muss, greift deutlich zu kurz. Zum einen bleibt die bloße Umsetzung bestimmter Techniken und Modelle immer »blutleer«, weil jede Leitung ihre persönliche Art, ihre persönlichen Schwerpunktsetzungen und ihre persönliche Haltung entwickelt hat – also kurz: nicht alles zu jedem passt. Und um herauszufinden, was zu einem passt, ist eine Fokussierung der eigenen Person nicht zu umgehen. Zum anderen sollen im Rahmen der Tätigkeitsfelder Mitarbeiterleitung und Organisationsentwicklung, Abläufe und Verhaltensweisen von anderen Personen positiv verändert werden. Systemisch betrachtet steht die eigene Person, ihre Haltung und ihr Handeln in direktem Zusammenhang mit den sie umgebenden Meso- und Makrosystemen (Bronfenbrenner 1981) und mit diesen in einer wechselseitigen Beeinflussung. Veränderungen, die von der Leitungskraft selbst ausgehen, beeinflussen also immer auch einzelne Mitarbeiter/innen, das Team sowie die gesamte Organisation (Hitzenberger/Schuett 2016, S. 16). Hier setzt auch eine weitere Voraussetzung an, die mit einer professionellen Haltung zum Thema Leitung im Sinne von »Leadership« einhergeht: Die Leitung muss über unterschiedliche persönliche Kompetenzen verfügen, die es ihr ermöglichen, ihre Mitarbeiter/innen und ihr Team interaktionsbezogen zu beeinflussen.

Bei aller Unterschiedlichkeit und Individualität erfolgreicher Leitungskräfte, können folgende Eigenschaften daher als zentral und grundlegend gelten (vgl. Simsa/Patak 2010, S. 50 f.; Hitzenberger/Schuett 2016, S. 76–80):

- *Offenheit und ehrliches Interesse*: Leitungskräfte, die auf Basis eines wertschätzenden wie transformationalen Leitungsstils handeln, sind wahrhaftig interessiert an den Menschen, die ihnen in und um ihre Einrichtung herum begegnen. Offen und zugewandt setzen sie sich mit den Bedürfnissen und Wünschen, mit den Fähigkeiten und Ressourcen, mit den Herausforderungen und Lebenswelten der Mitarbeiter/innen, Kinder und Eltern auseinander.
- *Zutrauen und wahre Akzeptanz:* Dabei strahlen sie eine Grundhaltung der anerkennenden Akzeptanz aus und sind sich gewiss, dass gerade die Verschiedenartigkeit des Einzelnen unser Zusammenleben kennzeichnet. Damit einhergehend bejahen sie die Vielfalt von Lebensentwürfen, Kulturen, Religionen, Familienformen und persönlichen Lebenswelten. Sie akzeptieren die Unterschiedlichkeit von Mitarbeiterinnen und Mitarbeitern, Kindern und Eltern und sind der Überzeugung, dass alle Menschen ihre Fähigkeiten ausbauen und weiterentwickeln können.
- *Leidenschaft und ansteckende Begeisterung:* Für ihre Tätigkeit, ihre Mitarbeiter/innen und ihren Arbeitsbereich empfinden sie wirkliche Faszination und Begeisterung. Das »innere Feuer« in ihnen brennt für die Arbeit in einer Kita, das qualitative Weiterentwickeln des pädagogischen Handelns, die Zusammenarbeit mit den Mitarbeiterinnen und Mitarbeitern,

die Gestaltung attraktiver Bildungs- und Lebenswelten für Kinder o.ä. Diese Leidenschaft strahlen erfolgreiche Leitungskräfte aus. Sie besitzen die Fähigkeit, Glück und Zufriedenheit zu empfinden und dies in ihre tägliche Arbeit einfließen zu lassen. Die daraus entspringende Überzeugungskraft wirkt sich motivierend auf das berufliche Umfeld aus und »entzündet« auch andere für unterschiedliche Themen, die mit der Kita in Zusammenhang stehen.

- *Mut und Entschlossenheit:* Im Kontext von Autonomie und Selbstvertrauen sind sich professionelle Leitungskräfte der Bedeutung von Entscheidungsfähigkeit und -freude bewusst. Sie treffen eigenverantwortliche – auch unbeliebte – Entscheidungen und vertreten selbstbewusst ihre Position nach innen und außen. Ihr persönlicher Mut ermöglicht es ihnen, auch unangenehme Schritte zu tun und die eigene Komfortgrenze zu überschreiten. Dass die Risikofreude auch ein großes Maß an Fehlerfreundlichkeit sich selbst und seinen Mitarbeiterinnen/Mitarbeitern gegenüber mit sich bringt, ist dabei unerlässlich.

Die fachlich begründete Auseinandersetzung mit sich selbst als Leitungskraft wird in der betriebswirtschaftlichen sowie der arbeits- und organisationspsychologischen Literatur als »Selbstführung« (vgl. u.a. Simsa/Patak 2010) oder »Selbstmanagement« (vgl. u.a. König/Kleinmann 2007) bezeichnet und beinhaltet neben der bereits angesprochenen Selbstklärung und -reflexion auch Überlegungen zur gesundheitsförderlichen Arbeitsorganisation, die in diesem Buch in den Kapiteln 2.1.6 und 3.4.5 behandelt werden. Nachdem die Fähigkeit, sich selbst führen zu können letzten Endes in die Herausbildung einer professionellen (Führungs-) Haltung mündet, und der Begriff der Haltung in der Pädagogik leichter verstanden wird, halten wir es für sinnvoll, dies auch so zu benennen. Dabei sind Haltung und gleichermaßen der Zu- und Umgang mit eigenen Gefühlen im Sinne professioneller Kompetenz nicht unbesehen als pädagogisch einzustufen, können dies aber »durch systematische Reflexion biografischer Prägungen und deren Kontrastierung mit theoretischen wie empirischen Erkenntnissen« (Wünsche 2015, S. 12) werden.

Und so verweist auch Senge (2003) auf den zentralen Aspekt der Selbstreflexion aus unterschiedlichen Perspektiven und mit wechselnden Zielsetzungen. Zunächst gilt es dabei, immer wieder aufs Neue zu klären, was einem wichtig ist (z.B. im Rahmen des eigenen Wertehorizonts) und dann die gegenwärtige Realität in Bezug auf diese Wichtigkeiten und Werte hin zu betrachten. Denn »wer am Ziel seiner Wünsche ankommen möchte, muß wissen wo er sich im Verhältnis zu diesem Ziel gerade befindet« (ebd.,

S. 174). Dabei entsteht aus der Parallelität der Vision (wo ich hin möchte) und dem Ist-Stand (wo ich stehe) eine kreative Spannung aus der heraus Weiterentwicklung möglich wird.

Leitungen, die diese kreative Spannung besonders zu nutzen wissen und die einen hohen Grad an Selbstreflexion erzielen, zeichnen sich durch folgende Merkmale aus:

- Sie zeigen sich entschlossen, hinter ihren Visionen und Zielen zu stehen.
- Sie empfinden ihre Vision als Berufung (und nicht nur als gute Idee).
- Sie haben gelernt, Veränderungskräfte zu nutzen.
- Sie sind wissbegierig und wollen die Realität klarer sehen.
- Sie fühlen sich anderen Menschen verbunden und wissen doch um ihre Einzigartigkeit.

Im Folgenden wird aufgezeigt, wie Sie als Leitung auf Basis der 3 Perspektiven – Wo komme ich her? Wo stehe ich? Wo möchte ich hin? – zu einer reflektierten professionellen Grundhaltung gelangen können, getreu nach dem Motto: »Erkenne dich selbst, steh zu dir und finde deinen Weg!« (Emrich 2015, S. 43).

2.2.1 Biografische Kompetenz

»Was der Mensch ist, sagt ihm nur seine Geschichte« (Dilthey)

Die Bedeutung der eigenen Biografie ist derartig weitreichend, dass, wie Schütz und Luckmann formuliert haben, »jede Situation biographisch geprägt ist« (Schütz/Luckmann 1979, S. 148). Pädagogische Fachkräfte und Leitungskräfte nehmen demnach auf Grundlage ihrer jeweils »einzigartigen Erfahrungsgeschichte« (Dausien/Alheit 2005, S. 27) Situationen wahr und bewerten diese. Die Auseinandersetzung mit der eigenen Vergangenheit bietet somit in sozialpädagogischen Handlungsfeldern eine zentrale Grundlage professionellen Handelns. In unterschiedlichen Studien zu professionellem Handeln hat sich gezeigt, dass das bloße Wissen darüber, wie die pädagogische Arbeit mit den Kindern sein sollte, noch lange nicht automatisch eine entsprechende Haltung und daraus resultierende Handlungsformen zur Folge hat (Thole 2010, S. 214; Musiol/Nobis 2002). Häufig orientieren sich pädagogische Fachkräfte in erster Linie an biografisch geprägten subjektiven Vorstellungen und Überzeugungen (Dippelhofer-Stiem 2000). Die professionelle pädagogische Haltung ist demnach im Kontext des gesamten Lebenslaufes und der individuellen Biografie des Einzelnen als Bildungsprozess zu sehen. Diese Herangehensweise hat zur Folge, »dass man Kompetenzen nicht *lernen* kann und dann ein für alle Mal *hat*, sondern dass man sie *selbstorganisiert* und *handlungspraktisch erwirbt*, und dass an diesem Prozess der ganze Mensch mit seinen Motivationen und Emotionen sowie mit seinen biografischen Prägungen beteiligt ist« (Fröhlich-Gildhoff et al. 2011, S. 18). Die Persönlichkeit mitsamt ihrer lebenslaufspezifischen Geschichte lässt sich demgemäß nicht vom professionellen Handeln abspalten.

Diese Erkenntnisse, die für die Arbeit mit den Kindern ermittelt wurden, können auf Leitungshandlungen übertragen werden. Es begegnen sich also nicht nur Leitungskräfte und Mitarbeiter/innen bzw. Pädagoginnen/Pädagogen und Kinder, sondern immer auch die inneren Kinder.

Was heißt das nun?

Die Frage, wie das bisherige Leben verlaufen ist, ist weniger mit der Intention zu beantworten, korrekte, nachprüfbare Informationen zu benennen, sondern zielt darauf ab, welchen Aspekten Bedeutung verliehen wird und weshalb. Es geht also nicht um »Wahrheitsliebe«, Widerspruch oder Korrektur, sondern vielmehr um die Anerkennung der subjektiven Wirklichkeit. »Das, was wir Erinnerung nennen, ist nicht Beschreibung des Vergangenen, sondern ein komplexes und kompliziertes Konglomerat der Reproduktion von vergangener Wirklichkeit, dem Erleben dieser Wirklichkeit, dem Speichern dieses Erlebens, des Zugriffs auf das Gedächtnis und der Intention des Zugriffs« (Ruhe 2009, S. 11). Im Rahmen der biografischen Selbstreflexion setzt man sich demgemäß mit seinen Erinnerungen und deren historischer Rahmung auseinander. Dabei stehen einzelne Erfahrungen nicht nebeneinander, sondern sind miteinander verwoben und bilden Schichten, die sich beeinflussen. Frühere Erfahrungen beeinflussen neue Erfahrungen und Erlebnisse, die sich wiederum auf nachfolgende auswirken. Das heißt, jede Erfahrung, die ich heute mache, trägt Erfahrungen in sich, die in der Vergangenheit gemacht wurden. Die Zielsetzung der Biografiearbeit besteht darin, sich die zentralen Erfahrungen, die unsere Identität geprägt haben, zu vergegenwärtigen und die Spuren der eigenen Geschichte damit nachzuvollziehen. Hierzu verlässt man die Ebene des unreflektierten Alltagsdenkens und geht innerlich einen Schritt von sich zurück, »blickt aus diesem selbstreflektierten Abstand auf sich und kommt sich damit zugleich auch wieder einen Schritt näher, indem man die eigene Geschichte besser versteht, begreift, sich aneignet (Gudjons/Pieper/Wagener 1999, S. 25). Im Rahmen der Beschäftigung mit dem eigenen Lebenslauf soll dem bisherigen (in der Vergangenheit liegenden) Verlauf des Lebens Sinn verliehen werden, um Zukünftiges leichter bewältigen zu können. »Aus der Selbstvergewisserung und Annahme wächst Sicherheit, weil das weitere Leben kalkulierbarer, vorhersagbarer erscheint« (Ruhe 2009, S. 11).

Die Suche nach den Spuren der eigenen Geschichte soll ein Bewusstsein dafür schaffen, welche Dinge ich bevorzuge und warum; welche Dinge, welches Verhalten mich abstößt und warum; welche elterlichen Wertvorstellungen mich besonders geprägt haben; welche Situationen oder Personen ich meide und warum oder welche Verhaltensmuster sich in meinem Leben wiederholen. Biografiearbeit versteht sich dabei als eine »strukturierte Form der Selbstreflexion in einem professionellen Setting in dem an und mit der Biografie gearbeitet wird« (Miethe 2011, S. 24). Möglichkeiten zu professionell angeleiteter Biografiearbeit ergeben sich beispielsweise in Seminaren der Fort- und Weiterbildung, die in überschaubaren Gruppen arbeiten. Nur so kann eine Atmosphäre des gegenseitigen Vertrauens entstehen, die eine gemeinsame Arbeit an den sehr persönlichen Themen der eigenen Biografie ermöglicht (Neuß/Zeiss 2013, S. 25). Darüber hinaus gibt es Methoden der Biografiearbeit, die alleine oder gemeinsam mit anderen Leitungskräften angewandt werden können (z.B. im Rahmen von trägerinternen Leitungsrunden o.ä.). Selbstredend sind auch in diesen Gruppen die Gruppengröße und der Grad der Intimität zu beachten. Dabei zielt der Blick auf die Vergangenheit (Wo komme ich her?) darauf ab, die Gegenwart zu verstehen, implizite Handlungstheorien sichtbar zu machen und daraus abgeleitet, Zukunft zu gestalten. Neben der Frage nach der subjektiven Bedeutung, die einzelne Lebensereignisse für mich haben, spielt dabei immer auch die Frage eine Rolle, in welchem gesellschaftlichen oder historischen Zusammenhang sie passiert sind. Es geht also nicht nur darum zu sehen, wer ich geworden bin, sondern auch um die gesellschaftlichen, sozialen und kulturellen Bedingungen, die mich zu der- oder demjenigen gemacht haben, die/der ich heute bin. Neuss und Zeiss (2013) benennen 4 zentrale Reflexionsbereiche für pädagogische Fachkräfte:

- Erziehungsbiografie
  - Welche zentralen Werte wurden in meiner Familie gelebt/ vermittelt?
  - Welchen Einfluss haben diese Werte auf meine erzieherischen Vorstellungen?
  - Welche Vorstellungen habe ich über Männer und Frauen?
  - Welche dominanten Gefühle verbinde ich mit meiner Kindheit?
- Entwicklungsbiografie
  - Wo und wie habe ich persönliche Wertschätzung erfahren?
  - Wie reagierte ich in Situationen, in denen ich gedemütigt wurde?

  - Welche Stärken habe ich? Welche Schwächen?
  - Wann komme ich an persönliche Grenzen?
- Beziehungsbiografie
  - Wie reagiere ich in Konflikten?
  - Welchen Kommunikationsstil pflege ich?
- Lern- und Bildungsbiografie
  - An welche Lernerfahrungen erinnere ich mich gerne zurück?
  - Welche Vorstellungen von »Lernen« habe ich?
  - Wann habe ich mir selbst schon einmal etwas beigebracht?

Ergänzend hierzu sollten sich Leitungskräfte außerdem mit folgenden Bereichen befassen:

- Berufsweg
  - Warum habe ich mich zu meiner Ausbildung entschieden?
  - Was schätze ich an meiner derzeitigen Position? Was vermisse ich?
  - Nach welchen Kriterien habe ich meine Arbeitsstellen gewählt?
  - Wie kam ich zur Position der Leitung?
- Leitung
  - Welche Erfahrungen habe ich mit Hierarchien gemacht?
  - Welche Leitungen haben mich inspiriert?
  - Welche Vorbilder habe ich?
  - Welche Erfahrungen des Geleitet-Werdens habe ich?

Die Auseinandersetzung mit Erfahrungen sollte dabei auf unterschiedlichen Ebenen vollzogen werden. Ein Teil der Erinnerungen ist nicht bewusst, gleichermaßen jedoch im Gedächtnis repräsentiert und kann z.B. über Nachdenken wieder zugänglich gemacht werden. Hierbei hat sich auch der Einsatz von unterschiedlichen Medien bewährt, da ein Umgang mit ihnen weniger vom Verstand her, sondern eher auf einer emotionalen Ebene gesteuert wird. Fotos helfen uns beispielsweise oft schnell, uns in die entsprechende Situation zurückzufinden. Durch die Betrachtung werden unterschiedliche Ebenen der Erinnerung mitaktiviert und zugänglich gemacht. Aber auch das Malen von Bildern kann Erinnerungszusammenhänge aufspüren, die eher emotional geprägt und verortet sind. Darüber hinaus gibt es wiederum Erinnerungen, die besonders gut über das Körpergedächtnis zugänglich sind. Der Bezug hierzu muss anders als mit Nachdenken oder Sprache hergestellt werden. Möglichkeiten ergeben sich über die Betrachtung und Deutung körperlicher Strukturen oder das Hineinfühlen/Erspüren von Verhärtungen und Verspannungen. Auch durch das Ausführen von Bewegungen lassen sich Erfahrungen zugänglich machen und mit den dazugehörigen Gefühlen in Verbindung bringen. Eine praktische Umsetzungsmöglichkeit in Kleingruppen ist das Spiegeln der eigenen Körperhaltung, wodurch bislang »blinde Flecken« der Erfahrung benannt und die entsprechenden Erinnerungen wieder erfahrbar gemacht werden können. Die Arbeit der biografischen Selbstreflexion sollte daher über ein rein verstandesmäßig orientiertes Nachdenken über die eigene Person hinausgehen und auch den Körper als erinnerndes Subjekt mit seinen subtileren Formen der Erinnerung im Blick behalten (Gudjons et al. 1999, S. 22 ff.).

Methoden der Biografiearbeit

Im Folgenden möchten wir 3 unterschiedliche Methoden vorstellen, die eine Annäherung an die eigene Berufsbiografie ermöglichen. Dabei eignet sich die *Arbeit mit Bildkarten* sowohl für den Einsatz zur persönlichen Selbstreflexion als Einzelperson, als auch als Grundlage einer biografischen Reflexion in Kleigruppen. Die *Auseinandersetzung mit Erziehungszielen und biografischen Episoden* lebt hingegen besonders vom Austausch in einer Kleingruppe. Denkbar ist eine Umsetzung beispielsweise in trägerinternen Leitungsrunden, in trägerübergreifenden Leitungsplattformen oder aber auch im Rahmen von Teamsitzungen. Mit der Zusammenstellung einer sogenannten *Freudenbiografie* ist die Möglichkeit verbunden, ganz persönliche Ressourcen und Glücksmomente in die aktuelle Lebenssituation (wieder) zu integrieren und im herausfordernden Alltag als Leitungskraft nutzbar zu machen.

a) Arbeit mit Bildkarten

Die Arbeit mit Bildkarten (z.B. Grenzsituationen von Wimmer 2015) kann entweder alleine oder in Kleingruppen, in denen eine vertrauensvolle Atmosphäre gesichert ist, umgesetzt werden. Die fotografisch dargestellten Situationen und Symbole laden zum Nachdenken ein oder provozieren ganz bewusst die Auseinandersetzung mit häufig verinnerlichten Regeln und Normen. Exemplarisch soll das Vorgehen zunächst anhand der Bildkarte erläutert werden, die eine Kleinkindhand neben einer Joghurtschüssel und einem Becher zeigt. Sowohl die Hand des Kindes als auch der Tisch sind mit Joghurt beschmiert. Gerade das Thema »Essen« ist stark mit subjektiven Werten und Normen verbunden, welche ihren Ausdruck in Worten finden mögen wie z.B. »Was man sich geschöpft hat, muss auch gegessen werden«, »Ein wenig muss zumindest von allem probiert werden« oder auch »Mit Essen spielt man nicht«. Derartige Normen scheinen zwar hinreichend begründbar, beispielsweise mit dem Wert der Nahrungsmittel an sich oder auch in der Erfahrung geschmacklicher Vielfalt. Gleichwohl entspricht eine solche Deutung der Situation nicht den fachlichen Erkenntnissen über kindliche Entwicklung, denn eine derartige Sichtweise von Essen und der Gestaltung von Essenssituationen, die zumal von Moralvorstellungen durchdrungen scheint, ist Kindern im Kleinkindalter völlig fremd (Hoch 2015, S. 13). Mit anderen Worten: Sofern die Gestaltung der Essenssituation in der Kita solchen als persönlich zu charakterisierenden Wertvorstellungen folgt, wird diesen der Vorrang gegenüber vorhandenem Fachwissen eingeräumt und steht ggf. auch im Widerspruch zu diesem. Zur vertiefenden Auseinandersetzung mit dem Thema »Ernährung und Esskultur« bietet sich folgende Herangehensweise an:

Praxisübung

»Versuchen Sie, sich als Kind zu sehen, und denken Sie dabei an alles, was irgendwie mit Essen und Ernährung zu tun hat. Lassen Sie verschiedene Bilder entstehen. Sehen Sie sich in Ihnen um, achten Sie auf Ihre Gefühle und halten Sie einige davon fest.« (Gudjons et al. 1999, S. 145). Erinnern Sie sich, wie Sie die Stimmung während der Mahlzeiten erlebt haben? Gab es Dinge, die nur dort besprochen wurden? Wie ist es heute: Wie gehen Sie mit Ihrem Körper um? Welche Bedeutung hat Essen in Ihrem Leben?

Im Rahmen von biografischer Selbstreflexion können Sie sich ausgehend von einer »typischen« Mahlzeit mit folgenden Fragen beschäftigen:

- Welche Gepflogenheiten, Rituale gab es in Zusammenhang mit Essen in meiner Familie? Gab es z.B. an bestimmten Tagen bestimmte Gerichte?
- Wer nahm sich zuerst?
- Was durfte ich als Kind beim Essen, was nicht?
- Wann gab es welche Mahlzeit?
- Gab es »typische« Gerichte in meiner Kindheit? (Gudjons et al. 1999, S. 141)

Ein weiteres Beispiel betrifft die Auseinandersetzung mit einer Leitungs- bzw. kollegialen Situation. Hier zeigt die Bildkarte eine Erzieherin, die im Garten einer Einrichtung erschöpft auf einem Steinquader sitzt. Ihr Kopf ist gesenkt, ihre Augen sind geschlossen. Es scheint, als sei ihr alles über den Kopf gewachsen, als sei ihr alles zu viel geworden. Sie wirkt müde, entkräftet und erschöpft.

Praxisübung

Betrachten Sie die beschriebene Bildkarte (Wimmer 2015) und achten Sie auf die Gefühle, die sie in Ihnen auslöst:

- Erinnern Sie sich an eine vergleichbare Situation?
- Wird Ihnen auch gelegentlich alles zu viel?
- Wie sehen Ihre Gefühle aus, wenn Sie sich vorstellen, dass es sich bei dem/der gezeigten Mitarbeiter/in um eines Ihrer Teammitglieder handelt?
- Was würden Sie spontan tun oder sagen?
- Wie erlebten Sie den Umgang mit Schwäche(n) in Ihrer Kindheit und Jugend?
- Dürfen Sie sich Überforderungen und eigene Grenzen eingestehen? Was erwarten Sie in dieser Hinsicht von anderen?

Neben der Auseinandersetzung mit Lebensbereichen oder -situationen kann auch der bisherige Lebensverlauf als Ganzes in den Blick genommen werden. Solch eine Fokussierung des gesamten Lebenslaufs kann mithilfe spezieller Bildkarten zur Biografiearbeit (z.B. Klingenberger 2012) gelingen. Sie ermöglichen beispielsweise die Suche nach biografischen Leitbildern, die als »innere Bilder unseres Lebensverlaufes« unser Handeln prägen. Gelingt eine selbstreflektierte Bewusstmachung dieser Vorstellungen, können künftige (Entscheidungs-)Situationen auf der Basis dieses Bewusstseins bewertet werden. Wenn ich beispielsweise erkannt habe, dass ich mein Leben wie einen Gang durch ein unüberschaubares Labyrinth wahrnehme, kann ich in einer Entscheidung, die mich ängstigt (vor der nächsten unbekannten Ecke) eventuell mutiger sein und mich ganz bewusst mit einer alternativen Sichtweise (z.B. mein Leben als entspannter Gleitschirmflug, in dem ich zwar die Richtung angebe, aber mich auch vom Wind treiben lassen muss und möchte) betrachten. Die Möglichkeiten der Selbstreflexion anhand einschlägiger Kartensets gehen hierbei einerseits auf die Verbildlichung komplexerer innerer Bilder ein und bieten so die Möglichkeit, sich unter zahlreichen Lebens- oder Leitbildern, dasjenige auszuwählen, das einen anspricht. In der vertiefenden Beschäftigung mit dem eigenen Lebensthema kann nun eine ABC-Liste erstellt werden, in der die Anfangsbuchstaben des Alphabets mit Begriffen gefüllt werden, die mir in Bezug auf mein Lebensbild einfallen. Weitere (intuitiv angelegte) Möglichkeiten sind die Verfassung eines kurzen Gedichts oder die Verknüpfung mit einem passenden Musikstück, sozusagen einem Soundtrack des Lebens. Andererseits bieten die Kartensets häufig Reflexionsfragen an, die mit der entsprechenden Karte in Zusammenhang stehen und die Möglichkeit enthalten, sich im Rahmen biografischer Selbstreflexion seiner inneren Bilder bewusst zu werden: »Wenn Ihr Leben ein Garten wäre: welche Blume würde es dort geben? Seen, Teiche, Biotope? Hütten, Bänke, Rastplätze? Tiere? Wer würde Sie besuchen?« (Klingenberger 2012, Bildkarte Garten).

Vor allem in Kleingruppenrunden (z.B. trägerinterne Leitungsrunden o.ä.) bietet die Auseinandersetzung mit unterschiedlichen Leitbildern die Möglichkeit, eine neue Sicht auf das eigene Leben zu gewinnen. Was spricht beispielsweise dafür, das eigene Leben als Roten Faden zu betrachten? Welche meiner Erfahrungen sprechen dagegen? Wie würde es sich anfühlen, mein Leben als Roten Faden zu betrachten? Wie würde es sich anfühlen, mein Leben als Achterbahnfahrt zu beschreiben?

b) Auseinandersetzung mit Erziehungszielen und biografischen Episoden (in Anlehnung an Andres/Laewen 2011)

In einer vertrauensvollen Kleingruppenatmosphäre erzählen unterschiedliche Leitungskräfte oder Teammitglieder eine selbst erlebte Geschichte im Kontext von Erziehung, die ihnen bedeutsam erscheint (Lügen, Tischmanieren, Konflikte in der Familie, Strafen und Schuldgefühle etc.). Diese Geschichte kann sich auf eine aktuelle Begebenheit beziehen oder aber auf ein Erlebnis aus der Kindheit. Im letzteren Fall tritt die biografische Dimension deutlicher zu Tage.

Beispiel

Eine Kollegin äußert, dass sie sehr »empfindlich« auf Unehrlichkeit reagiert und Ehrlichkeit einen absoluten Wert darstellt, der für sie nicht verhandelbar ist. Ihr ist dabei ein Erlebnis aus eigener Kindheit deutlich vor Augen: Sie wuchs in einer Familie mit 3 älteren Brüdern auf, sie selbst war die Kleine. Nun hatte ihr nächstälterer Bruder sie geärgert und sich erfolgreich gegenüber der Mutter durchgesetzt, sie nicht mit zum Spielen nehmen zu müssen.

Vor Wut hat die Kollegin damals ihre eigene Lieblingspuppe kaputt gemacht und dann anschließend gegenüber der Mutter behauptet, dies sei der Bruder gewesen. Dies nahm sie so überzeugend vor, dass trotz gegenteiliger Behauptungen des Bruders, ihr Glauben geschenkt wurde und der Bruder von seinen Eltern Ärger bekam. Aufgelöst hat sie dieses, für sie mit Scham besetzte Kindheitserlebnis – sie war damals 6 Jahre alt – gegenüber ihrem Bruder und den Eltern erst im Erwachsenenalter.

Für die Kollegin war es hilfreich, im Team zu hören, dass auch andere sich an Lügen erinnern konnten. Deutlich wurde weiterhin, welchen hohen Stellenwert Lügen auch in anderen Biografien haben, gleichermaßen auch für die Entwicklung moralischen Empfindens und Handelns von Bedeutung waren.

Über die selbständige und/oder gemeinsame Auseinandersetzung mit biografischen Episoden eröffnet sich die Möglichkeit, sich zentralen Werten oder Grundfesten anzunähern, die für die eigene Person sowohl in der pädagogischen Arbeit, als auch im Umgang mit Mitarbeiterinnen und Mitarbeitern von Bedeutung sind.

Praxisübung

Vertiefend bietet sich eine weiterführende Reflexion zu den eigenen Absichten und Wünschen an:

- Welche Fähigkeiten und Haltungen schätze ich an mir besonders?
- Was wünsche ich mir für mich selbst?
- Was würde ich selbst gern (noch) tun in meinem Leben?
- Über welche Kompetenzen und Haltungen würde ich selbst gerne verfügen?
- In welchen Bereichen würde ich mich selbst gerne weiterentwickeln?
- Welche sozialen und fachlichen Kompetenzen schätze ich bei meinen Mitmenschen besonders?
- Welche Mitmenschen waren in meinem Leben wichtig für mich? Wodurch zeichneten sie sich aus? (Andres/Laewen 2011, S. 34)
- Welche konkreten Erlebnisse oder Situationen aus meinem Leben, die mit den Kompetenzen und Haltungen korrespondieren und diese illustrieren, kommen mir in den Sinn?

c) Erstellung einer Freudenbiografie (nach Vogel/Rabaioli-Fischer 2011)

Im Verfahren der Freudenbiografie nach Vogel/Rabaioli-Fischer (2011) und Kast (2011) geht es darum, eigene Ressourcen aufzudecken und herauszuarbeiten, welche positiven »Anker« einem hilfreich sein können. Dieses Vorgehen ist der therapeutischen Arbeit entlehnt und kann Leitungskräften besonders in schwierigen und herausfordernden Phasen Anknüpfungspunkte der Entspannung oder Aktivierung von Energiereserven bieten.

Denn Freude ist eine Emotion, die als wichtige Ressource in der Bewältigung des Lebens verstanden werden kann. Im Gefühl der Freude empfinden wir ein selbstverständliches Selbstvertrauen. Es fällt uns leicht, uns zu öffnen, wir fühlen uns leicht und unbeschwert, wir lächeln. Wir erleben Freude in ihrer Gefühlsqualität in unterschiedlichen Situationen als aktuell-situative Emotion (»ich freue mich, dass ich heute in den Urlaub fahre«) oder als Stimmung im Sinne von Zufriedenheit (»ich freue mich, dass ich gesund bin, eine Familie und gute Freunde habe sowie einen erfüllenden Beruf ausüben kann«). »Freude ereignet sich, sie ist ein Nebenprodukt einer Erfahrung, einer Tätigkeit, eines Ereignisses im Leben« (Kast 2011, S. 130).

Über Erinnerungen kann die erlebte Freude einer Situation allerdings auch zu einem späteren Zeitpunkt wieder vergegenwärtigt werden. »Wenn Freude eine Ressource ist, dann ist es wichtig, diese Ressource aktivieren zu können« (Kast 2011, S. 131). Entgegen der häufigen Tendenz, eher die schwierigen, konfliktreichen Passagen des Lebens in den Blick zu nehmen, geht es im Rahmen der Freuden-Biografie darum, positive, Freude bringende Momente zu erinnern und sich im Rahmen dessen selbstsicher und wertvoll zu fühlen. In der Rekonstruktion einer Freuden-Biografie sind die Freuden, die in der Kindheit erlebt wurden, zunächst Ausgangspunkt für die Frage, was mir damals Freude bereitet hat und ob es Zusammenhänge zu der Art und Weise, wie ich heute Freude erlebe und ausdrücke, gibt.

Praxisübung

Erinnern Sie Spiele, in denen Bewegung eine wichtige Rolle gespielt hat, die Sie als Kind besonders geliebt haben? War da Freude?

Wenn Sie sich nicht gerne bewegt haben, versuchen Sie, sich an ein ruhiges Spiel zu erinnern, das Sie hingebungsvoll spielen konnten.

Versetzen Sie sich zurück in die Rolle des Kindes. Welche Bilder sehen Sie? Wie haben Sie Ihre Freude ausgedrückt? War jemand dabei?

Zeichnen oder schreiben Sie Ihre Gedanken.

Nun reflektieren Sie die entstandenen Bilder oder Aufzeichnungen: Welche Beziehungen existieren zwischen diesen Freuden der Kindheit und Ihren heutigen Freuden?

Häufig sind die Ressourcen für ein zufriedenes Leben im Erwachsenenalter in den Freuden der Kindheit zu finden. Dabei gibt es einige Themen, die von unterschiedlichen Personen immer wieder benannt wurden und sich offenbar durch viele Freuden-Biografien hindurchziehen: die Freude am »In-etwas-vertieft-sein«, die Freude an der Bewegung, die Freude am Schlamm, heimliche Freuden, Freude am Finden und Erfinden, am Schenken und Geschenkt-bekommen, Freude am Auslösen von Freude bei anderen, Schadenfreude und Vorfreude.

In der fortführenden Auseinandersetzung mit den eigenen Freuden-Ressourcen wird der weitere Lebenslauf in den Blick genommen und diejenigen Aspekte benannt, die mit Glückserfahrungen in Verbindung gebracht werden. Dies kann sich über folgende Themenbereiche erstrecken:

- Freude an einer ersten Beziehung,
- Freude am ersten Kind,
- Freude an beruflichen Erfolgen,
- Freude an Freunden,
- Freude am geglückten Berufsleben.

Die entdeckten Glücksquellen, wie beispielsweise »Freude am Schenken und Beschenkt-werden/Auslösen von Freude bei anderen« entfalten ihre Wirkung noch deutlicher, wenn sie nicht nur niedergeschrieben, sondern auch bildhaft illustriert werden. »Bilder erzeugen häufig ein intensiveres Erleben auf den verschiedenen Sinneskanälen. Dies führt dann zu einer intensiveren Wahrnehmung und emotional-kognitiven Umstrukturierung dieser Momente« (Rabaioli-Fischer 2015, S. 80). Eine Illustration der Freuden-Biografie ermöglicht demnach einen schnellen Zugriff auf zentrale Lebensressourcen, die unter anderem prägend dafür sind, welchen Berufsweg Sie eingeschlagen haben, aber auch dafür, welche Leitungspersönlichkeit Sie sind.

Berufsweg

Die Frage der Berufswahl wirkt sich auf spätere Leitungspositionen nicht unwesentlich aus. So steht sie beispielsweise in Zusammenhang mit persönlichen Zielsetzungen und Prioritäten.

Die Wege in die Leitungstätigkeit sind dabei ebenso vielfältig, wie die Beantwortung der Frage, ob die Leitungstätigkeit bewusst gewählt bzw. anvisiert wurden oder ob sie im Rahmen einer Zuweisung eher widerwillig übernommen wurde. So ist beispielsweise der Großteil der Leitungskräfte Erzieherin oder Erzieher und hat sich ehedem aus ganz bestimmten Gründen gerade für diesen Beruf entschieden. Management-, Verwaltungs- und Organisationsaufgaben, die in Zusammenhang mit der Leitungstätigkeit anfallen, waren demnach für viele vermutlich nicht von Interesse oder wurden gar ganz bewusst abgelehnt. So mag für zahlreiche Erzieher/innen zutreffen, dass sie die Arbeit mit Menschen bei der Berufswahl gereizt hat – und empfanden z.B. eine Tätigkeit »im Büro« als wenig erstrebenswert oder passend. In diesen Fällen passt vor allem die pädagogische Arbeit mit den Kindern zum Selbstverständnis der Leitungen; die Tätigkeiten, die eher dem Management-Bereich zuzuordnen sind, werden als belastend und nicht zur eigenen Person zugehörig empfunden (Nentwig-Gesemann et al. 2016).

Vor allem vor dem Hintergrund der Tatsache, dass der überwiegende Teil der Leitungskräfte im Rahmen einer Erzieher/innenausbildung und nachfolgender Erzieher/innentätigkeit (mehr als 80 %) häufig eher ungeplant in eine Leitungsposition gelangt ist, stellt sich also die Frage nach den damaligen Motiven der Berufswahl und danach, ob diese Motive weiterhin bestehen und in der aktuellen Tätigkeit berücksichtigt bzw. integriert werden können. So zeigt sich beispielsweise, dass Leitungskräfte, die zusätzlich zu ihrer Leitungstätigkeit im Gruppendienst mitarbeiten, die Arbeit mit den Kindern häufig als ausgleichend und energiespendend erleben (vgl. Nentwig-Gesemann et al. 2016, S. 27; Viernickel/Voss 2013, S. 169). Hierbei genießen sie insbesondere die emotionale Nähe zu den Kindern sowie die Bestätigung durch die Kinder (Nentwig-Gesemann et al. 2016, S. 28). Obwohl demnach bekannt ist, dass die Arbeit im Gruppendienst neben der Leitungstätigkeit ein erhöhtes Organisations- und Anstrengungspotenzial birgt, enthält dieses Modell auch große Chancen für die Leitungskräfte (vgl. auch Kapitel 2.1.2). Es gilt daher herauszufinden, welche Themen mich in meinem Beruf, in meinem Leben, antreiben, welche ganz persönlichen Zielsetzungen ich mit meinem Beruf verbinde und ob bzw. wie diese mit meiner derzeitigen Leitungstätigkeit in Einklang zu bringen sind.

Praxisübung

Zeichnen Sie in die Mitte eines DIN-A3-Blattes einen Kreis, in den Sie Ihren Beruf eintragen. Um diesen Kreis herum verteilen Sie 8 weitere Kreise, in die Sie folgendes eintragen:

- Familientradition: Meine Eltern sagten…
- Kinderträume: Als Kind wollte ich immer werden: …
- Verbotene Berufe: Das durfte ich auf keinen Fall werden …
- Lebensumstände, die hinderten und förderten …
- Vorbild: So wie der/die wollte ich gerne sein …
- Meine Clique, Gleichaltrige, Freunde: …
- Schule, Lehrerinnen: …
- Ein Kreis bleibt frei

Versetzen Sie sich in Gedanken zurück in die Zeit, als Sie ihre erste Entscheidung getroffen haben, in Ihren Beruf oder Ihre derzeitige Ausbildung zu gehen. Tragen Sie neben die Kreise ein, was Ihnen zu den einzelnen Bereichen einfällt. Wenn etwas Wichtiges fehlt, nutzen Sie den freien Kreis. Zeichnen Sie dann Pfeile von den Kreisen ausgehend zur Mitte – zu Ihrem Beruf hin. Zeigen Sie durch die Dicke der Pfeile an, wie wichtig die einzelnen Bereiche für Ihre Entscheidung waren.

Wenn Sie heute nochmal in der Situation wären, wie würden Sie sich entscheiden? Was gefällt Ihnen an Ihrem Beruf/an Ihrer Ausbildung? Wie ist Ihre berufliche Entwicklung weitergegangen? Welche Einflüsse waren ausschlaggebend? (nach: Gudjons et al. 1999, S. 189 f.)

Die hieran anschließende Frage zielt dann auf den Tätigkeitsbereich als Leitung ab: Wie sind Sie in die Leitungstätigkeit gelangt? Während vor allem Männer sich häufig gezielt auf Leitungspositionen bewerben und sich damit bewusst für die damit verbundene Rolle und Aufgabenbeschreibung entscheiden, landet der Großteil der weiblichen Leitungskräfte eher zufällig dort (Nentwig-Gesemann et al. 2016, S. 65 f.). Viele beschreiben ihren Einstand in die Leitungsfunktion als »Hineinrutschen« oder »Hineinpurzeln«, das sie nicht wirklich verhindern konnten oder wollten. In der Folge identifizieren sich diejenigen, auf die dieser Berufsweg zutrifft, nur selten mit dem ganzen Bündel an Leitungsaufgaben, sie fühlen sich in der Position der Vorgesetzten unwohl und überfordert. Vor allem diejenigen Tätigkeitsbereiche, die mit Management und Verwaltung in Verbindung stehen, belasten sie. Stattdessen nehmen sie sich als – wenn auch exponiertes – Teammitglied wahr, fühlen sich sicher in der Bewältigung des pädagogischen Alltags und in der Rolle der Erzieherin bzw. des Erziehers.

In diesem Schritt geht es deshalb darum, Ihren Weg zur Leitung in den Blick zu nehmen und ganz bewusst diejenigen Punkte zu reflektieren, die Sie in die Rolle einer Vorgesetzten gebracht haben oder die Ihnen dort von Nutzen sind. Folgende Impulsfragen können hilfreich sein:

- Wer gab den Anstoß, dass ich eine Leitungsposition übernehme?
- Welche Persönlichkeitsmerkmale, welche fachlichen Aspekte führten dazu, dass gerade ich geeignet erschien, diese Position zu übernehmen?
- Was schätzen/schätzten Teammitglieder an mir als Kollege/Kollegin?
- Welche Leitungserfahrungen (aus Vereinsgruppen o.ä.) bringe ich mit?
- Warum, denke ich, halten mich andere für geeignet?
- Vor welchen Themen und Aufgabenbereichen habe ich den größten Respekt?

Zur Erarbeitung eines professionellen Selbstverständnisses als kompetente Leitungskraft soll neben Fort- und Weiterbildungsveranstaltungen sowie persönlichen Coachings insbesondere dieses Buch beitragen. Deshalb werden Sie auch im Folgenden an vielen Stellen aufgefordert, sich mit ihrer Persönlichkeit, ihrem Leitungsverhalten, ihren Werten und Visionen auseinander zu setzen.

2.2.2 Selbstreflektive Kompetenz

»Werte entstehen und bestehen nicht aus Worten. Werte entstehen und werden beständig durch Handlung.« (Bernd Liske)

Ausgehend vom selbstreflektierten Blick auf die eigene Biografie gilt es, sich in der Rolle der Leitungsperson individuell zu definieren. Dabei hilft es sicher zum einen, in den Blick zu nehmen, welche Vorbilder/Mentoren ich habe; nichts desto trotz gilt es zum anderen, seinen ganz eigenen Weg zu finden und zu gehen. Wer andere Menschen leiten möchte, sollte wissen, welche Stärken und Schwächen sie oder er selbst hat, darüber hinaus sollte sie oder er vor allem über Klarheit den eigenen Werten gegenüber verfügen. Nur eine gefestigte Leitungspersönlichkeit kann in Zeiten hoher Qualitätsanforderungen zum einen Prioritäten im Blick behalten, zum anderen eine stabile Orientierung für Mitarbeiter/innen und Team bieten. Aus einer positiven und reflektierten Werthaltung kann die emotionale Stabilität hervorgehen, in schwierigen Situationen den eigenen Weg nicht aus den Augen zu verlieren und sich selbst in dieser Hinsicht treu zu bleiben.

Wertehorizont

Die eigenen Werte beeinflussen darüber hinaus auch das Verhalten und den Wertehorizont von anderen Personen im Umfeld. Dahingehend ist es zentral, sich der eigenen Werte und inneren Antriebe bewusst zu sein und sich zu vergegenwärtigen, welche zentralen Aspekte das Leitungshandeln beeinflussen bzw. beeinflussen sollen.

Werte sind tiefverwurzelte Ansichten über das, was wir für lohnend halten. Manche Werte sind uns bewusst, weil wir uns aktiv dafür entschieden haben, diesen Wert in unserem Leben umzusetzen. Andere Werte steuern unser Verhalten, ohne dass wir von ihnen Kenntnis haben.

Beispiel

Frau Huber, die erst seit kurzem Leiterin der 5-gruppigen Einrichtung »Forscherland« ist, hat die Erfahrung gemacht, dass harte Arbeit auch zum Erfolg führt. Diese Erfahrung erstreckt sich nicht nur über ihre berufliche Laufbahn (sehr guter Erzieherinnenabschluss, sehr gute Abschlussarbeit, sehr gute Arbeitszeugnisse), sondern auch auf ihren privaten Bereich: Sie ist Deutsche Jugendmeisterin im Zehnkampf gewesen und bis heute in der Leichtathletik aktiv. Dahingehend begleiten sie die Werte »Leistungsbereitschaft«, »Durchhaltevermögen« und »Kampfgeist« schon einige Jahre. Gerade in ihrer noch neuen Position als Leitung kommen ihr diese Werte auch zugute. Trotzdem ist sie unsicher und denkt häufig an ihre erste Vorgesetzte, Frau Camorelli, zurück. Von ihr hat sie sich immer ernst- und wahrgenommen gefühlt. Frau Camorelli hatte für alle Mitarbeiter/innen stets ein offenes Ohr, auch für Äußerungen der Erschöpfung oder fehlender Kraft, und stand für Fehler ihres Teams nach außen gerade.

Orientiert sich nun Frau Huber in Phasen der Unsicherheit in erster Linie an den Handlungen ihrer ersten Vorgesetzten, Frau Camorelli, kann es zu Unstimmigkeiten im Rahmen ihrer Leitungspersönlichkeit kommen. So könnte es passieren, dass ein Wert, der ihr sonst so am Herzen liegt (z.B. Leistungsbereitschaft) von einem anderen Wert überlagert wird. D.h. es können unterschiedliche Werte innerhalb einer Person miteinander konkurrieren. In diesem Fall könnte sie auf das häufige Zuspätkommen und die eher unmotivierte Arbeitsweise ihrer Mitarbeiterin mit besonderer Nachsicht reagieren, da sie sie nicht vor den Kopf stoßen möchte und auch für diese Mitarbeiterin Verständnis zeigen möchte.

Für Leitungskräfte in Kindertageseinrichtungen gilt es demnach, die eigenen Werte ins Bewusstsein zu rücken. Dabei sollte es nicht darum gehen, welche Werte positiver oder negativer in Zusammenhang mit der Leitungsposition sind, sondern darum, die jeweils individuellen Werte in ihrem Konglomerat zu erkennen und anzuerkennen. Friedemann Schulz von Thun und seine Mitautoren (2017) sprechen in diesem Zusammenhang vom »wesensgemäßen« Führungsverhalten und betonen dabei, dass Führungsverhalten und -strategien immer in Übereinstimmung mit der eigenen Person sein müssen. Gerade diese Anerkennung der individuellen Werte führt zu einer wichtigen Authentizität, innerer Stärke und daraus hervorgehend häufig zu einer natürlichen Autorität als Kita-Leitung. Denn die Bewusstmachung der eigenen Besonderheiten und Werte stellt das Einzigartige an genau Ihnen heraus – das, was Sie ausmacht und vor allem auch das, wofür Sie einstehen.

Dabei strahlt die wertebasierte Haltung nicht nur auf der Ebene der Mitarbeiter/innen aus, wo sie sich in erster Linie im Zusammenhang mit organisatorischen Verbindlichkeiten, dem Einhalten von Regeln und Vereinbarungen und dem Umgang mit Arbeitszeit entfaltet. Hier erwarten die Mitarbeiter/innen eine klare Linie, die ihnen Orientierung und Verlässlichkeit in Bezug auf das Verhalten ihrer Leitung gibt. Die Werte der Leitungskraft wirken vielmehr auch im Rahmen einer Organisationskultur, die die Einrichtung nach außen hin ausstrahlt. Sichtbar werden diese Werte dann in der Zusammenarbeit mit Eltern, Kooperationspartnern und Öffentlichkeit (vgl. Simsa/Patak 2010, S. 52). Das Konzept der wertebasierten Leitung geht in diesem Zusammenhang noch einen Schritt weiter und versteht die Verständigung über gemeinsame Kernwerte des gesamten Teams als Grundlage einer qualitativen Arbeit in Kindertageseinrichtungen (Fløgstad/Helle 2016, S. 80).

Zur Bestimmung der persönlichen Grundwerte kann folgenderweise vorgegangen werden:

Praxisübung

Überlegen Sie sich, welche 10 Werte Ihnen in Ihrem Leben in den Bereichen Familie, Beruf, Freundschaft, Persönlichkeit, Gesundheit und Finanzen am wichtigsten sind und notieren Sie diese in einer Liste. Sollte Ihnen das besonders schwer fallen, lassen Sie die untenstehende Liste auf sich wirken und entscheiden Sie, welche 10 Werte Sie am deutlichsten ansprechen. Dann betrachten Sie Ihre persönliche Liste und kreisen die 5 Werte ein, die Ihnen am zentralsten erscheinen. Versuchen Sie nun, die verbliebenen 5 Werte in eine Rangfolge zu bringen: Welcher Wert ist Ihnen am wichtigsten? Welcher Wert steht etwas zurück? (basierend auf Hitzenberger/Schuett 2016, S. 69 ff).

- Abenteuer
- Achtsamkeit
- Allein arbeiten
- Anderen Menschen helfen
- Anerkennung (Respekt von anderen)
- Arbeit mit anderen
- Arbeitsdruck
- Arbeitsfrieden
- Aufregung
- Berufliches Weiterkommen/Beförderung
- Demokratie
- Der Gesellschaft helfen
- Dienst an der Öffentlichkeit
- Effektivität
- Effizienz
- Ehrlichkeit
- Einfluss auf andere nehmen
- Einzigartigkeit
- Engagement

- Enge Beziehungen
- Führung
- Geld Gemeinschaft
- Heimat
- Entschlusskraft
- Ethisches Verhalten
- Fachkenntnis
- Familie
- Fester Standort
- Finanzieller Gewinn
- Freie Zeiteinteilung
- Freiheit
- Freude
- Freundschaft
- Fürsorge
- Geborgenheit
- Gemeinschaft
- Gerechtigkeit
- Glaube
- Herzlichkeit
- Heiterkeit
- Herausforderungen
- Hilfsbereitschaft
- Humor
- Innere Harmonie
- Integrität
- Intellektualität
- Kompetenz
- Kontrolle über andere
- Kooperation
  Körperliche Herausforderungen
- Kreativität
- Kunst
- Leistung
- Loyalität
- Macht und Autorität
- Marktposition
- Natur
- Neugierde
- Ordnung (Stabilität)
- Persönliche Entwicklung
- Privatsphäre
- Qualität der Dinge
- Qualitätsbeziehungen
- Reichtum
- Reinheit
- Religion
- Ruf
- Ruhe
- Ruhm
- Selbstrespekt
- Sicherheit
- Sinnvolle Arbeit
- Spannende Arbeit
- Spielen
- Spitzenleistung
  Stabilität
- Status
- Staunen
- Toleranz
- Umweltbewusstsein
- Unabhängigkeit
- Verantwortung und Zuständigkeit
- Verdienstvolle Leistung
- Verlässlichkeit
- Vertrauen
- Vielfalt und Abwechslung
- Von Menschen umgeben sein, die offen und ehrlich sind
- Wachstum
- Wahrheit
- Weisheit
- Weltklugheit
- Wertschätzung
- Wettbewerb
- Wirtschaftliche Sicherheit
- Wissen
- Zeit
- Zuneigung

Anknüpfend sollen die 5 »Grundwerte« mit Leben gefüllt und sozusagen personifiziert werden:

Praxisübung

Entwerfen Sie 5 Leitungspersonen, die jeweils einen Wert vollständig verkörpern.

- Die jeweilige Person strahlt _____________ aus.
- Sie achtet im Umgang mit Ihren Mitarbeiterinnen und Mitarbeitern auf _____________.
- Sie legt im Arbeitsalltag besonderen Wert auf _____________.
- Man sieht ihr an, dass _____________.
- Ihre Mitarbeiter/innen würden über sie sagen _____________.
- Eltern schätzen besonders an ihr _____________.
- Allerdings läuft sie vielleicht Gefahr, dass _____________.

Andere Ansatzpunkte liefert die Arbeit mit Bildkarten und Zitaten. In einer möglichen Anwendung erfolgt die vertiefende Auseinandersetzung auf Basis von verschiedenen Fotografien zu unterschiedlichen Werten. Die hierdurch ausgelöste Inspiration und Reflexion kann zusätzlich durch zugeordnete Zitate angeregt und bereichert werden.

Praxisübung

Legen Sie die Themenkarten »Werte« (Franz, 2014) auf dem Boden aus. Lassen Sie die Bilder und Begriffe auf sich wirken und betrachten Sie alles in Ruhe. Nach ca. 10 Minuten treffen Sie eine Auswahl von 5 Karten, die Sie am meisten ansprechen, die Ihnen am wichtigsten erscheinen. Beantworten Sie die folgenden Fragen für alle 5 Werte getrennt:

- Welche Synonyme/anderen Bezeichnungen fallen Ihnen zu dem Wert ein?
- Welche Erlebnisse verknüpfen Sie mit dem jeweiligen Wert?
- Warum erscheint Ihnen dieser Wert zentral?
- Welche Möglichkeiten haben Sie, diesen Wert im Umgang mit Ihrem Team zum Ausdruck zu bringen?
- Welche Situation können Sie im Laufe der nächsten Woche bewusst unter dem Tenor dieses Wertes gestalten?

Auf der Rückseite finden sich Zitate und Texte zur Erläuterung. Welche neuen Erkenntnisse, welche Gedanken, welche Gefühle lösen sie in Ihnen aus?

Auseinandersetzung mit Macht und Hierarchien

»Ohne und gegen Macht läßt sich nichts machen.« (Erhard Blanck)

Die pädagogische Arbeit in Kindertageseinrichtungen ist gekennzeichnet von flachen Hierarchiestrukturen und der Zusammenarbeit in Teams. Dort wo komplexe und ungewisse Herausforderungen auf uns warten, hat sich das Arbeiten in Teams bewährt. Denn dann sind verschiedene Perspektiven und Kompetenzen gefragt und eine Kommunikation über Hierarchiestrukturen wäre störend und hinderlich. Stattdessen findet ein kooperativer und kollegialer Austausch auf Augenhöhe statt, der vor allem im Rahmen der Teambesprechungen auch rückhaltgebend in verunsichernden Situationen ist (z.B. im Umgang mit herausforderndem Verhalten von Kindern). Die Assoziationen, die Leitungskräfte und auch pädagogische Mitarbeiter/innen zu den Aspekten Leitung, Hierarchie, Autorität und Macht haben, sind dabei großenteils negativ und vorurteilsbehaftet. Man wünscht sich doch einen kooperativen, wertschätzenden Umgang miteinander. Da scheinen vor allem die Themen Management und Vorgesetztenrolle auf den ersten Blick nicht integrierbar.

Praxisübung

Nehmen Sie sich eine halbe Stunde Zeit.

Stellen Sie sich eine Person vor, die Sie mit Autorität in Verbindung bringen und mit der Sie persönlich Kontakt hatten. Lassen Sie ihr Bild vor Ihrem inneren Auge entstehen. Sehen Sie sie genau an! Was fällt Ihnen auf? Wie verhält sich die Person Ihnen gegenüber? Wie fühlen Sie sich ihr gegenüber?

Halten Sie das Bild dieser Person fest. Zeichnen Sie sie! (20 Minuten)

Erinnern Sie sich an eine Situation mit dieser Person. (2 Minuten)

Befestigen Sie das Bild an einer Wand. Stellen Sie sich an die gegenüberliegende Wand und betrachten Sie es. Nehmen Sie wahr, welche Gefühle es auslöst. Nun gehen Sie langsam auf das Bild zu. Spüren Sie, wie nahe Sie dem Bild kommen möchten (basierend auf: Gudjons et al. 1999, S. 203 f.).

Obwohl im Bereich der frühpädagogischen Bildung, Betreuung und Erziehung die Themen Autorität und Macht negativ belastet sind, kann festgehalten werden, dass pädagogisches Handeln in Kindertageseinrichtungen zunächst an sich asymmetrisch ist. Selbst wenn wir unter Annahme ko-konstruktivistischer Bildungsdiskurse davon ausgehen, dass

Bildungsprozesse in Interaktion und wechselseitiger Beeinflussung stattfinden, ist doch davon auszugehen, dass Erzieher/innen den Kindern »etwas voraus haben«. In diesem sogenannten Machtdifferential (Elias 1986) ist das Kind abhängiger von der Erzieherin bzw. vom Erzieher, als umgekehrt. Die pädagogische Beziehung ist demnach per se von ungleichen Machtverhältnissen gekennzeichnet und schlägt sich in unterschiedlichen Machtdimensionen (vgl. Hansen/Knauer/Sturzenhecker 2011) nieder:

- Handlungs- und Gestaltungsmacht (z.B. Beeinflussung durch Raumgestaltung, Tagesabläufe)
- Verfügungsmacht (z.B. Verwaltung von Ressourcen und Materialien)
- Definitions- und Deutungsmacht (z.B. durch Beurteilung und Kommentieren kindlicher Äußerungen, Zeichnungen)
- Mobilisierungsmacht (z.B. durch Unterstützung in der Realisierung eines kindlichen Anliegens – Anbieten eines Projektes o.ä.)

Dass sie über all diese Machtoptionen verfügen, ist Erzieherinnen und Erziehern nicht nur zumeist nicht bewusst, sondern in der Regel auch nicht besonders angenehm. Häufig werden Aspekte, die mit Macht assoziiert sind, per se negativ bewertet und der eigenen Person nicht zugehörig erlebt. Das kann vor allem damit begründet werden, dass Macht häufig gleichgesetzt wird mit Machtmissbrauch bzw. Zwang. Hannah Arendt greift in ihrer Reflexion des Machtbegriffs auf die Unterscheidung zwischen Macht und Gewalt zurück und stellt fest, dass Machtverhältnisse immer auch eines Gegenübers oder einer Gemeinschaft bedürfen, welche(s) diese anerkennt (vgl. Ahrendt 1970, S. 45). Wenn diese Anerkennung entfällt, muss der Machtinhaber auf psychische oder physische Gewalt zurückgreifen, um seine Macht weiter durchzusetzen. Dass auch diese Form des übergriffigen Machtgebrauchs legitim sein kann, wird deutlich, wenn wir uns ein 2-jähriges Kind vorstellen, dass schnellen Schrittes und entschiedenen Willens auf eine stark befahrene Straße zuläuft. Nur durch den Einsatz von körperlicher Gewalt, in Form von Festhalten – u.U. auch gegen den Willen des Kindes – kann eine Gefahr für das Leben des Kindes abgewendet werden, die in diesem Fall schwerer wiegt, als der freie Wille des Kindes. Noch wesentlicher ist allerdings das nachfolgende Verhalten des Erziehers/der Erzieherin: ein professionell verantwortlicher Umgang mit Macht setzt voraus, dass die Überschreitung der Machtanwendung dem Kind erklärt und seinem Verhalten in Zusammenhang gebracht wird.

Ein reflektierter Umgang mit Autorität und den herrschenden Machtverhältnissen bildet demnach die Basis für ein demokratisches Miteinander. »In einer Demokratie wird die Macht der Herrschenden dadurch legitimiert, dass die Bürgerinnen und Bürger das Recht darauf haben, ihre Interessen in öffentlichen Debatten einzubringen und an Entscheidungsprozessen teilzunehmen« (Knauer/Hansen 2010, S. 27). Es geht, ausgehend von diesem kurzen Exkurs zu Machtverhältnissen im Kontext der Erziehung, also nicht darum, ob Sie als Leitungskraft oder Erzieher/in über Macht verfügen, sondern darum, diese Macht reflektiert zu übernehmen, sie anzunehmen und anderen das Recht zuzugestehen, sich an Entscheidungsprozessen o.ä. zu beteiligen (Stichwort: Partizipation).

Ausgehend davon gilt es auch für Leitungen, sich mit der eigenen Machtposition in der Teamkonstellation auseinanderzusetzen. Die Vorstellung, dass ein gleichberechtigtes Team alles basisdemokratisch miteinander regeln kann, muss zwar nicht falsch sein, übersieht jedoch zentrale Funktionen von Leitung, die in der Koordination aller Potenziale und der Organisationsentwicklung bestehen. Oder anders gesagt: Besonders die hochkomplexen und hochdifferenzierten Aufgaben, die in Kindertageseinrichtungen bewältigt werden müssen, erfordern eine Koordination der »Nichttrivialität« des menschlichen Wesens (Heinz von Foerster). »Je mehr arbeitsteilige Prozesse zu bewältigen sind, desto mehr steigt der Bedarf an Koordination bzw. Führung« (Fischer 2001, S. 15). Dabei ist festzuhalten, dass Macht an sich wertneutral, also weder per Definition gut oder schlecht ist. Die Rolle der Leitung bringt – ganz gleich ob in vollständiger Freistellung oder in Verbindung mit einer noch bestehenden Gruppentätigkeit – diesen Machtaspekt mit sich. Niederschlagen kann er sich auch hier in den unterschiedlichen Dimensionen:

- Handlungsmacht (z.B. die Erteilung einer Abmahnung an eine Mitarbeiterin, die wiederholt zu spät zur Arbeit erscheint)
- Entscheidungsmacht (z.B. darüber, wie das Budget für Fortbildungen verteilt werden soll)
- Mobilisierungsmacht (z.B. indem ein Mitarbeiter dazu überredet wird, sein Projekt am Elternabend als einziger zu präsentieren)
- Verfügungsmacht (z.B. über Statussymbole wie ein eigenes Büro, Telefon, Dienstwagen)
- Definitionsmacht (z.B. hinsichtlich des Engagements der neuen Mitarbeiterin)

Praxisübung

Nehmen Sie sich für jede Frage 1 Minute Zeit.

- Welche Personen haben Sie in Ihrem Leben geleitet?
- Wie sind sie dabei vorgegangen? Worin unterschieden sie sich?
- Von wem ließen Sie sich gerne leiten – von wem weniger?
- Erinnern Sie sich an Personen, die ihre Macht missbraucht haben?
- Welche Schlüsse ziehen Sie daraus?
- Wie wollen Sie auf keinen Fall leiten?
- Fällt Ihnen ein Leitungsvorbild ein?

Leitungskräfte müssen sich bewusst werden, dass Ihnen im Rahmen Ihrer Position eine bestimmte Macht zuteil wird, die sie von den übrigen Teammitgliedern unterscheidet. Dies betrifft teilweise auch den Zugang zu Informationen wie der Personalakte, die den Teamkollegen nicht zugänglich sind, oder das Eingehen kooperativer Beziehungen zu Außenstehenden (z.B. Fachdiensten, Fachberatung o.ä.), die mit weiteren »Privilegien« einhergehen können. Eine generelle Ablehnung des Machtaspekts und daraus hervorgehend der Unterschiedlichkeit zu Teamkollegen führt demzufolge zu Diffusität, Unklarheit und Unsicherheiten bei Mitarbeiterinnen, Mitarbeitern und Eltern (vgl. Möller/Schlenther-Möller 2007, S. 21).

Wichtig ist an dieser Stelle nochmals zu betonen, dass – obwohl es auf den ersten nicht Blick so scheinen mag – Leitungsmodelle, in denen die Leitungskraft noch anteilig als gleichberechtigtes Teammitglied im pädagogischen Alltag tätig ist, durchaus funktionieren können. Leitungen, die sich mit ihrer Rolle und den daraus hervorgehenden Machtverhältnissen kritisch auseinandergesetzt haben, sind durchaus in der Lage, zwischen den unterschiedlichen Aufgaben- und Einsatzfeldern zu »switchen« und sich in beiden Funktionen sicher zu bewegen (Nentwig-Gesemann et al. 2016). Dabei identifizieren sie sich im Zusammenhang mit den klassischen Organisations- und Managementaufgaben mit den Machtaspekten, die die Leitungstätigkeit mit sich bringt und fühlen sich in der Arbeit mit den Kindern eher als Teammitglied. Als Handlungsvorbild kommen ihnen auch auf dieser Ebene weitere wichtige (Leitungs-)Funktionen zu, die allerdings im nachfolgenden Kapitel näher thematisiert werden.

Aber ganz gleich, ob vollständig freigestellte Leitung oder Leitung mit anteiliger Gruppendiensttätigkeit: Der Alltag einer Leitungskraft in einer Kindertageseinrichtung macht es nötig, Machtstrukturen in unterschiedlichen Facetten füllen zu können.

Beispiel

Frau Essert ist Leitung einer 6-gruppigen Kita. Derzeit hat sie, wie so oft, alle Hände voll zu tun. Das Sommerfest steht vor der Tür und es muss noch jede Menge vorbereitet und organisiert werden. Selbstverständlich ist sie hierfür nicht alleine zuständig, sondern hat die anfallenden Tätigkeiten in Arbeitsgruppen organisiert, die von unterschiedlichen Kolleginnen und Kollegen geleitet werden.

Sie selbst arbeitet z.B. in der »Verpflegungs-Gruppe« mit, die von Herrn Postner, einem Teammitglied, verantwortet wird. Im gerade abgehaltenen Treffen haben Herr Postner und sie beschlossen, dass sie einerseits die Eltern bezüglich einer Buffetspende ansprechen möchten und andererseits Grillgut auf Kosten der Einrichtung besorgen möchten. Frau Essert versteht sich in diesem Zusammenhang als Partnerin auf Augenhöhe.

Gegen Ende der Besprechung klopft es an der Tür und die Mutter von Josua, einem 3-jährigen Kind aus der Kita, steht davor. Frau Essert beendet ihre Arbeitsgruppensitzung mit Herrn Postner und bittet die Mutter in ihr Büro. Die Mutter ist ganz aufgelöst, weil eine Bekannte gestern die Vermutung geäußert hat, Josua könnte an Autismus leiden. Frau Essert beruhigt die Mutter zunächst, nimmt das Thema aber ernst und vereinbart einen gesonderten Gesprächstermin mit beiden Eltern und der Bezugserzieherin. In der Vorbereitung des Termins wird sich Frau Essert im Rahmen einer Fallbesprechung mit ihrem Team über Josua austauschen und sich selbst nochmals vertieft mit dem Thema Autismus befassen. Frau Essert versteht sich in dieser Situation als Beraterin der Mutter (und ihres Sohnes).

Als Frau Essert aus dem Büro ins Erdgeschoss der Einrichtung nach unten kommt, hört sie bereits lautes Geschrei aus der Garderobe. Sie macht sich auf den Weg, um nachzusehen, was dort passiert. Angekommen in der Garderobe sieht sie Marie, die sich mit rotem Gesicht bäuchlings auf den Boden gelegt hat und die wütend um sich tritt. Neben ihr kniet die Berufspraktikantin Frau Singer und redet leise und beruhigend auf sie ein. Frau Essert fängt einen verzweifelten Blick von Frau Singer auf »Sehen Sie, das meinte ich gestern in der Teamsitzung. Ich weiß überhaupt nicht, wie ich mich jetzt verhalten soll. Nichts hilft ...«, sagt Frau Singer resigniert. »Ich bleibe erst einmal bei Ihnen und wir schauen, ob und wie wir es gemeinsam hinbekommen. Und dann nehmen wir uns nachher noch 10 Minuten, um zu überlegen, was wir gut gemacht haben und was nicht so gut geklappt hat«. Frau Essert versteht sich in dieser Situation als Coach von Frau Singer.

Das Telefon klingelt. Die Architektin Frau Sommling ist am Apparat und wollte sich kurz mit Frau Essert abstimmen, weil im Atelier im bevorstehenden Anbau nun doch keine Waschbecken installiert werden sollen. Frau Sommling möchte hierauf aus Kostengründen gerne verzichten. Frau Essert ist entsetzt und erklärt, dass sie solch eine Entscheidung nicht mittragen werde. »Aber die Kinder sollen doch dort mit Stiften malen, oder?«, hakt Frau Sommling nach. Frau Essert verneint und weist Frau Sommling auf die zentrale Bedeutung der Kreativität von Kindern hin, sie erklärt, welche zahlreichen Möglichkeiten das Arbeiten mit Wasser, Wasserfarben und anderen Materialien hat. Frau Essert versteht sich in dieser Situation als Fachfrau.

Gegen späten Nachmittag klingelt das Telefon erneut und Frau Liu, ein Mitglied des Teams meldet sich. Sie möchte Frau Essert darüber informieren, dass sie für den Rest der Woche krank sein wird. Frau Essert wünscht gute Besserung, beendet das Telefonat und setzt sich direkt an den Dienstplan für diese Woche. Sie überprüft, wo sich Lücken ergeben und überlegt, wer einspringen kann. Frau Essert fühlt sich in dieser Situation als Organisatorin und Koordinatorin.

Während sie in ihrem Büro sitzt, blickt sie in Gedanken nach draußen. Unterhalb ihres Fensters steht Frau Genzke, eine neue Mitarbeiterin, und raucht. Frau Essert ist aufgebracht, denn sie hat Frau Genzke bereits vergangene Woche darauf hingewiesen, dass das Rauchen auf dem Außengelände der Kita strengstens untersagt ist. Darüber hinaus stellt Frau Essert fest, dass es gegen 17:00 Uhr (der aktuellen Uhrzeit) selbstverständlich auch keine Pausen mehr gibt. Frau Essert verfasst zu beiden Inhalten eine Abmahnung und händigt diese an Frau Genzke aus. Sie vereinbart ein Personalgespräch für den kommenden Tag. Frau Essert fühlt sich in dieser Situation als Vorgesetzte.

Das Beispiel von Frau Essert zeigt, was im ersten Teil dieses Kapitels (siehe Kapitel 2.1) beschrieben wurde, nämlich dass Leitungen eine Vielzahl unterschiedlicher Rollen einnehmen müssen und diese wiederum mit unterschiedlichen Machtverhältnissen einhergehen. Dass Leitung dabei keineswegs die alleinige Ausübung von Macht des Leiters/der Leiterin ist, sondern ein interaktives Gefüge zwischen Leitendem und Geleitetem, wird bereits in Ansätzen deutlich. Denn auch die Mitarbeiter/innen haben natürlich mit ihrem Verhalten oder Nichtverhalten Macht gegenüber der

Leitungskraft. Mit ihrer Leistung, ihrer Motivation und ihrem Engagement ermöglichen sie es Leitungskräften, ihre Aufgabe gut oder sehr gut zu erfüllen. Kurz: Die Leitung und ihr Team sind in einem systemischen Zusammenhang wie Teile eines Mobiles miteinander verbunden. Gute Leitungskräfte und gute Teams bedingen sich gegenseitig (vertiefend kam dieser Aspekt unter dem Stichwort »Transformational Leadership« in Kapitel 1.3 zur Sprache).

Eine Möglichkeit, das eigene Leitungsverhalten diesbezüglich in den Blick zu nehmen, besteht in der Analyse von Leitungssituationen. Wir empfehlen eine mehrfache Durchführung mit Zeitabständen von mehreren Wochen nach der Vorgehensweise von Walter A. Fischer (2001).

Praxisübung

Nehmen Sie sich 45 Minuten Zeit.

Denken Sie an eine komplexe Leitungssituation, die Sie in Ihrem beruflichen Alltag erlebt haben und notieren Sie diese in 5–15 Sätzen.

Analysieren Sie die Situation anhand der folgenden Fragen:

1. Woran kann ich meine Wirksamkeit als Leiter/in messen? Wie stelle ich fest, dass ich mit meinen Mitarbeiterinnen und Mitarbeitern an einem Strang ziehe? Welche Qualität der Beziehung kann ich in der Situation erkennen?

2. Wie erlebe ich Leiten und Geleitet-werden in Abhängigkeit voneinander? Wie aktiv oder passiv schätze ich die Beteiligten ein? Woran merke ich den fortschreitenden Prozess in der Leitungssituation?

3. Wie weit bin ich mir in der Situation meiner Absichten und Ziele bewusst? Wie weit stimme ich meine Absichten mit den Bedürfnissen der Mitarbeiter/innen ab? Was ist mir vorrangig?

4. Wie weit reflektiere ich unterschiedliche Meinungen und Absichten mit den Beteiligten? Was habe ich aus der Reflexion gelernt? (Fischer 2001, S. 116)

Auseinandersetzung mit der Leitungsrolle

»Wer die anderen kennt, ist klug. Wer sich selbst kennt, ist weise.« (Lao Tse)

Weil Leitungshandeln ganz überwiegend situations- und personenspezifisch ist, stellt eine regelmäßige Selbstreflexion die Basis professionellen Handelns dar. Dabei meint Selbstreflexion nicht, dass die eigenen Vorstellungen, Überzeugungen, Wünsche und Ziele mit passenden Argumenten belegt und bekräftigt werden. Vielmehr geht es um die Suche nach sogenannten »blinden Flecken des Bewusstseins«, Mosaiksteinchen der eigenen Persönlichkeit, die uns zu derjenigen Person machen, die wir sind, und um das Bewusstmachen der eigenen Ziele, Wünsche, Erwartungen, Stärken, Schwächen und Belastungen.

Die Vereinbarkeit unterschiedlicher Aufgabenbereiche, der Umgang mit unterschiedlichen Rollenerwartungen und das stetige Bewegen in verschiedenen Spannungsfeldern erzeugen eine Vielzahl an Aufgabenbereichen, die im Alltag schnell hintereinander – manchmal auch parallel – erledigt werden müssen. Dass sich organisatorische und pädagogische Aufgaben dabei ebenso schnell ablösen wie Tätigkeiten der Teamleitung und Öffentlichkeitsarbeit macht das Berufsprofil von Leitungen ebenso interessant wie komplex (vgl. auch das oben angeführte Beispiel von Frau Essert). Diese Herausforderungen werden nicht selten ungefähr so erlebt:

Abb. 28: Anforderungen »prasseln« auf die Leitung herab (Quelle: eigene Darstellung).

Die einzelnen Anforderungen aus unterschiedlichen Bereichen prasseln auf die Leitungskraft herab. In diesem »Aufgabenregen« steht die Leitungskraft alleine, fühlt sich hilflos und kann sich allenfalls mit einem Regenschirm gegen Durchnässen schützen. Sie fühlt sich praktisch für alles zuständig und leidet permanent unter einem schlechten Gewissen, weil es ihr – ihrem eigenen Empfinden zufolge – nur schlecht gelingt, alle Aufgaben zu bewältigen. Sie fühlt sich überfordert von einzelnen Aufgabenbereichen für die sie sich nicht ausreichend ausgebildet fühlt. Sie fühlt sich belastet durch die große Fülle an Anforderungen. Sie fühlt sich einsam in der täglichen Auseinandersetzung mit Spannungsfeldern und sie fühlt sich als »Verwalterin des Mangels« (Nentwig-Gesemann et al. 2016).

Wenngleich sich wohl ein Großteil der Leitungskräfte zumindest anteilig in diesem ‚Überforderungs-Szenario' widerfinden kann, dominiert dieses Bild vor allem bei denjenigen, die als ‚fürsorgliche Leitung' beschrieben werden können.

Beispiel

Frau Johanning war über 15 Jahre als Erzieherin in einer 4-gruppigen Einrichtung tätig. Voriges Jahr, als die damalige Leiterin in Rente ging, wurde Frau Johanning vom Pfarrer der Kirchengemeinde angesprochen, ob sie sich vorstellen könnte, die Leitungsstelle zu übernehmen. Frau Johanning war sich unsicher; eigentlich hat sie die Arbeit mit den Kindern immer sehr erfüllt. Aber es fiel ihr auch schwer, die Erwartungen des Pfarrers zu enttäuschen und außerdem verfügte sie schließlich über eine große Menge an Erfahrung. Also willigte sie ein.

An erster Stelle stand es für Frau Johanning, das Team nicht vor den Kopf zu stoßen und so legt sie größten Wert auf eine harmonische Zusammenarbeit im Team, vermeidet autoritäre Leitungsentscheidungen und setzt auf Kompromisse, die von der Gruppe getragen werden. Dabei liegt es ihr am Herzen, dass sie als Leitungskraft für die Mitarbeiter/innen da ist, wenn sie gebraucht wird. Ihre Bürotür ist immer offen und jeden Tag erkundigt sie sich bei allen Mitarbeiterinnen und Mitarbeitern persönlich nach ihrem Befinden.

Die Erledigung der Managementaufgaben fällt ihr hingegen nach wie vor besonders schwer. Vor allem die Arbeit am Computer ist doch so überhaupt nicht das, was sie sich einmal vorgestellt hat, als sie sich für die Erzieherausbildung entschieden hat. Und die Anforderungen des Trägers, z.B. einen Finanzplan zu erstellen, überfordern sie häufig.

Obwohl Frau Johanning häufig länger in der Kita ist, als es ihre Arbeitszeit vorsehen würde, obwohl sie auch am Wochenende und nach Feierabend mit Aufgaben der Kita beschäftigt ist, obwohl sie immer für ihr Team da ist, ist Frau Johanning mit ihrer Arbeit unzufrieden. Sie sieht, welche Aufgaben unerledigt bleiben, sieht, dass sie nicht immer helfen kann, sieht, dass sie Mitarbeiter/innen vor den Kopf stoßen muss. Sie fühlt sich zunehmend ausgelaugt und hilflos.

Das Beispiel zeigt: Obwohl sich zahlreiche positive Ansätze in der Leitungshaltung von Frau Johanning widerspiegeln, wird doch deutlich, dass die Grundhaltung, sich in dieser Form für die Anliegen des Teams und der Einrichtung »aufzuopfern« letztlich kritisch gesehen werden muss. Durch die gefühlte Allzuständigkeit empfindet Frau Johanning nicht nur einzelne Aufgaben als überfordernd, sondern vor allem auch die Masse an Themen, die sie alleine bewältigen muss. Ihr Handeln richtet sie in erster Linie an der Zufriedenheit des Teams aus. Und wenngleich sich ein wertschätzender Leitungsstil positiv auf die Qualität der pädagogischen Arbeit auswirken wird, gilt es doch, Leitungshandeln genau dahingehend auszurichten: auf eine möglichst hohe pädagogische Qualität. Für Frau Johanning wäre es demnach hilfreich, sich zunächst mit ihrem Team darüber zu verständigen, welche Vorstellung einer guten Einrichtung geteilt werden soll. Daraus folgend ergeben sich strukturell-konzeptionelle Aufgaben für Frau Johanning. Diese Anforderungen ähneln häufig denjenigen managementorientierten Aufgaben, die Frau Johanning im beschriebenen Beispiel als belastend empfindet. Darum ist es grundlegend, dass Leitungskräfte sich zunächst der Ausrichtung ihrer Arbeit bewusst werden. Im Fall von Frau Johanning könnte das folgendermaßen aussehen:

Aus der (fachlich diskutierten) Überzeugung heraus, dass möglichst viel Arbeitszeit der Erzieher/innen im direkten Kontakt mit den Kindern geschehen soll, ergibt sich für Frau Johanning das Erfordernis, einen entsprechenden Dienstplan zu gestalten. Weil es Frau Johanning wichtig ist, die Bedürfnisse der Mitarbeiter/innen in die Dienstplangestaltung miteinzubeziehen, delegiert sie diese Aufgabe an eine Arbeitsgruppe. Die Aufgabe an sich erscheint Frau Johanning also sinnvoll. Die Umsetzung dieser Aufgabe muss allerdings weder in ihrer alleinigen Verantwortung, noch überhaupt primär in ihren Händen liegen.

Im Rahmen des oben beschriebenen Beispiels, in dem sich Frau Johanning in erster Linie mit der Rolle einer fürsorglichen Leitung identifiziert, hätte sich dieselbe Anforderung ganz anders entwickelt. Eine Mitarbeiterin beschwert sich bei Frau Johanning über den ihrer Meinung nach ungerechten Dienstplan, den sie erstellt hat. Frau Johanning ist bestürzt und fühlt sich sogleich verantwortlich, möglichst schnell bessere Arbeitsbedingungen herzustellen. Nach sorgsamer Überarbeitung des Dienstplanes ist zwar die betreffende Kollegin zufrieden, kurze Zeit später gehen jedoch erneut Veränderungswünsche von anderen Kollegen bei Frau Johanning ein.

Praxishinweis

Die Übernahme einer professionellen Grundhaltung erfordert das Wahrnehmen und Nutzen von Entscheidungs- und Gestaltungsspielräumen im Leitungsprofil.

Darüber hinaus vermissen Leitungskräfte häufig die Wertschätzung durch ihren Träger. Nur 64,5 % fühlen sich durch ihren Träger anerkannt und geachtet (Viernickel/Voss 2013, S. 171). Die Hintergründe können dabei vielfältig sein:

1. Die geleistete Arbeit der Leitungskräfte ist den Trägerverantwortlichen nicht bewusst.
2. Die geleistete Arbeit wird von den Trägerverantwortlichen als selbstverständlich empfunden.
3. Die geleistete Arbeit der Leitungskräfte wird zwar wahrgenommen, aber eine entsprechende Anerkennung nicht an die Leitungskräfte zurückgemeldet.
4. Die Anerkennung der Leistungen der Leitungskräfte erfolgt durch den Träger ausschließlich finanziell.
5. Die Anerkennung der Leistungen der Leitungskräfte erfolgt durch den Träger ausschließlich durch persönliche Wertschätzung.
6. Die Erwartungen der Trägerverantwortlichen wurden nicht erfüllt. Ggf. sind diese Erwartungen den Leitungskräften auch nicht bewusst.

Vor allem der letzte Punkt weist erneut auf die zentrale Bedeutung eines klaren Aufgabenprofils für Leitungstätigkeiten hin, das mit dem Träger vereinbart werden sollte. Auch die anderen Punkte bergen allerdings Möglichkeiten für Leitungskräfte, sich der Anerkennung ihres Trägers ggf. rück zu versichern. So kommt es zwar einerseits zu Situationen, in denen Trägerverantwortliche eigenaktiv das Bemühen und die Arbeit von Leitungskräften würdigen. Andererseits steht es jeder Leitungskraft zu, sich über Erwartungen und den gegenwärtigen Stand der Erfüllung mit dem Träger zu verständigen. Jährliche Mitarbeiter- oder Zielvereinbarungsgespräche mit den Trägerverantwortlichen bilden hierfür eine solide Grundlage. Weitere Gelegenheiten zu Gesprächen ergeben sich im Rahmen von informellen Gesprächen bei Veranstaltungen o.ä.

Praxishinweis

Die Übernahme einer professionellen Grundhaltung erfordert das Einfordern von Unterstützungssystemen des Trägers.

2.2.3 Visionäre Kompetenz

»Nur wer sein Ziel kennt, findet seinen Weg« (Laozi) oder *»Kein Wind ist demjenigen günstig, der nicht weiß, wohin er segeln will«* (Michel de Montaigne)

Kindertageseinrichtungen stehen heute vor zahlreichen, immer neuen Anforderungen, die bewältigt werden müssen. Hierzu zählen u.a.:

- politische Anforderungen, wie z.B. der Ausbau der Ganztags- oder Unter-3-Jährigenbetreuung
- gesellschaftliche Anforderungen, wie z.B. Inklusion oder die Arbeit mit Geflüchteten und ihren Familien
- fachliche Anforderungen, z.B. in Bezug auf die Unterstützung der Sprachentwicklung oder die Verwirklichung eines gemeinsamen Nachdenkens über die Welt (sustained-shared-thinking)
- Anforderungen der Eltern, die einerseits gesellschaftlich bedingt, aber andererseits auch sehr individuell sind
- ökonomische Anforderungen

Die daraus hervorgehende Herausforderung für Leitungen besteht darin, diese Anforderungen zu hören, zu bewerten und ggf. für ihre Einrichtung zu formulieren. Hierbei spielen auch Trägerinteressen eine große Rolle. Es gilt also, gemeinsam mit dem Träger wichtige Eckpunkte für die Ausgestaltung und Weiterentwicklung der Kita festzulegen. Diese beeinflussen dann Entscheidungen der Konzeptions-, der Personal- und der Organisationsentwicklung (vgl. Strehmel/Ulber 2014a, S. 33).

Die Basis dieses strategischen Rahmens bilden mittel- und langfristige Vorstellungen (der Leitung und des Trägers) von der eigenen Einrichtung, eine sogenannte Vision. »Visionen sind allgemein gehaltene, positive Vorstellungen vom Unternehmen in der Zukunft« (Doppler/Lauterburg 2008, S. 191).

Wer wie Helmut Schmidt (dt. Bundeskanzler von 1974 bis 1982) dieser kreativen und offenen Vorstellung der Zukunft eher kritisch gegenüber steht und befindet »Wer Visionen hat, sollte zum Arzt gehen«, richtet sich vermutlich lieber nach konkreten Zielen und Strategien. Solch ein auf die Realität bezogenes Vorgehen hat dabei zwar gewiss den Vorteil, dass es an konkreten und messbaren Punkten ansetzt, die verfügbaren Ressourcen einschätzt und Veränderungen initiiert. Was allerdings fehlt, ist sowohl das Element der Begeisterung, die man für persönliche Visionen entwickelt, als auch das Element des kreativen Schöpfungsprozesses. Oder anders ausgedrückt: Wer nicht in der Lage ist, über den eigenen Tellerrand hinaus zu blicken, wird auch immer wieder in der eigenen Suppe ertrinken. Als Beispiel für die Relevanz von Visionen sei hier ein Blick in die Geschichte von Harley Davidson, einem US-amerikanischen Motoradhersteller geworfen. Die Firma, 1907 gegründet, hing mit ihren Motorrädern in den 1960er Jahren der technischen Entwicklung hinterher und aufgrund von fehlerhafte Managemententscheidungen wurde das Unternehmen in den frühen 1980er Jahren zum Sanierungsfall – gleichwohl Harley-Davidson weltweit Berühmtheit als Erfinder der Chopper und durch den Film Easy Rider genoss. Wesentlich zum dann folgenden Aufschwung der Firma trug die Besinnung auf die Vision bei, ging es hier doch nicht allein um ein Beförderungsmittel, sondern um den gelebten amerikanischen Traum von Freiheit und Abenteuer. Harley-Davidson ist Kult, gleichwohl anteilig auf eine Technik aus den 1940er Jahren rekurriert wird.

Die Auseinandersetzung mit der eigenen Vision stellt also die Frage in den Vordergrund, wie die von mir geführte Einrichtung in 5 oder 10 Jahren idealerweise aussehen sollte. Dabei geht es darum, herauszufinden was die jeweilige Kita im Kern ausmachen soll und damit die Basis für die Umsetzung eines visionären Führungsstils zu schaffen (vgl. Kapitel 1.3). Überlegt werden einerseits Rahmenbedingungen und Strukturen (Anzahl der Gruppen, Altersspanne, Räumlichkeiten), andererseits aber vor allem die inhaltliche Ausrichtung und Schwerpunktsetzung (konzeptionelle Fragen, Besonderheiten). Die vorgeschlagene Vorgehensweise führt vom Allgemeinen zum Speziellen.

Praxisübung

1. Formulieren Sie 3 zentrale Aspekte, die Sie mit Ihrer Einrichtung zukünftig in Verbindung bringen möchten.
2. Formulieren Sie 3 Aspekte, in denen sich Ihre Einrichtung von anderen unterscheiden soll.
3. Formulieren Sie 10 Punkte, die Ihre Einrichtung in der pädagogischen Arbeit, in der Zusammenarbeit mit Eltern und in der Öffentlichkeitsarbeit charakterisieren soll.
4. Benennen Sie Punkte, die nicht (mehr) gemacht werden sollen.
5. Entwerfen Sie ein Bild von sich als Leitung in dieser Einrichtung. Wodurch ist ihr Handeln gekennzeichnet? Worauf legen Sie Wert? Wie würden Sie Ihre Mitarbeiter/innen beschreiben? Wie werden Sie von Außenstehenden gesehen? Welche Aspekte fielen dem Träger zu Ihnen ein? Wie nehmen Eltern Sie wahr?

In einem ersten Schritt sollten zunächst Sie als Leitung eine eigene kreative Vorstellung davon entwickeln, wo Ihre Kita ihren gesellschaftlichen Platz findet, welchen spezifischen Auftrag Sie in ihr sehen und woran andere sehen können, dass Ihnen dies gelungen ist. Die dabei entwickelte Vision soll gleichwohl auch vorstellbar, klar und konkret sein, sie muss für Sie selbst attraktiv und positiv formuliert sein; außerdem sollte sie – wenn auch mit einigen Anstrengungen – realisierbar sein (Simsa/Patak 2010, S. 51).

In einem nächsten Schritt geht es darum, diese Vision mit dem Träger sowie dem Team weiterzuentwickeln. Die Vision der Leitungskraft hat dabei einerseits eine Orientierungsfunktion, indem sie den Mitarbeiterinnen und dem Träger Auskunft darüber gibt, welche Ziele in den nächsten Jahren in den Blick genommen werden sollen, wo »die Reise hin geht«. »Über strategische Entscheidungen werden Weichenstellungen vorgegeben, die im Alltag Orientierung geben, viele individuelle Entscheidungen vorab strukturieren und im Idealfall das vielfältige Handeln Einzelner auf ein Ganzes ausrichten, wodurch das Ganze sich immer wieder erweitern und erneuern kann« (Simsa/Patak 2010, S. 95). Andererseits entfaltet die Vision eine motivationale Funktion, indem sie Möglichkeitsräume eröffnet und eine positive Identifikation des Teams mit der Einrichtung erreicht.

Neben dieser nach vorne gerichteten Vorstellung ihrer Einrichtung, gilt es auch persönliche Zielsetzungen und Veränderungsziele in den Blick zu nehmen: Was ist Ihnen im Leben wichtig? Welche Ziele verfolgen Sie in Ihrem Leben? Welche Person möchten Sie gerne sein oder werden?

Wenn die persönlichen Ziele und Werte in Einklang mit dem beruflichen Handeln stehen, wird dies als befriedigend und erfüllend erlebt. Im Sinne eines achtsamen Umgangs mit sich selbst gilt es demnach herausfinden, welche Vorstellung von meinem weiteren Lebensverlauf ich habe und welche Ziele ich verfolge oder verfolgen möchte. Hierzu nähern Sie sich im Rahmen eines 5-schrittigen Vorgehens Ihren Zielen und der Formulierung Ihrer individuellen Vision an (vgl. Senge et al. 2004, S. 233–242):

1. Sie haben Ihre Ziele erreicht …

Stellen Sie sich vor, dass Sie bereits angekommen sind und Ihr Ziel bzw. Ihre Ziele erreicht haben. Nehmen Sie die Zielerreichung und die damit verbundene Veränderung mit allen Sinnen in sich auf. Fertigen Sie anschließend eine kurze Zeichnung, eine Skizze, ein Bild davon an oder beschreiben Sie Ihre Erfahrung in Worten. Achten Sie hierbei auf eine Formulierung in der Gegenwart (z.B. »ich fühle mich stark und sicher«).

Impulsfragen für die Beschäftigung mit der persönlichen Vision können sein:

- Wie sieht Ihre Erfahrung aus?
- Wie fühlt sie sich an?
- Wie können Sie den Endzustand Ihrer Vision beschreiben?

2. Ist das wirklich Ihr Ziel …?

Überprüfen Sie nun, ob Sie eine Vision beschrieben haben, die dem, was Sie *wirklich* wollen, entspricht? Oder fiel es Ihnen schwer, ein passendes Lebensziel zu finden, weil sich innerlich Widerstand regte und Sie dachten:

- Ich kann nicht haben, was ich mir wünsche. → Die Frage, ob ihr Wunsch realisierbar ist oder nicht, ist zunächst irrelevant – tun Sie einfach so, als könnten Sie Ihre Träume verwirklichen. Also: Was wäre dann? *oder*
- Ich will, was andere wollen. → Konzentrieren Sie sich wirklich darauf, was Sie wollen und was Sie sich für sich selbst wünschen. *oder*
- Was ist will, ist nicht wichtig. → Ist es doch! *oder*
- Ich weiß bereits, was ich will. → Eine persönliche Vision ist keine abgeschlossene Sache, die darauf wartet entdeckt zu werden, sondern etwas, das Sie erschaffen und immer wieder neu erschaffen müssen. *oder*
- Ich habe Angst vor dem, was ich will. → Es ist Ihre (!) Vision! *oder*
- Ich weiß nicht, was ich will. → Jeder hat eine Vision, man muss sich nur trauen, sich mit ihr zu beschäftigen.

3. Beschreiben Sie Ihre persönliche Vision

Konkretisieren Sie Ihre Vision mithilfe folgender Anleitung: Stellen Sie sich vor, Sie haben die Ziele in Ihrem Leben erreicht…

Selbstbild	Wenn Sie genau der Mensch sein könnten, der Sie sein möchten, über welche Eigenschaften würden Sie dann verfügen?
Greifbare Ziele	Welche materiellen Dinge würden Sie gerne besitzen?
Wohnung	Was ist für Sie eine ideale Lebensumgebung?
Gesundheit	Welche Wünsche haben Sie im Hinblick auf Gesundheit, Fitness, Sport und alle Aspekte, die mit Ihrem Körper zu tun haben?
Beziehungen	Welche Art von Beziehungen würden Sie gerne zu Freunden, Familienangehörigen und anderen Menschen haben?

Arbeit	Was ist für Sie die ideale berufliche Situation? Welche Auswirkungen sollten Ihre beruflichen Anstrengungen haben?
Persönliche Bestrebungen	Welche Ziele möchten Sie in kreativen Bereichen wie persönlichen Lernerfahrungen, Reisen, Literatur oder bei anderen Aktivitäten gerne erreichen?
Gemeinschaft	Wie sieht Ihre Vision für die Gemeinschaft oder Gesellschaft aus, in der Sie leben?
Anderes	Gibt es weitere Bereiche in Ihrem Leben, in denen Sie gerne etwas Kreatives schaffen möchten? Welche Ziele möchten Sie in diesen Bereichen verwirklichen?
Lebenszweck	Stellen Sie sich vor, Ihr Leben würde einem einzigen Zweck dienen, den Sie durch das, was Sie tun, durch Ihre Beziehungen zu anderen Menschen und durch Ihre Lebensweise erfüllen. Beschreiben Sie diesen Zweck wie einen weiteren Aspekt Ihrer Vision.

Tabelle 12: Fragestellungen zur Bestimmung der persönlichen Vision (nach Senge et al. 2004, S. 237)

4. Erweiterung und Klärung der Vision

Beantworten Sie für die oben genannten 10 Bereiche noch jeweils die Frage: »Wenn ich das jetzt haben könnte, würde ich es nehmen?« Und/oder konkretisieren Sie Ihre Wünsche hinsichtlich der Frage: »Angenommen ich habe meine Ziele erreicht. Was bringt mir das?« Stellen Sie diese Frage ruhig mehrfach hintereinander und arbeiten Sie sich somit Schicht für Schicht zu Ihren zentralen primären Zielen hindurch.

Aus dieser Auseinandersetzung mit den individuellen und grundsätzlichen Lebenszielen geht die Frage hervor, welche beruflichen Ziele mit der persönlichen Vision verknüpft sind. Die Auseinandersetzung mit der eigenen professionellen Weiterentwicklung führt dann zu Fragen wie: »Welche Position strebe ich an?«, »Wie stelle ich mir meine weitere berufliche Laufbahn vor?«

Praxishinweis

Nehmen Sie Ihre individuelle berufliche Laufbahn gezielt in den Blick und formulieren Sie diese als berufliche Zielperspektive in Gesprächen mit dem Träger.

Informieren Sie sich über Fort- und Weiterbildungsmöglichkeiten bei unterschiedlichen Anbietern.

Darüber hinaus gilt es festzustellen, welche Funktionen, Aufträge, Personen und Projekte die persönliche Weiterentwicklung unterstützen oder vorantreiben und welche Aspekte sich hemmend oder hinderlich auswirken.

Und obwohl die eigenen (beruflichen und privaten) Lebensvorstellungen und -ziele vielen Personen nicht erst im Rahmen dieses Vorgehens klar geworden sind, fällt es schwer, diese Visionen anderen mitzuteilen, »weil wir uns der »Lücke« zwischen unserer Vision und der Realität schmerzlich bewusst sind« (Senge 2003). Der große Abstand zwischen Wunschvorstellung und Realität kann also einerseits entmutigen und uns die Hoffnung nehmen, dass wir unsere Vision eines Tages erreichen werden. Andererseits können diese Lücken auch als Energiequelle angesehen werden, die uns dazu veranlasst, zu handeln. Sie kann auch als kreative Spannung bezeichnet werden, die im Rahmen des (Leitungs-)Handelns aufgelöst werden soll. Doch Vorsicht: Um die Spannung aufzulösen, gilt es, nicht den vermeintlich leichteren Weg zu wählen und seine Ziele »herunterzuschrauben«. Stattdessen sind Veränderungen in der Realität vorzunehmen, d.h. die Realität dahingehend zu beeinflussen, dass sie in die Nähe meiner persönlichen Wunschvorstellungen rückt. Wie persönliche Ziele konsequent verfolgt und erreicht werden können, soll deshalb im Folgenden dargestellt werden.

Persönliche Ziele entwickeln und erreichen

Die Formulierung von persönlichen, individuellen Zielen fällt nicht immer leicht. Manch einer hat das Gefühl, er weiß gar nicht wo er/sie hin will oder ist so mit den aktuellen Themen und Herausforderungen beschäftigt, dass es schwerfällt, den Horizont zu sehen. Gerade in Überforderungssituationen oder in Situationen, in denen Sie als Leitung das Gefühl haben, sich permanent aufzureiben zwischen den Ansprüchen von Mitarbeitern, Träger, Eltern und Kooperationspartnern kann es hilfreich sein, sich auszurichten; sich seiner Zielrichtung bewusst zu werden und davon ausgehend, seine Kräfte so einzusetzen, dass sich (wieder) Zufriedenheit einstellt.

Eine Möglichkeit zur Auseinandersetzung mit Fragen der aktuellen beruflichen und privaten Lebenssituation, zur Entwicklung von tragfähigen und umsetzbaren Zielen sowie zum Aufspüren eigener Stärken und Ressourcen bietet das Zürcher Ressourcen Modell®. Grundsätzlich konzipiert für den Einsatz in geführten Gruppen (Termine unter www.zrm.ch), kann mit dem Modell dank eines umfassenden Manuals auch in selbstgeführten Gruppen gearbeitet werden[11]. Gleichwohl die Autoren des ZRM® hinsichtlich der Durchführung des kompletten Modells die Gruppe als wichtige Ressource im Prozess des Selbstmanagements definieren, existieren bereits Handreichungen, die davon ausgehen, dass das Modell auch in Einzelarbeit effektiv genutzt werden kann sowie weiterführende Hinweise zur Begleitung von Einzelcoachings (Grauwiler 2016; Storch/Krause 2014, S. 307).

Basierend auf dem von Storch und Kraus konzipierten Trainingsmanual (Storch/Krause, 2014) empfehlen wir das folgende adaptierte Vorgehen zur Entwicklung und Erreichung von Handlungs- und Veränderungszielen im Rahmen der Leitungstätigkeit:

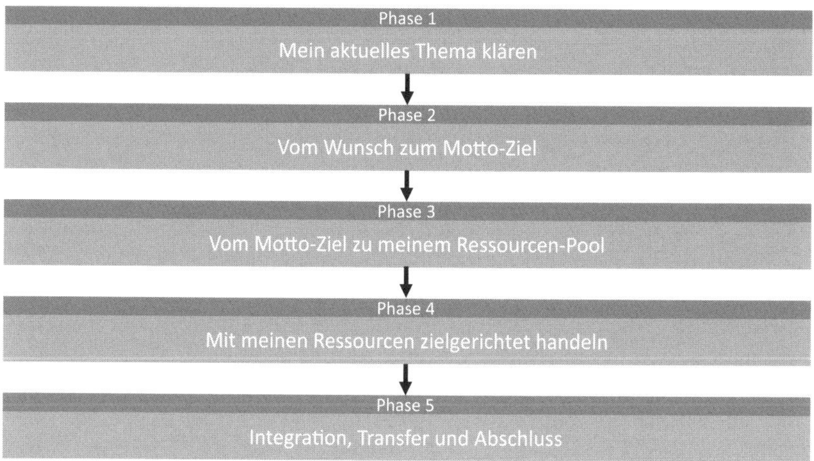

Abb. 29: Übersicht der Vorgehensweise basierend auf dem ZRM® (Storch/Krause 2014, S. 207)

11. Das ausführliche Trainingsmanual inklusive Vorlagen findet sich bei Storch/Krause 2014.

Praxisübung

PHASE 1: Mein aktuelles Thema klären

Im ersten Schritt geht es darum, sich anhand von Bildkarten dem Thema Leitung anzunähern. Bilder sind in der Lage, auch unbewusste, emotionale Anteile der Persönlichkeit anzusprechen und im Rahmen einer Art Dolmetscherfunktion ins Bewusstsein zu bringen (Schultheiss/Strasser 2012). Sie vermögen es stärker als Sprache, Gefühle in ihrem Betrachter auszulösen (Kuhl 2001). Wählen Sie also ein Bild, das Sie in positiven Zusammenhang mit Ihrer Person und Ihrer Leitungstätigkeit bringen. Hierzu können Sie zum einen auf die bereits angesprochenen Bildkartensätze zurückgreifen (z.B. Krause/Storch 2010; Bildimpulse vom Verlag an der Ruhr 2012; Klingenberger 2012), oder zum anderen aus dem Online-Tool des Zürcher Ressourcen Modells (http://zrm.ch/OnlineTool.html) ein Bild auswählen.

Im nächsten Schritt finden Sie gemeinsam mit anderen Personen heraus, auf welche Ressourcen das gewählte Bild verweisen könnte. Mit der Methode des »Ideenkorbs« beziehen Sie nun mindestens 3 weitere Personen als Ideengeber mit ein. Sprechen Sie hierzu Freunde, Familie, Kollegen oder Teammitglieder an. Dabei spielt es keine Rolle, wie gut Sie die Person kennt. Gerade eine Mischung aus engeren und weiteren Bekannten führt bei dieser Methode zu einem reichhaltigen Ergebnis (Grauwiler 2016, S. 65). Bitten Sie die Personen darum, *positive* Assoziationen zu »Ihrem« Bild zu formulieren und diese auf ein Blatt Papier zu schreiben. Dabei können sich die geäußerten Gedanken auf den Inhalt, die Umgebung oder auch weitere Aspekte des Bildes (Farben, Art der Zeichnung etc.) beziehen (vgl. Storch/Krause 2014, S. 228). Beachten Sie, dass die Personen ihre Gedanken frei niederschreiben können. Vermeiden Sie es, währenddessen ins Gespräch zu kommen und dadurch die freie Assoziation zu unterbrechen. Wenn Sie die Blätter erhalten haben, überlegen Sie, ob Sie den Überlegungen der anderen noch etwas hinzufügen können oder möchten. Anschließend markieren Sie diejenigen Assoziationen, die bei Ihnen ein eindeutig positives Gefühl auslösen. Diese Ideen sind Ihre »Lieblingsideen« mit denen Sie im Folgenden weiterarbeiten und sich fragen: Warum reagiere ich so positiv auf meine Lieblingsideen?

Ausgehend von diesen Überlegungen formulieren Sie Ihre Zielsetzung als Wunsch/Wünsche.

Sie formulieren, was Sie gerne wollen und/oder wo Sie hinwollen. Beispiele für solche Wünsche können sein: »Ich möchte mehr Leichtigkeit und Raum in meinen Alltag bringen«, »Ich möchte mich geerdet fühlen wie ein Baum im Wald«, »Ich möchte selbstbewusst und stark sein«.

PHASE 2: Vom Wunsch zum Motto-Ziel

Ausgehend von Ihrem Wunsch/Ihren Wünschen formulieren Sie nun Ihr sogenanntes Motto-Ziel, ein eher allgemein formuliertes, positiv besetztes Ziel, das folgende Kriterien erfüllen sollte:

- Es beschreibt eine Haltung.
- Es ist positiv im Präsens formuliert.
- Es benutzt eine bildhafte Sprache.

Das als Haltung formulierte Motto-Ziel sollte in diesem Sinne über Verhaltensweisen in konkreten Situationen hinausgehen (nicht: »Ich trete Frau Köstner sicherer gegenüber«, sondern »Im Umgang mit anderen Menschen bin ich sicher im Boden verankert«). Entgegen dem sonstigen Vorgehen, Ziele möglichst konkret und anschaulich zu formulieren, verweist das ZRM® ganz bewusst auf eine globalere Formulierung von Zielen, die erst in einem nächsten Schritt in konkretes Vorgehen überführt werden sollen. Gerade solche allgemein formulierten Ziele werden überraschenderweise eher als zur eigenen Person gehörend empfunden, als konkrete Handlungsziele (McClelland/Koestner/Weinberger 1989; Bayer/Gollwitzer 2000; Kuhl 2010). Dabei erzeugen die Motto-Ziele eine optimistische Haltung, dass die gesteckten Ziele auch erreicht werden können und machen es uns leichter auch mit Misserfolgen umzugehen. Das Handeln bleibt selbstbestimmt, es entsteht viel weniger das Gefühl, dass ich mich jetzt so oder so verhalten muss, nur um mein Ziel erreichen zu können – auch wenn dies meiner Person gar nicht entspricht (Weber 2013). Da sich das Motto-Ziel mit der Vorstellung eines wünschenswerten Zustandes befassen sollte, sind verneinende Ziele oder Ziele, die in der Zukunft formuliert sind, nicht geeignet, um das Unbewusste von der Verfolgung des Zieles zu überzeugen (Kuhl 2001) (nicht: »Ich möchte nicht mehr unsicher sein«, sondern »Ich bin sicher«). Eine weitere Verbindung zum Unbewussten, von wo aus Ihr Motto-Ziel langfristig wirken soll, schaffen Sie über die bildliche Sprache (Bucci 2002; Schultheiss/Strasser 2012).

Analysieren sie abschließend Ihr Motto-Ziel mit systemischem Blickwinkel und notieren Sie sich die Antworten auf die folgenden Fragen:

- Wann, wo, mit wem, und wie oft möchte ich die Haltung meines Motto-Ziels einnehmen? (in der Arbeit, im Privatleben?)

- Was passiert, wenn ich mein Motto-Ziel umsetze, was wird sich in meinem Leben ändern? (Situationen, Beziehungen)?
- Was wird mein Gewinn sein und wie äußert er sich?
- Gibt es Dinge, die ich bei der Verfolgung meines Motto-Ziels aufgeben oder loslassen muss?

PHASE 3: Vom Motto-Ziel zu meinem Ressourcenpool

Zur Umsetzung Ihres Motto-Ziels stehen Ihnen verschiedene Ressourcen zur Verfügung, auf die Sie in unterschiedlichen Situationen zurückgreifen können und sollen. Im Rahmen der 3. Phase geht es darum, sich dieser Unterstützungselemente bewusst zu werden und neue Elemente hinzuzufügen. Hierfür legen Sie sich Ihren Ressourcenpool an, in den Sie Aspekte packen, die Ihnen auf unterschiedlichen Ebenen (über das Unbewusste, über den Körper, über die Fantasie, über Gefühle) hilfreich sein sollen.

Einen ersten »Wasservorrat« können Sie bereits Ihrem Pool hinzufügen: ihr persönlich gewähltes Bild, von dem ausgehend Sie Ihr Motto-Ziel entwickelt haben. Nun geht es darum, Gegenstände, Düfte, Musik zu finden, die Sie mit Ihrem Motto-Ziel in Verbindung bringen. Diese Erinnerungshilfen sollen das Unbewusste regelmäßig mit dem eigenen Ziel in Verbindung bringen[12] und sollten deshalb täglich verfügbar sein. Eine Urlausreise in den Norwegischen Wald wäre demnach zwar zum Motto-Ziel »Ich bin geerdet wie ein Baum im Wald« passend, eignet sich jedoch weniger, als beispielsweise eine kleine norwegische Flagge. Darüber hinaus sollten Sie sich einen Vorrat an Gegenständen anlegen, die Sie überallhin mitnehmen können und ebenso einen Vorrat an Dingen/Orten, die an Ihrem Platz verbleiben. Ein entspannter Waldspaziergang als Idee einer Erinnerungshilfe ist also als feststehende/stationäre Erinnerungshilfe geeignet, kann aber natürlich nicht mit zur Arbeit genommen werden. Hierfür bietet sich beispielsweise ein Tannenzapfen an, den Sie von einem solchen Waldspaziergang mitgenommen haben. Es liegt in Ihrer Hand, wie häufig Sie mit diesen beiden Erinnerungshilfen in Kontakt kommen. Ihr Motto-Ziel und die ausgewählten Gegenstände müssen dabei in einem assoziativen Zusammenhang stehen, der Sie selbst überzeugt. Um möglichst viele Sinneskanäle ansprechen zu können, bieten sich jeweils 5 stationäre und 5 mobile Erinnerungshilfen an, die Sie eigens

12. Hierbei machen Sie sich die Vorgänge des Priming-Effekts zunutze, der besagt, dass bestimmte Reize, die mit einem Thema in Verbindung gebracht werden, bei erneuter und häufiger Darbietung im Unbewussten wieder dieselbe Reaktion auslösen können

für diesen Zweck beschaffen. Hierauf ist Wert zu legen, da Gegenstände, die bereits in Ihrem Besitz sind, schon anderweitig assoziativ besetzt sind (Storch/Krause 2014, S. 260). Sorgen Sie dafür, dass Sie regelmäßig mit Ihren Erinnerungshilfen in Berührung kommen: Installieren Sie einen Bildschirmhintergrund mit Bäumen, stellen Sie sich einen kleinen Baum im Topf in Ihr Büro, legen Sie Ihr Bild in Ihren Terminkalender, wählen Sie ein passendes Musikstück als Klingelton usw. Wesentlich ist die Erkenntnis, dass Sie sich nicht aktiv mit Ihren Erinnerungshilfen beschäftigen müssen, um an Ihrem Ziel zu arbeiten, sondern dass sie auf das Unbewusste wirken, auch wenn Sie sich nicht weitergehend damit befassen (Storch/Krause 2014, S. 165).

Ein weiteres Element, das Sie in Ihren Ressourcenpool legen sollten, steht in Zusammenhang mit Ihrem Körper. Weil Körper und Geist immer miteinander verbunden sind (Liepelt et al. 2012), gilt es, auch mit Ihrem Körper das Motto-Ziel zu spüren. Dies wird verständlich, wenn wir daran denken, dass man selbstbewussten Menschen in der Regel auch ihr gerades Rückgrat ansehen kann. Beim Embodiment ordnen Sie nun Ihrem Motto-Ziel (mehrere) Bewegungsabläufe zu. Dies tun Sie am besten unbeobachtet und ungestört. Lassen Sie die einzelnen Worte, die »Message« Ihres Motto-Ziels auf sich wirken und spüren Sie, welche Bewegung(en) sich hieraus ergeben können. Das Embodiment entsteht dabei aus der Bewegung, nicht aus dem Verstand. Das Motto-Ziel »Ich bin geerdet wie ein Baum im Wald« könnte demnach in 3 Bewegungsabläufen ausgedrückt werden: Das erste Element steht für »ich bin geerdet«, das zweite für »wie ein Baum« und das dritte für den »Wald«. Dieses Embodiment nutzen Sie lediglich für sich selbst und es kommt nicht im öffentlichen Raum zum Einsatz (außer Sie möchten das).

Nach Abschluss der dritten Phase blicken Sie auf 4 Elemente in Ihrem Ressourcen-Pool:

- 1) Bild
- 2) Motto-Ziel
- 3) Erinnerungshilfen
- 4) Embodiment

PHASE 4: Mit meinen Ressourcen zielgerichtet handeln

Ziel der 4. Phase ist es, den Umgang mit dem Motto-Ziel mithilfe des Ressourcen-Pools im Alltag konkret zu realisieren. Dabei geht es um den Aufbau impliziten/unbewussten Handlungswissens, das Sie in entsprechenden Situationen quasi intuitiv das Richtige tun lässt.

Im Alltag können hierzu 3 Situationen der Kategorie A, B oder C unterschieden werden mit denen jeweils unterschiedlich umgegangen wird:

A) Situationen, in denen die Verwirklichung des Motto-Ziels einfach und automatisch gelingt

Weil jeder Erfolg im Sinne des Motto-Ziels eine Anerkennung wert ist, auch wenn Sie Situationen scheinbar mühelos gemeistert haben, sollen diese Momente ins Bewusstsein dringen. Dabei geht es darum, alle Erfolge wahrzunehmen und zu merken, dass Sie Ihr Motto-Ziel bereits in einigen Situationen umsetzen können. Gehen Sie deshalb in den ersten 4 Wochen auf die Suche nach Alltagssituationen, in denen Sie Ihr Motto-Ziel umsetzen konnten. Notieren Sie täglich bis zu 3 solcher Situationen stichwortartig in eine Art »Erfolgstagebuch«.

B) Situationen, in denen die Verwirklichung des Motto-Ziels schwierig ist, die jedoch vorhergesehen sind und deshalb vorbereitet werden können

In diesen Situationen, möchten Sie besser gewappnet sein (z.B. an Elternabenden, in Mitarbeitergesprächen oder auch in einem zeitlich weniger planbaren Kritikgespräch mit Mitarbeitern). Überlegen Sie 5 solcher Situationen, in denen das Motto-Ziel innerhalb der nächsten 14 Tage aktiviert werden soll. Beginnen Sie in der Umsetzung nicht mit der herausforderndsten Situation, sondern mit einer leichteren oder mittleren. Zunächst analysieren Sie die Situation, mit der Sie beginnen wollen:

- Beschreiben Sie die Situation kurz auf einem Papier.
- Nennen Sie die beteiligten Personen (Anzahl, Beziehung etc.)
- Überlegen Sie, welche wichtigen Rahmenbedingungen gegeben sind (Ort, Zeitdruck, Anwesenheit weiterer Personen etc.) und
- Beschreiben Sie Ihr bisheriges Befinden in der Situation.

»Durch die mentale Beschäftigung mit dieser Situation kann diese bei ihrem späteren realen Auftreten zum Auslösereiz für die Aktivierung des Motto-Ziels, der dazugehörigen Ausführungsintentionen und Ressourcen werden (Gollwitzer 1993, 2006)« (Storch/Krause 2014, S. 280). Als weitere Ressource für Ihren Ressourcen-Pool überlegen Sie sich eine kleine Bewegung, die Sie aus Ihrem Embodiment ableiten können. Die Bewegung sollte unauffällig in der Situation angewandt werden können (also von außen nicht zu sehen sein) und sollte Sie in Verbindung mit Ihrem Motto-Ziel bringen.

Denken Sie als weitere Ressource darüber nach, welche Personen aus Ihrem Umfeld Ihnen bei der Umsetzung Ihres Motto-Ziels behilflich sein könnten. Benennen Sie solche als stille, strategische und eingeweihte soziale Ressourcen.

Die »Stillen« sind Personen, die durch ihre Persönlichkeit ein Vorbild für Sie sein können (z.B. Ihre mit beiden Beinen im Leben stehende Großmutter). Suchen Sie bewusst die Nähe zu solchen Personen, wann immer es sich anbietet.

Die »Strategischen« werden eingesetzt, um Situationen positiv im Sinne des Motto-Ziels zu beeinflussen, ohne dass sie über die Hintergründe des ZRM® informiert werden (z.B. können Sie eine Mitarbeiterin im Vorfeld damit beauftragen, nach der ersten halbe Stunde des Elternabends das Fenster zu öffnen und Ihnen damit einen Blick auf den Wald zu ermöglichen → Erinnerungshilfe).

»Eingeweihte« sind Personen, die teilweise oder ganz in Ihr Training eingeweiht sind. Diese Personen können beispielsweise gebeten werden, Ihnen regelmäßig kurze Nachrichten passend zu Ihrem Motto-Ziel zu schicken oder Sie für Erfolge zu loben.

Und schließlich: Fertigen Sie sogenannte Wenn-Dann-Pläne an: Beschreiben Sie hierfür zunächst kurz den unerwünschten Automatismus, der ausgelöst wurde, wenn Sie sich in der entsprechenden B-Situation befinden/befanden, z.B. WENN ich Kritikgespräche führen muss, werde ich unsicher und verheddere mich in meinen Sätzen. Fokussieren Sie hierbei insbesondere auch innere oder äußere Merkmale, die den Automatismus garantiert auslösen werden. Sammeln Sie nun unterschiedliche DANN-Reaktionen und zwar einerseits solche, die ressourcenaktivierend sind (dann blicke ich aus dem Fenster in den Wald; dann schaue ich auf meinen Kalender, in dem die Wald-Postkarte klebt; dann mache ich meine Bewegung und setze beide Beine bewusst und fest auf den Boden) und andererseits solche, die verhaltensaktivierend sind (dann atme ich tief ein; dann konzentriere ich mich immer auf genau meinen nächsten Satz; dann blicke ich ihr direkt in die Augen).

C) Situationen, in denen die Verwirklichung des Motto-Ziels schwierig ist und die außerdem überraschend eintreten und darum nicht vorbereitet werden können

Bedenken Sie, dass solche schwierigen und unvorhersehbaren Situationen frühestens nach 3 bis 6 Monaten bewältigt werden können (Kanfer/Reinecker/Schmelzer 2012, S. 309). D.h. in den ersten Wochen, in denen das Motto-Ziel zunehmend in den Alltag integriert wird, kommt es immer wieder zu Situationen, in denen wir uns genau so verhalten werden, wie wir es eigentlich nicht mehr wollten. Das heißt also auch, geduldig zu sein … Erst durch die regelmäßig-geplante Aktivierung des Motto-Ziels in B-Situationen (als eine Art Fitnesstraining für das Gehirn) rückt der Zeitpunkt, zu dem man erkennt, dass man »in die Falle getappt« ist, nach vorne. So registriert man zu Beginn ggf. ein schlecht verlaufendes Kritikgespräch erst am Abend, wenn man den Tag nochmals Revue passieren lässt. Im weiteren Verlauf der Zielverfolgung hat man aber schon direkt nach einem Gespräch das Gefühl, dass hier etwas schief gelaufen ist. Und nach weiteren Wochen und Monaten fällt einem dies bereits währenddessen auf. Es geht also darum, die Ressourcen so weit aufzubauen, dass die Aktivierung des Motto-Ziels automatisch erfolgt und nicht mehr vor entsprechenden Situationen geplant werden muss.

PHASE 5: Transfer, Integration und Abschluss

In der letzten Phase wird der Transfer gesichert und der durchlaufene Prozess reflektiert. Hierzu vergegenwärtigen Sie sich das Haupthindernis, das Sie von der Erreichung Ihres Motto-Ziels abhält und verschriftlichen dieses. Überlegen Sie sich nun 5 Verhaltensweisen, mit denen Sie auf dieses Haupthindernis reagieren können. Auch hier können Sie auf die Methode des Ideenkorbs zurückgreifen und andere Personen befragen, wie sie mit solchen Situationen umgehen oder an Ihrer Stelle umgehen würden.

Reflektieren Sie Ihren Veränderungsprozess:

- Wie sind Sie in Zielentwicklung und -erreichung gestartet? Welches Bild stand am Anfang Ihres Weges?
- Welche Veränderungen habe ich während des Trainings erreicht? Welches Motto-Ziel hatte ich und welche Ressourcen unterstützten mich am meisten?
- Wo stehe ich jetzt?
- Was ist mir sonst noch wichtig?

3 Leitungshandeln in Qualitätsbereichen

Neben der Herausforderung mit unterschiedlichen Rollen als Leitungskraft jonglieren zu können, stellen sich Leiter/innen in den unterschiedlichsten Arbeitsbereichen Aufgabenkomplexe, die bewältigt werden müssen. Leitungskräfte, die mit und in ihren Einrichtungen für eine hochwertige Bildung, Betreuung und Erziehung von Kindern stehen, sollten daher ihr Leitungshandeln in unterschiedlichen Qualitätsbereichen in den Blick nehmen.

Dabei ist Qualität »im Bereich der Kindheit all das, was positive Wirkung auf die Entwicklung der Persönlichkeit eines jungen Menschen hat. Dies bedeutet für Kindertageseinrichtungen, dass qualitatives Handeln alles unterstützt, was zu einer ganzheitlichen guten pädagogischen Praxis der Persönlichkeitswerdung beiträgt« (Haderlein 2012, S. 18/19).

Für Leitungskräfte gilt es also herausfinden, welche Abläufe und Strukturen sich unterstützend auswirken und welche verändert werden müssen.

Ausgehend vom Qualitätsdiskurs der vergangenen Jahre kann festgehalten werden, dass sich pädagogische Qualität aus 3 sich wechselseitig bedingenden Qualitätsbereichen zusammensetzt: der Strukturqualität (Rahmenbedingungen und Vorgaben), der Orientierungsqualität (Wertvorstellungen und Konzeption) und der Prozessqualität (Qualität der Kommunikation und Interaktion)[13] (Tietze 2008). Dem Struktur-Prozess-Modell der pädagogischen Qualität (Roux/Tietze) folgend, wird davon ausgegangen, dass eine Steigerung der Ressourcen im Input-Bereich (darunter fallen die Bereiche der Struktur- und Orientierungsqualität) zwar eine Steigerung im Outcome-Bereich (darunter fällt die Qualität der Ergebnisse des kindlichen Entwicklungsstands sowie der Familiensituation) zur Folge haben kann, die wesentliche »Stellschraube« aber die pädagogische Prozessqualität darstellt.

In der Übertragung auf professionelles Handeln von Leitungskräften, soll folgendes Modell zugrunde gelegt werden:

13. Zurückgehend auf Avedis Donabedian

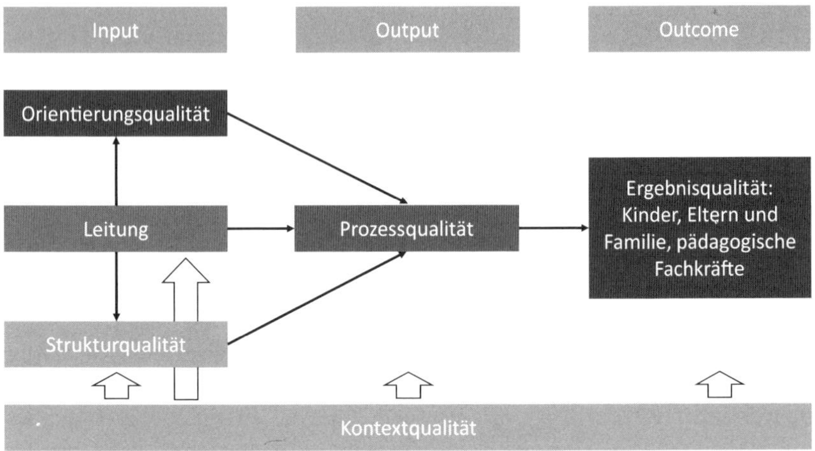

Abb. 30: Leitungshandeln in Qualitätsbereichen (Viernickel 2006)

Hierbei wird deutlich, dass Leitungskräfte für eine möglichst förderliche Gestaltung der Rahmenbedingungen ebenso verantwortlich sind, wie für die inhaltliche Ausrichtung der pädagogischen Arbeit. Finden Teammitglieder ein Leitbild und eine Konzeption vor, mit der sie sich identifizieren und an der sie sich orientieren können, bieten sich ihnen wichtige Eckpunkte, um ihre Arbeit professionell auszurichten und zu gestalten. Auf die Bedeutung einer entsprechenden Vision, für die die Leitung einer Einrichtung steht und an der sie ihr eigenes Handeln festmacht wurde bereits in Kapitel 2.2.3 eingegangen. Auf Basis dieser Ressourcen haben Leitungspersonen nun die Möglichkeit im Rahmen unterschiedlicher Abläufe mit ihrem Team möglichst gute Ergebnisse zu erzielen. Einfluss nehmen können sie hierbei über Qualitätsmanagementprozesse, die bewusste Gestaltung von Schlüsselprozessen, pädagogisches Coaching und die Schaffung einer positiven Teamatmosphäre.

In den folgenden Unterkapiteln wird daher beschrieben, was Leitungskräfte in den einzelnen Qualitätsbereichen beachten müssen, welche Handlungsalternativen sich ergeben können und wodurch Qualität entwickelt werden kann.

Zuvor gilt es allerdings erneut, den Blick auf die Leitungsperson selbst zu richten. Wenn von der zentralen Bedeutung der Persönlichkeit, ihren fachlichen und überfachlichen Kompetenzen sowie ihrer professionellen Haltung ausgegangen werden soll (vgl. Kapitel 1 und Kapitel 2), liegen die Aspekte der Selbstführung/des Selbstmanagements/des Selbstverständnisses quasi als Querschnittsthema über allen anderen Qualitätsbereichen. Denn persönliche Biografie und Wertvorstellungen färben ebenso wie die individuelle fachlich-beruflichen Prägung (z.B. Ausbildungsweg, Ausbildungsinstitution, frühere Praxiserfahrungen) Leitungsentscheidungen in allen Bereichen ein. Darüber hinaus steht vor dem Umgang mit anderen, vor dem Umgang mit den Mitarbeiterinnen und Mitarbeitern, vor dem Umgang mit dem Team immer der der Umgang mit sich selbst. Im Rahmen ihrer Rolle als Vorbild (vgl. Kapitel 2.1.2) entfalten Leitungskräfte schließlich auch darüber Wirkung, wie sie mit Anforderungen an die eigene Person umgehen, wie sie ihren Alltag strukturieren, wie sie Neuem begegnen und inwiefern sie in der Lage sind, sich selbst zu hinterfragen.

Obwohl Leiter/innen an unterschiedlichen Orten in unterschiedlichen Einrichtungen äußerst verschiedene Zeitkontingente vorfinden, innerhalb derer sie sich mit Leitungstätigkeiten befassen können (siehe auch Kapitel 2.1.1), kämpfen wohl die Allermeisten damit, zu wenig Zeit zu haben. In Nordrhein-Westfalen beklagen beispielsweise über 75 % aller Leitungskräfte, dass Sie zu wenig Zeit für all diejenigen Arbeiten haben, die nicht direkt mit den Kindern zu tun haben (Viernickel/Voss 2013, S. 160 f.). Es stellt sich also die Herausforderung, die vorhandenen Zeitfenster möglich effektiv zu nutzen und das Thema Zeitmanagement systematisch anzugehen. Wie dies auch ohne immer noch voller werdende Terminkalender, Beschleunigung und Stress funktionieren kann, wird in Kapitel 3.4.5 beschrieben.

Aber auch diejenigen, die den Faktor »Zeit« unter Kontrolle behalten, stehen in ihrem Leitungsalltag immer wieder vor unvorhersehbaren und damit nicht planbaren Situationen, in denen sie teils schnelle, teils weitreichende Entscheidungen treffen müssen. Dies verlangt eine hohe Flexibilität und Belastbarkeit von Leiterinnen und Leitern (vgl. auch Rosenstiel/Nerdinger 2011). Damit die vielen unterschiedlichen Anforderungen auf Dauer gut bewältigt werden können und Leitungskräfte ihr Pensum gesund und kraftvoll bearbeiten können, spielen die Fähigkeiten der Selbstorganisation, Kreativität und Abgrenzung eine zentrale Rolle. Kapitel 3.4.5 gibt daher auch Aufschluss darüber, welche Maßnahmen und Vorkehrungen konkret getroffen werden müssen.

Eine wichtige Rolle hierbei spielt die Bereitschaft von Leitungskräften, sich unterschiedlichen Herausforderungen zu stellen und den Weg der eigenen Professionalisierung bewusst zu gehen. In einem dynamischen Arbeitsfeld, in dem sich Anforderungen, Aufgabenstellungen und Erwartungen so häufig verändern und erweitern wie in der frühkindlichen Bildung, Betreuung und Erziehung, ist es unverzichtbar, dass Leitungen sich immer wieder mit den aktuell geltenden Rahmenbedingungen und relevanten Entwicklungen auseinandersetzen (vgl. Strehmel/Ulber 2014a, S. 31). Gesellschaftliche Strömungen und Entwicklungen sollen dabei ebenso verfolgt werden, wie fachliche Diskussionen oder Veränderungen im Sozialraum der Einrichtung (im Wohngebiet, in der Stadt, in der Kirchengemeinde o.ä.). Maßgeblich ist aber, welche Erkenntnisse Leitungen dann aus der Fülle an Informationen für die eigene Einrichtung als wesentlich erachten, welche Themen sie vertiefen möchten und an welchen Stellen sie sich persönlich weiterentwickeln möchten oder müssen. Die Möglichkeiten und Methoden, die Leitungen nutzen, um sich das umfangreiche Wissen, Managementfähigkeiten oder Leitungsinstrumente anzueignen, sind dabei so verschieden wie die Menschen selbst. Der Besuch einer Fort- oder Weiterbildung, der von der überwiegenden Mehrheit der Leitungen als »hilfreich« oder gar »sehr hilfreich« erlebt wird, bietet dabei neben der Möglichkeit, sich fachlich mit unterschiedlichen Themen zu befassen und die eigene Leitungsrolle zu reflektieren, die Gelegenheit, ein Netzwerk zu anderen Leitungen aufzubauen (Beher/Lage 2014b). Aber auch Angebote der Reflexion und Supervision, die häufig berufsbegleitend (z.B. im Rahmen von Führungskräfte-Coachings) durchgeführt werden, schätzen viele als hilfreich und zielführend ein (DKLK-Studie 2017). Ein vertiefendes (Zusatz-)Studium sieht wiederum rund jede 10. Leitungskraft als geeignete Möglichkeit der Professionalisierung an. Und auch die Entscheidung, sich über Fachliteratur weiterzubilden, in Themen einzusteigen oder sie zu vertiefen, wird von einem kleinen Teil der Leitungskräfte getroffen – unter anderem von Ihnen als Leser/in dieses Buches!

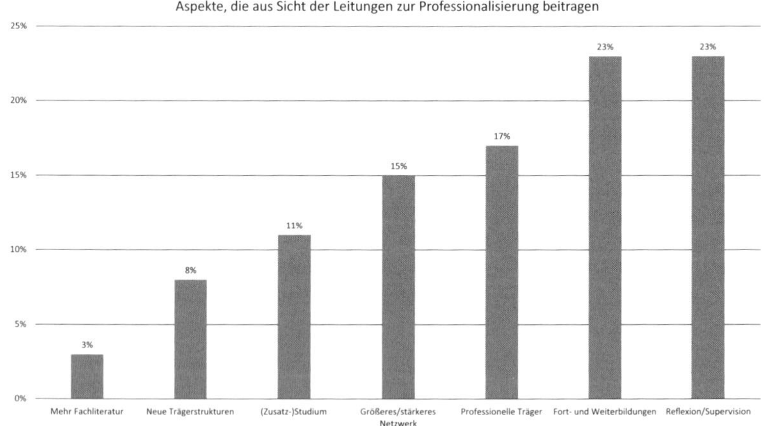

Abb. 31: Aspekte, die aus Sicht von Leitungen zur Professionalisierung beitragen (Quelle: DKLK-Studie 2017, S. 23)

3.1 Kontextmerkmale

»Wenn man durch geöffnete Türen kommen will, muss man die Tatsache achten, dass sie einen festen Rahmen haben.« (Robert Musil)

Gemäß dem Struktur-Prozess-Modell (Abb. 29) geht man davon aus, dass die Qualität des Leitungshandelns sowohl von der Ausgestaltung einzelner Arbeits- und Steuerungsprozesse als auch von den strukturellen Bedingungen und Kontextmerkmalen abhängt. Professionelles Leitungshandeln basiert demnach immer auch auf Strukturen und Rahmenbedingungen, die teilweise vorgegeben und teilweise gestaltbar sind. Neben den pädagogischen Strukturen (z.B. dem Betreuungsverhältnis zwischen pädagogischen Fachkräften und Kindern oder den Öffnungszeiten), wirken sich dabei vor allem finanzielle und personelle Voraussetzungen als strukturelle Größen auf den Handlungs- und Gestaltungsspielraum von Kita-Leitungen aus.

Ein Überblick über die zentralen gesetzlichen Vorgaben und relevante Regelungen der Bundesländer soll nachfolgend Orientierung bieten und aufzeigen, an welchen Stellen sich Möglichkeiten der individuellen Ausgestaltung bieten.

3.1.1 Rahmenbedingungen und Vorgaben

Gesetzliche Vorgaben		
Gesetz	**Anwendungsbereich**	**Relevante Stellen**
BGB – Bürgerliches Gesetzbuch	• Arbeitsvertrag • Aufsichtspflicht • Betreuungsverträge • Elterliche Sorge	• § 611 • §§ 276, 278, 280, 832, 1631 • § 611 • § 1626 (Sorgerecht)
AGG – Allgemeines Gleichbehandlungsgesetz	• Personalsuche und -auswahl	• § 9 (Kirchenklausel)
ArbSchG – Arbeitsschutzgesetz *ASIG – Arbeitssicherungsgesetz*	• Sicherheit und Brandschutz (Mobiliar, Lärmschutz) • Sicherheit und Gesundheitsschutz	• §§ 4, 13

Gesetzliche Vorgaben		
Gesetz	**Anwendungsbereich**	**Relevante Stellen**
MuSchG– Mutterschutzgesetz	• Umgang mit schwangeren Erzieherinnen (Beschäftigungsverbote und einschränkungen; Kündigungsschutz)	
BetrVG – Betriebsverfassungsgesetz	• Betriebs- und Personalrat	
IfSG – Infektionsschutzgesetz	• Hygienepläne • Melde- und Mitwirkungspflicht	• § 36 • §§ 6, 34, 35
KiföG – Kinderförderungsgesetz	• Rechtsanspruch auf Betreuungsplatz	
KSchG – Kündigungsschutzgesetz	• Kündigungen	
SGB VIII – Achtes Sozialgesetzbuch	• Bildungs- und Erziehungsauftrag • Rechtsanspruch • Kindeswohlgefährdung	• § 1 • § 22 • § 24 • § 8a
Länder-Gesetze		
KiTaG – Kindertagesbetreuungsgesetz	Baden-Württemberg	• Finanzielle Förderung • Betriebserlaubnis • Vorgaben zur Gruppengröße • pädagogische Konzepte • Qualifizierungsmaßnahmen
BayKiBiG – Bayerisches Kinderbildungs- und -betreuungsgesetz	Bayern	
KitaFöG – Kindertagesförderungsgesetz	Berlin	
KitaG – Kindertagesstättengesetz	Brandenburg	

Gesetzliche Vorgaben		
Gesetz	**Anwendungsbereich**	**Relevante Stellen**
BremKTG – Bremisches Tageseinrichtungs- und Kindertagespflegegesetz	Bremen	• Weiterbildungsmaßnahmen • Rechte und Pflichten der Eltern • Konzepte zur Qualitätssicherung • Bildungs- und Erziehungspläne
KibeG – Hamburger Kinderbetreuungsgesetz	Hamburg	
HessKiföG – Hessisches Kinderförderungsgesetz	Hessen	
KiföG – Kindertagesförderungsgesetz Mecklenburg-Vorpommern	Mecklenburg-Vorpommern	
KitaG – Gesetz über Tageseinrichtungen für Kinder	Niedersachsen	
KiBiZ – Kinderbildungsgesetz	Nordrhein-Westfalen	
Kindertagesstättengesetz	Rheinland-Pfalz	
SKBBG – Saarländisches Kinderbetreuungs- und -bildungsgesetz	Saarland	
SächsKitaG – Sächsisches Gesetz über Kindertageseinrichtungen	Sachsen	
KiFöG – Kinderförderungsgesetz	Sachsen-Anhalt	
KiTaG – Kindertagesstättengesetz	Schleswig-Holstein	
ThürKitaG – Thüringer Kindertageseinrichtungsgesetz	Thüringen	

Tabelle 13: Relevante gesetzliche Vorgaben für Leitungskräfte

Für viele der benannten gesetzlichen Rahmenbedingungen steht der Träger der Einrichtung zunächst in der Verantwortung, die entsprechenden Vorgaben umzusetzen. Dies macht sich beispielsweise in Fragen der Betriebserlaubnis oder zur Einstellung geeigneter Fachkräfte bemerkbar, die üblicherweise vom Träger geklärt werden. Gleichwohl entsteht die praktische Ausgestaltung und Umsetzung zahlreicher Vorgaben häufig zwischen Trägerverantwortlichen und der Einrichtungsleitung. Dies kann die Frage der (Weiter-)Qualifizierung des Personals betreffen, die nur sinnvoll von denjenigen Personen beantwortet werden kann, die die Personalentwicklung verantworten.

Beispiel

In Rheinland-Pfalz obliegt die Anleitung von Praktikantinnen/Praktikanten ausschließlich hierfür qualifizierten pädagogischen Fachkräften (Trägerübergreifende Rahmenvereinbarung zur Praxisanleitung 01.01.2006). Das weiß auch Frau Renner, Leiterin einer 2-gruppigen Krippe. Frau Drexler arbeitet schon seit über 20 Jahren als Erzieherin und hat die Weiterqualifizierung vor 8 Jahren absolviert. Seitdem leitet sie alle Praktikantinnen und Praktikanten der Einrichtung an. Obwohl dies in den vergangenen Jahren gut funktioniert hat, möchte Frau Renner nun, dass auch Herr Gellert an einer solchen Weiterbildung teilnimmt. Diese Entscheidung trifft sie aus unterschiedlichen Gründen:

- Aufgrund ihres fortgeschrittenen Alters wird Frau Drexler der Kita nicht mehr als 5 weitere Jahre als Erzieherin zur Verfügung stehen;
- In Krankheitsfällen von Frau Drexler ist keine weitere qualifizierte Anleitung im Haus;
- Die Verantwortung für Praktikantinnen und Praktikanten lastet bislang ausschließlich auf Frau Drexlers Schultern;
- Herr Gellert ist nun seit 3 Jahren in der Einrichtung und damit bereit, auch neue Verantwortungsbereiche zu übernehmen – Frau Renner möchte ihn fördern, sein Aufgabenspektrum interessant gestalten und ihn damit langfristig in der Einrichtung halten.

Frau Renner übernimmt im geschilderten Praxisbeispiel also die fachliche Einschätzung, dass eine weitere Person auf Kosten des Trägers weiterqualifiziert werden soll und welche Person das sein soll. Hiermit trifft sie wichtige und weitreichende Entscheidungen, die mit dem Träger ebenso kommuniziert werden müssen, wie mit dem Team.

In der Ausgestaltung von Bundes- und Ländergesetzen nehmen Kita-Leitungen demnach eine wichtige kommunikative Funktion zwischen Trägerverantwortlichen und Teammitgliedern ein. Ihnen obliegt die Verantwortung, Umsetzungsmöglichkeiten, aber auch Hemmnisse mit dem Träger zu kommunizieren und entsprechende Bedarfe mitzuteilen bzw. einzufordern. Dabei gilt es darüber hinaus, Gestaltungsspielräume zu erkennen und beispielsweise Finanzierungslücken mit Projekt-, Wettbewerbs-, Sponsoring- oder Fundraising-Ideen zu schließen. Auch die Gründung eines Fördervereins von Eltern oder die Einbeziehung von Ehrenamtlichen in die pädagogische Arbeit können hierbei wertvolle Maßnahmen zur Verbesserung der pädagogischen Qualität bzw. der räumlich-materiellen Ausstattung sein. Gleichwohl müssen Maßnahmen des Controllings in der Einrichtung etabliert und gemeinsam mit dem Team umgesetzt werden. Hierfür müssen Voraussetzungen geschaffen werden wie z.B. wirtschaftliches Denken im pädagogischen Alltag vorzuleben und einzufordern. Abweichungen von der ursprünglichen Budgetplanung müssen bemerkt, nachvollzogen und nachbearbeitet werden: Waren die Mehrausgaben angemessen? Wären sie zu verhindern gewesen? Wie muss im Folgejahr geplant werden? Müssen die Mitarbeiter/innen in die Planungen weiter miteinbezogen werden?

Die in Tabelle 13 dargestellten gesetzlichen Vorgaben beziehen sich dabei entweder auf Themen und Fragestellungen rund um den Betrieb einer Einrichtung (wie z.B. die Erteilung der Betriebserlaubnis, Fragen der Finanzierung o.ä.) oder auf die Anforderungen als Arbeitgeber (und damit z.B. auf Themen wie Arbeitssicherheit, Arbeitsschutz, Kündigungsschutz o.ä.). Relevant in beiden Bereichen sind Fragen des Datenschutzes, die sowohl in der Arbeit mit Kindern und Familien beachtet werden müssen, als auch in der Personalführung eine wichtige Rolle spielen. Maßgeblich hierfür sind das »Grundrecht auf informationelle Selbstbestimmung« (Artikel 2 Grundgesetz), das Bundesdatenschutzgesetz, insbesondere dort der § 32 BDSG, sowie der Sozialdatenschutz nach § 35 Abs. 1 (SGB I) und §§ 67–85a (SGB X) sowie §§ 61–68 (SGB VIII).

Demgemäß müssen Leitungskräfte einen umsichtigen Umgang mit sogenannten Sozialdaten und sonstigen personenbezogenen Daten sicherstellen. Dies betrifft Informationen über das Kind und seine Familie (Name, Adresse, Telefonnummern, E-Mail-Adressen, Fragen des Sorgerechts, Entwicklungsbögen, Beobachtungsbögen, Vernetzungsdaten) ebenso wie Informationen über Mitarbeiter/innen (Name, Adresse, Telefonnummern, E-Mail-Adressen, Personalakten, (Arbeits-)Zeugnisse). In der Erhebung, Verarbeitung und Nutzung solcher Daten gilt:

Praxishinweis

- Erfassen Sie nur diejenigen Daten, die Sie wirklich benötigen.
- Erfragen Sie Daten immer direkt bei der betroffenen Person bzw. den Erziehungsberechtigten.
- Informieren Sie die betroffenen Personen/Familien über die Daten, die über sie erhoben werden. Schaffen Sie Transparenz.
- Treffen Sie Maßnahmen, um dem Missbrauch von Daten vorzubeugen (Passwörter, abschließbare Räume, Schränke etc.)
- Vernichten Sie Daten, die Sie nicht (mehr) benötigen.
- Vereinbaren Sie mit Ihren Mitarbeiterinnen und Mitarbeitern Verschwiegenheitserklärungen.
- Geben Sie Daten nur weiter, wenn die Betroffenen eingewilligt haben oder eine Gefährdung des Kindeswohls besteht.

Wenngleich die Erfüllung datenschutzrechtlicher Bestimmungen in der Verantwortung der Einrichtungsleitung liegt, kann zu deren Umsetzung ein Teammitglied als Datenschutzbeauftragte/r benannt werden, der/die die beschriebenen Vorgänge in den Blick nimmt und auf nötige Veränderungen aufmerksam macht.

3.1.2 Herausforderungen des Arbeitsmarktes Frühe Bildung

Die Situation am Arbeitsmarkt im Bereich der Frühen Bildung hat sich in den vergangenen Jahrzehnten massiv verändert und allein in den letzten 10 Jahren ist die Zahl der Beschäftigten in Kindertageseinrichtungen um mehr als 62 % gestiegen (Autorengruppe Fachkräftebarometer 2017). Bedingt durch den Ausbau der Betreuung von Unter-3-Jährigen und von Ganztagesangeboten ist der Bedarf an frühpädagogischen Fachkräften bis heute auf Rekordhöhe angewachsen.

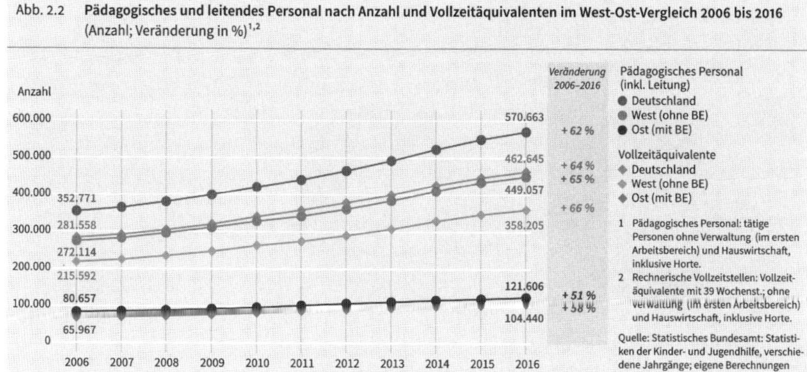

Abb. 32: Entwicklung der Beschäftigenzahlen im Bereich der Frühen Bildung 2006–2016 (Quelle: Autorengruppe Fachkräftebarometer 2017, S. 23)

Unterschiedliche Entwicklungen des frühpädagogischen Feldes und verschiedene Maßnahmen der ausbildenden Institutionen (Fach- und Hochschule) sowie der Träger halfen in den vergangenen Jahren, den gestiegenen Bedarf so gut wie möglich zu decken. Einerseits gab es immer mehr Absolventinnen und Absolventen, die die Fach- und Hochschulen mit einer einschlägigen berufsqualifizierenden Ausbildung bzw. einem Studium verließen, andererseits gelang es den Einrichtungen, auch Quer- und Wiedereinsteiger zu integrieren und für die Anforderungen des Arbeitsfeldes zu qualifizieren. In der Folge wuchs auch die durchschnittliche *Größe eines Kita-Teams* von ehemals 7,5 Mitarbeiterinnen/Mitarbeitern (2007) bis auf heute 10,4 Mitarbeiter/innen (Autorengruppe Fachkräftebarometer 2017, S. 61). Vor allem die Tatsache, dass sich die Anzahl großer Einrichtungen mit mehr als 14 Beschäftigten in den letzten 10 Jahren verdreifacht hat, steht in direktem Zusammenhang mit Herausforderungen an das Management, die Verwaltung sowie die Personalentwicklung – kurz: Leitungskräfte und ihre zeitlichen und fachlichen Ressourcen betreffend. Immer mehr Leiter/innen stehen also mittlerweile in der Verantwortung für mittlere (8 bis 14 Mitarbeiter/innen) und große (ab 14 Mitarbeiter/innen) Kindertageseinrichtungen.

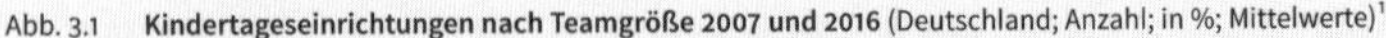

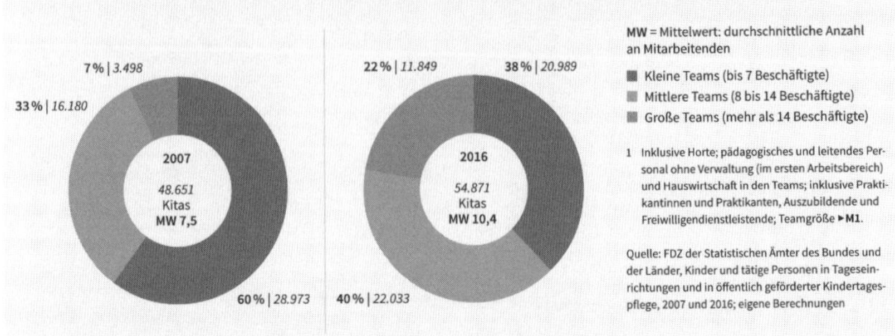

Abb. 33: Entwicklung der Teamgrößen von Kindertageseinrichtungen 2007 und 2016 (Quelle: Autorengruppe Fachkräftebarometer 2017, S. 61)

Vor allem vor diesem Hintergrund ist es interessant, welche Aufgaben sich Leitungskräften hinsichtlich der Stellenbesetzung in den kommenden Jahren stellen werden. Denn vor allem größere Einrichtungen verlangen von den Leitungskräften eine umsichtige und vorausschauende Planung des Personaleinsatzes. Herausfordernd ist hierbei in erster Linie der *hohe Anteil an Frauen*, die in der pädagogischen Arbeit tätig sind (95 %) (Autorengruppe Fachkräftebarometer 2017, S. 144). Damit einher gehen neben Mutterschutz- und Familienzeiten auch ein großes Bedürfnis nach Teilzeittätigkeiten oder kurzfristige Ausfälle im Rahmen eines Beschäftigungsverbotes in der Schwangerschaft[14]. Leiter/innen und Trägervertreter stehen darum ganz besonders vor der Herausforderung, auch kurzfristig Lücken zu schließen, Engpässe zu überbrücken oder für überschaubare Zeiträume alternative Lösungsmöglichkeiten zu finden. Wo der Kontakt und die Beziehung zu Kindern eine derart herausragende Rolle spielt wie in Kindertageseinrichtungen, verbieten sich einige Maßnahmen der Personalentwicklung von vornherein. So ist der Einsatz von Zeitarbeiterinnen und -arbeitern, der ansonsten ein wirkungsvolles Instrument der Personalentwicklung zur Schließung kurzfristiger und kurzzeitiger Engpässe darstellt, in Kindertageseinrichtungen nicht denkbar. Eine Gratwanderung bietet hingegen der *Umgang mit befristeten Arbeitsverhältnissen*. Als Instrument der Personalentwicklung ergibt sich aus Befristungen die Möglichkeit, (Elternzeit)Vertretungen zu gestalten oder Mitarbeiter/innen einzustellen,

14. An dieser Stelle soll bewusst auf die damit verbundenen Herausforderungen hingewiesen werden. Die zahlreichen positiven Konsequenzen und Erträge, die sich durch die Einstellung weiblicher Mitarbeiterinnen und Führungskräfte darüber hinaus ergeben, seien hiermit keinesfalls in Abrede gestellt.

von deren fachlicher und/oder persönlicher Eignung man zum aktuellen Zeitpunkt (noch) nicht überzeugt ist. Häufig fungieren befristete Arbeitsverhältnisse demgemäß als Sprungbrett in ein anschließendes unbefristetes Arbeitsverhältnis in dem sich Arbeitgeber und Arbeitnehmer dank einer verlängerten Probephase oder Einarbeitungszeit guten Gewissens füreinander entschieden haben. Die Tatsache, dass rund die Hälfte der Leiter/innen in Zeiten des Personalmangels schon Bewerber/innen eingestellt haben, die ihren Ansprüchen zu diesem Zeitpunkt nicht genügten (Schreyer et al. 2014), weist in diesem Zusammenhang deutlich auf die Chancen und Entwicklungspotenziale einer Befristung hin.

Praxishinweis

Mit befristeten Arbeitsverhältnissen bietet sich im Rahmen einer maximal 2-jährigen Phase die Möglichkeit, flexibel auf die Bedürfnisse der Einrichtungen zu reagieren und/oder Bewerberinnen und Bewerbern die Gelegenheit zu geben, sich im pädagogischen Alltag zu bewähren.

Gleichwohl bietet der Einsatz von Befristungen auch ernst zu nehmende Schattenseiten. Das Gefühl der Flexibilität des Arbeitgebers wird auch aus Arbeitnehmersicht und damit der Sicht der neu eingestellten Teammitglieder wahrgenommen. So kann der Eindruck entstehen, dass Einrichtungsleitung und Träger das Arbeitsverhältnis eher kurzfristig und ohne wirkliche Bindung eingehen – der neue Arbeitgeber lässt sich also sprichwörtlich ein Hintertürchen offen. In der Folge stellt sich bei den beschäftigten Fachkräften Unsicherheit bezüglich ihres Arbeitsplatzes und ihres Einkommens ein, was sich nicht nur auf die aktuelle Motivation auswirken, sondern auch dazu führen kann, dass sich die Mitarbeiterin/der Mitarbeiter nicht wirklich an die Einrichtung bindet oder die angebotene Arbeitsstelle erst gar nicht antritt.

Praxishinweis

Obwohl befristete Arbeitsverhältnisse nur selten wirklich zu Entlassungen führen (Autorengruppe Fachkräftebarometer 2017), lösen sie bei den Betroffenen Unsicherheiten aus, die zu einer Absage des Stellenangebotes oder zum Wechsel des Arbeitsplatzes führen können.

Eine weitere Herausforderung ergibt sich durch die *Altersstruktur eines Teams* und damit verbundene Berufsaustritte oder Berentungen. Scheiden mehrere Mitarbeiter/innen zeitgleich aus Altersgründen aus, stellen sich Leitungskräften umfangreiche Aufgaben im Rahmen der Personalsuche und -entwicklung. Nachdem aber die Altersstruktur der pädagogisch und leitend Tätigen in Kindertageseinrichtungen im positiven Sinne sehr heterogen ist, kann allgemein von einem altersbedingt gut durchmischten Berufsfeld ausgegangen werden (Autorengruppe Fachkräftebarometer 2017). Nichtsdestotrotz können einige Einrichtungen mit überwiegend älterem Personal in den nächsten Jahren vor der Herausforderung stehen, eine große Anzahl von Mitarbeiterinnen und Mitarbeitern neu gewinnen und ins Team integrieren zu müssen. In Ostdeutschland betrifft dies in den nächsten Jahren rund ⅓ aller Teams, weil mehr als die Hälfte ihrer Mitarbeiter/innen heute älter als 50 Jahre sind (Autorengruppe Fachkräftebarometer 2017, S. 79).

Dabei stellt sich die Frage, ob den Kita-Leitungen aktuell und zukünftig überhaupt ausreichend qualifiziertes Personal zu Verfügung steht.

In ihrer *Einschätzung der Entwicklung des Arbeitsmarktes* im Bereich der Frühen Bildung kamen sowohl die Bundesagentur für Arbeit (2016) als auch die Autorengruppe Fachkräftebarometer Frühe Bildung (2017) diesbezüglich zu dem Ergebnis, dass kurz- und langfristig keine immensen flächendeckenden Engpässe zu erwarten sind. Und auch die Analyse der bundesweiten Arbeitsmarktsituation, die vergangenes Jahr durch die Bundesagentur für Arbeit veröffentlicht wurde, zeigt aus der Perspektive der Träger, dass zwar statistisch gesehen nicht auf jede freie Stelle ein/e arbeitssuchende/ Erzieher/in bzw. Kindheitspädagoge/in kommt, vakante Stellen allerdings trotzdem in der Regel innerhalb von höchstens 2 Monaten besetzt werden können (Bundesagentur für Arbeit 2016).

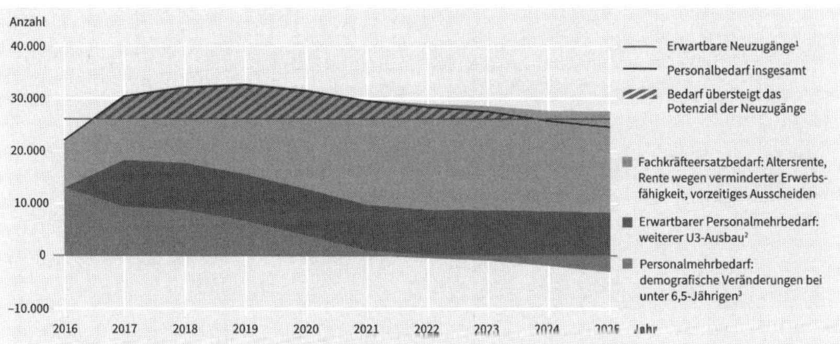

1 Absolventen/-innen frühpädagogischer Berufs- und Hochschulausbildungen: Erzieher/innen, Kinderpfleger/innen, Sozialassistenten/-innen, Kindheitspädagogen/-innen.
2 Mit einem jährlichen Zuwachs von 1,5 Prozentpunkten von 33% im Jahr 2016 auf 46% im Jahr 2025.
3 Bei konstanter U3-Quote und leichtem Anstieg der Quote für Dreijährige bis Schuleintritt von 94 auf 95 % im Jahr 2021.

Quelle: Statistisches Bundesamt (2016d): Fachserie 11, Reihe 2, ergänzt durch Recherchen der WiFF; Statistisches Bundesamt (2016a): Statistiken der Kinder- und Jugendhilfe; Statistisches Bundesamt (2017a): Bevölkerungsentwicklung bis 2060; eigene Hochrechnung des Ersatz- und Mehrbedarfs sowie der Personaldeckung

Abb. 34: Personalbedarf und erwartbare Neuzugänge 2016 bis 2025 (Quelle: Autorengruppe Fachkräftebarometer 2017, S. 182)

Worauf die Berechnungen des Fachkräftebarometers allerdings gemäß der obigen Grafik bereits verwiesen haben, ist eine Unterversorgung in den Jahren 2017 bis 2024. Diese stellt sich Trägervertretern und Leitungskräften bereits heute spürbar dar. Vor allem in Großstädten bzw. in den Bundesländern Hamburg, Hessen und Baden-Württemberg ist die Suche nach geeignetem Personal häufig schwierig und langwierig. Teilweise können eigentlich geplante und genehmigte neue Gruppen aufgrund von fehlendem Fachpersonal nicht eröffnet werden. Diesen *Fachkräftemangel* belegen auch die aktuellsten Zahlen einer eine neuen Studie des Forschungsverbunds DJI/TU Dortmund (Rauschenbach/Schilling 2017), die von einer gravierenden Unterversorgung von bis zu 329.000 Fachkräften in Krippen, Kindergärten und Grundschulen bis zum Jahr 2025 spricht, wenn der Geburtenanstieg, die Zuwanderung, nicht erfüllte Elternwünsche und ein verbesserter Personalschlüssel dem Berechnungsszenario zugrunde gelegt werden.

Szenarien	**Maximaler Ersatz- und Mehrbedarf an Fachkräften zwischen 2016 und 2025**		
	Fachkräfte in Kitas (Krippe, Kindergarte, Hort)	*Tagespflege-personal zur Betreuung von Unter-3-Jährigen*	*Personal-stellen in Ganztags-schulen*
Szenario 1 • demografische Veränderungen • Ersatzbedarf aufgrund ausscheidender Beschäftigter	205.000–213.000	780	1.300
Szenario 2 • demografische Veränderungen • Ersatzbedarf aufgrund ausscheidender Beschäftigter • nicht erfüllte Elternwünsche	310.000–313.000	15.000	5.000
Szenario 3 • demografische Veränderungen • Ersatzbedarf aufgrund ausscheidender Beschäftigter • nicht erfüllte Elternwünsche • verbesserte Personalschlüssel (verschiedene Stufen der Qualitätsverbesserung	509.000–583.000	15.000	5.000

Tabelle 14: Übersicht über den maximalen zusätzlichen Bedarf an Fachkräften (ohne Tagespflege) bis zum Jahr 2025 nach Szenarien (Quelle: Rauschenbach/Schilling 2017, S. 29)

Die Situation wird sich demgemäß innerhalb der nächsten 10 Jahre weiter zuspitzen. Denn wenngleich ausscheidende oder zu berentende Fachkräfte laut Hochrechnungen ggf. noch mit zukünftigen Absolventinnen und Absolventen »ersetzt« werden können, verschärfen zusätzliche Einflussfaktoren die Situation vehement. Neben dem Ersatzbedarf müssen demgemäß 3 wesentliche Einflussfaktoren berücksichtigt werden: (1)

Demografische Veränderungen, die in erster Linie durch eine leicht steigende Geburtenrate und Migration ausgelöst werden, (2) ein erwartungsgemäßer weiterer Ausbau des Betreuungsangebots für Unter-3-Jährige (welches selbstredend mit den demografischen Veränderungen in engstem Zusammenhang steht) und (3) eine qualitative Veränderung des Bereiches der Bildung, Betreuung und Erziehung in der Kindheit. Im Rahmen dieser – eigentlich längst überfälligen – Qualitätsoffensive stehen der Ausbau der Ganztags- und Schulkindbetreuung ebenso wie eine Verbesserung des Personalschlüssels auf der Agenda. »Bringt man [...] die Personaldeckung auf Basis der neu einmündenden Fachkräfte von 274.000 Personen in Abzug, so entstünde unter dem Strich ein Defizit von 235.000 bis zu 309.000 Fachkräften, eine Größenordnung, von der gegenwärtig völlig unklar ist, wie diese Lücke auch nur annähernd geschlossen werden soll« (Rauschenbach/Schilling 2017, S. 36).

Lösungsansätze können überhaupt nur unter 2 Bedingungen realisiert werden, nämlich auf Basis einer soliden Finanzierungslösung durch Bund, Länder und Kommunen (ggf. mit Unterstützung der freien Träger und Eltern) sowie einer deutlichen Aufwertung des Arbeitsmarktes Frühen Bildung (vgl. Rauschenbach/Schilling 2017, S. 55). Deswegen stehen Leiterinnen und Leiter von Kindertageseinrichtungen sowohl heute als auch in den kommenden Jahren immer wieder vor der Herausforderung, ein kompetentes Team zusammenzustellen, offene Stellen möglichst rasch zu besetzen sowie kurz- und langfristige Maßnahmen der Personalentwicklung und -gewinnung einzusetzen. Ansatzpunkte bieten sich hier zum einen in der Fokussierung von bislang in Kitas eher »unterrepräsentierten« Personengruppen wie männlichen Fachkräften, Fachkräften mit Migrationshintergrund oder akademisch ausgebildeten Fachkräften. Denn »bislang präsentiert sich der Arbeitsmarkt Frühe Bildung als Frauenarbeitsmarkt mit geringer Akademisierung, hohen Teilzeitquoten und geringen Aufstiegschancen. Um für Nachwuchskräfte attraktiv zu sein, muss sich der Arbeitsmarkt stärker für akademisch Qualifizierte öffnen und berufliche Entwicklungsperspektiven bieten, die den komplexen pädagogischen und Management-Aufgaben angemessen sind. [...] Professionalisierung und Spezialisierung der Beschäftigten sind Möglichkeiten, die Qualität in den Einrichtungen zu verbessern« (WiFF 2017).

3.2 Strukturqualität

»Die beste Methode, um die Intelligenz eines Führenden zu erkennen, ist sich die Leute anzusehen, die er um sich hat.« (Niccolò Machiavelli)

Eine vielversprechende Antwort auf die beschriebenen Herausforderungen des Fachkräftemangels kann in der Zusammensetzung von möglichst vielfältigen/heterogenen Teams bestehen. Überblick über die erforderliche Anzahl von pädagogischen Mitarbeiterinnen und Mitarbeitern verschafft hierbei zunächst ein Stellenplan, der in der Regel vom Träger aufgestellt und angepasst wird. Die weitere »inhaltliche« Fortschreibung des Stellenplans bietet jedoch in erster Linie Kita-Leitungen die Gelegenheit, die (gewünschte) Zusammensetzung des Teams zu reflektieren und schließlich mitzugestalten. Die Ausformulierung von Stellenbeschreibungen enthält in dieser Hinsicht die Möglichkeit, unterschiedliche Anforderungsprofile zu erstellen, die gerade in ihrer Kombination mit den anderen Stellenprofilen erst zu einer Qualitätsentwicklung der Einrichtung beitragen. Maßgeblich sind hierbei vor allem folgende Fragen:

- Welche Aufgaben bzw. Aufgabenbereiche sind mit der jeweiligen Stelle verbunden?
- Über welche Kompetenzen müssen Mitarbeiter/innen verfügen, um diese Aufgaben zu bewältigen?

Beispiel

Muster-Stellenprofil »Erzieherin 2« (Offene Einrichtung mit altersspezifischen Kernbereichen Ü3/U3)

- Erzieher/in im Gruppendienst
- Berufsausbildung: Erzieher/in oder B.A. Kindheitspädagoge/-pädagogin
- Bezahlung gemäß TvÖD [S 6]
- Beschäftigungsumfang: 75 %
- Teil des Bereichs für Unter-3-Jährige
- Räumliche Zuständigkeiten: Malwerkstatt, Bibliothek, Kinderrestaurant
- Fachlichkeit im Thema Unter-3-Jährige
- Methodenrepertoire in der Arbeit mit Kindern unter 3
- Verantwortung für die Begleitung von Praktikantinnen und Praktikanten im Arbeitsbereich der Unter-3-Jährigen
- Mitarbeit im Kooperationsprojekt mit der heilpädagogischen Einrichtung in Stadtteil

- Feinfühligkeit und Partizipationsvermögen im Umgang mit Kindern unter 3
- Entwicklungspsychologisches Fachwissen zu Kindern unter 3
- altersspezifisches methodisch-didaktisches Fachwissen
- Selbstorganisationsfähigkeiten
- Selbstständigkeit und Selbstsicherheit
- Teamfähigkeit
- organisatorische Fähigkeiten in Bezug auf die Gestaltung des Kooperationsprojektes
- Erfahrung in der Anleitung und dem Mentoring von Praktikantinnen/Praktikanten
- Wissen über die Anleitung und das Mentoring von Praktikantinnen/Praktikanten

Im Rahmen einer Neubesetzung der beschriebenen Stelle »Erzieherin 2« wäre die Leitungskraft allerdings zunächst aufgefordert, im ersten Schritt bei der Suche und Auswahl ihrer zukünftigen Mitarbeiter/innen einen möglichst großen Personenkreis in den Blick zu nehmen. In einem nächsten Schritt gilt es, diejenigen Bewerber/innen auszuwählen, die die beste Passung mit dem entsprechenden Stellenprofil aufweisen. Dabei spielen fachliche Eignungen und Spezialisierungen ebenso eine Rolle wie Persönlichkeitseigenschaften. Abschließend sollen Maßnahmen der Personalentwicklung (siehe u.a. Kapitel 3.3.3), des Gesundheitsmanagements und der Mitarbeiterbindung gewählt werden, damit Mitarbeiter/innen berufliche Entwicklungsperspektiven erkennen und ihren Einrichtungen langfristig erhalten bleiben.

3.2.1 Personalsuche/-akquise

Ausgehend von den aktuellen und bevorstehenden Entwicklungen am Arbeitsmarkt der Frühen Bildung, Betreuung und Erziehung, muss das Thema Personalsuche nachhaltig und langfristig gedacht werden. Fernab von konkreten Bedarfen und offenen Stellen müssen sich Leiter/innen fortwährend um ein lebendiges System der Personalgewinnung bemühen (vgl. Böhmer 2015, S. 120). Ansatzpunkte liefern hier zum einen Kooperationen oder Ausbildungsverpflichtungen mit Fach- und Hochschulen. Eine bewusste Gestaltung der Kindertageseinrichtung als »Lernort Praxis« eröffnet nicht nur die Möglichkeit, zukünftige Absolventinnen und Absolventen für den Beruf und die Arbeit in der eigenen Einrichtung zu begeistern, sondern strahlt auch weiter aus: in die Ausbildungsinstitutionen, die

Schülerschaft und deren persönliches Umfeld sowie die (Fach-)Öffentlichkeit. Zum anderen gilt es allgemein, die eigene Einrichtung als attraktiven Arbeitgeber zu positionieren. In Zusammenarbeit mit dem Träger sollten Überlegungen angestellt werden wie:

- Warum sollte sich eine Fachkraft entscheiden, bei uns zu arbeiten?
- Durch was zeichnet sich unser Träger/unsere Einrichtung aus?
- Worin unterscheiden wir uns von anderen Trägern/Einrichtungen?
- Welche Möglichkeiten haben Außenstehende, unsere Einrichtung mit ihrem Profil kennenzulernen?
- Wie erleben Außenstehende unsere Einrichtung im »Erstkontakt«, d.h. wenn sie zu uns kommen, uns anrufen, unsere Internetseite besuchen, usw.?[15]

Im Rahmen einer konsequenten Öffentlichkeitsarbeit und Vernetzung mit anderen Einrichtungen und Institutionen kann das Selbstverständnis der Einrichtung (als Arbeitgeber) mit Leben gefüllt werden.

Eine nachhaltige Personalgewinnung nimmt auf dieser Basis auch ausscheidende und ehemalige Mitarbeiter/innen, Praktikantinnen/Praktikanten oder Bewerber/innen in den Blick, die in einem Bewerbungsverfahren zwar in die engere Wahl fielen, aber nicht eingestellt wurden. Dieser Personenkreis stellt ebenso wie Mitarbeiter/innen in Elternzeit oder Leitungskolleginnen bzw. -kollegen ein wichtiges Netzwerk dar, innerhalb dessen sich das Profil und die Arbeitsweise der Kindertageseinrichtung verbreiten und damit potenzielle Mitarbeiter/innen erreicht werden können (vgl. Böhmer 2015, S. 123–128).

Abgesehen von solch kontinuierlich und langfristig angelegten Maßnahmen der Personalsuche stellt sich die Frage nach einer zielführenden Vorgehensweise zur Besetzung einer offenen Stelle.

Den ersten Ansatzpunkt zur Gewinnung von neuen Fachkräften bildet die Erstellung bzw. Überarbeitung des betreffenden Stellenprofils. Hierbei sind zunächst Aufgaben- und Tätigkeitsbereiche der/des zukünftigen Mitarbeiterin/Mitarbeiters festzulegen und daraus hervorgehend Qualifikation, Kompetenzen und Persönlichkeitsmerkmale des potenziellen Teammitgliedes zu benennen.

---

15. All diese Fragen beruhen im Grunde auf einer Auseinandersetzung mit den Werten der Einrichtung, die im Kontext der Leitbilderstellung und Qualitätsentwicklung erfolgen muss. In Kapitel 3.3.1 und 3.4.1 werden sie vertiefend behandelt.

Praxishinweis

Die Verantwortung für die Erstellung eines Stellenprofils liegt in der Schnittstelle zwischen Träger und Einrichtungsleitung. Aber ganz gleich, an welchem Ort das Stellenprofil seinen Ursprung hat: es muss zwischen Leiter/in und Trägervertreter/in kommuniziert und vereinbart werden.

In einem weiteren Schritt geht es um die Rückkopplung eines solchen Stellenprofils an das Team der Einrichtung: Welche Fähigkeiten werden aus Sicht des Teams für die Ausübung der zu besetzenden Stelle benötigt? Welche Persönlichkeitsmerkmale wären wünschenswert?

Wenngleich das Stellenprofil die Aufgabe übernehmen soll, die zukünftige »Idealmitarbeiterin« möglichst konkret zu beschreiben, so muss es doch genügend Offenheit enthalten, um von unterschiedlichen Personen mit Leben gefüllt zu werden. Hierbei scheinen 2 Dinge essentiell:

1. Je kleinschrittiger und feiner das Stellenprofil formuliert ist, desto weniger potenzielle Bewerber kommen infrage.
2. Das Profil sollte vor allem hinsichtlich einer wünschenswerten Heterogenität in der Einrichtung zwar die Bedürfnisse des Teams aufgreifen, aber zugleich Raum lassen für Andersartigkeit und Unterschiedlichkeit, damit sich ein positives und konstruktives Klima im Team nicht als Ideologie und Eindimensionalität entwickelt.

Im Rahmen der Festlegung des Stellenumfangs ist zu prüfen, ob und inwiefern sich mehrere Mitarbeiter/innen die entsprechende Stelle teilen können.

Praxishinweis

Teilzeitarbeitsstellen werden von Mitarbeiterinnen und Mitarbeitern im Bereich der Frühen Bildung, Betreuung und Erziehung häufig als wichtige Unterstützung erlebt, um Familie und Beruf in Einklang zu bringen. Sie entsprechen in der Regel den Bedürfnissen und Wünschen der jeweiligen Fachkräfte (Autorengruppe Fachkräftebarometer 2017, S. 11). Aus dieser Perspektive heraus betrachtet stellt die Frage nach dem Angebot von Voll- oder Teilzeitstellen eine wichtige Stellschraube zur Mitarbeitergewinnung und Arbeitszufriedenheit dar. Des Weiteren sind Teilzeit-Profile im Rahmen der weiteren Personalplanung häufig flexibler zu entwickeln. Bei Ausfällen von einzelnen Teammitgliedern oder

Leerständen können Kontingente unter Umständen auch kurzfristig bzw. vorübergehend aufgestockt werden; in schwierigen persönlichen Situationen der Mitarbeiter/innen können Kontingente ggf. übergangsweise oder längerfristig heruntergefahren werden.

Im Folgenden gilt es, eine Marketing-Strategie mit der Zielsetzung zu entwickeln, möglichst diejenigen pädagogischen Fachkräfte anzusprechen, die für die Besetzung der Stelle infrage kommen bzw. einen möglichst großen Kreis an potenziellen Mitarbeiterinnen und Mitarbeitern anzusprechen, um im nächsten Schritt die geeignete Person auszuwählen (vgl. Klug/Kratzmann 2016, S. 89). Hierfür muss die Frage beantwortet werden, wo und wie die Stellenanzeige am effektivsten positioniert werden kann, welche Kosten hierbei entstehen oder welche Vor- oder Nachteile mit unterschiedlichen Verbreitungswegen verbunden sind.

Entsprechende Überlegungen sollen in der folgenden Tabelle überblicksartig dargestellt werden.

Instrument/ Medium	Vorteile	Nachteile	Bemerkungen
Tageszeitung	• zugleich: Öffentlichkeitsarbeit • Zugriff auf große (branchenübergreifende) Öffentlichkeit	• hohe Kosten • begrenzte Reichweite • sehr kurze Verfügbarkeit der Anzeige • regional begrenzt	Weniger als 1/3 der 12- bis 19-Jährigen liest noch Tageszeitung (JIM-Studie 2016)
Fachzeitschrift	• zugleich: Öffentlichkeitsarbeit • überregional • erreicht Bewerber/in mit fachlichen Interessen	• hohe Kosten • begrenzte Verfügbarkeit der Anzeige • nicht kurzfristig realisierbar	

Instrument/ Medium	Vorteile	Nachteile	Bemerkungen
Internet-Portal	• überregional/ weltweit • großer Nutzerkreis • kostengünstig • kurzfristige Anzeige möglich • Verlinkungsmöglichkeiten • Es können mehr Informationen als »offline« hinterlegt werden	• unüberschaubare Anzahl an Anbietern • nicht an Zielgruppe adressiert	
branchenspezifisches Internetportal	• überregional/weltweit • großer Nutzerkreis • kostengünstig • kurzfristige Anzeige möglich • Verlinkungsmöglichkeiten • Es können mehr Informationen als »offline« hinterlegt werden		
branchenspezifische Internetseite	• überregional/ weltweit • großer Nutzerkreis • kostengünstig • kurzfristige Anzeige möglich • Verlinkungsmöglichkeiten • Es können mehr Informationen als »offline« hinterlegt werden		

Instrument/ Medium	Vorteile	Nachteile	Bemerkungen
Homepage des Trägers oder der Einrichtung	• zugleich: Öffentlichkeitsarbeit • kostengünstig • dauerhaft verfügbar • kurzfristige Anzeigen möglich • Verlinkungsmöglichkeiten	• muss gepflegt/aktualisiert werden • veraltete Informationen wirken negativ	Entweder Stellenanzeige verlinken oder potenzielle Mitarbeiter direkt in eigenem Bereich ansprechen »zu unserem Team gehören« o.ä.
Soziale/interaktive Medien (Facebook etc.)	• zugleich: Öffentlichkeitsarbeit • kostengünstig • dauerhaft verfügbar • direkte Interkation mit potenziellen Mitarbeitern • moderne Kommunikationsform • potenzielle Mitarbeiter/innen haben direkt die Möglichkeit, sich zu beteiligen/einzubringen	• sollte am besten täglich gepflegt/aktualisiert werden • veraltete Informationen wirken negativ • Informationsfluss über die Einrichtung teilweise nicht steuerbar	

Tabelle 15: Überblick über unterschiedliche Veröffentlichungsformen von Stellenanzeigen (Quelle: eigene Darstellung)

Eine weitere interessante Möglichkeit der Veröffentlichung stellen Internetportale dar, die sich ausschließlich an frühpädagogische Fachkräfte wenden und zusätzlich die Möglichkeit einer regionalen Stellensuche enthalten wie beispielsweise www.eduget.de.

Die Wahl des entsprechenden Veröffentlichungsortes basiert schließlich auf Fragen des Budgets, der Kurzfristigkeit des Einsatzes sowie der geplanten Zielgruppenansprache. Ausgehend vom Stellenprofil der jeweiligen Stelle können für verschiedene Stellen(-anzeigen) auch unterschiedliche Medien gewählt werden.

Beispiel

Für das 6-gruppige Familienzentrum in einer mitteldeutschen Großstadt sucht Leiterin Frau Steger eine/n Erzieher/in mit heilpädagogischem Profil bzw. einer heilpädagogischen Zusatzausbildung. Die Besetzung der Stelle liegt noch rund 5 Monate entfernt, da die bisherige Mitarbeiterin dann aufgrund eines Wohnortwechsels ausscheiden wird. Weil die heilpädagogische Ausrichtung für das Team von großer Wichtigkeit ist, entscheidet sich Frau Steger die Anzeige sowohl online als auch in einer heilpädagogischen Fachzeitschrift zu platzieren. Hierfür begründet sie dem Träger gegenüber die verhältnismäßig hohen Kosten für eine solche Anzeige.

Zeitgleich ist Frau Steger ganz kurzfristig auf der Suche nach einer weiteren Fachkraft. Das erstellte Stellenprofil dieser zukünftigen Fachkraft enthält als besondere Aufgabe in erster Linie die Gestaltung des Übergangs in die Grundschule. Da es sich hierbei um eine weniger spezifische Ausrichtung handelt, entscheidet sich Frau Steger, diese Stellenanzeige einerseits auf der Online-Plattform www.erzieherin.de und andererseits im kostenlosen Anzeigenblatt der Tageszeitung einzustellen.

Für den Aufbau der Stellenanzeige gilt allerdings immer dasselbe Prinzip:

Wir sind...	• Name des Trägers/der Einrichtung • 2–3 weitere Informationen: Anzahl der Gruppen, Stadtteil, pädagogische Ausrichtung
Wir suchen ...	• Bezeichnung der Stelle • Angaben zum Stellenumfang
Wir erwarten ...	• Stellenprofil • zentrale Kompetenzen • Ausbildungs- und Erfahrungshintergrund • Angaben zur Arbeitshaltung oder Arbeitsverhalten
Wir bieten ...	• ausdrucksstarke und überzeugende Angaben zum Träger bzw. zukünftigen Arbeitgeber • evtl. Angaben zum Team, zu Fort- und Weiterbildungsmöglichkeiten • Möglichkeiten der Vereinbarkeit von Beruf und Familie • Bezahlung • Perspektiven

Tabelle 16: Aufbau einer Stellenanzeige (Quelle: eigene Darstellung)

Gerade der letzte Teil der Stellenanzeige enthält die Möglichkeit für die Einrichtung bzw. den Träger als zukünftigen und attraktiven Arbeitgeber zu werben. Ansatzpunkte für eine positive und professionelle Außendarstellung können die innovative pädagogische Konzeption, die Stabilität des Teams, die Aufgeschlossenheit der Mitarbeiter/innen, das Angebot einer professionellen Einarbeitungszeit, die Erreichbarkeit mit öffentlichen Verkehrsmitteln, Fort- und Weiterbildungsmöglichkeiten, berufliche Perspektiven und vieles mehr sein. Einrichtungen haben hier also die Möglichkeit darzustellen, was sie als Arbeitgeber von anderen möglichen Arbeitgebern unterscheidet. Vor allem in den nächsten Jahren, wenn sich die Situation am Arbeitsmarkt regional weiter zuspitzt, scheint es entscheidend, die eigene Einrichtung hier gut zu positionieren. Gleichwohl bieten sich Trägern und Einrichtungsleitungen im Bereich der Frühen Bildung, Betreuung und Erziehung an dieser Stelle nur begrenzte Möglichkeiten, sich abzugrenzen. Die Entlohnung – einer der wesentlichsten Motivationsgründe für die Annahme einer bestimmten Stelle – ist in der Regel tariflich bestimmt und damit kaum als Wettbewerbsvorteil zu nutzen. Verbunden mit der Gehaltsentwicklung in Stufen ist somit auch eine äußerst begrenzte Wechselbereitschaft von erfahrenen Arbeitnehmerinnen und Arbeitnehmern, die mit einem Arbeitgeberwechsel in eine andere Gehaltsstufe zurückfallen können. Auch die Möglichkeiten, Mitarbeiter/innen bei der Vereinbarkeit von Beruf und Familie zu unterstützen sind überschaubar. Flexible Arbeitszeiten oder eine konsequente Beschränkung der Arbeitszeit auf den Vormittag stoßen an ihre Grenzen, wenn die Besetzung von Gruppen sichergestellt sein muss, Ganztagsgruppen auch nach 14:00 Uhr besetzt sein müssen oder ein pünktlicher Arbeitsbeginn mit kalkulierbarem Verlauf im Schichtbetrieb Voraussetzung eines reibungslosen Tagesablaufes sind (vgl. Böhmer 2015, S. 121).

Gestaltungs- und Handlungsmöglichkeiten ergeben sich jedoch bei der konkreten Ausgestaltung des Stellenprofils, das über die Setzung von Schwerpunkten und die Zuteilung von Verantwortungsbereichen auch individuell auf potenzielle Mitarbeiter/innen und ihre Kompetenzen zugeschnitten werden kann. Im Blick zu behalten sind hier auch insbesondere Entwicklungsmöglichkeiten, die sich aus einer längeren Betriebszugehörigkeit ergeben können. In diesem Zusammenhang wird eine Kita für die Mitarbeitenden als Arbeitsplatz attraktiv, wenn regelmäßig die Möglichkeit besteht, an Fortbildungen teilzunehmen bzw. sich gemeinsam mit dem Team zu Kita-relevanten Themen weiterzubilden. Darüber hinaus setzt auch ein positives Arbeitsklima, das sich in einer kollegialen Arbeitsatmosphäre und einer wertschätzenden Grundhaltung der Leitungskraft gegenüber ihren Mitarbeiterinnen und Mitarbeitern ausdrückt, wichtige Anreizpunkte. Sowohl die Vielfältigkeit des Aufgabengebiets, als auch der erlebte Rückhalt durch Kolleginnen/Kollegen und Leitung gelten als Quelle für Zufriedenheit am Arbeitsplatz (vgl. z.B. Schneewind/Böhmer/Granzow/Lattner 2012).

3.2.2 Personalauswahl

Nach Veröffentlichung der Stellenanzeige ist zunächst auf eine koordinierte, zügige, freundliche und transparente Kontaktaufnahme mit den Bewerberinnen und Bewerbern zu achten. Auch hier bieten digitale Wege der Kommunikation andere Möglichkeiten und Nachteile als eine schriftliche Kontaktaufnahme oder ein Telefonat. Während der Eingang einer Online-Bewerbung über eine kurze standardisierte Mail verhältnismäßig schnell und kurzfristig bestätigt werden kann, ist ein entsprechendes Telefonat zwar deutlich zeitintensiver, aber auch der persönlichere Weg, mit neuen Mitarbeiterinnen und Mitarbeitern in Kontakt zu kommen. Die traditionellste und damit formalste Möglichkeit stellt ein per Post verschicktes Standardschreiben dar, dass die Bewerber/innen über den Eingang ihrer Bewerbung und das voraussichtlich weitere Bewerbungsverfahren informiert. Vor allem für den schriftlichen Erstkontakt mit Bewerberinnen und Bewerbern (ganz gleich ob digital oder analog) empfiehlt es sich, Zeit in eine stimmige Vorlage zu investieren, auf die in Bewerbungsverfahren immer wieder zurückgegriffen werden kann. Bewerber/innen, die nach Versand ihrer Unterlagen mittels solch eines kurzen Schreibens über den aktuellen Stand ihres Bewerbungsverfahrens informiert werden, erleben eine direkte Resonanz auf Ihre Bemühungen und den Eindruck, dass ihre Bewerbung beim »neuen Arbeitgeber« auf Interesse stößt.

Die eingereichten Bewerbungsunterlagen können auf Basis des entsprechenden Stellenprofils gesichtet und eingeschätzt werden. Dieses Vorgehen können Leitungskräfte ebenso delegieren wie den oben beschriebenen Erstkontakt. Denkbar sind entsprechende Verwaltungsstellen des Trägers (in einigen Fällen sind einige Arbeitsprozesse auch in entsprechenden Personalabteilungen geregelt) oder einzelne Mitglieder des Teams, die Interesse an der Übernahme einer solchen Sonderaufgabe zeigen. Hilfreich ist die Erstellung eines entsprechenden Rasters, das die eingereichten Unterlagen und die Kompetenzen des Bewerbers/der Bewerberin mit den entsprechenden Anforderungen des Stellenprofils abgleicht und verdeutlicht. Hierbei können wünschenswerte und zwingende Kompetenzen und/oder Qualifikationen unterschieden, Arbeitszeugnisse ausgewertet und auf Vollständigkeit überprüft werden.

Die Einladung zum persönlichen Gespräch erfolgt dann, möglichst zeitnah, per Mail, telefonisch oder per Brief. Sie erteilt Auskunft über den Zeitpunkt des Gesprächs, den Ort und die Teilnehmer. Hilfestellung zur professionellen Gesprächsführung kann ein klar strukturierter Gesprächsleitfaden bieten, der sowohl die Fähigkeiten des Bewerbers in den Blick nimmt, als auch soziale und emotionale Kompetenzen einschließt (eine hilfreiche Vorlage findet sich bei Böhmer 2015, S. 130–132).

Während den Bewerbern/Bewerberinnen in Einzelgesprächen viel Aufmerksamkeit und Zeit gewidmet wird, bieten auch sogenannte Assessment-Center (d.h. Bewerbungsrunden, an denen mehrere Bewerber/innen gleichzeitig teilnehmen) interessante Möglichkeiten. Durch die gleichzeitige Anwesenheit mehrerer Bewerber/innen haben Leitungskräfte (und Trägervertreter) die Gelegenheit, in derselben Zeit mehrere Personen kennenzulernen. Aber auch die inhaltliche Ausgestaltung eines Assessment-Centers kann auf die Bedürfnisse einer pädagogischen Einrichtung besonders zugeschnitten werden. Durch die Formulierung von Aufgabenstellungen, die z.B. in Kleingruppenarbeit bewältigt werden müssen, zeigen die Bewerber/innen soziale Fähigkeiten wie Kooperation, Konfliktfähigkeit, Kritikfähigkeit oder Selbständigkeit, die in Einzelgesprächen nur schwer zu erfassen sind. In den darauf folgenden Einzelgesprächen können entsprechende Beobachtungen der Leitung/des Trägervertreters vertieft werden und Anlass für die Entwicklung eines weiterführenden Gesprächs sein. Gleichwohl muss bedacht werden, dass solche Bewerberrunden auf einige Personen eher abschreckend wirken können. Die Herausforderung, sich selbst in kurzer Zeit und im Angesicht seiner Konkurrenten vor bis dato fremden Personen ins rechte Licht rücken zu müssen, kann auch eine Überforderung darstellen, der sich nicht jede/r stellen mag.

Ganz gleich, welche Form letztlich gewählt wird, das Bewerbungsgespräch dient im Idealfall nicht nur dazu, die Bewerber/innen kennenzulernen, sondern auch, sie für sich bzw. die Einrichtung zu gewinnen. Über die Gesprächsatmosphäre, die Raumgestaltung, den Umgangston und die Art und Weise der gestellten Fragen erhalten die Bewerber/innen demgemäß auch viele Informationen über die jeweilige Einrichtung bzw. den Träger. Auch Gespräche, die bereits zu Beginn erahnen lassen, dass es am Ende nicht zu einer vertraglichen Bindung kommen wird, sind im Sinne der Öffentlichkeitsarbeit zu sehen.

Beispiel

Die 19-jährige Kinderpflegerin, Frau Seibold, ist auf der Suche nach einer neuen Arbeitsstelle. Obwohl in der entsprechenden Stellenanzeige nach einer Erzieherin mit Erfahrung mit Kindern unter 3 gesucht wurde, hat sie es probiert und gehofft, im persönlichen Gespräch überzeugen zu können.

Dieses Gespräch führt der Leiter einer 4-gruppigen Krippe, Herr Hippert. Er hatte überlegt, ob Frau Seibold ihre musikalischen Fähigkeiten im Rahmen einer Vertretungsstelle einbringen kann. Schon zu Beginn des Gesprächs stellt sich allerdings heraus, dass dies eher nicht der Fall sein wird. Trotzdem schenkt Herr Hippert Frau Seibold im entsprechenden Gespräch noch die entsprechende Aufmerksamkeit und prüft auch, ob er Frau Seibold nicht doch auf der ausgeschriebenen Erzieher-Stelle einsetzen könnte. Letztlich sieht Herr Hippert derzeit keine Einsatzmöglichkeit für Frau Seibold.

Frau Seibold berichtet ihrer Cousine Frau Jostock am Abend vom Bewerbungsgespräch und davon, dass sie sehr beeindruckt von der pädagogischen Konzeption, den Räumlichkeiten und von Herrn Hippert gewesen ist. Obwohl Frau Jostock sich derzeit in ungekündigter Position befindet, haben sie Frau Seibolds Ausführungen so angesprochen, dass sie sich gleich am nächsten Tag bewirbt. Herr Hippert stellt Frau Jostock kurze Zeit später ein.

Eine weitere interessante Möglichkeit, die Kriterien der Personalauswahl zu konkretisieren, besteht im Angebot eines Hospitationstages. Bewerber/innen sind hierbei eingeladen, das Team, die Kinder und die Räumlichkeiten über mehrere Stunden kennenzulernen und sich ein umfassendes Bild von ihrer zukünftigen Arbeitsstelle zu machen. Im Rahmen der Hospitation bleibt zumeist genügend Zeit für offene Frage der Bewerber/innen und es entsteht die Gelegenheit, die Arbeit der Einrichtung aus Sicht zukünftiger Kolleginnen und Kollegen zu sehen. Sinnvoll hierfür ist die Benennung eines verantwortlichen Kollegen/einer Kollegin, die die Hospitantin/den Hospitanten am jeweiligen Tag empfängt und begleitet.

Das Angebot einer Hospitationsmöglichkeit muss allerdings immer vor dem Hintergrund gesehen werden, dass Team und Kinder der Einrichtungen hiervon immer unmittelbar betroffen sind. Von einer Vielzahl von Hospitationen an aufeinanderfolgenden Tagen ist daher ebenso abzuraten, wie vom Besuch mehrerer Hospitanten, Kurzzeitpraktikanten o.ä. Auch in Kindergruppen, die durch Wechsel oder andere herausfordernde

Situationen derzeit besonders belastet sind, ist diese Form der Personalauswahl zu überdenken. Außerdem muss berücksichtigt werden, dass sich durch das Angebot eines Hospitationstages der Bewerbungs- bzw. Auswahlprozess verlängert. Soll allen geeigneten Bewerberinnen und Bewerbern die Gelegenheit gegeben werden, das Team und die pädagogische Arbeit kennenzulernen, ist in der Regel damit zu rechnen, dass die Entscheidung für eine/n entsprechende/n Bewerber/in erst in weiteren 1 bis 2 Wochen erfolgen kann.

Praxishinweis

Auch wenn ein verkürztes und verschlanktes Bewerbungsverfahren zunächst verlockend und begründbar erscheinen mag: Auch befristete Stellen sollten mit derselben Sorgfalt besetzt werden, wie unbefristete Stellen. Zum einen sind Personalentwicklungen nur bedingt absehbar. Es können sich demzufolge im Laufe eines Arbeitsverhältnisses weitere Vakanzen ergeben, die eine erneute Vertragsverlängerung der betroffenen Mitarbeiterin ergeben. Darüber hinaus verkörpern alle Mitarbeiter/innen in gewisser Weise die Einrichtung nach »außen«, also Eltern und Dritten gegenüber. Personalentscheidungen sollten demgemäß immer berücksichtigen, dass die entsprechende Mitarbeiterin/der Mitarbeiter auch als »Aushängeschild der Einrichtung« wahrgenommen wird (vgl. Klug/Kratzmann 2016, S. 90).

Nicht selten stehen Leitungskräfte bei der Personalauswahl allerdings auch vor der Herausforderung, unterschiedliche Interessenslagen berücksichtigen und entsprechende Entscheidungen treffen zu müssen.

Beispiel

Es ist kurz vor den Sommerferien und Frau Frede, Leiterin der Kita Sonnenschein, blickt schon jetzt mit gemischten Gefühlen in das kommende Kindergartenjahr. Heute hat sie ein Gespräch mit der Vertreterin des Trägers vereinbart, um über die Stellenbesetzung für das kommende Jahr zu sprechen. Zurzeit arbeitet Frau Meister als Anerkennungspraktikantin in der Kita und hat bereits bekundet, im nächsten Jahr als Erzieherin in der Kita arbeiten zu wollen. Frau Frede will die Praktikantin hingegen nicht übernehmen, weil die Praxisanleiterin nicht von der Fachlichkeit der Praktikantin überzeugt ist. Allerdings ist bisher weder eine Bewerbung für die offene Stelle eingegangen, noch hat sich eine neue Anerkennungspraktikantin beworben.

Bei dem Gespräch mit der Vertreterin des Trägers stellt sich heraus, dass der Träger von Frau Frede erwartet, ihre bisherige Anerkennungspraktikantin zu übernehmen, da bisherige Zeitungsannoncen keine Resonanz gefunden und umfangreiche Bemühungen des Trägers dazu geführt haben, dass die Stelle der Anerkennungspraktikantin in eine 100%-Stelle für eine Erzieherin umgewandelt werden kann. Somit würde der Personalstand in der Kita sogar noch angehoben werden, was letztlich ja auch zu Entlastung führen würde. Zudem hat Frau Meister bereits ihr FSJ beim selben Träger, aber in einer anderen Kita geleistet. Hierbei hat die Trägervertreterin die Praktikantin bereits als sehr sympathische Person kennengelernt.

Weil Frau Frede einerseits um den Wunsch der Anerkennungspraktikantin, andererseits um die fachlichen Bedenken der derzeitigen Anleiterin weiß und ihr zudem bislang keine Bewerbungen für die offene Stelle vorliegen, ist sie unsicher. Da es bereits kurz vor den Sommerferien ist, befürchtet sie, die offene Stelle womöglich gar nicht besetzen zu können. Gleichwohl widerspricht die Einstellung von Frau Meister ihrem inneren Gefühl bzw. möglicherweise der langjährigen Erfahrung der derzeitigen Anleiterin. Aus diesem Grund vereinbart sie einen Termin mit der Trägervertreterin, um sich für eine entsprechende Entscheidung Rückhalt zu holen. Für die Trägervertreterin liegt die Lösung von Frau Fredes Problem quasi auf der Hand: Die Übernahme von Frau Meister lässt sich unkompliziert umsetzen und schließt die zu befürchtende personelle Lücke der Einrichtung. Hinzukommend schätzt die Trägervertreterin auf Basis eigener Erfahrungen Frau Meister als sympathische Fachkraft ein, spricht ihr also personale Kompetenzen zu. Die Trägervertreterin hat vermutlich den Eindruck, eine unkomplizierte und schnelle Lösung für Frau Fredes Problem gefunden zu haben.

Frau Frede fühlt sich nach dem Gespräch mit dem Träger allerdings womöglich zusätzlich unter Druck. Die deutlich formulierten Lösungsvorschläge der Trägervertreterin erlebt sie als Anspruch und als Eingriff in ihre Autonomie als Leitungskraft. Sie fühlt sich der Trägervertreterin unterlegen und nicht ernst genommen. Ihre Hoffnung auf Rückhalt wurde nicht erfüllt. Vielleicht fühlt sie sich unter Druck, Frau Meister gegen die Empfehlung der Anleiterin einzustellen; womöglich fragt sie sich, warum bislang keine Bewerbungen auf die Stellenanzeige eingegangen sind und fühlt sich ggf. hierfür verantwortlich.

Lösungsansätze zur Bearbeitung von Frau Fredes Dilemma beruhen z.B. darauf, dass Frau Frede sich selbst ein möglichst objektives Bild über die fachlichen Kompetenzen von Frau Meister verschaffen sollte. Nach einer Hospitation in Frau Meisters Gruppe ergeben sich beispielsweise Ansatzmöglichkeiten für die Arbeit mit dem Kompetenz-Atlas (Heyse/Erpenbeck 2004) oder einem Kompetenzprofil (siehe Kapitel 3.3.3). Auch ein Gespräch mit Frau Meister selbst könnte Frau Frede weitere Erkenntnisse bezüglich ihrer Fachlichkeit und ihrer Motivation liefern. Neben der Einschätzung der Anleiterin könnte die Meinung weiterer Teammitglieder, der Fachberaterin oder von Kollegen der Einrichtung eingeholt werden, in der Frau Meister ihr Freiwilliges Soziales Jahr absolviert hat. Nachdem sich Frau Frede in dieser Hinsicht eine eigene fachliche Meinung über die Kompetenzen und Ressourcen von Frau Meister gemacht hat, gilt es einzuschätzen, ob Frau Meister in der Lage ist, ggf. bestehende Leistungsrückstände aufzuholen. Im Rahmen eines Mentorenprogramms könnte Frau Meister nach ihrer Weiterbeschäftigung beispielsweise eine erfahrene Fachkraft zur Seite gestellt werden, die sie bei der persönlichen und fachlichen Weiterentwicklung begleitet und Lernprozesse initiiert.

Gleichwohl bedarf die Situation auch der Reflexion durch Frau Frede selbst. Der in ihr ausgelöste Druck durch den drohenden Personalmangel sollte ebenso wenig wie die selbstsicher vorgetragene Lösungsmöglichkeit des Trägers dazu führen, dass Frau Meister eingestellt wird, wenn fachliche Grundvoraussetzungen nicht vorhanden sind. Eine Weiterbeschäftigung könnte in diesem Fall bedeuten, dass die pädagogische Arbeit in der Einrichtung und damit die Zufriedenheit der Eltern, aber auch die Arbeitszufriedenheit der Kolleginnen und Kollegen in Mitleidenschaft gezogen werden. Frau Frede stünde dann vor der Herausforderung, schwierige Teamprozesse zu begleiten, unzureichend erledigte Aufgaben abzufangen und das Teamklima positiv zu bearbeiten. Wird Frau Meister demnach eingestellt, obwohl sie für fachlich inkompetent erachtet wird, kommt es nicht zu einer Entlastung des Teams, sondern zu einer zusätzlichen Belastung.

Ist Frau Frede demnach der Überzeugung, dass die fachlichen Voraussetzungen für eine Einstellung von Frau Meister nicht vorhanden sind, sollte ein erneutes Gespräch mit dem Träger erfolgen, in dem Frau Frede Alternativvorschläge wie z.B. die Verlängerung/Ausweitung der Bewerbungs- oder Stellenbesetzungsphase oder die Umverteilung von Personal vorbringt oder die »Anweisung« des Trägers zur Einstellung von Frau Meister mit anderen Bedingungen (Befristung, verlängerte Probezeit) verknüpft.

3.2.3 Personaleinsatz und Mitarbeiterbindung

Um schließlich eine professionelle Zusammenarbeit im Team sicherzustellen, müssen einige Aufgaben bewältigt werden: (1) Offene Stellen müssen möglichst rasch (wieder-)besetzt werden; (2) Die Auswahl eines geeigneten Bewerbers/einer geeigneten Bewerberin muss auf fachlich-nachvollziehbaren Kriterien beruhen; (3) Die Passung ins Team spielt dabei eine ebenso zentrale Rolle, wie fachliche und soziale Kompetenzen der jeweiligen Mitarbeiterin bzw. des Mitarbeiters; (4) Die Einarbeitung neuer Mitarbeiter/innen muss gestaltet werden (siehe Kapitel 3.3.3); (5) Im Rahmen einer professionellen Personalentwicklung müssen kurz- und langfristige Ziele gemeinsam mit den Mitarbeiterinnen und Mitarbeitern in den Blick genommen werden (siehe Kapitel 3.3.3); (6) Das berufliche Umfeld und das Arbeitsklima müssen positiv und förderlich gestaltet sein; (7) Belastungssituationen sollten möglichst vermieden bzw. beseitigt werden (z.B. Überstunden oder Regelungen mit Krankheitsvertretungen).

Während die Fragen nach Einarbeitung und Personalentwicklung im nächsten Kapitel ausführlicher behandelt werden, soll an dieser Stelle aufgezeigt werden, welche Gestaltungsmöglichkeiten sich für Leitungskräfte im Rahmen einer effektiven Personaleinsatzplanung ergeben. Denn wenngleich die Gesamtressourcen einer Einrichtung in der Regel durch die Finanzierungsrichtlinien der Länder und deren trägerspezifische Umsetzung vorgegeben sind, bieten unterschiedliche Modelle von Dienstplänen die Gelegenheit, auf Anforderungen entsprechend zu reagieren. Eine effektive Dienstplangestaltung bewegt sich daher immer zwischen einer differenzierten und umfangreichen Planung einerseits und einer dynamischen und flexiblen Umsetzung andererseits. Wie soll dieser scheinbare Widerspruch nun aber verstanden werden?

Zunächst gilt es die unterschiedlichen Rahmenbedingungen und erwünschten Strukturen in den Blick zu nehmen und sie mit tatsächlichen Werten zu füllen. Hierbei müssen unterschiedliche Variablen beachtet und erfasst werden:

Einrichtungs-variablen	Kindervariablen	Mitarbeiter/innen-variablen
tägliche Öffnungszeit	tägliche Anwesen-heitszeiten	Arbeitsumfang
jährliche Schließ-zeiten	wöchentliche An-wesenheitszeiten	Urlaubstage
Besprechungszeiten	monatliche Anwesen-heitszeiten	Fortbildungstage
Verfügungszeiten	jährliche Anwesen-heitszeiten	
	personalintensive Prozesse (z.B. Mittag-essensgestaltung)	

Tabelle 17: Variablen zur Erstellung von Dienstplänen und Jahresarbeitskonten (Quelle: eigene Darstellung)

Während einige Zahlen, wie beispielsweise die Anzahl der jährlichen Urlaubstage, sehr schnell hinterlegt werden können, bedarf es an anderer Stelle einer längerfristigen Erfassung. So kann sich die Anwesenheit der Kinder im Jahresverlauf nur auf Basis einer mehrjährigen Betrachtung ergeben. Auch die Feststellung der wöchentlichen Anwesenheitszeiten der Kinder muss über einen längeren Zeitraum beobachtet und ggf. zusätzlich bei den Eltern erfragt werden. Zielsetzung hierbei ist die Identifikation von Zeiten, in denen besonders viel bzw. deutlich weniger Personal eingesetzt werden muss. So zeigt sich beispielsweise in ganztägig geöffneten Einrichtungen häufig, dass sich die Anzahl der Kinder an einem Freitagnachmittag im Sommer sehr deutlich von einem Dienstagnachmittag im Winter unterscheidet. Hierbei spielt sowohl die Jahreszeit, als auch der entsprechende Wochentag eine entscheidende Rolle. Auch die Frage, ob Randzeiten am frühen Morgen oder späten Nachmittag gruppenübergreifend geregelt sein sollen, gilt es zu beantworten.

Und während Öffnungs- und Schließzeiten häufig eine verhältnismäßig stabile Größe darstellen, bieten die Überlegungen zur Gestaltung der Verfügungs- bzw. Vorbereitungs- und Fortbildungszeiten auch qualitative Ansatzpunkte. So bedarf eine professionelle Zusammenarbeit im Team regelmäßiger Besprechungszeiten und auch die Frage nach der Weiterentwicklung von Mitarbeiterinnen und Mitarbeitern im Rahmen von Fort- und Weiterbildungen steht in engstem Zusammenhang mit Fragen der pädagogischen Qualität. Leitungskräfte gestalten in diesen Entscheidungsprozessen die Qualitätsentwicklungspotenziale ihrer Einrichtungen unmittelbar.

Ausgehend von solch einer umfassenden Fixierung des Rahmens gilt es nun, flexible Arbeitszeitmodelle zu schaffen, die die ermittelten Anforderungen der Einrichtung bedienen und gleichzeitig die Bedürfnisse der Mitarbeiter/innen nach Fairness, einer positiven Work-Life-Balance[16] und Flexibilität erfüllen. Denn in der Ausgestaltung des Dienstplans führt insbesondere eine größtmögliche Anpassung des Plans an die aktuellen Erfordernisse der Einrichtung UND der Mitarbeiter/innen zu einem effektiven Ergebnis. Kurzfristige Änderungen bzw. Anpassungen sind daher eher die Regel als die Ausnahme. Sind beispielsweise nachmittags schon außerordentlich viele Kinder abgeholt worden oder aufgrund einer aktuellen Krankheitswelle erst gar nicht gekommen, sollten Mitarbeiter/innen ermutigt und aufgefordert werden, eigenverantwortlich zu reagieren. Für derartige Situationen kann die Leitung den pädagogischen Fachkräften die Entscheidungshoheit übertragen. Denn die Erzieher/innen der jeweiligen Gruppe oder des jeweiligen Bereichs haben die Möglichkeit, angemessen einzuschätzen, ob Überstunden abgebaut oder eingespart werden können. Dass es hierbei zu unprofessionellen Entscheidungen mit eigennützigem Hintergrund kommt, braucht wissenschaftlichen Untersuchungsergebnissen zufolge nicht befürchtet zu werden. Denn »überall, wo gute Erfahrungen mit flexiblen Arbeitszeiten und bedarfsgerechtem Personaleinsatz gemacht wurden, ist die Verantwortung für die Dienstplangestaltung, das Führen der Arbeitszeitkonten und die Abrechnung der Arbeitszeit in die Hände der Erzieherinnen gelegt worden« (Cramer/Schaffranke 2002, S. 24). Mitarbeiter/innen, denen demnach die Verantwortung für die Bemessung der Personalmenge an den Erfordernissen der Einrichtung übertragen wurde, erlebten das hieraus erwachsende Arbeitsklima des Vertrauens und der gegenseitigen Vereinbarungen durchweg positiv. Hinzukommend verringerte eine entsprechend partizipative und flexible Gestaltung der Dienstpläne sogar die Krankheitstage in den jeweiligen Einrichtungen (Cramer 2003). Diese Befunde schließen an die eingangs (in Kapitel 1.1) erwähnte Herausforderung an, Prozesse und Strukturen

16. An dieser Stelle soll die Perspektive bewusst über die bloße Frage der Vereinbarkeit von Beruf und Familie hinaus gerichtet werden. Denn auch die Möglichkeit, regelmäßige Termine der Freizeitgestaltung (wie einen Sport- oder Sprachkurs oder die Teilnahme an einem Orchester o.ä.) wahrnehmen zu können, wirkt sich positiv auf die Arbeitsbelastung von Mitarbeiterinnen und Mitarbeitern aus.

der Kindertageseinrichtungen systemisch wahrzunehmen und zu reflektieren. Die Spannungsverhältnisse, die sich in der Gestaltung und Umsetzung der jeweiligen Dienstpläne zwischen den individuellen Zielen und Bedürfnissen einzelner Mitarbeiter/innen und den Zielen der Einrichtung ergeben können, sind im Rahmen einer ganzheitlichen Sichtweise aufzugreifen und zu bearbeiten.

Als strukturelle Maßnahme kann in diesem Zusammenhang das Anlegen sogenannter Arbeitszeitkonten für alle Mitarbeiter/innen empfohlen werden. Hierbei wird die Arbeitszeit aller Mitarbeiter/innen tages- oder wochenunterschiedlich auf den Dienstplan der Einrichtung verteilt. Die vereinbarte Wochenarbeitszeit wird demnach häufig erst im Durchschnitt eines längeren Zeitraums erreicht. Hierdurch ergeben sich einerseits größere Handlungsspielräume in Krankheits- oder Urlaubszeiten, aber andererseits auch attraktive Rahmenbedingungen für die Mitarbeiter/innen.

Beispiel

Die Erzieherin Frau Hellson arbeitet laut Dienstplan immer montags eine kurze 6-stündige Schicht bis 13:00 Uhr. Ihren freien Nachmittag nutzt sie gerne für Arzttermine oder Sportkurse. Mittwochs hingegen übernimmt sie immer die Spätschicht und ist daher bis 17:30 Uhr in der Einrichtung.

Im Krankheitsfall ihrer Kollegin Frau Esmey, die – wie sie – in der grünen Gruppe tätig ist, verlängert Frau Hellson montags ihre Schicht nach einer Mittagspause nochmal um 1½ Stunden. Dies deckt den Bedarf der Einrichtung ab und Frau Hellson weiß, dass sie nach der Gesundung von Frau Esmey in Absprache mit ihr die geleistete Mehrarbeit wieder ausgleichen kann.

Maßgeblich für eine derart funktionale Dienstplangestaltung ist die Berücksichtigung durchschnittlicher Ausfallzeiten pädagogischer Fachkräfte. Gerade der Beruf der Erzieherin/des Erziehers birgt ein verhältnismäßig hohes Risiko, unterjährig zu erkranken. Daten der Techniker Krankenkasse zufolge, sind Erzieher/innen durchschnittlich 18,9 Tage im Jahr krankgeschrieben (TK-Studie 2015). Damit diese Ausfälle nicht als erhebliche Belastung auf die verbleibenden Teamkolleginnen und -kollegen abgewälzt werden, empfiehlt sich eine solide Kalkulation der Arbeitskonten in Jahresstunden, die berücksichtigt, dass Erzieher/innen rund 20 % ihrer Arbeitszeit in der Regel nicht mit den Kindern verbringen.

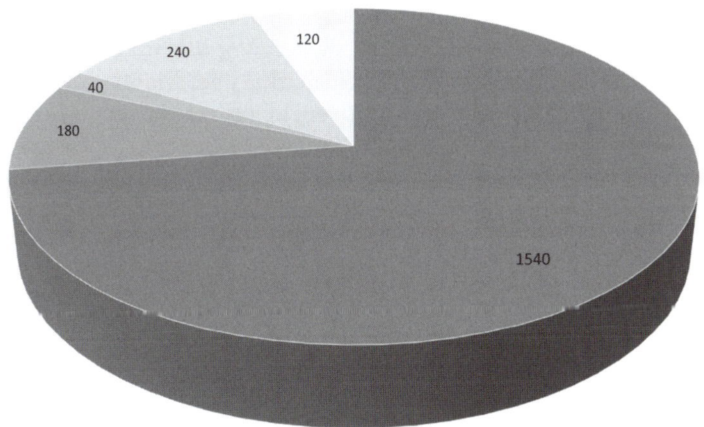

Abb. 35: Jährliche Arbeitsstunden einer Erzieherin/eines Erziehers in Vollzeit (Berechnungsgrundlage: 40 Wochenarbeitsstunden)

Weitere Perspektiven ergeben sich, wenn Einrichtungen nicht ausschließlich im Rahmen ihrer Finanzierungsstrukturen gesehen werden. Denn selbst wenn die Zuschussmodalitäten in einigen Bundesländern beispielsweise gruppenbezogen geregelt sind, kann es sinnvoll sein, für die Gestaltung des Dienstplans andere Zuständigkeiten zu finden und größere Bereiche in den Blick zu nehmen. Sollen für die Kinder verlässliche und gleichbleibende Betreuungspersonen eingesetzt werden, ist es unerlässlich, dass immer mindestens 2 kindheitspädagogische Fachkräften für eine bestimmte Anzahl an Kindern zuständig sind, die sich dann in Fortbildungs-, Urlaus- oder Krankheitssituationen gegenseitig vertreten können.

Praxishinweis

Leitungskräfte stehen in der Verantwortung, ein solides Gerüst eines Dienstplanes unter Berücksichtigung relevanter Anforderungen von Einrichtung und Mitarbeiterinnen/Mitarbeitern zu erstellen.

Die Anwendung und Weiterentwicklung dieses Gerüstes kann sinnvollerweise vertrauensvoll an entsprechende Personen des Teams delegiert werden.

Die Ausgestaltung der Strukturqualität ist in erster Linie bedingt durch (landes-)rechtliche Vorgaben. Einfluss- und Gestaltungsmöglichkeiten für Leitungskräfte ergeben sich hier vor allem in Prozessen, die in Verbindung mit der personellen Ausstattung (der Suche, Auswahl und Einstellung von Mitarbeiterinnen und Mitarbeitern) stehen. Vor allem vor dem Hintergrund der Entwicklungen am Arbeitsmarkt sind Maßnahmen in den Blick zu nehmen, die zu einer positiven Identifikation der Mitarbeiter/innen mit der Einrichtung und damit zu einer Bindung der Fachkraft an den Arbeitgeber führen. Ansatzmöglichkeiten ergeben sich hier durch die Gestaltung der vertraglichen Rahmenbedingungen (Entfristung, Flexible Arbeitszeitkonten etc.), Maßnahmen der Personalentwicklung (Fort- und Weiterbildungen) sowie eine möglichst attraktive, d.h. interessante und abwechslungsreiche Gestaltung des Arbeitsplatzes (Gebert/Rosenstiel 1996). Hierzu zählt die Berücksichtigung der Aufgabenvielfalt ebenso wie die Übertragung von Verantwortungsbereichen und Entscheidungsmöglichkeiten. Entscheidend ist in diesem Zusammenhang auch, inwiefern sich die Mitarbeiter/innen im Rahmen einer wertebasierten Einrichtungskultur wahrgenommen fühlen und inwiefern sie Möglichkeiten sehen, ihre Potenziale und Kompetenzen in den Alltag der Einrichtung einzubringen sowie persönliche Ziele zu entwickeln und zu erreichen. Strukturelle Ansätze hierfür bieten regelmäßige Zielvereinbarungs- und Laufbahngespräche, ebenso wie das Angebot einer Kita-Rotation oder Hospitation, bei der Mitarbeiter/innen Einblicke in andere Kindertageseinrichtungen und deren Arbeitsabläufe erhalten.

Darüber hinaus bildet eine selbstbewusste und fachlich fundierte Grundhaltung von Kita-Leitungen die Basis für ein Hinterfragen politischer und rechtlicher Rahmenbedingungen. Hierbei finden sich Leitungskräfte an einer wichtigen Schnittstelle zwischen Träger, Landesrecht und dem pädagogischen Team wieder. Dort sind sie aufgefordert, Missverhältnisse anzusprechen und für Rahmenbedingungen und Strukturen zu kämpfen, innerhalb derer eine gute Qualität der pädagogischen Arbeit in Kindertageseinrichtungen sichergestellt werden kann.

3.3 Orientierungsqualität

»Die Größe eines Berufes besteht vielleicht vor allem darin, dass er Menschen zusammenbringt.« (Antoine de Saint-Exupéry)

Die Herausforderung für Leitungskräfte von Kindertageseinrichtungen besteht darin, innerhalb eines bestimmten – nur bedingt gestaltbaren – Rahmens (Strukturqualität) eine möglichst hohe Ergebnisqualität zu erzielen. Oder anders formuliert: Leitungskräfte müssen die Arbeits- und Beziehungsprozesse in der Kindertageseinrichtung so gestalten, dass sie mit den ihnen zur Verfügung stehenden Mitteln und Strukturen

- die Bildungsprozesse und die gesunde Entwicklung der Kinder auf höchstmöglichen Niveau fördern,
- ein Betriebsklima entwickeln, in dem Mitarbeiter/innen ihre Arbeitskraft gerne einsetzen,
- die Zusammenarbeit im Team unterstützen und fördern,
- Eltern das Gefühl geben können, dass ihre Kinder gut betreut sind,
- Bildungsprozesse der Kinder gemeinsam und partnerschaftlich mit Eltern ermöglichen,
- Netzwerke bilden und Sozialräume entstehen lassen.

Bezieht man hierbei noch die gesellschaftlichen Entwicklungen und Anforderungen mit ein, wie den Ausbau der Betreuungsplätze von Kindern unter 3, Inklusion oder die Implementierung von Sprachförderung, wird deutlich, dass Einrichtungen Anhaltspunkte benötigen, anhand derer sie Entscheidungen für oder gegen bestimmte Arbeitsweisen treffen können. Einen ersten Rahmen hierfür geben die Bildungs- und Orientierungspläne der jeweiligen Bundesländer vor. Dort wird dargelegt, welches Bild vom Kind dem jeweiligen Plan zugrunde liegt und welche Vorstellung von Kindern und Kindheit die methodisch-didaktischen Handlungen durchdringen soll. Die daraus abgeleitete pädagogische Haltung beinhaltet handlungsleitende Orientierungen, Werte und Einstellungen, die das Handeln mit den Kindern, die Zusammenarbeit im Team und mit Eltern bestimmen. Gleichwohl ist es erforderlich, die unterschiedlichen persönlichen Erfahrungshintergründe der pädagogischen Fachkräfte in Einrichtungen miteinzubeziehen und die Vielfalt des Teams zu reflektieren. Jüngere Erzieher/innen haben eine andere persönliche Prägung als Mitarbeiter/innen, die kurz vor der Berentung stehen; Männer haben eine andere Sozialisation erfahren als Frauen; der kulturelle Hintergrund einer Mitarbeiterin aus Schweden unterscheidet sich von dem eines Mitarbeiters aus Tunesien etc. – und diese Sozialisationsbedingungen treffen zudem auf je individuelle Wahrnehmungs- und Verarbeitungsweisen. Die Herausforderung der Leitungskraft besteht nun darin, einerseits eine möglichst große Bandbreite an Kompetenzen und Orientierungen sicht- und nutzbar zu machen und andererseits eine Zielrichtung vorzugeben, damit sich die Vielfalt nicht in der Beliebigkeit verliert. In den meisten Fällen bietet auch der Träger eine solche Grundausrichtung, indem er Leitbild, Leitlinien oder eine pädagogische Rahmenkonzeption vorgibt. In diesen Fällen gilt es für Leitungskräfte, diese Leitgedanken auf die Abläufe und die Konzeption der jeweiligen Einrichtung zu übertragen und sie mit Leben zu füllen.

3.3.1 Leitbild

»Das Geheimnis des Erfolges ist die Beständigkeit des Ziels.« (Benjamin Disraeli)

Die Entwicklung eines einrichtungseigenen Leitbildes ergibt sich zunächst sinnlogisch aus den Erkenntnissen der eigenen Vision heraus (vgl. Kapitel 2.2.3). Leitungskräfte, die sich darüber klar sind, wie die Einrichtung für die sie die Verantwortung tragen, heute, in 5 oder in 10 Jahren aussehen soll, welche inhaltlichen Schwerpunkte dort gesetzt werden sollen, haben den ersten Schritt der Leitbildentwicklung bereits durchlaufen. Da sie die Verantwortung für die Einrichtung allerdings nur in Zusammenarbeit mit ihrem Team verwirklichen können, gilt es nun, auch Visionen und Wertvorstellungen der Mitarbeiter/innen zu ermitteln und schließlich eine gemeinsame Ausrichtung festzulegen. In die Leitbildentwicklung fließen dabei sowohl die Positionen des Trägers, als auch die Einrichtungsbiografie und geplante zukünftige Entwicklungen mit ein.

Im Leitbild (Synonyme sind: Leitgedanken, Vision oder Mission) wird also benannt, wie sich die Einrichtung selbst verstehen möchte. Basis hierfür sind sowohl die gelebte Kultur der Einrichtung als auch Wünsche und Erwartungen von Mitarbeiterinnen und Mitarbeitern, Kindern, Eltern sowie Kooperationspartnern. Während sich die gewachsene und gelebte Einrichtungskultur aus Erfahrungen, Abläufen und Beziehungsstrukturen der Gegenwart und der Vergangenheit zusammensetzt, ist das Leitbild (analog zur Vision der Leitungskraft) auf die Zukunft ausgerichtet. Es bestimmt den Kurs und die Ausrichtung der Kindertageseinrichtung und steckt damit einen wertebasierten Rahmen ab, innerhalb dessen die Ziele der jeweiligen Kita erreicht werden sollen. Hierüber wirkt sich das Leitbild selbstredend auch wieder direkt auf die Kultur der Einrichtung aus, weil es prägend sein soll für ein wertebasiertes und achtsames Miteinander. In der Formulierung eines Leitbildes drückt sich also der Idealzustand einer Einrichtung aus, auf den sich alle Mitarbeiter/innen des Teams gemeinsam mit der Leitungskraft festgelegt haben.

Als wertebasierter Überbau der pädagogischen Konzeption erfüllt das Leitbild unterschiedliche Funktionen:

- *Transparenz für Leitungskraft und Mitarbeiter/innen:* Das gesamte Team erhält Einblick in die gewünschten Werte, Normen und ethischen Grundprinzipien der Einrichtung. Darauf basierend können Mitarbeiter/innen und Leitungskraft ihr Verhalten und ihre pädagogische Haltung reflektieren und steuern.

- *Entlastung durch Selbstverantwortung:* Durch die Transparenz der Ziele und Werte der Einrichtung, wird für Mitarbeiter/innen erkennbar, ob und zu welchem Grad ihr Verhalten im Sinne der Einrichtung und ihrer Leitungskraft ist oder nicht. Entwicklungsbedarfe werden erkennbar und können im Rahmen des Mitarbeiterteams angesprochen werden. Eine Kontrolle professioneller pädagogischer Arbeit durch die Leitungskraft soll dadurch nicht ausgeschlossen sein, ist allerdings nicht die alleinige Basis der Personalentwicklung.
- *Stärkung der Selbstbildungspotenziale:* Jede pädagogische Fachkraft kann sich damit auseinandersetzen, was sie oder er zur Erreichung der Zielsetzung/Vision beiträgt bzw. beitragen kann.
- *Struktur durch strategische Rahmung:* Das übergeordnete Selbstverständnis der Einrichtung lässt sich auf unterschiedliche Arbeitsbereiche und Einrichtungsteile übertragen und ausformulieren. Selbst wenn an verschiedenen Stellen unterschiedliche Schwerpunkte gesetzt werden, identifizieren sich doch alle Mitarbeiter/innen mit denselben Fernzielen und Werten.
- *Transparenz nach außen:* Indem wichtige Bezugsgruppen wie Eltern, Kooperationspartner oder kommunale Auftraggeber Einblick in die Werte und Normen der Einrichtung erhalten, wirkt das Leitbild auch nach außen im Sinne der Öffentlichkeitsarbeit. Weiterhin werden ggf. Aussagen zur gewünschten Art und Weise der Zusammenarbeit getätigt, die den jeweiligen Partnern Klarheit und Sicherheit im Umgang mit der entsprechenden Einrichtung verschaffen.

Geeignete Möglichkeiten zur Arbeit an einem gemeinsamen Leitbild bestehen beispielweise im Rahmen eines Strategietages/-workshops. Dabei sollte die Arbeit am Leitbild über rein kognitiv orientierte Vorgehensweisen hinausgehen und auch kreativ-bildliche Verfahren miteinschließen. Schließlich ist zu berücksichtigen, dass die Mitarbeiter/innen sich mit den Inhalten des Leitbildes aus tiefem Herzen bzw. aus tiefer Überzeugung heraus identifizieren sollen. »Eine Gemeinschaft, die gemeinsame Träume zu verwirklichen beabsichtigt, hat enorme Startenergie und setzt Kräfte in Bewegung, die größer sind als die Summe der Einzelkräfte« (Fischer 2001, S. 36).

Praxisübung

1. Beschäftigen Sie sich mit Leitbildern anderer Einrichtungen. Bearbeiten Sie immer ein Leitbild in einer Kleingruppe von ca. 3 Personen und beantworten Sie:
   - Welchen Eindruck konnten Sie von der Einrichtung gewinnen?
   - Wer arbeitet dort?
   - Wer soll dort sein Kind betreuen lassen? Welche Zielgruppe fühlt sich angesprochen?
   - Fühlen Sie sich angesprochen?
   - Womit identifizieren Sie sich? Womit nicht?
2. Denken Sie an Ihre eigene Kindheit zurück. Was möchten Sie hiervon in Ihre Einrichtung mitnehmen?
3. Alle Teammitglieder formulieren spontan 3 zentrale Aspekte, die mit der eigenen Einrichtung zukünftig in Verbindung gebracht werden sollen.
4. Finden Sie in Kleingruppen von ca. 5 Personen Aspekte, die Ihre Einrichtung einzigartig machen (sollen).
5. Gestalten Sie in Einzelarbeit Bilder (Zeichnungen, Collagen etc.), die symbolisch für Ihre Einrichtung stehen können.
6. Überlegen Sie sich in Kleingruppen, welche Farben mit Ihrer Einrichtung in Zusammenhang gebracht werden (sollen) und warum.
7. Entwickeln Sie ein Motto bzw. einen kurzen prägnanten Slogan, der Ihre gemeinsamen Zielsetzungen und Werte bündelt.

3.3.2 Konzeptionsentwicklung

»Es ist nicht genug zu wissen, man muss es auch anwenden.« (Goethe)

Wenn das Leitbild als visionärer Überbau Auskunft gibt über die Identität einer Einrichtung, dann braucht es im nächsten Schritt eine Konkretisierung dieser Aussagen. In der Konzeption werden Visionen und Ideale quasi in praktisches Handeln »übersetzt«. Im Rahmen der (Weiter-)Entwicklung der pädagogischen Konzeption stehen Leitungskräfte also vor der Aufgabe, die in die Zukunft gerichteten Vorstellungen und Wünsche für die Einrichtung, in konkrete und überprüfbare Zielsetzungen zu überführen. Im Sinne der zugrundeliegenden Managementtheorie »Management by Objectives« (MbO) (Drucker 1955) ist das Aufstellen von Zielen das zentrale Steuerungsinstrument einer Einrichtung. Ein konkretes

Ereignis oder ein künftiger Zustand in der Zukunft kann und soll durch entsprechendes professionelles Handeln erreicht werden. Wenngleich unter Berücksichtigung des transformationalen Leaderships (vgl. Kapitel 1.3) ein umfassenderes Verständnis von Leitung und Steuerung vorliegt, stellt die Auseinandersetzung mit Zielen eine wichtige Grundlage in der Konzeptionsentwicklung dar. Spätestens seit der Qualitätsdebatte und der Nationalen Qualitätsinitiative im System der Tageseinrichtungen für Kinder (NQI) ist die Formulierung von Zielen schließlich auch ein zentraler Bestandteil professioneller pädagogischer Arbeit (vgl. Fthenakis et al. 2003; Preissing 2003; Strätz 2003; Tietze 2016). Die Funktion von Zielen besteht dabei in der Grundlage für das Herbeiführen von Entscheidungen bezüglich des pädagogischen Handelns (vgl. Gudjons 1997, S. 193). Im Handeln finden Ziele ihre Konkretion und umgekehrt wirken Ziele als Regulativ des Handelns (Kaiser/Kaiser 2001, S. 48). Und auch die unterschiedlichen Erziehungs- und Bildungspläne der Länder für die Arbeit in Kindertageseinrichtungen verweisen auf die Auseinandersetzung mit Zielen und deren Erreichung (Diskowski 2004, 2008; Tenorth 2004; Schlecht et al. 2008).

Der Prozess der (Weiter-)Entwicklung der pädagogischen Konzeption wird ergebnis- und zielorientiert geführt: an seinem Ende liegen schriftlich formulierte und verbindliche Grundsätze der Einrichtung vor, die Leitideen und Richtlinien für konkrete Planungen und Entscheidungen enthalten (Schlummer/Schlummer 2003, S. 25). »Eine Konzeption ist eine schriftliche Ausführung aller inhaltlichen Schwerpunkte, die in dem betreffenden Kindergarten oder einer Kindertagesstätte für die Kinder, die Eltern, die Mitarbeiterinnen selbst, den Träger und die Öffentlichkeit bedeutsam sind. Dabei spiegelt die Konzeption die Realität wider und verzichtet auf bloße Absichtserklärungen. Jede Konzeption ist damit individuell und trifft in ihrer Besonderheit nur für diese spezifische Einrichtung zu, um das besondere Profil zu verdeutlichen und unverwechselbar mit anderen Institutionen zu sein. Ihre Aussagen sind für alle Mitarbeiterinnen verbindlich« (Krenz 1996, S. 13 f.). Wenn das Leitbild als zugrundeliegende Identität einer Einrichtung verstanden werden kann, so kann die daraus abgeleitete pädagogische Konzeption als »Visitenkarte« gelten. Neben der Ausformulierung des Selbstverständnisses enthält sie die pädagogischen Zielsetzungen (Erziehungsziele) und die dazugehörigen Umsetzungsmaßnahmen. Wenngleich die Konzeptionen unterschiedlicher Einrichtungen in ihrem Umfang variieren können, sollten sie doch stets Auskunft erteilen über die Rahmendaten der Einrichtung, ihre Zielsetzung, pädagogische Handlungskonzepte und das zugrundeliegende Menschenbild sowie Beobachtungs- und Dokumentationsverfahren. Außerdem sollten sie Bezug nehmen auf den jeweils länderspezifischen Erziehungs- oder Bildungsplan.

Neben dem tatsächlichen Ergebnis stellt jedoch auch der Prozess der Konzeptionsentwicklung selbst einen zentralen Aspekt der Qualitätsentwicklung dar. In einem länger andauernden dialogischen Prozess erarbeitet sich das Team eine solide Arbeitsgrundlage, mit der sich alle Teammitglieder ebenso wie die Leitungskraft und die Trägervertreter identifizieren können. Im Sinne eines kontinuierlichen Kommunikations- und Reflexionsprozesses sollte die Konzeption daher auch nach ihrer Fertigstellung weiterentwickelt und überarbeitet werden. Eingebettet in den Qualitätsentwicklungsprozess wird in diesem Sinne regelmäßig überprüft, ob die festgelegten und verabschiedeten Richtlinien und Leitideen noch so bestehen sollen, ob die formulierten Zielsetzungen erreicht werden und ob die entsprechenden Rahmendaten noch aktuell sind. »Die Arbeit an der Konzeption ist ein Brennglas für die Auseinandersetzung und Reflexion über pädagogische Anforderungen, z.B. durch Bildungsprogramme und fachliche Prinzipien, für die Reflexionen über eigene Handlungsroutinen, Bedürfnisse von Eltern und Kindern sowie der Gesellschaft als Ganzes. Dabei entwickeln sich Haltungen und eine Teamidentität, die Handlungssicherheit und Souveränität im Alltag vermitteln, die vor Belastungen schützen können, auch wenn sich zu enge Rahmenbedingungen nicht ganz abpuffern lassen« (Strehmel/Ulber 2014a, S. 66).

Praxishinweis

Leitungskräfte sollten, z.B. im Rahmen einer entsprechenden Prozessbeschreibung im Qualitätshandbuch, sicherstellen, dass die pädagogische Konzeption der Einrichtung in einem regelmäßigen Turnus überprüft bzw. überarbeitet wird.

Weil die reflektierte Auseinandersetzung mit der Konzeption immer auch als Teamaufgabe verstanden werden muss, ist es sinnvoll, eine Person in der Gesamtverantwortung und weitere Personen mit bestimmten Verantwortungsbereichen zu belegen. Im Rahmen einer realistischen Zeitplanung sollten die Inhalte und Themen der Konzeption so zum regelmäßigen Gesprächsgegenstand in Teambesprechungen oder an eigens dafür einberufenen Konzeptionstagen sein.

Eine in dieser Gestalt »lebendige« Konzeption fungiert schließlich einerseits als wichtige Arbeitsgrundlage nach innen, z.B. im Rahmen von Einarbeitungsprozessen. Neue Mitarbeiter/innen erhalten anhand der Konzeption die Gelegenheit, sich mit den Zielen und Werten der Einrichtung auseinanderzusetzen bzw. – noch zuvor – zu entscheiden, ob sie diese mitgestalten möchten. Methodisch-didaktische Hinweise sind für neue Teammitglieder ebenso hilfreich, wie das Kennenlernen der Schwerpunkte der Einrichtung. Anderseits bildet die Konzeption die »Identität« der Einrichtung auch nach außen hin ab. Eltern, Träger, Kooperationspartner, Auftraggeber, interessierte Institutionen und Einzelpersonen erhalten über die Konzeption in Papierform oder im Rahmen einer Internet-Veröffentlichung einen Einblick in die Arbeit und das Selbstverständnis der Kita. Vor allem interessierte Eltern und potenzielle Mitarbeiter/innen haben so die Gelegenheit, sich über die Einrichtung zu informieren und einen Eindruck von pädagogischen Schwerpunkten, ethischen Grundhaltungen und strukturellen Eckdaten zu erhalten.

3.3.3 Personalentwicklung

»Man muss von jedem fordern, was er leisten kann.« (Antoine de Saint-Exupéry)

Aus dem Leitbild und der pädagogischen Konzeption lässt sich ein verbindlich festgeschriebenes Selbstverständnis der Einrichtung nach innen und außen ableiten, das Interessierten, Trägerverantwortlichen, Mitarbeiterinnen/Mitarbeitern und den Leitungskräften selbst Orientierung und Klarheit verschafft. Gleichermaßen entfalten die benannten Dokumente ihre wahre Kraft erst, wenn sie im Alltag »lebendig werden«. Auf Basis der formal vereinbarten Richtlinien und Leitideen, die sich im Leitbild und der Konzeption wiederfinden, entwickeln Teammitglieder und Leitungskraft gemeinsam eine Organisationskultur, die durchdrungen ist vom gemeinsam vereinbarten Wertekanon, einem darauf fußenden Menschenbild und – wiederum daraus hervorgehend – methodisch-didaktischen Überlegungen (vgl. auch Strehmel 2006).

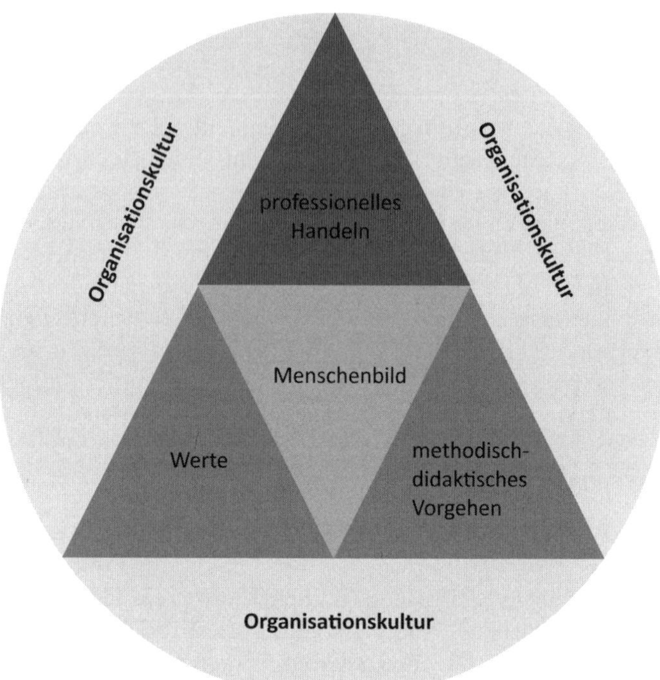

Abb. 36: Zusammenhänge der Organisationskultur (Quelle: eigene Darstellung)

Leitungskräften kommt in dieser Hinsicht eine Schlüsselfunktion zu, da sie einerseits eine wichtige Vorbild- und Orientierungsfunktion übernehmen. Die Art und Weise der Kommunikation und Interaktion mit den einzelnen Mitarbeiterinnen und Mitarbeitern bildet die Basis des Arbeitsklimas, das die jeweilige Einrichtung kennzeichnet. Andererseits nehmen Leiter/innen im Rahmen ihrer Managementaufgaben gezielt Einfluss auf die Entwicklung einer entsprechenden Atmosphäre im Team bzw. der Einrichtung. Die Art und Weise, wie in Einrichtungen miteinander gesprochen wird, wie Erwachsene mit Erwachsenen, Erwachsene mit Kindern, Vorgesetzte mit Mitarbeitern, pädagogische Fachkräfte mit Eltern, Leitungskräfte mit Trägerverantwortlichen, Teammitglieder mit Kooperationspartnern sprechen, wirkt sich als Organisationsklima auf das Verhalten der Mitarbeiter/innen (und natürlich auch anderer Personen) aus (Nerdinger/Blickle/Schaper 2011). Bausteine einer positiven Einrichtungskultur liegen in einem professionellen Selbstverständnis als Leitungskraft (vgl. Kapitel 2), einer zugewandten Grundhaltung (empathisch, authentisch und wertschätzend) sowie in der aktiven Gestaltung eines lernförderlichen und fehlerfreundlichen Teamklimas. Den Gedanken der lernenden Organisation aufgreifend (vgl. Kapitel 2.1.3), liegt es daher in der Verantwortung der Leitungskraft, Inhalte und Themenkomplexe der pädagogischen Konzeption immer wieder ins Gespräch zu bringen und zur Grundlage des pädagogischen Handelns zu machen.

Praxishinweis

Erfahrungsgemäß verschlingen organisatorische Fragen häufig einen großen Anteil der Besprechungszeiten. Wenn konzeptionelle und pädagogische Auseinandersetzungen im Team allerdings als Zentrum und Basis der pädagogischen Arbeit verstanden werden sollen, muss ihnen ein entsprechender (zeitlicher) Rahmen zugesprochen werden (siehe Kapitel 3.3.4).

Teambesprechungen müssen daher in ihrer Häufigkeit ebenso wie in ihrer Dauer an die Erfordernisse der Einrichtung angepasst werden. Eine weitere Möglichkeit, Besprechungszeiten effizient zu nutzen, ist die schriftliche Kommunikation von Informationen und organisatorischen Fragen (z.B. als Abfrageliste am schwarzen Brett, kurze Rundmail an alle Teammitglieder o.ä.)

Um die Einrichtungskultur ebenso wie die geltenden Werte, Normen und Strukturen von Beginn an zu transportieren, gilt eine bewusste Gestaltung der Einarbeitungszeit neuer Mitarbeiter/innen als wichtiger Ansatzpunkt der Personalentwicklung. Die hierfür erforderlichen Strukturen müssen von Leitungskräften gemeinsam mit dem Team entwickelt werden und sollten sich stimmig in die Kultur der Einrichtung einfügen. Denkbar ist hierbei die Einbeziehung des Qualitätshandbuchs, in dem die zentralen Schlüsselprozesse und Qualitätsstandards beschrieben sind. Die Auseinandersetzung mit Fragen der Qualitätsentwicklung und darauf bezogenen Schwerpunktsetzungen bietet neuen Mitarbeiterinnen und Mitarbeitern die Möglichkeit, in Auseinandersetzung mit dem Leitbild und der pädagogischen Konzeption die persönlichen Ziele mit denjenigen der Einrichtung abzugleichen und ggf. anzupassen. Außerdem vermitteln schriftlich festgehaltene Prozessbeschreibungen und Standards Sicherheit über die Anforderungen und Gestaltungsspielräume der jeweiligen Einrichtung.

Weitere Möglichkeiten ergeben sich aus der Einführung eines Mentorensystems, das neuen Mitarbeiterinnen und Mitarbeitern in der Probezeit eine erfahrene Teamkollegin als Mentorin zuordnet. Ausgehend von einer intensiveren Zusammenarbeit mit zunächst einer Teamkollegin/einem Teamkollegen, gelingt die Integration in das Mitarbeiterteam leichter und ist mit weniger Unsicherheiten verbunden. Über die gemeinsame Gestaltung von Dienstzeiten ergibt sich für die/den neue/n Mitarbeiter/in jederzeit die Möglichkeit Fragen zu stellen, Unsicherheiten zu beseitigen oder sich bei einer erfahrenen Fachkraft rückzuversichern. Insbesondere die Möglichkeit, das pädagogische Handeln der bereits erfahrenen Fachkraft beobachten und reflektieren zu können, bietet neuen Mitarbeiterinnen bzw. Mitarbeitern wichtige Orientierungs- und Eckpunkte für das eigene pädagogische Handeln im Rahmen der Einrichtungskultur (vgl. Prinz/Teuscher/Wünsche 2014; Vogt 2013).

Auch für die als Mentoren/Mentorinnen eingesetzten Mitarbeiter/innen stellt das System ein zentrales Instrument der Personalentwicklung dar. Sie erfahren Anerkennung und Wertschätzung, erleben Vertrauen und die ihnen übertragene Verantwortung, die Vision und daraus hervorgehend die pädagogische Konzeption und deren Umsetzung im Alltag weiterzugeben. Diese Möglichkeit bietet im Rahmen des sogenannten Job-Enrichment die Gelegenheit, Aufgaben- und Verantwortungsbereiche von Mitarbeiterinnen und Mitarbeitern zu gestalten.

Bedingt durch die benannten Zielsetzungen in Leitbild und Konzeption begründet sich im weiteren Verlauf der Zusammenarbeit allerdings auch ein Anspruch auf professionelles Handeln und das Erbringen einer entsprechenden Leistung aller Mitarbeiter/innen. Neben der Fokussierung auf die Weiterentwicklung der pädagogischen Arbeit, haben Leitungskräfte dahingehend auch den Erhalt und die Förderung der Leistungsfähigkeit ihrer Mitarbeiter/innen in den Blick zu nehmen. Die Unterstützung der Mitarbeiter/innen bei der Entwicklung einer professionellen Haltung und zunehmenden Expertenwissens, wie sie in Kapitel 1.4 vorgestellt wurde, erfordert ein analytisch-strukturiertes Vorgehen der Leitungskraft. Ansatzpunkte bietet hier beispielsweise die Arbeit mit dem Kompetenzatlas (Heyse/Erpenbeck 2004), der von 4 zentralen Kompetenzfeldern ausgeht: (1) Personale Kompetenz, (2) Aktivitäts- und Handlungskompetenz, (3) Sozial-kommunikative Kompetenz und (4) Fach- und Methodenkompetenz. Die benannten Basiskompetenzen bedingen sich dabei häufig gegenseitig, sind nicht als isoliert voneinander existierend zu begreifen und an den Knotenpunkten 2 Kompetenzbereichen zuzuordnen (vgl. Heyse/Erpenbeck 2004, S. XIX).

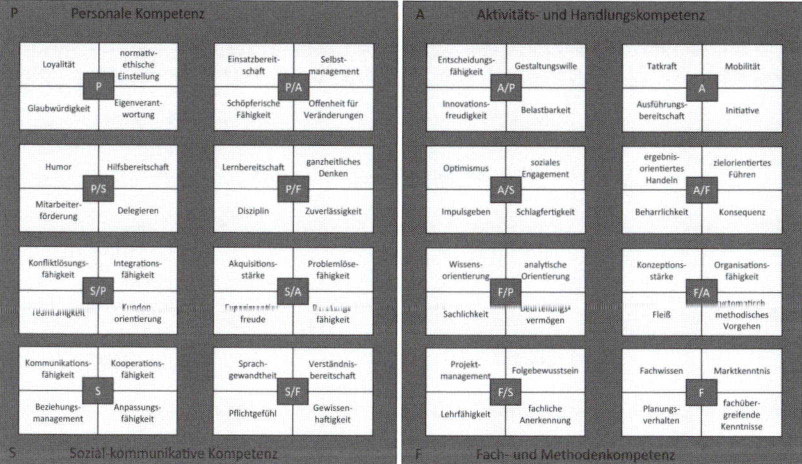

Abb. 37: KODE-Kompetenzatlas (Quelle: Heyse/Erpenbeck 2004, S. XXI)

Überführt man die benannten Kompetenzen in die Struktur des DQR (vgl. Kapitel 1.4.1), ergibt sich folgende Matrix:

Fachkompetenz		**Personale Kompetenz**	
Wissen	**Fertigkeiten**	**Sozialkompetenz**	**Selbstständigkeit**
• Tiefe und Breite • Wissen um normativ-ethische Werte • Wissensorientierung • Fachwissen • Marktkenntnisse • Fachübergreifende Kenntnisse	• Instrumentale und systematische Fertigkeiten, Beurteilungsfähigkeit • Mitarbeiterförderung • Delegieren • Selbstmanagement • schöpferische Fähigkeit • ganzheitliches Denken • Entscheidungsfähigkeit • ergebnisorientiertes Handeln • zielorientiertes Führen	• Team/Führungsfähigkeit, Mitgestaltung und Kommunikation • Loyalität • Glaubwürdigkeit • Hilfsbereitschaft • Einsatzbereitschaft • Soziale Engagement • Verständnisbereitschaft • fachliche Anerkennung	• Eigenständigkeit/ Verantwortung, Reflexivität und Lernkompetenz • Eigenverantwortung • Humor • Offenheit für Veränderung • Lernbereitschaft • Disziplin • Zuverlässigkeit • Gestaltungswille • Innovationsfreudigkeit • Belastbarkeit • Tatkraft • Mobilität • Ausführungsbereitschaft

Fachkompetenz		Personale Kompetenz	
Wissen	**Fertigkeiten**	**Sozialkompetenz**	**Selbstständigkeit**
	• Konfliktlösungsfähigkeit • Integrationsfähigkeit • Teamfähigkeit • Dialogfähigkeit, Kundenorientierung • Akquisitionsstärke • Problemlösefähigkeit • Beratungsfähigkeit • Kommunikationsfähigkeit • Kooperationsfähigkeit • Beziehungsmanagement • Sprachgewandtheit • analytische Fähigkeiten • Beurteilungsvermögen • Konzeptionsstärke • Organisationsfähigkeit • Systematisch-methodisches Vorgehen • Projektmanagement • Lehrfähigkeit • Planungsverhalten		• Initiative • Optimismus • Schlagfertigkeit • Beharrlichkeit • Konsequenz • Experimentierfreude • Anpassungsfähigkeit • Pflichtgefühl • Gewissenhaftigkeit • Sachlichkeit • Fleiß • Folgebewusstsein

Tabelle 18: Berufliche Handlungskompetenzen in der Systematik des DQR (eigene Darstellung, basierend auf Heyse/Erpenbeck 2004)

Im Rahmen dieser Übertragung wird deutlich erkennbar, dass sich der Großteil der Kompetenzen auf die fachlichen Fertigkeiten und die Selbständigkeit der Fachkräfte beziehen. Die bereits in Kapitel 1 dieses Buches als zentral dargelegte Frage der Haltung findet sich im Rahmen der personalen Kompetenzen wieder und wird durch eine Unterteilung in Sozialkompetenzen und Selbständigkeit besser bestimmbar. Die Dimension des (Fach-)Wissens hingegen muss vor ihrer Analyse noch fach- bzw. berufsfeldspezifisch bestimmt werden. Ansatzpunkte hierfür bieten die zu unterschiedlichen Themen bzw. Anforderungen formulierten Kompetenzprofile (z.B. WiFF 2014 oder Fröhlich-Gildhoff et al. 2014).

Folgt man der oben ausgeführten Definition des Kompetenzbegriffs, so lässt sich festhalten, dass Kompetenzen auf dem selbstverantwortlichen Handeln des Einzelnen beruhen und ihre Weiterentwicklung nicht verordnet werden kann. Andererseits ist nicht davon auszugehen, dass sich die Kompetenzentwicklung bei Fachkräften im frühpädagogischen Bereich sozusagen automatisch, d.h. ohne Unterstützung und Einforderung, vollzieht. Eine wesentliche Grundvoraussetzung zur (Weiter-)Entwicklung von Fach- und personaler Kompetenz stellt demnach die aktive Gestaltung der Rahmenbedingungen dar. Erforderlich sind ein Anlass (z.B. eine neue Aufgabenstellung), eine Erlaubnis (z.B. Zeit), persönliche Voraussetzungen (z.B. Interesse, Vorwissen) und ggf. Unterstützung (z.B. kollegiale Beratung, Coaching) (vgl. Bröckermann/Müller-Vorbrüggen 2006, S. 28). Die pädagogische Leitungskraft ist demnach verantwortlich für die Bereitstellung eines Kontextes, innerhalb dessen die Mitglieder des pädagogischen Teams selbstorganisiert ihre Kompetenzen weiterentwickeln, ausdifferenzieren und miteinander verknüpfen.

Wenn Leitungskräfte die Weiterentwicklung von Kompetenzen ihrer Teammitglieder initiieren sollen, werden neben den kontextuellen Bedingungen noch Systeme und Methoden notwendig, die professionelle Handlungsfähigkeit der pädagogischen Fachkräfte sichtbar zu machen. Hierzu muss die Leitungskraft Gelegenheit haben, sich über den Ist-Stand zu informieren und die Diskrepanzen aufzuzeigen, die den Soll-Zustand ermöglichen könnten[17]. Diese Prozesse basieren ausschließlich auf denjenigen Aspekten des Kompetenzbegriffs, die auf dem Wollen, dem Können und dem Dürfen beruhen. »Zur Bewertung von Kompetenzen ist es deshalb erforderlich, die Performanz[18] über einen Zeitraum hinweg zu be-

17. Ansatzpunkte zur Auseinandersetzung mit dem Soll-Zustand liefern unterschiedliche Kompetenzprofile (z.B. der Weiterbildungsinitiative Frühpädagogische Fachkräfte oder Qualifikationsprofile).

18. »Eine Kompetenz ist eine Fähigkeit zur erfolgreichen Bewältigung komplexer Anforderungen in spezifischen Situationen. Kompetentes Handeln schließt den Einsatz von Wissen, von kognitiven und praktischen Fähigkeiten genauso ein wie soziale Verhaltenskomponenten (Haltungen, Gefühle, Werte und Motivationen). Eine Kompetenz ist also z.B. nicht reduzierbar auf ihre kognitive Dimension, sie beinhaltet mehr als das« (vgl. OECD 2003, S. 2 zitiert nach Gnahs 2010, S. 21). Als Performanz kann demnach das Zusammenwirken unterschiedlicher Kompetenzbausteine betrachtet werden.

obachten, diese Beobachtungen aufeinander zu beziehen und auf der Basis dieser Bewertungen Annahmen über die Kompetenz zu treffen« (Bröckermann/Müller-Vorbrüggen 2006, S. 32). Die Überbrückung einer subjektiven Beobachterperspektive kann mithilfe solcher Kompetenzprofile unterstützt werden. Neben der Beobachtung des pädagogischen Handelns im Alltag lässt sich z.B. im Rahmen eines Mitarbeitergespräches auf Basis einer Bildungsbedarfsanalyse ein Soll-Ist-Abgleich durchführen: Welche Kompetenzen sind bereits vorhanden? Welche Kompetenzen sind noch erforderlich? Welche Kompetenzen müssen erweitert oder modifiziert werden?

Als bedeutsamstes Instrument der Personalentwicklung dienen Mitarbeitergespräche nicht nur der Problem- und Potenzialanalyse, sondern ermöglichen auch eine Diagnose der aktuellen Wünsche und Motivationslagen der Mitarbeiter/innen (vgl. Griese/Marburger 2011, S. 134). Im Rahmen des Gespräches kann sich ein intensiver Dialog zwischen Mitarbeiter/in und Leitungskraft entwickeln, der sich positiv auf die Zusammenarbeit sowie die Motivation der pädagogischen Fachkraft auswirkt. Die gemeinsame Reflexion und Prüfung der Arbeitsbeziehung verdeutlicht die Freiheitsgrade und Verantwortungsbereiche der pädagogischen Fachkraft und stärkt deren Eigenverantwortung, die wiederum als Basis für die Entwicklung von Kompetenzen betrachtet wird. Nachdem die pädagogische Fachkraft von der Leitungskraft über die an sie gestellten Erwartungen informiert wurde, kann festgehalten werden, inwieweit die geforderten Ziele tatsächlich erreicht werden können. In einem Dialog kann über den Umgang mit sichtbar gewordenen Diskrepanzen beraten werden und schließlich Zielvereinbarungen fixiert werden. Gesprächsgrundlage kann u.a. das Raster zur Kompetenzentwicklung sein, wobei die einzelnen Kompetenzen weiter konkretisiert und in Zieldefinitionen verwandelt werden müssen. Hierbei ist auf den Ansatz SMART zurückzugreifen, der davon ausgeht, dass nur **s**pezifische, **m**essbare, **a**nspruchsvolle aber auch **a**ngemessene, **r**ealistische und **t**erminierbare Ziele vereinbart werden sollten (vgl. Griese/Marburger 2011, S. 135).

Beispiel

Herr Enz (Leiter einer 5-gruppigen Einrichtung) beschäftigt sich mit den Kompetenzen seiner Mitarbeiterin Frau Sommerfeldt. Sie arbeitet seit 4 Jahren in der Einrichtung und hat vor einigen Wochen eine Fortbildung zum Thema »Eingewöhnung« besucht.

Die Kompetenzbeschreibung »...kann fachliche Inhalte an FachkollegInnen/-kollegen und Adressatengruppen vermitteln« (vgl. Quali fikationsprofil »Frühpädagogik« – Fachschule/Fachakademie 2011, S. 17) kann beispielsweise konkretisiert und als SMART-Ziel definiert werden: Herr Enz fordert Frau Sommerfeldt auf, in der nächsten Teamsitzung die Kolleginnen und Kollegen über Gelingensfaktoren der Eingewöhnungsphase zu informieren. Über die Reflexion dieser Präsentation können weitere Entwicklungspotenziale aufgezeigt und deren Umsetzung thematisiert werden. Dies kann beispielsweise im Rahmen eines weiteren Mitarbeitergesprächs geschehen, da das professionelle Feedback einen weiteren wesentlichen Bestandteil eines solchen Gespräches darstellen sollte. In diesem Rahmen kann thematisch ebenso auf die im Kompetenzraster aufgeführten Kompetenzen zurückgegriffen werden. Denkbar ist beispielsweise die Rückmeldung »...beteiligt sich an der Planung des zeitlichen Ablaufs der Qualitätsentwicklung (vgl. Qualifikationsprofile in Arbeitsfeldern der Pädagogik der Kindheit 2011, S. 77) derzeit nicht«, für den Fall, dass Frau Sommerfeldt diesbezüglich zurzeit eine ablehnende Haltung vertritt.

Während die bislang beschriebenen Möglichkeiten, Kompetenzen von Mitarbeiterinnen bzw. Mitarbeitern zu erfassen in erster Linie darauf beruhen, dass Leitungskräfte das pädagogische Handeln und allgemein das Verhalten ihrer Mitarbeiter/innen beobachten und einschätzen, liegt mit dem Verfahren der Dilemmasituationen eine weitere Möglichkeit zur Erfassung von Kompetenzen vor (Fröhlich-Gildhoff/Nentwig-Gesemann/Pietsch 2014). Die Auseinandersetzung mit Situationen, die als herausfordernd wahrgenommen werden und mit Handlungsroutinen nicht mehr bewältigt werden können, hat sich als eine hilfreiche Möglichkeit erwiesen, berufsbiografische Lernprozesse anzustoßen und zu vertiefen (Breitenbach/Nentwig-Gesemann 2013). Hierbei bearbeiten Mitarbeiter/innen in Einzelarbeit schriftlich eine beschriebene Situation, in der eine oder mehrere pädagogische Fachkräfte sich in einer komplexen Lage befinden und deren Lösung vielschichtig und vielfältig ist. Auf Basis der unten dargestellten Auswertungsmaske können Leiter/innen einschätzen, auf welchem Niveau sich die Einschätzung der jeweiligen Fachkraft befindet, welche Punkte berücksichtigt werden konnten, welches Fachwissen vorliegt, welche Perspektiven übernommen werden konnten und welche Interessen gegeneinander abgewogen wurden. Hieran anschließend trifft die Leitungskraft Entscheidungen über Personalentwicklungsmöglichkeiten, z.B. ein Feedback-Gespräch, ein Zielvereinbarungsgespräch, Fort- und Weiterbildungen, Prozessbegleitung oder ein pädagogisches Coaching.

Kategorien		**»Stufen«: Ausprägungen**					
		hoch		**niedrig**			
		5	**4**	**3**	**2**	**1**	
(1) Situationswahrnehmung und -beschreibung	1.1 Die Situation wird differenziert nach aufeinander folgenden (Sequenzialität) und ineinander verschränkten (Simultaneität) Handlungssequenzen beschrieben.						Es wird lückenhaft nur ein (Haupt-)Handlungsstrang der Situation beschrieben.
(2) Situationsanalyse und -interpretation	2.4 In der Einschätzung der Situation ist der Bezug auf theoretisch-wissenschaftliche Erkenntnisse (z.B. aus der Entwicklungspsychologie) deutlich erkennbar.						Für die Einschätzung der Situation wird auf keine theoretisch-wissenschaftliche Erkenntnisse rekurriert; theoretische Bezüge sind nicht erkennbar (Einschätzungen des Common Sense werden unreflektiert übernommen).
(3) Planung und Begründung des eigenen pädagogisch-professionellen Handelns	3.5 Der eigene Handlungsentwurf wird auf der Grundlage eigenen reflektierten Erfahrungswissens differenziert begründet.						Der eigene Handlungsentwurf wird nicht erfahrungsbasiert begründet (d.h. es werden keine selbst erlebten – ähnlichen oder unterschiedlichen – Situationen herangezogen
(4) Selbstreflexion	4.2 Mut, in ungewöhnlichen Situationen experimentell, divergent (d.h. vom Üblichen/Gewohnheiten abweichend) zu denken und zu handeln, situationsadäquate Realisierung ungewöhnlicher/neuer Lösungswege						Festhalten an Handlungsroutinen und -mustern auch in ungewöhnlichen Situationen (Anwendung von Standard-Methoden/ «Rezeptwissen)

Kategorien		»Stufen«: Ausprägungen hoch			niedrig		
		5	4	3	2	1	
(5) Weiterführung, Entwicklung von Perspektiven	5.5 Entwicklung und Antizipation von begründeten Konsequenzen/Schlussfolgerungen für vergleichbare Situationen						Keine Entwicklung und Antizipation von Konsequenzen/Schlussfolgerungen für vergleichbare Situationen

Tabelle 19: Bewertungsraster zur Bearbeitung von Dilemma-Situationen (Quelle: Auszug aus Fröhlich-Gilhoff/Nentwig-Gesemann/Pietsch 2013)

Praxishinweis

Im Rahmen einer ganzheitlichen Personalentwicklung erfassen Leitungskräfte die Kompetenzentwicklung ihrer Mitarbeiter/innen systematisch. Hierauf basierend erfolgt eine langfristige Planung der Fort- und Weiterbildungsbedarfe, die sowohl die individuelle Entwicklung des einzelnen Mitarbeiters, als auch die Bedürfnisse der Einrichtung im Blick behält. Die Weiterentwicklung der Mitarbeiter/innen ist dabei immer vor dem Hintergrund der betrieblichen Erfordernisse zu sehen (Thom/Ritz 2008).

Die herausragende Eigenschaft einer lernenden Kindertageseinrichtung liegt in dieser Hinsicht darin, sich zu organisieren, sich mit Lerngelegenheiten und -anlässen auszustatten, um Veränderungsprozesse und ihre Auswirkungen auf das gesamte Team, auf das gesamte System, wahrzunehmen und zu steuern. (vgl. Griese/Marburger 2011, S. S. 11). Dabei kann die Leitungskraft »den Einsatz und die Leistungsfähigkeit der Mitarbeiterinnen dann am besten fordern, wenn sie gleichzeitig die Entfaltung ihrer Kompetenzen und Talente fördert und dafür die nötige Unterstützung gibt oder organisiert« (Pesch 2007, S. 101). Dabei können Leitungskräfte in der Umsetzung dieser Zielsetzung auf 4 zentrale Gestaltungsmerkmale zurückgreifen (vgl. Cohen et al. 1996):

1. *Aufbau einer tragfähigen Beziehung:* Ausgehend von einem wertschätzenden Menschenbild, das davon ausgeht, dass Personen sich einbringen und entwickeln möchten, gestalten Leitungskräfte Be-

ziehungen zu ihren Mitarbeiterinnen und Mitarbeitern. Im Rahmen dieser professionellen und auf einer vertrauensvollen Grundhaltung beruhenden Arbeitsbeziehungen sind Mitarbeiter/innen in der Lage, sich Kompetenzentwicklungsprozessen gegenüber zu öffnen.

2. *Sicherung des Informationsflusses:* Weil der Zugang zu Informationen (über die Einrichtung, die Gruppe, die Konzeption usw.) immer auch damit verbunden ist, (Entscheidungs-)Macht und Gestaltungsmöglichkeiten zu haben, stehen Leitungskräfte in der Verantwortung, vielfältige Informationswege zu unterschiedlichen Stellen zu gestalten. Mitarbeiter/innen erhalten Entwicklungsmöglichkeiten, wenn Entscheidungen und Abläufe transparent und nachvollziehbar kommuniziert werden (z.B. zu Beginn des neuen Kindergartenjahres müssen in der grünen Gruppe 5 neue Kinder gleichzeitig aufgenommen werden).
3. *Entscheidungskompetenz:* Mitarbeiter/innen, die nicht nur über die nötigen Informationen zu Abläufen o.ä. verfügen, sondern denen auch das Zutrauen und die Kompetenz zugesprochen wurden, Entscheidungen zu treffen, agieren eigenverantwortlich und engagiert (z.B. in der Umsetzung des Dienstplanes oder der Überarbeitung der Konzeption).
4. *Unterstützung und Coaching:* Immer dann, wenn Mitarbeiter/innen an ihre Grenzen geraten, Arbeitsabläufe nicht bewältigt werden können, Konflikte oder Unsicherheiten entstehen, stehen Leitungskräfte vor der Aufgabe, Mitarbeiter/innen bei der Bewältigung unterschiedlicher Herausforderungen zu unterstützen. Hierbei birgt insbesondere die Rolle des Coaches gewinnbringende Potenziale[19].

Neben den beschriebenen Faktoren der *Förderung* von Mitarbeiterinnen und Mitarbeitern steht die Frage nach der *Forderung* im Sinne der Auswahl von passgenauen Qualifikationsmaßnahmen noch aus. Diese müssen den Entwicklungspotenzialen der Mitarbeiter/innen entsprechen und auf die Bedarfe der Einrichtung zugeschnitten sein. Im Überblick bieten sich folgende Ansatzmöglichkeiten:

19. Welche Potenziale das Coaching von Mitarbeiterinnen und Mitarbeitern besitzt, wird in Kapitel 3.4.2 beschrieben. An dieser Stelle sei lediglich darauf hingewiesen, dass die Leitungskraft die Mitarbeiter/innen bei der eigenständigen Lösungsfindung unterstützt. Dabei geht es weniger darum, alle Fragen beantworten und alle Dilemmata auflösen zu können, sondern viel eher darum, die Mitarbeiter/innen dazu zu befähigen, lösungsorientiert zu denken und unterschiedliche Perspektiven einzunehmen.

Into-the-Job	• Einführungsseminare • Mentorensysteme • Traineeprogramme
On-the-Job	• Job-Rotation (z.B. die Arbeit in unterschiedlichen Bereichen einer Kita oder bei unterschiedlichen Einrichtungen eines Trägers) • Job-Enlargement (Erweiterung des Aufgabenbereichs) • Job-Enrichment (Erweiterung des Aufgaben- und Verantwortungsbereiches) • Inhouse-Seminare • interne und externe Fortbildungen
Off-the-Job	• längerfristige Qualifizierungsmaßnahmen • berufsbegleitendes Studium • Weiterbildungen

Abb. 38: Überblick über unterschiedliche Qualifizierungs- und Personalentwicklungsmaßnahmen (Quelle: eigene Darstellung basierend auf Klug/Kratzmann 2016, S. 108).

Neben der Planung einzelner Personalentwicklungsmaßnahmen stellt die Sicherung des Transfers neuer Wissensbestände, die einzelne Teammitglieder erworben haben, eine wichtige Aufgabe von Leitungskräften dar. Die Weitergabe von Informationen und Erkenntnissen, die Einzelpersonen in Qualifizierungsmaßnahmen erhalten haben, ist daher im Rahmen einer systematischen Organisationsentwicklung mitzudenken und sicherzustellen. Möglichkeiten hierzu stellen beispielsweise die Einführung von Transfergesprächen dar, die immer in der ersten Teambesprechung stattfinden, nachdem eine Mitarbeiterin/ein Mitarbeiter eine Fort- oder Weiterbildungsveranstaltung besucht hat. Für die Mitarbeiterin bzw. den Mitarbeiter, die/der an der Qualifizierungsmaßnahme teilgenommen hat, bieten sie eine Grundlage zur Reflexion neuer Wissensbestände. Das gesamte Team wird über zentrale Inhalte des Seminars informiert und entwickelt gemeinsam Ideen, wie das entsprechende Wissen umgesetzt oder eingebracht werden kann.

Entscheidend für die Veränderungspotenziale, die sich aus Fort- und Weiterbildungsmaßnahmen ergeben, ist die Grundhaltung der Leitungskraft (Gaigl 2014). Am effektivsten lassen sich Veränderungen daher generieren, wenn Leitungskräfte von Beginn an in die Themenstellungen von Qualifizierungsangeboten involviert sind. In einigen Formaten wird daher prozessbegleitend überlegt, wie Leiter/innen ihre Teammitglieder bei der Umsetzung der Fortbildungsinhalte und der Kompetenzerweiterung unterstützen können (Ostermayer 2010). Dieses für Leitungskräfte sehr zeitintensive Vorgehen wird häufig im Rahmen von Inhouse-Seminaren praktiziert, die sich an viele bzw. alle pädagogischen Mitarbeiter/innen richten und damit als besonders effektiv und effizient gelten (Bekemeier 2011; Fröhlich-Gildhoff et al. 2011). Eine andere Möglichkeit, die Transfer-Bedingungen von Fortbildungsinhalten für die eigene pädagogische Praxis zu verbessern, besteht in der Bildung von Lern-Tandems. Indem mindestens 2 Mitarbeiter/innen einer Einrichtung an einem Qualifizierungsangebot teilnehmen, entwickelt sich die Möglichkeit der gegenseitigen Unterstützung und Reflexion im pädagogischen Alltag (ebd.). Außerdem können Seminar-Patenschaften übernommen werden, d.h. die Teilnehmenden binden eine Teamkollegin/einen Teamkollegen durchgängig in die Inhalte und Methoden der Weiterbildung ein (Bekemeier 2011). Besonders wenn es um die Veränderung pädagogischer Handlungsweisen geht, stellt eine längerfristige Prozessbegleitung eine Schlüsselkomponente des erfolgreichen Praxis-Transfers dar (Dickinson/Brady 2006; Joyce/Showers 1988). In Beratungs-, Mentoring- und Coachingprozessen werden die Mitarbeiter/innen bei der individuellen Umsetzung von Veränderungszielen in der Einrichtung unterstützt.

Praxishinweis

Setzen Strategien der Personalentwicklung an den Kompetenzen der Mitarbeiter/innen an, bergen sie eine Vielzahl von Chancen für die Einrichtung:

- Steigerung der Selbständigkeit
- Steigerung der Motivation und Lernbereitschaft
- Steigerung der Wertschätzung und Selbstsicherheit
- Steigerung des Kohärenzempfindens (Sinn und Freude an der täglichen Arbeit)
- Identifikation mit der Einrichtung
- Förderung von Verhalten im Sinne der Einrichtungskultur/des Leitbildes

3.3.4 Zusammenarbeit im Team

»Wenn mehrere Menschen zusammen sind, haben wir nicht einfach eine Ansammlung von Einzelwesen: es entsteht etwas Neues, Anderes, das ganz eigenen Gesetzen gehorcht.« (Dr. Elmar Teutsch)

Neben der individuellen Förderung und Forderung einzelner Mitarbeiter/innen muss sich der Blick einer Leitungskraft auch auf das Team als eigene Instanz richten. So ist die Zusammenarbeit im Team geradezu ein Charakteristikum von Einrichtungen der frühen Bildung, Betreuung und Erziehung. Die Steuerung und Gestaltung gruppendynamischer Prozesse stellt daher eine Schlüsselaufgabe von Leitungskräften dar. Wie bereits dargestellt, trägt die Leitung Verantwortung für die Gestaltung einer wertschätzenden Einrichtungskultur, in die die Zusammenarbeit zwischen den Mitarbeiterinnen und Mitarbeitern untereinander sowie zwischen den Mitarbeiterinnen/Mitarbeitern und der Leitungskraft eingebettet ist (vgl. Abb. 35). Darüber hinaus gestaltet die Leitung Rahmenbedingungen und Strukturen, die eine gute Zusammenarbeit im Team ermöglichen.

Das Phasenmodell von Glasl und Lievegoed (2011) zeigt weitere Aspekte, die es in der Entwicklung von Organisationen zu berücksichtigen gilt, auf. Das Modell orientiert sich an dem Phasenmodell für Gruppen von Tuckman (1965). Tuckman analysierte zur Entwicklung seines Models unterschiedliche Studien zur Gruppenentwicklung, vor allem die sozioemotionalen Ebene fokussierend, und identifizierte 4 aufeinander folgende Phasen: (1) forming, (2) storming, (3) norming und (4) performing. Übertragen auf die Entwicklung von Organisationen lassen sich diese Phasen bezeichnen als Pionier-, Differenzierungs-, Integrations- und Assoziationsphase. Jede Phase ist durch spezifische Aspekte gekennzeichnet. In der 1. Phase, der Pionierphase, ist die Organisation geprägt von einer Aufbruchsstimmung. Leitung hat in dieser Phase vor allem für informelle Abstimmungsprozesse zu sorgen, somit keine spezifischen Techniken anzuwenden, sondern die emotionale Lage aufrecht zu erhalten, da die Einsatzbereitschaft der Mitglieder hoch ist. Als mögliches Problem kann dabei auftreten, dass die Informationen nicht für alle in gleichem Umfang zugänglich sind und bei den Mitgliedern das Empfinden von Intransparenz auftreten kann. Dies ist dann ein Anzeichen für das Erreichen der nächsten Phase, der Differenzierungsphase. So sehr es in der vorrangegangenen Phase noch möglich war, den Arbeiten ihren Lauf zu lassen, so sehr bedarf es nun der Verbindlichkeiten und Regelungen, geklärter wie transparenter Kommunikationsflüsse und Entscheidungsbefugnisse. Als Schwierigkeit kann dabei auftreten, dass die Mitglieder der Organisation mit der Klarheit in den Regeln bzgl. der Arbeitsbeziehungen, die sozial-emotionale Dimension menschlicher Beziehungen missen.

Eine Antwort auf diese Lage und die Weiterführung der Organisation in die nächste Phase, die Integrationsphase, kann die Leitung durch gemeinsames Arbeiten am Leitbild geben. In der 3. Phase steht nun die Konturierung und Ausrichtung der Organisation im Mittelpunkt. Auf Basis der Regelungen aus der vorangegangenen Phase und der Orientierung an einem gemeinsamen Leitbild können die Arbeitsbereiche und -befugnisse weiter gefasst werden. Als Randproblem besteht die Gefahr, dass sich die Organisation in dieser Phase gegenüber anderen abgrenzt.

In der 4. Phase, der Assoziationsphase, besteht die Aufgabe der Leitung darin, diese Abgrenzung nach außen im Sinne förderlicher Kooperationen und Verbünde aufzuheben. Die Organisation ist zu öffnen, die Vernetzung mit anderen Akteuren im Feld oder auch angrenzenden Fachdisziplinen anzustreben. Probleme können durch die Bildung von Machtblöcken innerhalb der Organisation auftauchen: Mitglieder, die sich zusammenschließen und ihre Handlungsspielräume aus der 3. Phase zu weit ausschöpfen oder nicht die gesamte Organisation, sondern nur ihren Arbeitsbereich um Blick haben.

Abb. 39: Phasenmodell der Organisationsentwicklung (Quelle: nach Glasl/Lievegoed 2011)

Gleichwohl dieses Modell von Glasl und Lievegoed einen idealtypischen Verlauf beschreibt, der in dieser eindeutigen Abstufung in der Realität kaum aufzufinden ist, können Leitungskräfte dennoch grundlegende Aspekte zur Analyse der eigenen Organisation nutzen:

- An welcher Stelle kann welchen Mitarbeitenden welcher Handlungsspielraum eingeräumt werden?
- Wo bedarf es der klaren Beschreibung von Aufgaben?
- Wo bedarf es auch der Kontrolle, wie diese Aufgaben wahrgenommen werden?
- Wie kann bei allen getroffenen Regelungen die sozial-emotionale Arbeitsebene zum Tragen kommen?
- Welche weitreichenden Ideen haben die Kolleginnen und Kollegen vom Auftrag der Organisation und wie kann dies in ein Leitbild münden?

Als Herzstück der Teamarbeit fungieren die regelmäßigen Teamsitzungen oder -besprechungen. Dabei sind je nach Einrichtungsgröße unterschiedliche Ausrichtungen der Sitzung zu fokussieren. Was in größeren Einrichtungen mit mehr als 14 Mitarbeiterinnen und Mitarbeitern in sogenannten Klein- und Großteamsitzungen unterschieden wird, kann sich in mittleren Einrichtungen auf der Ebene von Gruppenteamsitzungen (Bereichsteamsitzungen) und »Gesamtteamsitzungen« unterscheiden, während in kleinen Einrichtungen die einzelnen Teamsitzungen unterschiedliche Schwerpunkte zugeordnet sind.

In Groß- oder Gesamtteamsitzungen werden einerseits überwiegend organisatorische Themen in den Blick genommen oder sie fungieren andererseits als »Denkfabrik« zur Arbeit an der Vision, dem Leitbild, der Konzeption oder der Umsetzung von Bildungsplänen und Instrumenten der Beobachtung und Dokumentation. Die Klein- oder Gruppenteamsitzungen haben neben organisatorischen Themen in erster Linie dialogischen Charakter. Sie sind Dreh- und Angelpunkt an dem unterschiedliche Denk- und Verhaltensmuster aufeinandertreffen und im Sinne eines immerwährenden Professionalisierungsprozesses ausgetauscht, abgeglichen, unterschieden, angepasst, voneinander abgegrenzt und integriert werden müssen.

In gemeinsamen Reflexionsprozessen werden unterschiedliche Perspektiven auf pädagogische Situationen dargelegt und diskutiert. Auf Basis der pädagogischen Konzeption werden Aushandlungsprozesse moderiert, innerhalb derer sich die einzelnen Teammitglieder einer einrichtungsspezifischen Haltung annähern. Diese fachlich-inhaltliche Auseinandersetzung erfolgt im Idealfall auf unterschiedlichen Ebenen, wie die nachfolgende Abbildung illustriert.

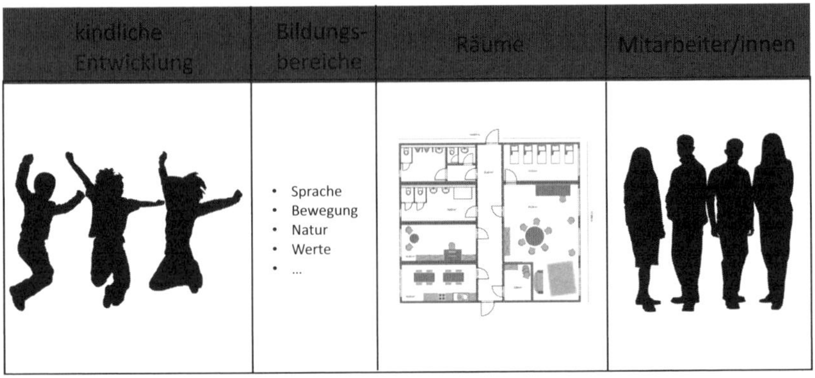

kindliche Entwicklung	Bildungsbereiche	Räume	Mitarbeiter/innen
	• Sprache • Bewegung • Natur • Werte • …		

Abb. 40: Gegenstände pädagogischer Reflexion (Quelle: eigene Darstellung)

Ausgehend vom spiralförmigen Verständigungsprozess der Pädagogik (Schäfer o.J.), der in Kapitel 1.1 bereits beschrieben wurde, sind die gemeinsamen Teambesprechungen der zentrale Ort, um einen mehrperspektivischen Blick auf die Entwicklung einzelner Kinder, die Ausgestaltung einzelner Bildungsbereiche, die Gestaltung und den Anregungsgehalt der Räume sowie die pädagogischen Fachkräfte zu generieren.

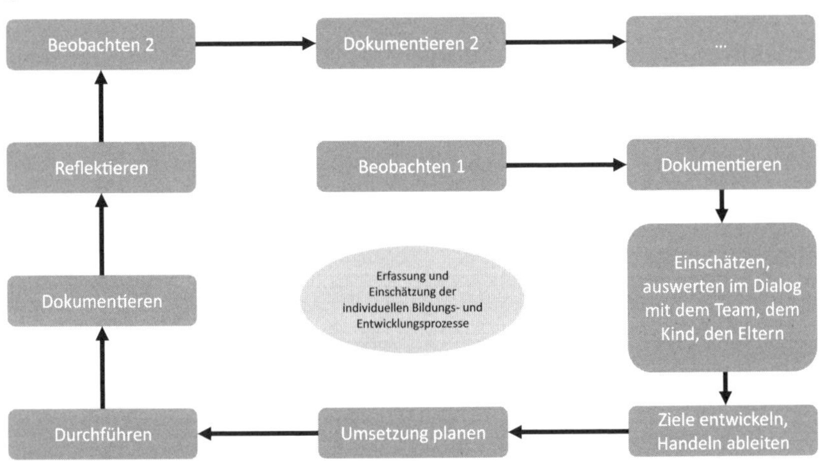

Abb. 41: Verständigungsprozesse professionellen Handelns (Quelle: Schäfer o.J., S. 6)

Gerade die Mitarbeiter/innenreflexion bietet hier die Möglichkeit im Rahmen eines wertschätzenden Teamklimas Lücken zwischen der Selbst- und Fremdwahrnehmung zu schließen. Oder anders ausgedrückt: »Selbstverantwortung hat in sozialpädagogischen Einrichtungen einen hohen

Stellenwert. Selbstverantworten können Menschen nur das, was sie selbst auch verstehen« (Pesch 2007, S. 107).

Eine mögliche Vorgehensweise offeriert folgendes Schema:

Reflexionsfokus	Reflexionsbereiche
Personen-eigenschaften	• Charakter(eigenschaften) • Fachlichkeit und Kompetenz • Stärken und Schwächen • Berufsbiographie • Entwicklungsprozess
pädagogisches Handeln	• Bild vom Kind • Erwartungen an Kinder • Feinfühligkeit • Wahrnehmung individueller Bedürfnisse • Wahrnehmung von Gruppensituationen • Verhalten in Aktivitäten/Angeboten • Beobachtung und Dokumentation • Beziehungsvolle Pflege • Umgang mit herausforderndem Verhalten • Umgang mit Grenzsituationen • Entwicklungsprozess
Zusammenarbeit im Team	• Rolle(n) im Team • Kritikfähigkeit • Konfliktfähigkeit • Offenheit gegenüber Neuem • Selbständigkeit • Akzeptanz • Entwicklungsprozess
Zusammenarbeit mit der Leitung und dem Träger	• Beziehung zur Leitung • Zufriedenheit am Arbeitsplatz • Verantwortungsbereiche • Identifikation mit dem Leitbild • Qualifikation • Entwicklungsprozess

Reflexionsfokus	Reflexionsbereiche
Zusammenarbeit mit Eltern	• Sicherheit • Wahrnehmung von Bedürfnissen • Kommunikation und Gesprächsführung • Wertschätzung

Tabelle 20: Reflexionsfoki im Rahmen einer Mitarbeiterreflexion (Quelle: eigene Darstellung)

Die Auseinandersetzung mit Selbstreflexionsprozessen muss dabei Teil einer generellen Feedback-Kultur im Team sein. Der pädagogische Alltag ist in diesem Sinne geprägt davon, dass sich Fachkräfte der Subjektivität ihrer Wahrnehmungen und der Vielzahl an Alternativen zu ihrem professionellen Handeln bewusst sind. »Für die Teamentwicklung ist es entscheidend, dass aus dem Austausch über die individuellen Wahrnehmungen ein gemeinsames Bild der Wirklichkeit entsteht« (Pesch 2007, S. 108). Eine Kultur der Rückmeldung enthält dabei die Möglichkeit, neben dem eigenen situativ angepassten Handeln auch Handlungsalternativen zu kennen und einen mehrperspektivischen Blick auf die Prozesse pädagogischen Handelns zu erlangen.

Die Moderation der Teamsitzung muss dabei ausgehend von der wertebasierten Grundhaltung der Einrichtung zielführend geplant und umgesetzt werden. In diesem Sinne sollten Tagesordnungspunkte der Teamsitzung überwiegend im Vorfeld feststehen und ggf. vorbereitet werden (im Tagesordnungspunkt »Aktuelles« können dann Vorfälle und Begebenheiten zur Sprache kommen, die sich kurzfristig ereignet haben). Darüber hinaus sorgt die Moderation für Transparenz in Bezug auf die jeweilige Zielsetzung eines Tagesordnungspunktes. Hierbei kann eine Zuteilung der Themen zu den Bereichen **I**nformation (Sicherung des Informationsflusses), **D**iskussion (Einholen eines Meinungs- oder Stimmungsbildes zu einem Thema) und **B**eschluss (Treffen einer Entscheidung) für Transparenz sorgen. Die Aufgabe der Vorbereitung und Moderation von Teamsitzungen ist dabei keineswegs nur bei der Leitung verortet. Vor allem durch ein rotierendes System der Moderation können gruppendynamische Teamprozesse initiiert und eine professionelle Zusammenarbeit im Team gefestigt werden.

3.4 Prozessqualität

»Menschenführung ist an die Hand nehmen, ohne festzuhalten und loslassen, ohne fallen zu lassen.« (Wilma Thomalla)

Wie bereits im Einstieg des 3. Kapitels beschrieben, findet sich in der Art und Weise, wie Prozesse in Kindertageseinrichtungen gestaltet sind, der wichtigste Ansatzpunkt zur Entwicklung und Sicherung pädagogischer Qualität. Weil sich die unterschiedlichen Qualitätsbereiche der Kontext-, Struktur-, Orientierungs- und Prozessqualität immer gegenseitig bedingen, wurden unter der Fokussierung der oben ausgeführten Bereiche schon einige zentrale Prozesse gelingender Leitungsarbeit benannt: Im Rahmen von Konzeptions-, Personal- und Teamentwicklung stecken die prozessualen Anteile bereits in der Begrifflichkeit – was sich entwickeln soll, muss im Prozess sein. Weil die Frage der zugrundeliegenden Orientierung (i.d.S. Haltung) allerdings eng mit diesen Leitungsprozessen verknüpft ist und das Fundament des Leitungshandelns darstellt, erfolgte die Auseinandersetzung mit der Entwicklung von Konzeptionen, Personal und Team in diesem Qualitätsbereich.

Nachfolgend werden weitere Handlungsfelder, die als zentral für professionelle Leitungstätigkeit gelten können, in den Blick genommen.

3.4.1 Qualitätsentwicklung

»Qualität ist kein Zufall. Es gehören Intelligenz und Wille dazu, um ein Ding besser zu machen.« (John Ruskin)

Spätestens seit den 1990er Jahren, hat sich die Erkenntnis durchgesetzt, dass eine systematische Qualitätsentwicklung und -sicherung in Kindertageseinrichtungen implementiert werden sollte (siehe auch Kapitel 1.4.2). Neben der fachlichen Erfordernis, die Bedingungen der frühkindlichen Bildung, Betreuung und Erziehung sowie die Arbeitsumgebung für die pädagogischen Fachkräfte möglichst optimal zu gestalten, existiert die gesetzliche Vorschrift zur Sicherstellung der Qualität in Kindertageseinrichtungen mit geeigneten Maßnahmen und Instrumente (§§ 22a, 74 und 79 SGB XIII). Die Finanzierung und Förderung durch den öffentlichen Träger der Jugendhilfe wird demnach unter der Voraussetzung gewährt, dass Träger von Einrichtungen eine kontinuierliche Qualitätsentwicklung sicherstellen.

Dabei kann nicht davon ausgegangen werden, dass allein die Bereitstellung der entsprechenden strukturellen und orientierungsgebenden Bedingungen (geeignetes Personal, guter Personalschlüssel, funktionierende

Dienstpläne, pädagogische Konzeption usw.) dazu führt, dass die pädagogische Qualität der Einrichtung hoch ist. Deshalb ist die gezielte und nachhaltige Qualitätsentwicklung eine wichtige Leitungsaufgabe (vgl. Esch et al. 2006, S. 21 f.). Die Herausforderung dabei fächert sich auf, wenn fachlich-normative Standards und Erkenntnisse zugrunde gelegt werden sollen und zugleich das Team mit allen seinen subjektiven Vorstellungen pädagogischer Qualität am Qualitätsentwicklungsprozess beteiligt werden soll. Mitarbeiter/innen, deren Einstellungen und Meinungen wertgeschätzt und berücksichtig werden, werden den Qualitätsentwicklungsprozess als sinnvoll und gewinnbringend für die eigene Arbeit wahrnehmen (vgl. Kronberger Kreis 1998).

Unter dem Begriff des *Qualitätsmanagements* wird dabei die Gesamtheit aller Tätigkeiten, die der gezielten Planung, Steuerung, Dokumentation und Kontrolle aller Qualitätsaspekte und -dimensionen dienen, zusammengefasst (vgl. Eversheim 1997). Über ein entsprechendes QM-System werden Aufgaben und Abläufe (Strukturen und Prozesse) so beschrieben, dass sie die Erreichung der gewünschten Ergebnisse ermöglichen (vgl. Tietze 1998).

Die Anforderung der *Qualitätsentwicklung* verweist hingegen auf den dynamischen und prozesshaften Zugang, der nötig ist, um Qualität in Kindertageseinrichtungen herzustellen und langfristig zu erhalten. Dabei beinhaltet sie neben den fachlichen Aspekten (d.h. der Orientierung an empirisch abgesicherten Ergebnissen und Erkenntnissen) auch einen Management-Aspekt. Denn die Umsetzung fachlicher Erkenntnisse erfordert eine systematische und ergebnisorientierte Steuerung durch die Leitungskraft mit den daraus folgenden Aufgaben:

- »Informieren
- Motivieren
- Moderieren
- Ziele vereinbaren
- Planen
- Delegieren
- Koordinieren
- Dokumentieren
- Auswerten und kontrollieren« (Tietze 2004, S. 16)

Insbesondere die Komplexität des sozialen Systems erfordert es in diesem Zusammenhang, die Herbeiführung von Qualität zirkulär zu sehen. Qualitätsentwicklung muss kontinuierlich und in immer wiederkehrenden Rückkopplungsschleifen betrieben werden. Im Rahmen von kontinuierlichen Verbesserungsprozessen (KVP) geht es dabei darum, den aktuellen Ist-Stand zu erheben, neue Maßnahmen zur Verbesserung zu planen und umzusetzen, diese auf ihre Wirksamkeit und Praktikabilität hin zu überprüfen und darauf basierend weiter zu entscheiden, ob und wie das Vorgehen ggf. verändert werden sollte (PDCA-Zyklus nach Deming: Imai 1992; Dreiner-Tönnes/Sevenich-Mattar 2005; Bostelmann/Metze 2000). Hiervon ausgehend beinhaltet das Qualitätsmanagement für Leitungskräfte 3 zentrale Aufgabenstellungen:

a) Qualität bestimmen,
b) Qualität (weiter-)entwickeln und
c) Qualität feststellen.

a) Qualität bestimmen

In einem ersten Schritt gilt es, den aktuellen Stand der Qualität in der Kindertageseinrichtung, also die Ausgangssituation, festzustellen. Ausgehend von dieser Analyse gilt es dann einrichtungsspezifische Qualitätsstandards zu definieren, die sowohl normative Kriterien der Fachlichkeit und Professionalität, als auch einrichtungsspezifische Vorgehensweisen und Werte berücksichtigen (vgl. Engelhardt 2001).

In der Vorbereitungsphase findet eine erste Auftragsklärung statt, bei der sich das Team über die Anforderungen, die gewünschte Ergebnisqualität und eine grobe Planung verständigt. Damit Qualitätsentwicklungsprozesse erfolgreich ablaufen können, sind die Belange der unterschiedlichen Beteiligten einzubeziehen. »Beeindruckend […] ist […] die Erkenntnis, welchen Motivationsschub die Befassung mit Qualitätsentwicklungs- und -sicherungskonzepten für die Praxis brachte. Von allen Expertinnen/Experten wurde vermittelt, dass durch die Auseinandersetzung mit den jeweiligen QE/QS-Konzepten eine intensive Auseinandersetzung und kritische Reflexion der 3 zentralen Qualitätsebenen (Struktur-, Prozess- und Ergebnisqualität) ihrer Arbeit erfolgte. In den Einrichtungen und insbesondere bei den beteiligten Personen nahm die Identifikation mit ihrer Arbeit und die Motivation zur Verbesserung deren Qualität zu. Mit der Erweiterung des Blickfeldes auf ökonomische und strukturelle Aspekte sowie auf gesellschaftliche Prozesse wuchs die Notwendigkeit zu mehr Transparenz und Partizipation. Dieser Prozess führte darüber hinaus zu einer Steigerung des Selbstbewusstseins bezüglich der Bedeutung der eigenen Arbeit« (AGJ/Deutsches Nationalkommitee der Weltorganisation für frühkindliche Bildung OMEP 1999, S. 70).

Praxishinweis

Zur Information und Motivation der Mitarbeiter/innen kann ein Kick-off-Event veranstaltet werden, bei dem Mitarbeiterinnen und Mitarbeitern der Nutzen, die Ziele und die Vorgehensweise des Qualitätsmanagements – eingebettet in die Vision der Einrichtung bzw. des Trägers – vorgestellt werden.

Die Durchführung einer Qualitätsanalyse ist dabei anspruchsvoll und spannend zugleich: Arbeitsprozesse und Strukturen einer Einrichtung werden aus verschiedenen Perspektiven betrachtet, analysiert und diskutiert. Dabei ist es stets entscheidend, welche Veränderungs- und (Weiter-)Entwicklungsprozesse auf die Analyse folgen.

Hilfreich zur Reflexion der Ausgangssituation ist eine SWOT-Analyse, die dabei unterstützt, ein gemeinsames Verständnis von Stärken und Schwächen der Einrichtung, ebenso über Risiken bzw. Herausforderungen und Veränderungspotenziale zu entwickeln. Die Abkürzung SWOT ist auf die englischen Begriffe Strength, Weakness, Opportunities und Threats zurückzuführen. Im Rahmen eines gemeinsamen Denkprozesses notieren Mitarbeiter/innen und Leitungskraft Stärken, Schwächen, Chancen und Hindernisse/Risiken bei der Weiterentwicklung der Einrichtung auf Flipchartpapiere o.ä. Ideen der Umsetzung liefern Auszüge aus einem Beispiel von Fløgstad und Helle (2016):

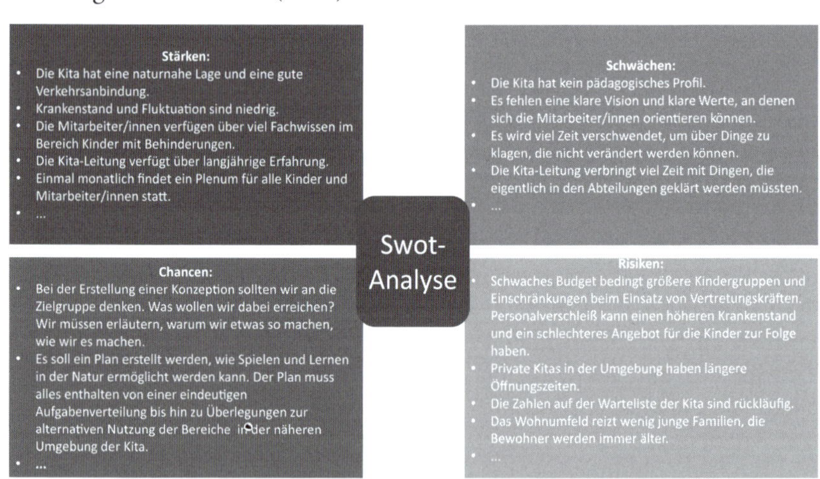

Abb. 42: Beispiel einer SWOT-Analyse (Quelle: Fløgstad/Helle 2016, S. 44–48)

Weitere relevante Informationen ergeben sich aus der Durchführung von Mitarbeiter/innen- oder Elternbefragungen. Auf Grundlage dieser ersten Einschätzung werden Einzelziele entwickelt und die für die Realisierung nötigen Maßnahmen festgelegt, um damit die gewünschten Veränderungen einzuleiten.

Durch die Dokumentation und Auswertung sogenannter Schlüsselprozesse ergeben sich weitere Ansatzpunkte: Hierbei dokumentieren die pädagogischen Fachkräfte zunächst ihre Aufgaben und die dazugehörigen Arbeitsabläufe (Prozesse).

b) Qualitat entwickeln

Eine systematische Möglichkeit zur Gestaltung eines kontinuierlichen Qualitätsentwicklungsprozesses bietet das 7-Schritte-Verfahren, das im Rahmen der Nationalen Qualitätsinitiative (NQI) entwickelt wurde (Tietze/Viernickel 2016). Dabei ist die Erreichung eines Ziels immer zugleich die Ausgangsbasis für die Setzung und spätere Überprüfung neuer Ziele.

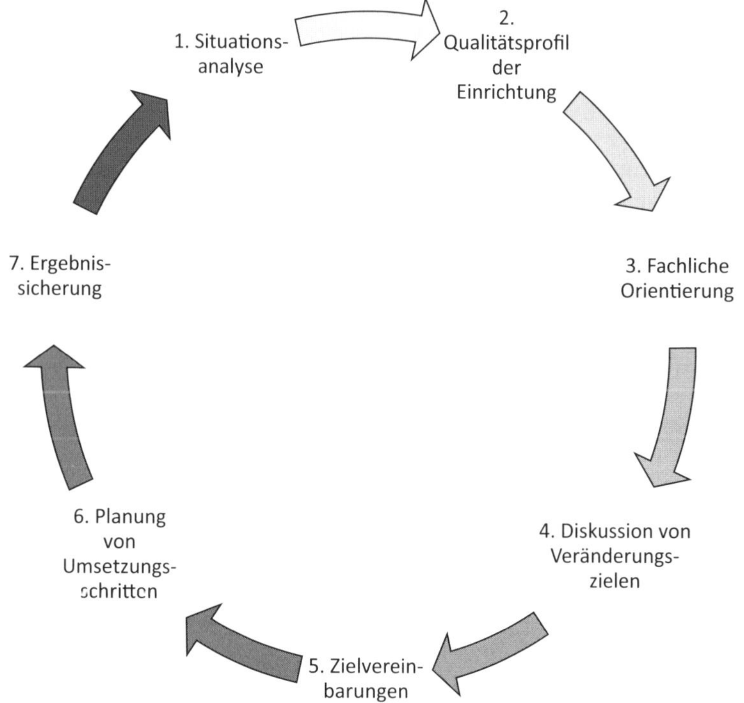

Abb. 43: 7 Schritte der Qualitätsentwicklung nach Wolfang Tietze (aus: Gartinger/Janssen 2014, S. 700)

Zur weiteren Konkretisierung des Ist-Standes kann im Rahmen der *Situationsanalyse* auf 20 Checklisten zur Selbstevaluation zurückgegriffen werden. Hierzu bearbeiten unterschiedliche Fachkräfte die Fragebögen zu den Themen Raum für Kinder, Tagesgestaltung, Mahlzeiten & Ernährung, Gesundheit & Körperpflege, Ruhen & Schlafen, Sicherheit, Sprache & Kommunikation, Kognitive Entwicklung, Soziale & emotionale Entwicklung, Bewegung, Fantasie & Rollenspiel, Bauen & Konstruieren, Bildende Kunst, Musik und Tanz, Natur-, Umgebungs- und Sachwissen, Interkulturelles Lernen, Integration von Kindern mit Behinderungen, Eingewöhnung, Begrüßung & Verabschiedung, Zusammenarbeit mit Familien und Leitung (Tietze 2004). Aus der Reflexion und Diskussion dieser subjektiven Einschätzungen der pädagogischen Fachkräfte und der Leitungskraft entwickelt sich das *Qualitätsprofil* der Einrichtung. Anknüpfend an die SWOT-Analyse werden hierbei Stärken und Schwächen der Kindertageseinrichtung sichtbar.

Die *fachlich-normative Verortung* von Veränderungszielen erfolgt über eine vertiefende Auseinandersetzung mit empirisch abgesicherten Erkenntnissen gelingender Praxis (z.B. auf Basis des Nationalen Kriterienkatalogs von Tietze/Viernickel 2016). Weitere Anknüpfungspunkte bieten der Rückgriff auf Fachliteratur oder die Teilnahme an Fort- und Weiterbildungsveranstaltungen zu den jeweiligen Themen. Hiervon ausgehend diskutiert das Team gemeinsam mit der Leitungskraft mögliche *Veränderungsziele*, die einerseits fachlich begründet sind und andererseits mit dem Leitbild bzw. der Vision der Einrichtung in Einklang stehen. Die daraus hervorgehenden *Zielvereinbarungen* sind möglichst konkret benannt (**s**pezifisch, **m**essbar, **a**nspruchsvoll aber auch **a**ngemessen, **r**ealistisch und **t**erminierbar: SMART) und schriftlich dokumentiert. Eine mögliche Umsetzung bietet hier ein *Qualitätshandbuch*, in dem Qualitätsziele und darauf abgestimmte Arbeitsabläufe (Prozessbeschreibungen), Methoden und Werkzeuge (z.B.: Checklisten, Pläne, ...) sowie Organisationsstrukturen für deren Umsetzung festgelegt sind. Im ersten Teil eines solchen Handbuches werden zunächst die Vision der Einrichtung bzw. das Leitbild und die Organisationsstrukturen beschrieben. Den Hauptteil des Qualitätshandbuches bilden dann Prozessbeschreibungen von *Schlüsselprozessen*, in denen beispielsweise die verwendeten Qualitätsstandards, qualitätsrelevante Arbeitsabläufe sowie die Stellenbeschreibungen detailliert festgelegt sind (Bostelmann/Metze 2000, S. 78). »Schlüsselprozesse sind diejenigen zentralen Prozesse, die zur Erstellung und Abnahme der für die Organisation spezifischen Bildungsangebote und Dienstleistungen führen. Schlüsselprozesse liegen quer zu den jeweiligen Funktionsstellen und Aufgaben und beziehen sich auf Arbeitsabläufe der Gesamtorganisation. Das Klären der Schlüsselprozesse dient der Transparenz, der Verfahrens- und Rechtssicherheit, der Verlässlichkeit, Verbindlichkeit und Eindeutigkeit. So wird untereinander abgestimmtes kooperatives Handeln innerhalb der Organisation gesichert« (Zech 2008, S. 58). Schlüsselprozesse beschreiben demnach besonders zentrale regelmäßige Handlungsabläufe, die die Qualität einer Einrichtung maßgeblich bestimmen. Exemplarisch sei hier auf die Beschreibung der Eingewöhnungszeit und der Zusammenarbeit mit Eltern verwiesen (vgl. auch Kählig-Deutschmann/Rath 2009).

Praxishinweis

Zur Identifikation der individuellen Schlüsselprozesse einer Einrichtung kann die Fragestellung hilfreich sein: Welche Abläufe müssen beschrieben und festgelegt sein, damit alle Teammitglieder wissen, wofür sie zuständig und verantwortlich sind?

Hierbei sollten die Abläufe zunächst dokumentiert, in ihre Einzelschritte zerlegt und in eine logische Reihenfolge gebracht werden. Dabei ist es ebenso vonnöten, konkrete Zeitspannen zu definieren, die einen reibungslosen Ablauf verdeutlichen. Darüber hinaus sollten aus dem Ablauf heraus die internen und externen Schnittstellen deutlich werden. Sie beschreiben die Nahtstellen einer Organisation und verweisen auf eine dynamische Interaktion des Systems der Kita mit anderen Systemen und Prozessen (vgl. Fischer 2001, S. 170 f.). Ihre konkrete Benennung ist von herausragender Bedeutung, weil hier unterschiedliche, aber ineinandergreifende Aufgabenerledigungen und Funktionslogiken aufeinander treffen.

Die Beschreibung von Schlüsselprozessen im Qualitätshandbuch schafft Transparenz und Orientierung für alle pädagogischen Fachkräfte und dokumentiert die *Planung der Umsetzungsschritte*. Des Weiteren enthält das Qualitätshandbuch die Dokumentation, Messung, Überprüfung und Evaluation dieser Prozesse mit entsprechenden Instrumenten. Auf dieser Basis kann im Rahmen einer späteren *Ergebnissicherung* eine Auswertung stattfinden, die Aufschluss darüber gibt, wie die Einrichtung ihre selbst definierten Qualitätsziele erreicht. Das hierdurch repräsentierte Qualitätsmanagement-System sollte alle Fachkräfte bei der Erreichung der Ergebnisqualität (z.B. Arbeitsqualität und Zufriedenheit der Eltern) unterstützen, ihnen Orientierung und Sicherheit geben und eine regelmäßige

Auseinandersetzung mit der eigenen Arbeit und die Anerkennung für Geleistetes gewährleisten (s.u.).

Betrachtet man die Aufgabenstellungen und Prozesse, die sich aus der Qualitätsentwicklung heraus ergeben, wird deutlich, dass »die Kita-Leitung nicht im Alleingang die Weiterentwicklung der Qualität der Kita verantworten kann. Dennoch nimmt sie dafür eine Schlüsselfunktion ein« (Schelle 2015, S. 373). Dabei stellt die Leitungskraft über ihr Leitungshandeln im Managementbereich einerseits die erforderlichen Strukturen und Rahmenbedingungen her, die eine stetige Qualitätsentwicklung ermöglichen und sicherstellen (wie z.B. ein Qualitätshandbuch). Andererseits wirkt die selbstreflektierte Haltung der Leitung, die die Vision der Einrichtung zur Grundlage aller Qualitätsentwicklungsprozesse nimmt, auf die Einstellungen und Haltungen der Mitarbeiter/innen. Dabei kommt der Leitungskraft in erster Linie eine steuernde, impulsgebende Funktion zu. In dieser Funktion stößt sie Prozesse der Weiterentwicklung im Team an, überprüft die vereinbarten Qualitätsziele und fungiert als selbstreflektiertes Vorbild, das Qualitätserreichung nur innerhalb eines ständigen Verbesserungs- und Veränderungsprozesses für möglich hält (vgl. Viernickel et al. 2013).

Gleichwohl ist eine Einbindung des Trägers zwingend erforderlich. »Qualitätsentwicklung als Teil des Managements kann ohne Beteiligung des Trägers nicht von der Kita dauerhaft sichergestellt werden. Der Träger muss in den Qualitätsentwicklungsprozess einer Einrichtung eingebunden sein und seine Verantwortung und seinen Einfluss darauf bewusst wahrnehmen« (Schelle 2015, S. 371). Ausgehend von den Erkenntnissen der Nationalen Qualitätsinitiative (Fthenakis/Hanssen/Oberhuemer/Schreyer 2009) lassen sich 11 Aufgaben zusammenfassen:

1. Der Träger verfügt über ein Konzept der Qualitätsentwicklung für den Trägerbereich.
2. In der Zusammenarbeit mit den beteiligten Mitarbeiterinnen und Mitarbeitern werden Qualitätsgrundsätze und -ziele der Trägerarbeit vereinbart.
3. Der Träger sorgt für verbindliche Qualitätsstandards für die verschiedenen Bereiche der Trägerarbeit.
4. Der Träger sorgt für die Überprüfung der vereinbarten Qualitätsziele im Trägerbereich.
5. Verfahren der Qualitätsverbesserung werden als feste Bestandteile in die Trägerarbeit einbezogen.

6. Der Träger ist verantwortlich dafür, dass in den Einrichtungen Qualitätsentwicklung umgesetzt wird. Bei der Auswahl des Verfahrens unterstützt und berät er ggf. die Einrichtung.
7. Der Träger achtet darauf, dass die Qualitätsgrundsätze und -ziele der Einrichtung anschlussfähig an die eigene Qualitätspolitik sind.
8. Der Träger berät und unterstützt die Einrichtung bei der Erarbeitung der Qualitätsstandards.
9. Der Träger achtet darauf, dass der Qualitätsentwicklungsprozess der Einrichtung übersichtlich, anschaulich sowie vollständig dokumentiert ist und die Dokumentationen in ein Informationssystem eingebunden sind.
10. Der Träger ist verantwortlich dafür, dass Verfahren der Qualitätsverbesserung fester Bestandteil der Einrichtungsarbeit sind.
11. Der Träger stellt geeignete finanzielle, personelle sowie strukturelle Ressourcen zur Verfügung.

Praxishinweis

Leiter/innen sind aufgefordert, auf Unterstützungssysteme des Trägers bezüglich der Implementierung eines Qualitätsmanagementsystems zurückzugreifen oder solche einzufordern. Insbesondere bei der Entscheidung für ein bestimmtes Verfahren zur Entwicklung der Qualität in der Einrichtung sind die Qualitätsmanagementsysteme der Träger zu berücksichtigen.

Außerdem besteht grundsätzlich die Möglichkeit, die Verantwortung für Qualitätsentwicklungsprozesse oder ihre Teilbereiche zu delegieren, z.B. an einen Qualitätsbeauftragten des Trägers. »Wenn es beim Träger einen Qualitätsbeauftragten gibt und ein Qualitätsentwicklungsprojekt gleichzeitig in mehreren Einrichtungen des Trägers durchgeführt wird, sollte er die Koordination und den regelmäßigen Austausch sicherstellen« (Tietze 2004, S. 17).

Die Übertragung der Verantwortung für Teilbereiche der Qualitätsentwicklung an ein Mitglied des Teams stellt hingegen eine interessante Möglichkeit der Personalentwicklung dar. Im Sinne eines Job-Enrichments vergrößert sich hierbei der Verantwortungsbereich der entsprechenden Mitarbeiter/innen. Außerdem birgt die Koordination der Qualitätsentwicklung neue und interessante Aufgabengebiete. Allerdings ist zu berücksichtigen, dass die Aufgabe der Qualitätsentwicklung in der Regel nicht im Rahmen der üblichen Arbeitszeiten geleistet werden kann. Eine entsprechende Freistellung als Qualitätsbeauftragter ist demgemäß zu veranlassen.

c) Qualität feststellen bzw. überprüfen

Wenn sich Einrichtungen auf den Weg machen, die Qualität ihrer pädagogischen Arbeit zu verbessern, stellt sich die Frage, ob das Ergebnis dieser Bemühungen sichtbar gemacht werden kann. Wenngleich die dargestellten Abläufe und Qualitätsmanagementsysteme auf ein rationales, strukturiertes und begründbares Vorgehen der Qualitätsentwicklung hindeuten, muss doch berücksichtigt werden, dass es sich bei Kindertageseinrichtungen um komplexe Organisationssysteme handelt (vgl. Kapitel 1.1). Im Bereich der frühen Bildung, Betreuung und Erziehung stehen pädagogische Fachkräfte stetig vor sozialen, emotionalen und koordinativen Anforderungen und damit vor einem komplexen sozialen System. Obschon die Vermessung der Qualität in solch einem komplexen sozialen System auf den ersten Blick fast unmöglich erscheint, bieten verschiedene Verfahren Aufschluss darüber, welche Güte die Qualität der pädagogischen Arbeit oder der vorgefundenen Strukturen hat. Im Rahmen der Evaluation wird die Einrichtung dabei stets auf Basis von vorher festgelegten Kriterien untersucht und bewertet (vgl. Abs/Maag/Merki/Klieme 2006). Ansatzpunkte hierfür liefern einerseits die Qualitätsentwicklungskonzepte des NQI (Tietze 2004; Tietze/Viernickel 2016), andererseits standardisierte Verfahren wie beispielsweise Einschätzskalen (KES-R, KRIPS, HUGS). Während einige dieser Verfahren von den pädagogischen Fachkräften selbst angewandt und durchgeführt werden können, setzen andere Evaluationskonzepte ganz bewusst auf einen objektiven Blick durch Fremdevaluation.

Im Rahmen sogenannter Audits stellen externe Gutachter die Qualität der Einrichtung auf Basis entsprechender Kriterien fest. Auf Basis des normierten Organisationsentwicklungsverfahrens DIN EN ISO 9000–2000 ff. lässt sich ein einrichtungsspezifisches Qualitätsentwicklungssystem errichten, dessen Zweckdienlichkeit im Rahmen einer Zertifizierung überprüft werden kann. Einen gewinnbringenden Ansatz hierfür liefert Bombosch (2015) mit der Übertragung der 8 Grundsätze des Qualitätsmanagements nach DIN EN ISO 9000 ff. auf die Kultur in Kindertageseinrichtungen:

Grundsätze nach DIN EN ISO 9000 ff.	**Übertragung auf die Kultur in Kindertageseinrichtungen**
Kundenorientierung/ costumer focus	• absolut prioritäre Orientierung an den Bedarfen und Bedürfnissen von Kindern und Eltern
Führung/Leadership	• partizipative Führung im Sinne einer Leitungsphilosophie, als Kita-Leiterin »Erste unter Gleichen« zu sein
Einbeziehung der Mitarbeitenden/Involvement of people	• Herstellung einer partnerschaftlichen Teamkultur, in der *Talente* und *Kreativität* aller Team-Mitglieder unbedingt *erwünscht* sind
Prozessorientierung/ Process approach	• Dass Führungs-, Kern- und Unterstützungsprozesse miteinander logisch in Einklang stehen, tatsächlich gelebt werden und ein sich ergänzendes größtmögliches Ganzes bilden, dem alle Beteiligten zustimmen.
Systemorientiertes Management/System approach to management	• Dass diese QM-Prozesse immer im Sinne eines Mobiles funktionieren: Sobald ein Prozess nicht mehr stimmig ist, sind alle anderen davon betroffen und das Mobile dreht sich nicht mehr harmonisch, mit möglicherweise »biopsychosozialen« Folgen für alle Beteiligten.
Ständige Verbesserung/ Continual Improvement	• Ob man ein QM-System entwickelt oder nicht: Dass die Arbeit an einer ständigen Verbesserung der Kita-Konzeption sinnvoll ist, wird niemand ernsthaft in Zweifel ziehen! Dies ist schon das ganze Geheimnis des »berühmt-berüchtigten« kontinuierlichen Verbesserungsprozesses (KVP) als *Essential* eines QMS.

Grundsätze nach DIN EN ISO 9000 ff.	Übertragung auf die Kultur in Kindertageseinrichtungen
Sachliche Entscheidungsfindung/Factual approach to decision making	• Dass die sachliche Entscheidungsfindung, bezogen auf die grundlegenden Zahlen, Daten und Fakten, ebenfalls äußerst sinnvoll ist, ohne in den Strudel einer ausschließlichen Ökonomisierung hineingezogen zu werden, erscheint mir ebenfalls logisch.
Lieferantenbeziehungen zum gegenseitigen Nutzen/ Mutually beneficial supplier relationships	• Dass die »Lieferantenbeziehung« zum gegenseitigen Nutzen der Beteiligten für alle vorteilhaft ist, seien dies in der Kita beispielsweise ein Caterer oder verschiedene Kooperationsbeziehungen mit anderen Kitas, z.B. als gemeinsames Familienzentrum oder mit unterschiedlichsten Therapeuten und/oder Beratungsstellen usf., wird sicherlich ebenfalls als sinnvoll angesehen.

Tabelle 21: Übertragung der 8 Grundsätze der DIN EN ISO 9000 ff. auf die Kita-Kultur (nach Bombosch 2015, S. 402 f.)

Praxishinweis

Durch die Zertifizierung ihrer Einrichtung erhalten Leitungskräfte zum einen eine Rückmeldung über die Qualität ihrer Kita, die als Ausgangsbasis für die weitere Qualitätsentwicklung und -sicherung dient. Zum anderen bietet die Dokumentation der Qualität einer Einrichtung auch den Eltern (als Kunden) sowie Trägervertretern, kommunalen Auftraggebern oder Kooperationspartnern (sogenannte Dritte) die Möglichkeit, die Qualität der Einrichtung einzuschätzen.

3.4.2 Coaching von Mitarbeiterinnen und Mitarbeitern

»Was wir am nötigsten brauchen, ist ein Mensch, der uns zwingt, das zu tun, was wir können.« (Ralph Waldo Emerson)

Neben einer strategisch und ganzheitlich ausgerichteten Qualitätsentwicklung und der Evaluation von Schlüsselprozessen, offerieren sich

Leitungskräften im pädagogischen Alltag weitere Möglichkeiten, die Professionalisierungsprozesse der pädagogischen Fachkräfte zu begleiten und zu unterstützen. Die Handlungsanforderungen, die an die Rolle der Leitungskraft als Coach geknüpft sind, sind dabei weniger als Aufgabenkanon und viel eher als das Einnehmen einer damit verknüpften Grundhaltung gebunden. Die dem Beratungsansatz des systemischen Coachings zugrundeliegende systemisch-konstruktivistische Denkweise impliziert eine Haltung des Beraters bzw. im hier vorliegenden Fall, der Leitungskraft, welche die Existenz einer objektiven Realität verneint und stattdessen die Wahrnehmung von Wirklichkeit(en) immer entlang einer subjektiven Einstellung begreift. Dabei werden im Rahmen von Coachingprozessen individuelle Lernzielvereinbarungen mit den pädagogischen Fachkräften getroffen, bei deren Erreichung sie von der Leitungskraft ebenso unterstützt werden, wie ggf. von Kolleginnen und Kollegen. Kurz: »Der Coach gibt das Ziel nicht vor, sondern unterstützt Menschen darin, selbstgesteckte Ziele zu erreichen« (Loffing 2003, S. 20). Das Konzept des Coachings beruht dabei auf einem Zusammenspiel zwischen systemischen Beratungs- und Therapiemodellen (z.B. von Schlippe/Schweitzer 1998) und der ressourcen- und lösungsorientierten Beratung (z.B. Pokora 2012; Steiner/Berg 2009; de Shazer 1997), die im Rahmen der Aktivierung des persönlichen Kompetenzempfindens im Umgang mit (beruflichen und privaten) Herausforderungen gesehen wird.

Die Vielfalt der Coachingthemen in klassischen Beratungs- bzw. Gesprächssituationen von Leiterinnen und Leitern umfasst dabei neben dem Konfliktcoaching, dem Teamcoaching (in Konflikten, Übergangs- und Veränderungssituationen) auch Fragen der Fallarbeit und Fragen der Personalentwicklung (Laufbahnentwicklung, Kompetenzentwicklung, Fortbildungen usw.). Weitere Potenziale des Coachingansatzes für die Leitung von Kindertageseinrichtungen stecken in der Umsetzung eines pädagogischen Coachings.

Coachingprozesse aus systemischer Sicht

Grundlage der systemischen Theorie ist die Annahme, dass jeder Mensch Bestandteil sozialer Systeme ist, deren Mitglieder sich wechselseitig beeinflussen und das System in seiner jeweiligen Spezifik strukturieren und kennzeichnen (von Schlippe/Schweitzer 1998). Veränderungen oder Veränderungswünsche einzelner Personen müssen diesbezüglich immer im Kontext des sie umgebenden Systems betrachtet werden, denn Menschen verhalten sich in unterschiedlichen Systemen unterschiedlich. In Bezugnahme auf die konstruktivistische Perspektive gilt: Menschen »sind« nicht, sondern sie entstehen im jeweiligen System. Probleme oder Schwierigkeiten, die in der pädagogischen Arbeit, in der Zusammenarbeit im Team oder in der Zusammenarbeit mit Eltern entstehen, liegen im Rahmen dieses Verständnisses nicht in der Person der pädagogischen Fachkraft begründet, sondern in Verhaltens- oder Denkweisen, die dazu führen, dass die aktuelle Situation von der Fachkraft selbst als problemhaft beschrieben, erklärt oder bewertet wird. Demnach basiert die Zielsetzung eines systemisch orientierten Coachings nicht auf der Veränderung der als problematisch beschriebenen Realität oder gar der Prozesse, die zu dieser geführt haben und bereits in der Vergangenheit liegen, sondern auf einer erweiterten, veränderten Perspektive auf die bislang als problematisch erlebte Situation (Radatz 2006).

Im Rahmen dieser individuell wahrgenommenen Realitäten konstruieren sich Individuen einerseits auf Basis von Selbstbildungsprozessen, die das Verhalten des Einzelnen in unvorhersehbarer Weise bestimmen und andererseits im Rahmen des sie umgebenden Systems, in dessen Kontext diese selbstgestalterischen Prozesse eingebettet sind (Radatz 2006). Demzufolge können Menschen nicht von anderen verändert werden, sondern müssen im Rahmen ihrer subjektiven Handlungsrahmen und -orientierungen eine intrinsische Motivation entwickeln, die auf eine Veränderung des problematischen bzw. als problematisch empfundenen Verhaltens oder Sachverhalts hinzielt. »Menschen müssen für sich maßgeschneidert einen Sinn darin finden, sich zu ändern und der Preis, der für die Veränderung gezahlt wird, muß [sic] dann niedriger sein, als der Gewinn, den ein Mensch aus der Veränderung zieht« (Radatz 2006, S. 42). Dabei ist zu berücksichtigen, dass die pädagogischen Mitarbeiter/innen stets innerhalb ihres Orientierungsrahmens sinnhafte Denk- und Verhaltensstrukturen entwickelt haben, die aus einer subjektiven Perspektive heraus durchaus als gewinnbringend oder zielführend erlebt und teilweise als einzig mögliche Sicht der Dinge aufgefasst werden (vgl. de Shazer 1996). Wenn die Rolle der Leitung als Coach also nicht darin bestehen kann, bestimmte Veränderungen der Mitarbeiter/innen zu erwirken oder auch nur zur Zielsetzung des Coachingprozesses werden zu lassen, muss sich die Rolle des Coaches andersartig definieren. Er oder sie verkörpert dann weniger die Rolle des allwissenden bzw. überlegenen Ansprechpartners, der die Mitarbeiter/innen auch immer in eine Art Abhängigkeitsverhältnis versetzt, sondern ermöglicht den Blick auf weitere Perspektiven bzw. die Erweiterung des Wahrnehmungsfeldes, die letztlich autopoetische Lernprozesse aktiviert. Dies impliziert, dass das Anliegen, welches im Coachingprozess vorgebracht wird, infolge des Coachings in einem neuen

Licht oder aus etwas größerer Distanz gesehen werden kann. Von Watzlawick (Watzlawick/Weakland/Fisch 1974) wurde dieses Ansinnen als *Reframing* bezeichnet, währen Reddy (1987) von *Redifining* spricht.

Neben den auf Rogers (1991) zurückgehenden Aspekten der Wertschätzung (der Mitarbeiterin/dem Mitarbeiter und ihrer/seiner Situation gegenüber), der Empathie (bezogen auf die emotionale Situation der Mitarbeiterin/des Mitarbeiters und den damit verbundenen Veränderungs- oder Lösungsdruck) und der Kongruenz (den eigenen Gefühlen und Wahrnehmungen offen gegenübertretend und diese regelmäßig auch transparent darstellend) impliziert die Haltung eines Coaches die Anerkennung der Fachkraft als »Experte seiner/ihrer Situation«. Aus diesem Verständnis heraus will die Leitungskraft als Coach Entwicklungsprozesse initiieren und beschleunigen, die eine Problemlösung durch die Mitarbeiterin/den Mitarbeiter selbst ermöglichen (Holz 2009; Pokora 2012).

Ausgehend von den zugrundeliegenden Beratungs- und therapeutischen Ansätzen greift das systemische Coaching auf unterschiedliche Techniken und Methoden zurück. In der Gesprächsführung zeigen sich neben den Aspekten des aktiven Zuhörens und des *Joinings* oder *Pacings* vor allem die aus der systemischen Beratung und Therapie stammenden Konzepte des *Reframings* und des systemischen Fragens als zentral (Holz 2009). Im Sinne der Grundhaltung, dass die Mitarbeiter/innen darin unterstützt werden, ihre aktuell als problematisch oder schwierig erlebte Situation selbst neu zu bewerten, stellen die systemischen Fragetechniken eine wichtige Möglichkeit dar, Mitarbeiter/innen im Rahmen ihres Denkprozesses zu einer Neubewertung ihrer Situation kommen zu lassen. In Bezugnahme auf Raddatz (2006) lassen sich die folgenden systemischen Fragetypen unterscheiden:

Fragetypus	Ziel
• ziel- und lösungsorientierte Fragen	• Mitarbeiter/innen zu einer positiven Ziel- und Lösungshaltung bringen
• Verhaltens- statt Situationsfragen	• aus (schwer bewegbaren) Situationen (flexible) Verhaltensänderungen schaffen
• Fragen nach Unterschieden	• Differenzierung schaffen

Fragetypus	Ziel
• beschreibende, erklärende und bewertende Fragen	• Verdeutlichung von Beschreibungs-, Erklärungs- und Bewertungsalternativen
• Fragen nach Mustern	• wiederholte Handlungsweisen aufdecken und verändern
• dissoziierende Fragen	• Senken von Emotionen beim Mitarbeiter/bei der Mitarbeiterin
• zirkuläre Fragen	• Verknüpfung zwischen unterschiedlichen, komplexen Handlungsnetzen verdeutlichen
• hypothetische Fragen	• Versetzen des Mitarbeiters/der Mitarbeiterin in die Lösungssituation und Prüfung von dessen Wirkung
• paradoxe Fragen	• den/die Mitarbeiter/in zur Aufgabe des als problemhaft bewerteten Handlungsmusters einladen
• »verrückte« Fragen	• neue, innovative Handlungsweisen anregen

Tabelle 22: Übersicht über die systemischen Fragetechniken (basierend auf Radatz 2006, S. 184)

Systemische Fragen bieten für die zu beratende Person die Möglichkeit, ein schwieriges Thema im Verlauf des Gesprächs zuzulassen, sich in andere Positionen hinein zu versetzen und einen Wechsel der Perspektive zu vollziehen. Die Leitung als Coach regt dabei Mutmaßungen an und bittet um Formulierungen von Hypothesen und Vermutungen. Letztlich werden damit neue Denkprozesse eingeleitet. Systemische Fragen können sein:

- »Was denkst du, würde dein Opa sagen, wenn er von dem Vorfall, dass du …, hören würde?« (dissoziierende Fragen)
- »Angenommen, heute Nacht käme eine Fee und würde dir das Problem abnehmen, was wäre dann morgen anders?« (hypothetische Fragen)
- »Welchen Nutzen hätte es für dich, wenn das Problem noch eine Weile bestehen würde?« (paradoxe Fragen)

- »Angenommen, du hättest nächste Woche keine Beschwerden mehr, möchtest aber deiner Teamkollegin gern weiter zu rücksichtsvollem Verhalten bewegen – wie kannst du das erreichen?« (Als-ob-Fragen) (vgl. Weinberger 2013)

Zielsetzung der jeweiligen Coachings ist es dabei grundsätzlich, prozessual bearbeitbare und konkrete Anliegen der Mitarbeiter/innen herauszukristallisieren und schrittweise zu bearbeiten. Dabei kommt der selbstständigen Auseinandersetzung der Mitarbeiterin/des Mitarbeiters mit ihren/seinen Schwierigkeiten, Problemen sowie in erster Linie mit möglichen Lösungsansätzen oder alternativen Denk- und Handlungsweisen eine zentrale Rolle zu (Lippmann 2006, 2009). Das eigene Kompetenzerleben der pädagogischen Fachkräfte soll gestärkt werden und er oder sie soll sich den Herausforderungen des Alltags, des Berufs, etc. wieder gewachsen fühlen. Dabei kann Coaching auch präventive Funktionen übernehmen und durchaus indiziert sein, noch bevor wirkliche Konflikte oder Probleme zu Tage treten. Das Selbstmanagement-Konzept bietet demnach den Zielsetzungen des Coachings einen Rahmen, innerhalb dessen die Mitarbeiterinnen und Mitarbeiter zu einer effektiveren Selbststeuerung in ihrem beruflichen und/oder privaten Alltag angeleitet und aktiv zur eigenständigen Problembewältigung befähigt werden sollen (Kanfer et al. 2000).

Pädagogisches Coaching

Die Herausforderung professionellen pädagogischen Handelns im Bereich der frühen Bildung, Betreuung und Erziehung ist gekennzeichnet durch die Erfordernis großer Flexibilität im Umgang mit komplexen und sich stetig verändernden Rahmenbedingungen und Situationen. Als mögliche Unterstützungsform bieten Momente des pädagogischen Coachings pädagogischen Fachkräften die Gelegenheit, Kompetenzen zu reflektieren, Entwicklungschancen wahrzunehmen und im Dialog mit der Leitungskraft zu eruieren. Mit dem Ziel der Rahmenerweiterung laden Leitungskräfte ihre Mitarbeiter/innen ein, pädagogische Situationen aus einer »Meta-Perspektive« heraus zu betrachten und ihnen damit neue Handlungsalternativen anzubieten (Belardi 1998, 1996; Birgmeier 2006; Reich 2010).

Das Durchlaufen von verschiedenen Kompetenzniveaus (vgl. auch das in Kapitel 1.4.1 dargestellte Novizen-Experten-Modell von Hubert und Stuart Dreyfuß 1988: Abb. 14) ist ein Prozess, der auf zahlreichen Praxiserfahrungen beruht. Die Entwicklung professioneller Handlungskompetenz hängt dabei in entscheidendem Maße davon ab, inwieweit die pädagogische Fachkraft in der Lage ist, das eigene Lernen und Handeln zu reflektieren. Da das Wissen erst über das Handeln zum tatsächlichen Können wird, bedarf es der Bewertung des Handelns, damit es als angemessen und kompetent bezeichnet werden kann (vgl. Olbrich 1999).

In der Reflexion konkreter Praxissituationen, die durch Unsicherheit, Einmaligkeit und Komplexität geprägt sind, können – idealtypisch – erfahrene, professionell Handelnde in der Situation reflektieren und handelnd sowie gedankenexperimentell in einen Dialog mit sich selbst und der Situation eintreten. Die Reflexion in der Handlung – »reflection-in-action« (Schön 2007, 1987, 1983) – hat dann einzusetzen, wenn Situationen nicht mehr eindeutig mit dem wissenschaftlichen Grundlagenwissen, dem impliziten Erfahrungswissen und dem bisherigen Handlungsrepertoire zu bewältigen sind (vgl. Bücklein 2011; Fuchs-Rechlin 2010, S. 32). Solch ein reflexives Orientierungswissen kann sich herausbilden, wenn unbewusste Handlungsabläufe explizit gemacht werden und Grundlage eines selbst- oder fremdreflektierten Vorgehens werden.

Die gemeinsame Reflexion über das pädagogische Handeln und mögliche Alternativen (reflecting-on-action) schafft Möglichkeiten, implizit vorhandenes Orientierungswissen zu benennen (Steiner 2004, S. 217). Gerade unhinterfragtes Alltagshandeln birgt demgemäß »Fehlentwicklungspotenzial«, denn im Rahmen praktischen Handelns sind »stets zugleich auch Fehlentwicklungspotenziale professionellen Handelns gegeben, die immer dann aktualisiert werden, wenn systematische Bewusstmachungs- und Kontrollvorkehrungen nachlassen« (Schütze 1996, S. 187). Pädagogische Coachingprozesse dienen in dieser Hinsicht auch dazu, scheinbare Gewissheiten des pädagogischen Handelns in Frage zu stellen (vgl. ebd.) und im Rahmen einer gemeinsamen fachlichen Reflexion mit der Leitungskraft neue Erkenntnisse zu generieren, die sich auf weitere, verwandte Situationen übertragen lassen (Steiner 2004, S. 240).

Praxishinweis

Im Rahmen von Coachingprozessen können implizite Wissensbestände und Orientierungen sicht- und bearbeitbar gemacht werden, damit diese überprüft, überdacht und ggf. durch Alternativen ergänzt oder gar ersetzt werden können. Kern eines pädagogischen Coachings ist dabei, der pädagogischen Fachkraft eine angemessene Selbstbeschreibung zu ermöglichen, eine Meta-Perspektive für ihr persönliches und berufliches Umfeld einzunehmen sowie ihre professionelle Identität weiterzuentwickeln (Birgmeier 2006, S. 230 f.).

Die Leitungskraft ist im Rahmen des pädagogischen Coachings den konstruierten Wirklichkeiten der pädagogischen Fachkräfte gegenüber aufgeschlossen und tolerant. Gleichzeitig muss und wird sie es kritisieren, wenn die Mitarbeiter/innen auf universalistischen Konzepten und Patentlösungen beharren. Stattdessen regt sie an, mit eingefahrenen, internalisierten Mustern offener umzugehen, sie zu hinterfragen und zu diskutieren (vgl. Radatz 2006, S. 17 f.)

3.4.3 Konflikte im Team

»Konflikte sind die Mutter der Entwicklung.« (Helmut Glaßl)

Konflikte im Team stellen eine zentrale Herausforderung für Leitungskräfte dar. Sie entstehen aufgrund von Interessens- oder Zielgegensätzen oder auch gegensätzlichen Wertvorstellungen, die nicht miteinander vereinbar erscheinen. Konflikte sind dabei von Emotionen geprägt und bergen daher Gefahren in sich, die Auswirkungen auf die Gruppendynamik haben. Möglicherweise bilden sich einzelne Cliquen im Team und Gruppen stehen sich gegenüber oder es werden einzelne Mitarbeiter/innen von allen anderen ausgegrenzt, im nicht angemessenen Maß kritisiert oder – im Extremfall – gemobbt. Von Bedeutung erscheint hierbei, dass Konflikte nicht grundsätzlich von den Beteiligten offen thematisiert werden, sondern verdeckt verlaufen können. An die Leitung besteht von Seiten der Mitarbeitenden daher die Erwartung, dass Konflikte konstruktiv gelöst werden – auch wenn diese nicht offen artikuliert werden. Davon ausgehend, bedarf es einer Analyse der Leitungskraft,

- wie das Thema des Konfliktes lautet,
- wie es zu dem Konflikt kam,
- wie die Kommunikation erfolgte und in welchem Grad diese offen vollzogen wurde,
- wie sich die Beteiligten in dem Konflikt verhalten,
- welche gegenseitigen und unterschiedlichen Wahrnehmungen bei den Beteiligten vorhanden sind und
- welche Haltungen, Werte und Einstellungen zugrunde liegen.

Für die Klärung bieten sich zwei Modelle an: zum einen das Persönlichkeitsmodell der Transaktionsanalyse (Berne 1961) und zum anderen das Phasenmodell für den Verlauf von Konflikten (Glaßl 2013), welches hier als erstes vorgestellt wird.

Das Modell sieht 9 Stufen der Eskalation vor:

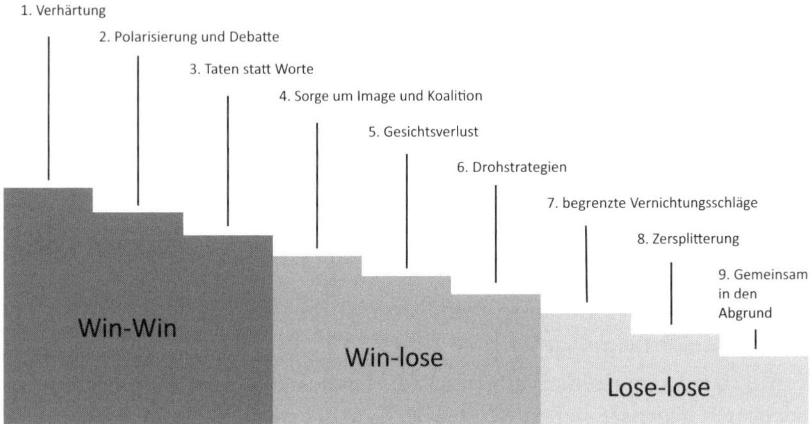

Abb. 44: Konfliktmodell nach Glaßl (2013)

- *Hauptphase I:* Hier stehen Sachprobleme im Vordergrund, gleichwohl erste Spannungen bereits spürbar sind. Die Konfliktparteien bemühen sich noch um eine sachliche, rationale Lösung durch Kooperation und Kommunikation, dennoch verhärten sich die Standpunkte. Normen und Regeln werden noch anerkannt und eingehalten. Es besteht die Möglichkeit einer Lösung, die für alle am Konflikt Beteiligten positiv ist (Win-win-Situation). Im Einzelnen sehen die 3 Stufen wie folgt aus:
  - *Eskalation Stufe 1: Verhärtung*
    Hier steht die Entdeckung der Unterschiede im Vordergrund, die in ein »Wir« und ein »die anderen« mündet. Erste Rollenverteilungen werden sichtbar. Die Offenheit und Aufgeschlossenheit ist bereits eingeschränkt. Es werden erste Zweifel an der anderen Konfliktpartei gehegt, wodurch die Kommunikation leidet und es in der Folge zu ersten Missverständnissen kommt.
  - *Eskalation Stufe 2: Polarisation und Debatte*
    Die Kommunikation wird polarisierend angelegt, läuft auf ein »entweder – oder« hinaus. Gleichermaßen verhärten sich die Standpunkte und es geht zunehmend darum, dass der Konflikt nicht verloren werden darf, sondern gewonnen werden muss. Die Gegenpartei wird durch Imponiergehabe verunsichert und emotionale Spiele und Taktiken werden eingesetzt.

- *Eskalation Stufe 3: Taten statt Worte*
  Es kommt zur Erkenntnis, dass Gespräche wahrscheinlich keinen Sinn haben, da die Gegenpartei nicht von ihrer Position abrückt. Die eigene Entschlossenheit und Unnachgiebigkeit wird demonstriert. Die Einschätzung geht dahin, dass der Gegner nachgeben wird, wenn er erst einmal die Stärke seines Gegners bemerkt. Die Auseinandersetzungen verlagern sich auf die nonverbale Kommunikation. Die eigene Gruppenzugehörigkeit wird intensiv und stimmig erlebt. Es kommt zu Schulterschlüssen. Das Interesse, die anderen zu verstehen, schwindet zunehmend. Es entsteht ein Bruch zwischen den Konfliktparteien.

• *Hauptphase II:* Personen und Beziehungen rücken in den Vordergrund, das Sachthema in den Hintergrund. Angriffe richten sich nun nicht mehr gegen die Sache, sondern die Gegenpartei bzw. einzelne Personen. Die Gegenpartei wird emotional belegt und Hass und Feindseligkeit bauen sich auf. Die Lösung in dieser Phase findet Gewinner und Verlierer (Win-lose-Situation).

- *Eskalation Stufe 4: Sorge um Image und Koalition*
  Es geht um Sieg oder Niederlage – sachlich und persönlich. Das Verhalten der Gegenpartei wird zunehmend als aggressiv wahrgenommen und dementsprechend beantwortet. Positive Eigenschaften werden praktisch gar nicht mehr wahrgenommen. Es werden Gerüchte in die Welt gesetzt und provoziert. Leitungen stehen in der Gefahr, sich von der einen oder anderen Partei vereinnahmen zu lassen.
- *Eskalation Stufe 5: Gesichtsverlust*
  Frühere positive Erfahrungen werden umgedeutet. Die Konfliktparteien versuchen einander Feindbilder aufzudrängen. Ein Zugehen auf die andere Partei wird als Gesichtsverlust gedeutet, als ein Aufgeben von nicht aufgebbaren Prinzipien.
- *Eskalation Stufe 6: Drohstrategien*
  Gewaltdenken und Gewalthandeln nehmen zu. Misstrauen und Furcht wachsen. Die Parteien glauben zwar, die Situation unter Kontrolle zu haben, haben aber den Überblick über das Ganze verloren. Dabei werden langfristige Effekte der Drohung übersehen.

• *Hauptphase III:* Die Menschen der Gegenpartei werden wie Sachen behandelt. Es gibt keine moralischen Skrupel mehr. Der Gegner ist ein störendes Objekt und muss vernichtet werden. Der Konflikt scheint nicht mehr aus eigener Kraft heraus lösbar. Diese Phase kann nur noch mit Hilfe von außen bewältigt werden. Auch bei einer Lösung gibt es in dieser Phase keine Sieger mehr, sondern nur noch Verlierer (lose-lose-Situation).

– *Eskalation Stufe 7: Begrenzte Vernichtungsschläge*
  Es geht in erster Linie darum, den Gegner zu schädigen. Bei Partnerschaftskonflikten werden z.B. Bankkonten gesperrt und Rechtsanwälte eingeschaltet. Die Bereitschaft, eigene Verluste hinzunehmen, wird größer. Alternativen zur Krise sind nicht mehr denkbar und fehlen.
– *Eskalation Stufe 8: Zersplitterung*
  Die Existenzgrundlagen des Gegners sind die Zielpunkte der Zerstörung. Intendiert wird, den Gegner zu zersplittern.
– *Eskalation Stufe 9: Gemeinsam in den Abgrund*
  Alle Brücken werden abgebrochen. Mit dem eigenen Untergang wird auch der Gegner mit in die Tiefe gezogen.

Für die Leitung ergeben sich je nach Phase spezifische Aufgaben. In Phase I kann die Rolle der Moderatorin/des Moderators eingenommen werden. In Phase II wird die Leitung zum/zur Prozessbegleiter/in des Konfliktes und fordert Perspektivübernahmen ein, thematisiert Emotionen und tritt als Vermittler/in auf. In der 3. Phase ist die Leitung als Schiedsrichter/in gefragt. Sie hat Entscheidungen zu treffen und diese transparent zu begründen. Eine große Herausforderung besteht darin, dass sie zumindest von einer, ggf. auch von beiden Parteien als Verbündete der Gegenpartei angesehen wird. Die Leitung hat hier alle Möglichkeiten ihrer Handlungsmächtigkeit auszuschöpfen. Im Nachgang zur Kita-internen Bearbeitung des Konfliktes wird es ggf. notwendig, Unterstützung durch Supervision einzuholen.

Das Phasenmodell für Konflikte hilft dabei, sich Abläufe in Konflikten zu vergegenwärtigen. Zudem kann den Konfliktparteien aufgezeigt werden, welche Einschätzung die Leitung bezüglich der Entwicklung des Konfliktes hat und welche Gefahren sie perspektivisch sieht.

Für die Analyse und, sofern noch möglich, den konstruktiven Umgang mit Konflikten stellt sich weiterhin die Frage, wer sich im Konflikt auf welche Art und Weise begegnet. Hierfür eignet sich u.a. das Persönlichkeitsmodell der Transaktionsanalyse. Die Transaktionsanalyse (TA) wurde von Berne (1961) auf Basis von beobachteter zwischenmenschlicher Kommunikation – hier als Transaktionen bezeichnet – entwickelt. Gleichwohl die TA punktuell aufgrund ihrer nicht ausreichend vorgenommenen wissenschaftlichen Fundierung kritisiert wurde, liegt für die Analyse von Interaktionen ein praktikables Modell vor. Die TA geht – in Anlehnung an die Psychoanalyse – in der Darstellung menschlicher Persönlichkeit von einem in 3 Ebenen aufzuteilenden Modell aus. Grafisch lässt sich das Modell folgendermaßen darstellen:

Abb. 45: 3 Ebenen menschlicher Persönlichkeit (nach Berne 1961)

Mit den Ebenen werden Zustände beschrieben, in denen sich die Person befinden kann und auf Basis derer Kommunikation gestaltet wird. Das Erwachsenen-Ich steht für einen reflektierten, andere bewusst wahrnehmenden Zustand, aus dem heraus situations- und adressatenangemessen agiert wird. Im Zustand des Eltern-Ichs kann die Fürsorge oder eine kritische, kontrollierende und zurechtweisende Sicht gegenüber der/dem Adressatin/Adressaten dominieren und entsprechend wird interagiert. Im Zustand des Kind-Ichs stehen Emotionen im Vordergrund des Selbsterlebens. Hier wurden 3 Ausdifferenzierungen vorgenommen. Das freie Kind-Ich beschreibt einen Zustand, der von Lust und Gefühlen sowie Unabhängigkeit geprägt ist, gleichermaßen andere einbezieht. Das angepasste Kind-Ich ist ein Befinden, das sich am Gegenüber, an den wahrgenommenen Repräsentationen eines Eltern-Ichs ausrichtet. Äußerungen des Gegenübers werden auf sich selbst bezogen und Anpassungsleistungen an das Gegenüber erbracht. Im Zustand des rebellischen Kind-Ichs werden die Äußerungen des Gegenübers ebenfalls auf sich bezogen, hingegen Empörung und Wut empfunden sowie mit Auf- bzw. Ablehnung reagiert. Für die Analyse von Kommunikation ist dabei Folgendes von Bedeutung:

- Die Zustände entsprechen dem wahrgenommen Selbsterleben, d.h. der individuellen Wirklichkeit und nicht einer gemeinsamen oder objektivierten Realität.

- Die Zustände haben aus der jeweils individuellen Perspektive ihre Berechtigung und sind nicht in Abrede zu stellen.
- Die Verantwortung für die Zustände liegt im Selbst und nicht im Gegenüber.
- Die Zustände sind nicht grundsätzlich bewusst, der Mensch ist gleichermaßen fähig, seine Zustände wahrzunehmen und zu regulieren sowie situations- und adressatenangemessen zu handeln.
- Die Zustände können wechseln, auch innerhalb von Situationen.

Konflikte können entstehen, wenn die Kommunizierenden auf Grundlage unterschiedlicher Zustände interagieren. Solange die Transaktionen parallel verlaufen, entstehen keine Störungen:

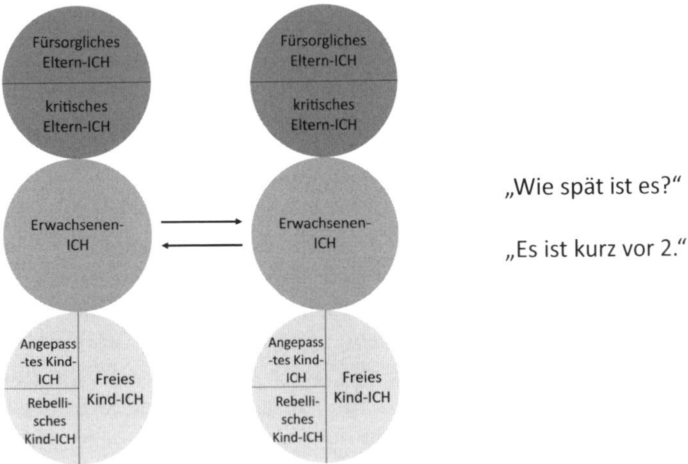

Abb. 46: Beispiel für eine parallel verlaufende Transaktion

Beispiel für eine derartige, als komplementäre bzw. parallele Transaktion bezeichnete Interaktion stellt die Frage aus dem Zustand des Erwachsenen-Ich gestellt Frage »Wie spät ist es?« und die ebenfalls aus dem Zustand des Erwachsenen-Ich erfolgte Antwort »Es ist kurz vor zwei.« dar.

Bei sich kreuzenden Interaktionen, d.h. sofern aus unterschiedlichen Zuständen heraus interagiert wird, besteht die Möglichkeit, dass Konflikte entstehen.

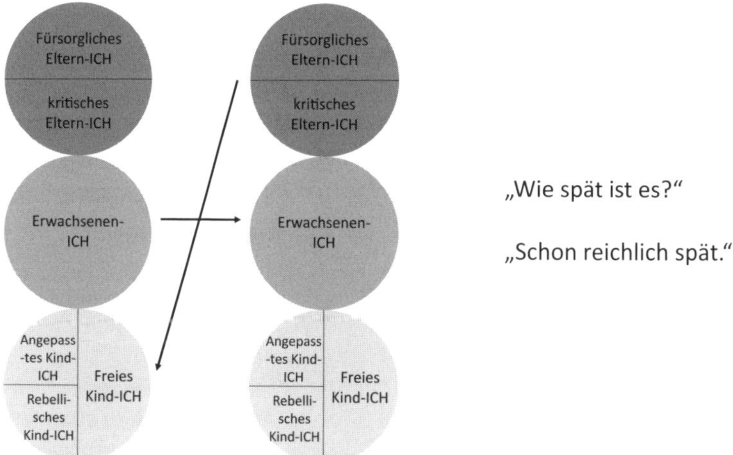

Abb. 47: Konflikte entstehen, wenn aus unterschiedlichen Zuständen heraus interagiert wird.

Hier verläuft die Transaktion aus dem Zustand des Erwachsenen-Ichs zum gleichen Zustand beim Gegenüber, hingegen die Antwort aus dem Zustand des kritischen Eltern-Ichs an das angepasste Kind-Ich. Diese gekreuzten Interaktionen können variieren: »Wie spät ist es?« kann auch aus dem Zustand des angepassten Kind-Ichs beantwortet werden mit »Oh, Entschuldigung, ich habe heute meine Uhr nicht um!«.

Mit Blick auf die Kita könnte sich zwischen Leitung und pädagogischer Fachkraft folgende Interaktion vollziehen:

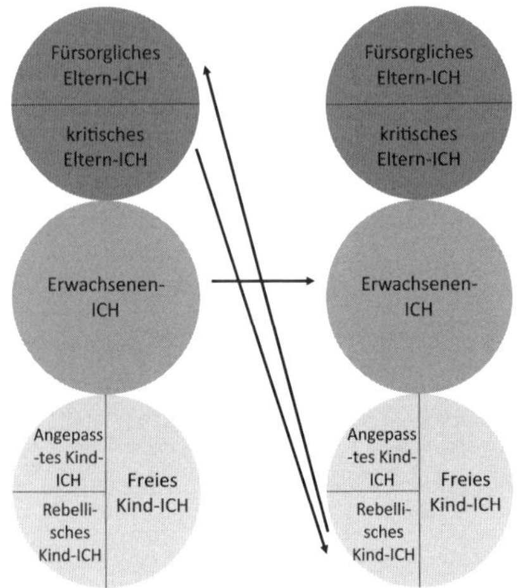

A: „Was hast du bei der Reflexion des Beobachtungsbogens herausbekommen?"

B: „Das war alles viel zu schwer – wie sollte ich das denn schaffen?"

A: „Da hättest du eben letzte Woche in der Fortbildung aufpassen müssen statt herumzublödeln!"

Abb. 48: Beispiel für eine Kita-typische Interaktion aus verschiedenen Zuständen heraus

Die Frage wird aus dem Zustand des Erwachsenen-Ichs gerichtet, hingegen aus dem Zustand des rebellischen Kind-Ichs beantwortet und gerichtet an das fürsorgliche Eltern-Ich. Die Leitung wechselt daraufhin ebenfalls den Zustand, hingegen nicht in das fürsorgliche Eltern-Ich, sondern in den Zustand des kritischen Eltern-Ichs. Als konstruktive Antwort der Leitung hätte hier stattdessen – entsprechend aktiven Zuhörens und der Sendung einer (impliziten) Ich-Botschaft – eine Nachfrage erfolgen können, z.B.: »Ich höre, du hattest Schwierigkeiten in der Anwendung. Wo lag die Herausforderung?«

Denkbar wäre auch folgende Variation:

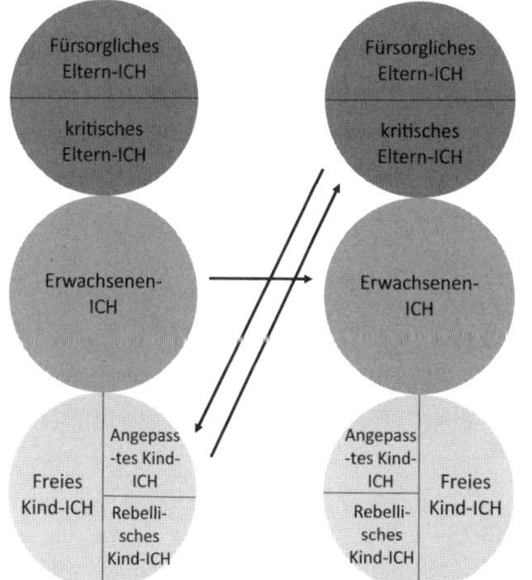

A: „Was hast du bei der Reflexion des Beobachtungsbogens herausbekommen?"

B: „Der Bogen ist völlig daneben. Du musst erstmal lernen, uns richtig einzuführen!"

A: „Oh, das tut mir leid. Ich dachte nicht ... sind die anderen Bögen auch so unverständlich?"

Abb. 49: Ein weiteres Beispiel für eine gekreuzte Transaktion

Der Ausgangspunkt ist derselbe, nur wird von der pädagogischen Mitarbeiterin aus dem Befinden des kritischen Eltern-Ichs geantwortet und die Leitung fällt in den Zustand des angepassten Kind-Ichs. Hier hätte als konstruktive Antwort z.B. erfolgen können: »Du ärgerst dich über den Beobachtungsbogen und empfindest dich als noch nicht ausreichend vorbereitet. Welche Fragen stellen sich dir bei der Anwendung?«

Weiterhin gibt es neben den gekreuzten auch verdeckte Transaktionen. Als Beispiel sei hier folgende Interaktion aufgezeigt:

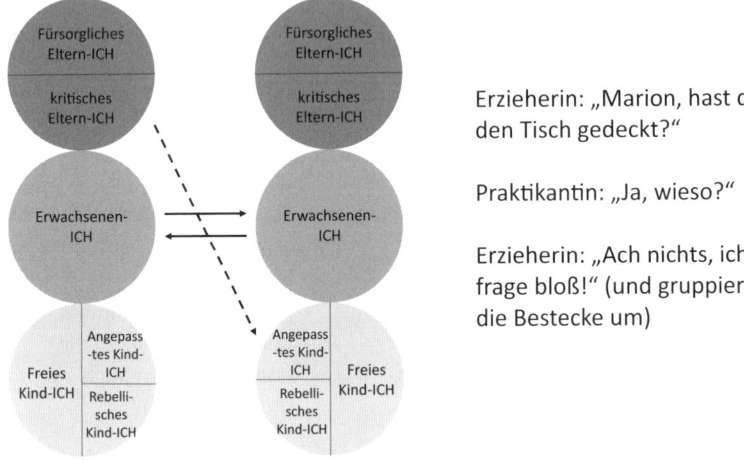

Abb. 50: Beispiel für eine verdeckte Transaktion

Hier wird die Frage vermeintlich aus dem Zustand des Erwachsenen-Ichs heraus gestellt und aus dem gleichen Zustand heraus geantwortet. Hingegen wird in der Folgehandlung deutlich, dass die erste Frage bereits aus dem Zustand des kritischen Eltern-Ichs heraus gesendet wurde und die Erwartung bestand, dass die Antwort aus dem Zustand des angepassten Kind-Ichs erfolgt.

In der Analyse mittels des Modells von Zuständen menschlicher Persönlichkeit wird weiterhin deutlich, dass der Art und Weise, wie die Transaktionen erfolgen, Bedeutung beizumessen ist – oder mit anderen Worten: der Ton macht die Musik. So kann im letzten Beispiel, je nach Tonfall, die Antwort aus dem Zustand des rebellischen Kind-Ichs erfolgt sein. Das Potenzial für einen Konflikt lässt sich dann auch hier erkennen.

Grundsätzlich bietet es sich für die Gewinnung von Handlungsoptionen an, Antworten, wie sie aus dem Zustand des Erwachsenen-Ichs erfolgen würden, zu entwerfen. Hierbei unterstützt die Bezugnahme auf das 4-Seiten-Model, das aktive Zuhören und die Ich-Botschaften (Schulz von Thun 2014).

3.4.4 Zusammenarbeit mit Familien

»Anderen etwas Unbequemes zu empfehlen ist immer wesentlich leichter, als es selber zu tun. Deshalb ist unsere Welt zwar reich an guten Ratschlägen, aber wesentlich ärmer an denen, die sie befolgen.« (Jonathan Swift)

Die Gestaltung einer Bildungs- und Erziehungspartnerschaft mit Eltern als Basis einer gelingenden frühen Bildung, Betreuung und Erziehung, gilt heute als zentrales Wesensmerkmal pädagogischen Handelns in der Kindertageseinrichtung. Die Bedeutung der Familie entfaltet sich dabei in zweierlei Hinsicht: zum einen hängt der Bildungs- und Entwicklungsstand eines Kindes stärker mit Merkmalen der Familie zusammen, als mit Aspekten der Kindertageseinrichtung (Tietze et al. 2013), zum anderen wirkt sich das unterstützende Verhalten von Eltern – unabhängig von deren sozio-kultureller Situation – positiv auf die kognitive und soziale Entwicklung der Kinder aus (Sylva et al. 2004). Pädagogische Fachkräfte kommen demnach nicht umhin, die zentrale Bedeutung der Familie im Kontext der kindlichen Entwicklung anzuerkennen und in ihrer täglichen Arbeit zu berücksichtigen. Hieran anschließend stellt die konzeptionelle Fundierung der Bildungs- und Erziehungspartnerschaft mit Eltern eine obligatorische Selbstverpflichtung professioneller Teams dar. Neben der Frage, welche Werte und Ziele der Zusammenarbeit mit Eltern generell zugrunde gelegt werden, müssen sich Leitungskräfte gemeinsam mit pädagogischen Fachkräften und Eltern auch damit beschäftigen, welche zeitlichen und personelle Ressourcen für die Zielerreichung eingesetzt und bereitgestellt werden sollen, welche Strukturen geschaffen werden müssen und welche Erwartungshaltungen auf beiden Seiten vorliegen. Dabei tragen sowohl die pädagogischen Fachkräfte als auch Eltern implizite Erwartungen in die Zusammenarbeit hinein, die in einem Klärungsprozess sicht- und ggf. erfahrbar gemacht werden sollten. Weil familiäre Situationen und Lebensumstände allerdings einem ebenso steten Wandel unterliegen, wie Kindertageseinrichtungen, ist der Prozess der Erwartungsklärung als kontinuierlicher Prozess zu verstehen, in dem sich Einrichtung und Eltern immer wieder aufs Neue vergewissern, welche Wünsche und Bedürfnisse sie mit in die Bildungs- und Erziehungspartnerschaft bringen.

Als Situationen intensiver Zusammenarbeit verstanden (Friederich 2011, S. 39), gilt es insbesondere, Übergangssituationen konzeptionell zu verankern. Im Rahmen des Eingewöhnungsprozesses beispielsweise werden die Grundlagen für eine spätere partnerschaftliche Zusammenarbeit gelegt, außerdem bieten sich Ansatzpunkte, die Schlüsselfunktion von Eltern bei der Gestaltung des Übergangs konzeptionell zu berücksichtigen.

Neben der strukturellen Ausrichtung der Zusammenarbeit mit Eltern obliegt Leitungskräften die Verantwortung, die Reflexion von Einstellungen zu Eltern und Familien im Team anzuregen. Weil die Entwicklung einer in diesem Sinne professionellen, d.h. in erster Linie reflektierten Haltung als wichtiges Merkmal einer guten Zusammenarbeit gilt (Fröhlich-Gildhoff et al. 2006), sind Leiter/innen aufgefordert, eine Auseinandersetzung mit diesen Themen zu initiieren und entsprechende Ansatzpunkte zu nennen. Umsetzungsmöglichkeiten bieten sich sowohl im Rahmen von Fort- und Weiterbildungsveranstaltungen als auch durch Angebote der Supervision und Reflexion (Thiersch 2006, S. 97). Neben der individuellen Professionalisierung und Entwicklung einzelner Mitarbeiter/innen, sollte insbesondere die Herausforderung wahrgenommen werden, zu einer gemeinsamen Identität als Team in der Frage zu gelangen: Wie möchten wir die Zusammenarbeit mit Eltern gestalten und warum?

Eine professionelle und offene Grundhaltung, erkennt die Pluralität von Familien und Lebensformen an und stellt die Individualität einzelner Personen vor stereotype Wahrnehmungen (im Sinne von »DIE Eltern«). Väter und Mütter unterscheiden sich in ihren Lebenslagen und -formen, in ihrem sozio-kulturellem Hintergrund sowie in den finanziellen Ressourcen und anderen Merkmalen (Merkle/Wippermann 2008; Thiersch 2006, S. 100 ff.). Ausgehend von einer reflektierten pädagogischen Haltung bietet sich daher die Gelegenheit, die individuellen Einstellungen, Erfahrungen und Sichtweisen von Eltern ebenso in den Blick zu nehmen, wie die darauf bezogenen Bedürfnisse und Wünsche an die Zusammenarbeit (vgl. Friederich 2011, S. 29).

Ausgehend hiervon lebt die Zusammenarbeit mit Familien von einer möglichst großen Vielfalt an Kommunikationsmöglichkeiten, die im Schwerpunkt zumeist dem Austausch von Informationen, der Gestaltung der Bildungs- und Erziehungspartnerschaft, der Beratung oder der Rückmeldung dienen. Auf die dazugehörigen Methoden (Entwicklungsgespräche, Tür-und-Angel-Gespräche, Elternabende etc.) soll an dieser Stelle nicht im Einzelnen eingegangen werden, da deren Umsetzung keine leitungsspezifische Anforderung darstellt, sondern in die Kompetenzanforderung frühpädagogischer Fachkräfte im Allgemeinen fällt. Als Leitungsspezifik kann wiederum verstanden werden, ausgehend von einer schriftlich formulierten konzeptionellen Ausrichtung und den dazugehörigen Qualitätsstandards gemeinsam mit dem Team und der Elternschaft passende Methoden auszuwählen und deren Umsetzung im pädagogischen Alltag zu verankern. Der Anspruch auf Partizipation von Familien am Bildungsgeschehen der

Kindertageseinrichtungen ist dabei keineswegs durch die Einrichtung von Elternbeiräten/-gremien bzw. der bloßen Information über Vorgänge und Entscheidungen erfüllt. Stattdessen sind Formen der Beteiligung und Mitwirkung zu entwickeln, die zielgruppengerecht zugeschnitten und niederschwellig erreichbar sind. Wenngleich es sich auf den ersten Blick auszuschließen scheint, Eltern einerseits als aktive Mitgestalter der Bildungs- und Entwicklungsprozesse der Kinder und andererseits als Kunden wahrzunehmen, besteht genau hierin ein starkes Entwicklungspotenzial. Gerade die immer wiederkehrende Auseinandersetzung mit den Bedürfnissen und Bedarfen der jeweiligen Familien richtet die pädagogische Arbeit der Einrichtung immer wieder neu und passgenau aus. Dies betrifft sowohl strukturelle Fragen wie die Gestaltung der Öffnungszeiten oder die Wahl der »passenden« Uhrzeit für den Beginn des Elternabends, als auch die Gestaltung einzelner Prozesse, die sich an einem erzieherischen Grundverständnis und einer damit verknüpften Erwartungshaltung der Eltern orientieren.

Das Verständnis von einem zirkulären Qualitätsentwicklungsprozess (siehe Kapitel 3.4.1) ist demgemäß auch auf die Abläufe der Zusammenarbeit mit Eltern anzuwenden. Auch hier gilt es, getroffene Entscheidungen und Umsetzungsmaßnahmen zu evaluieren; zu prüfen, ob Eltern mit der Arbeit der Einrichtung, mit den Rahmenbedingungen, mit den Leistungsangeboten und den Beteiligungsstrukturen zufrieden sind.

Praxishinweis

Auf Basis eines kontinuierlichen Verbesserungsprozesses, stehen Leitungskräfte gemeinsam mit Trägervertretern in der Verantwortung, geeignete Maßnahmen der Rückmeldung zu implementieren, die über die Wünsche und Bedürfnisse der Eltern ebenso Auskunft geben, wie über die Zufriedenheit. Die Wahl der entsprechenden Instrumente sollte bezogen auf die Zielgruppe und den Fokus des Interesses erfolgen (Fragebogen, Austrittsinterview, Abschlussgespräch, Feedback-Briefkasten usw.).

Die Etablierung einer Feedback-Kultur, die bereits im Kontext der Zusammenarbeit im Team angesprochen wurde (siehe Kapitel 3.3.4), bietet auch der Rückmeldung von Eltern einen entsprechenden Rahmen. Erleben Eltern bereits in der Eingewöhnungsphase, dass ihre Eindrücke, Gefühle und Bedürfnisse von Interesse sind, ist der Grundstein für eine lebendige und dialogische Partnerschaft zumeist bereits gelegt. Wenn Eltern im weiteren Verlauf der Betreuungszeit Anmerkungen und Kritik im Rahmen eines passenden Beschwerdemanagementsystems platzieren können, eröffnen sich vielfältige Möglichkeiten, unterschiedliche Sichtweisen im Dialog zu bearbeiten. Überlegungen hierzu sollten berücksichtigen, dass unterschiedliche Personen unterschiedliche Arten der Kommunikation über Schwierigkeiten bevorzugen. Während Einige kritische Rückmeldungen und Beschwerden gerne schriftlich dokumentiert wissen, gelingt es anderen erst im Gespräch, sich zu öffnen und Unsicherheit und Unzufriedenheit zu äußern. Während Einige sich vom regen Austausch in der WhatsApp-Gruppe des Elternbeirats fast erschlagen fühlen, möchten Andere gewiss sein, dass sie mit ihrem Anliegen nicht alleine sind. Allen gemein ist in der Regel, dass kritisch geäußerte Rückmeldungen und Beschwerden eine Resonanz erfahren und zunächst als Mitteilung der eigenen Perspektive wahrgenommen werden. Nachdem sich das Team und/oder die Leitungskraft mit den Anregungen oder der Kritik sorgfältig auseinandergesetzt haben, gilt es, Transparenz über etwaige Beschlüsse oder Erkenntnisse herzustellen. Auf Basis einer wertschätzenden Grundhaltung und systemischen Sicht, die die Eltern als Experten für ihr Kind anerkennt und die Äußerung entsprechender Bedürfnisse im Kontext sieht, sind Beschwerden dabei immer hilfreich. Während einige dazu beitragen, die pädagogische Arbeit an sich weiterzuentwickeln, sorgen andere dafür, dass unterschwellig vorhandene Sorgen und Nöte kommuniziert werden und davon ausgehend bearbeitet werden können.

Dabei stehen Leitungskräfte genauso in der Verantwortung, sich selbst und ihr Team gegenüber unrealistischen und überfordernden Anforderungen abzugrenzen. Eine klare und eindeutige Formulierung der Möglichkeiten und Grenzen einer Gruppenbetreuung (gegenüber einer Individualbetreuung von einzelnen Kindern) ist dabei so hilfreich wie nötig. Dass es hierbei zu Konflikten mit Eltern kommen kann, versteht sich von selbst. Gleichwohl bergen Konflikte ein wichtiges Entwicklungspotenzial, das aufgrund der negativen Sicht auf Konflikte häufig unterschätzt wird. In der gemeinsamen Erarbeitung eines Themas, nähern sich Fach- bzw. Leitungskraft und Eltern einander an, stellen Sichtweisen und Wünsche dar, aber auch Gefühle und innere Wertvorstellungen, die an anderer Stelle ggf. nicht zu Tage getreten wären. Die Lösung des Konflikts ist dabei häufig weniger bedeutsam als der Prozess der dialogischen Auseinandersetzung (Şıkcan 2003, S. 88 f.).

Beispiel

Es ist 08:00 Uhr und im Eingangsbereich der Kita Sonnenschein ist viel los. Die Eltern bringen ihre Kinder in die Einrichtung, unterhalten sich miteinander, es herrscht ein reges Treiben. Unter den Eltern ist auch Frau Krause. Sie verabschiedet sich gerade von ihrer Tochter, die sich gleich danach mit zwei anderen Kindern zum Spielen aufmacht. Frau Ermler, Leiterin der Kita, kommt ebenfalls dazu und spricht Frau Krause auf ihren bevorstehenden Gesprächstermin an, der am nächsten Tag stattfinden soll. Sie bittet Frau Krause doch noch einmal mit ihrem Mann zu sprechen, ob dieser es nicht doch einrichten könne, mit zum Elterngespräch zu kommen. Ihr sei es aufgrund der Thematik sehr wichtig, dass beide Elternteile anwesend sind. Daraufhin antwortet Frau Krause, dass so ein Gespräch ja gar nicht nötig sei, insbesondere nicht mit ihrem Mann, würde die Leiterin ihre Arbeit richtig machen. Sie redet dabei in einer Lautstärke, dass alle Anwesenden ihre Aussage hören können. Mit diesen Worten lässt Frau Krause die Leitungskraft zurück und verlässt ohne ein weiteres Wort die Kita

Einige Parameter, die die Gesprächssituation zwischen Leitungskraft und Mutter negativ beeinflussen, sind bereits schnell erkennbar: Frau Ermler wählt einen »Kaltstart« ins Gespräch, indem sie die Mutter bittet, erneut das Gespräch mit ihrem Mann bezüglich der Teilnahme am Gesprächstermin zu suchen; der Zeitpunkt des Tür-und-Angel-Gesprächs liegt am Morgen – in der Bringphase; Frau Krause ist daher ggf. unter Zeitdruck oder emotional noch mit dem Abschied von ihrer Tochter beschäftigt. Frau Ermler thematisiert das bevorstehende Gespräch ebenso wie die erwartete Nicht-Teilnahme des Mannes in der Garderobe vor Zuhörern. Frau Krause reagiert mit einem »Gegenangriff« und stellt die Notwendigkeit des Gesprächs ebenso infrage wie die Kompetenz von Frau Ermler. Auch dies erfolgt vor Zuhörern.

Analysiert man die Ebenen des Gesprächs mit der TA (siehe Kapitel 3.4.3) stellt man fest, dass es im Laufe des Gesprächs zu einer gekreuzten Interaktion gekommen sein muss. Frau Krauses Reaktion auf Frau Ermlers Bitte hin entspricht dem kritischen Eltern-Ich, womit sie die Situation quasi umkehrt. War es zu Beginn der Situation noch Frau Ermler, die aktiv auf Frau Krause zuging und bei ihr Unsicherheit und Unwohlsein ausgelöst hat, ist sie am Ende diejenige, die unsicher und passiv in der Situation zurückgelassen wird. Die Vorwürfe von Frau Krause lassen sie bloßgestellt, fassungslos und konsterniert zurück. Vermutlich macht sie sich

Sorgen, wie die umstehenden Eltern und/oder Mitarbeiter/innen die Situation bewerten. Frau Krause hingegen fragt sich vielleicht, warum sie sich hier und jetzt, vor anderen Eltern und/oder Mitarbeiterinnen über einen bevorstehenden Gesprächstermin und die damit verbundene (Nicht-)Teilnahme ihres Mannes rechtfertigen muss. Sie fühlt sich möglicherweise überrumpelt und vor den anderen Eltern vorgeführt.

Beispiel

Die Situation mit Frau Krause hat Frau Ermler noch den ganzen Vormittag beschäftigt. Eigentlich war es nur ein spontaner Gedanke gewesen. Sie hatte Frau Krause entdeckt und musste daran denken, dass es für das bevorstehende Gespräch am nächsten Tag wirklich besser wäre, wenn auch Herr Krause mit dabei wäre. Im Nachhinein ärgert sie sich, dass sie Frau Krause nicht kurz in ihr Büro eingeladen hat. Dann hätte Frau Krause entweder ablehnen können oder sie hätten sich gesetzt und sie hätte das Gespräch positiver begonnen »Frau Krause, ich möchte sie gerne noch einmal ansprechen, obwohl ich weiß, dass ihr Mann morgen nicht teilnehmen kann. Können wir vielleicht einen anderen Termin finden?« oder sie hätte sie einfach im Laufe des Vormittags angerufen, um ihre Bitte telefonisch vorzubringen.

Nach einem gedankenreichen Vormittag entschließt sich Frau Ermler, Frau Krause um die Mittagszeit anzurufen und sich für die unglückliche Situation am Morgen zu entschuldigen. Sie möchte Frau Krause mitteilen, dass sie sich an ihrer Stelle vermutlich auch nicht wohlgefühlt hätte.

Wenngleich sich vielleicht die Situation mit dieser Selbstoffenbarung von Frau Ermler etwas entzerren wird, steht ihr doch ein vermutlich schwieriges Elterngespräch bevor. Die Tatsache, dass die Leitung auf die Teilnahme des Mannes so großen Wert legt, gibt weiter Anlass davon auszugehen, dass das Gespräch ohnehin von eher schwierigem Inhalt ist. Vielleicht liegt das Gespräch gerade aus diesem Grund im Verantwortungsbereich von Frau Ermler. Denn häufig liegen gerade die konfliktreichen Gespräche im Zuständigkeitsbereich der Leitungskraft, teils in der Zusammenarbeit mit einem Teammitglied, teils in Alleinverantwortung. Vor allem, wenn Leitungskräfte nicht im Gruppendienst tätig sind, können sie im Rahmen solcher Konfliktgespräche unter Umständen nicht auf positive Erfahrungen in der Beziehungsgestaltung oder Gesprächsführung mit den entsprechenden Eltern zurückgreifen. Man kennt sich nicht von alltäglichen, unproblematischen Tür-und-Angel-Gesprächen in der Gruppe. Hierdurch ergeben sich weitere Herausforderungen, denen mit einer sorgfältigen Planung begegnet werden kann:

Phase	Relevante Fragen und Inhalte
Vorbereitung	*Fragen bezüglich der Inhalte* • Was wollen Sie sagen? • Wie können Sie Ihre Beobachtungen anhand von Beispielen erläutern? *Fragen bezüglich der Ziele* • Welches Ziel soll mit diesem Gespräch erreicht werden? *Fragen bezüglich der eigenen Gefühle* • Welche Gefühle haben Sie, wenn Sie an das Gespräch denken? • Wie sind Einstellungen und Bilder zu den jeweiligen Eltern entstanden? • Welche Gefühle vermuten Sie bei den jeweiligen Eltern? *Fragen bezüglich des Einstiegs* • Wie möchten Sie das Gespräch beginnen? (mit einer Beispielsituation? mit der Versprachlichung der eigenen Gefühle? mit offenen Fragen und aktivem Zuhören?) *Fragen bezüglich der Rahmenbedingungen* • Wie können Sie eine Atmosphäre schaffen, in der sich Eltern und Leiter/in wohlfühlen können? • Wie können Störungen und Unterbrechungen vermieden werden?

Phase	Relevante Fragen und Inhalte
Durchführung	*Phase 1: Was ist zurzeit los?* In dieser Phase geht es darum, den Eltern darzustellen, was aufgefallen ist. Ziel hierbei ist die Darstellung möglichst konkreter Beobachtungen. Es geht nicht darum, Kritik zu üben, sondern vielmehr um eine authentische Darstellung dessen, was die Fachkraft »bewegt« bzw. stört. Dies ist die Basis, um miteinander ins Gespräch zu kommen. *Phase 2: Was steht im Weg?* In dieser Phase geht es darum, zu erfahren, welche *Hindernisse* die Eltern wahrnehmen. Was denken Sie, wie es zu den oben beschriebenen Einschränkungen oder Problemen kommt. Wie sehen die Eltern selbst die Situation? In dieser Phase gilt es wieder aktiv hinzuhören und nicht zu widerlegen. Bei allzu abstrusen Erklärungsversuchen und »Theorien« vonseiten der Eltern können Sie differenzierend nachfragen – appellieren Sie dabei nicht. *Phase 3: Wo sehen Sie Ansatzpunkte?* Wo sieht die frühpädagogische Fachkraft *Ansatzpunkte*, damit es wieder besser wird? Oder: Was müsste sich konkret ändern, damit es sich verändert? Was kann jeder Beteiligte für die Lösung tun? Prüfen Sie die Realisierbarkeit der Ideen. Vermeiden Sie Bevormundung. Versuchen Sie keine Ratschläge zu geben. Legen Sie den Fokus auf Auswirkungen anstatt auf Gründe. *Phase 4: Was machen wir jetzt konkret?* Fassen Sie das Ergebnis des Gesprächs zusammen und halten Sie die gemeinsamen Vereinbarungen fest.

Tabelle 23: Planung und Durchführung eines schwierigen Gesprächs mit Eltern (basierend auf Bröder 2002; Krause 2009; Schnabel 2008; Mienert/Vorholz 2007)

Wenn in schwierigen Gesprächen Handlungsmöglichkeiten und -alternativen gemeinsam erschlossen werden, verbietet sich im Rahmen einer professionellen Grundhaltung ein bevormundendes und allwissendes Verhalten. Stattdessen werden Zielsetzungen im Rahmen einer empathischen, wertschätzenden und authentischen Haltung auf Augenhöhe avisiert und nach Möglichkeiten gesucht, wie diese von den jeweiligen Personen am besten erreicht werden können, auf welche Ressourcen dabei zurückgegriffen werden kann und welche Unterstützungsmöglichkeiten noch eingefordert werden können.

Dass Gespräche, die mit einem Beratungsauftrag von Eltern verknüpft sind, immer als schwierig bzw. konfliktbehaftet angesehen werden müssen, stimmt keineswegs. Für einen großen Teil der Eltern stellen die pädagogischen Fachkräfte einer Kindertageseinrichtung die wichtigste Vertrauensperson außerhalb der Familie dar, wenn es um Fragen zu ihrem Kind geht (Fröhlich-Gildhoff et al. 2006). Mütter und Väter, die sich in ihrer Erziehungskompetenz unsicher sind, erbeten daher häufig Unterstützung von Fachkräften. »In naher Zukunft werden Fachkräfte vielen Eltern einen noch größeren Bedarf an Familienbildung und Erziehungsberatung als heute attestieren. Vielleicht werden sie sich dann eher als elternbildende und -beratende Fachleute denn als Erziehungspartner sehen [...]« (Textor 2015). Gerade in Kindertageseinrichtungen bieten sich im Rahmen des täglichen Kontakts selbstredend auch eine Menge kurzer, informeller Gespräche, die Eltern in ihrer Erziehungskompetenz stärken können. Darüber hinaus sind Leitungskräfte aufgefordert, sich des Bildungs- und Beratungsauftrages ihrer Einrichtung bewusst zu sein und diesen professionell zu gestalten. Neben eher klassischen Veranstaltungen der Elternbildung wie Vorträgen, Elterngesprächskreisen, Elternkursen oder der Kooperation mit externen Bildungsanbietern (Thiersch 2006, S. 94), sollten auch Möglichkeiten des Austausches geschaffen werden. Wenn es Leitungskräften gelingt, (Zeit-)Räume zu gestalten, in denen sich Mütter und Väter untereinander, aber auch pädagogische Fachkräfte und Eltern über ihre jeweilige Perspektiven, Sichtweisen, Herausforderungen und Werthaltungen auszutauschen, können Eltern und Erzieher/innen im Rahmen eines niederschwelligen Angebots auf Augenhöhe miteinander in Kontakt kommen. Eine weiterführende professionelle Ausrichtung bietet die Weiterentwicklung der Einrichtung zum Familienzentrum. Im Rahmen eines sozialraumorientierten Ansatzes begreifen Familienzentren die Bedürfnisse und Bedarfe von Familien nach sozialer Einbindung, nach gelingenden Netzwerkstrukturen und nach Austausch und Solidarität als Kernpunkt ihrer Arbeit (Weiß 2007, S. 85). Dabei führen die Einrichtungen Beratungs-, Bildungs- und

Unterstützungsangebote unterschiedlicher Träger und Anbieter unter einem Dach zusammen, koordinieren Hilfe- und Begleitungsprozesse und schaffen ein allgemein zugängliches breites Angebot, dass durch Vernetzung und Verortung im Sozialraum gekennzeichnet ist und auf Spezifizierungen oder die Fokussierung vermeintlicher Adressaten verzichtet.

3.4.5 Gesundheitsmanagement

»Hinter jedem Einzelnen, der sich opfert, stehen andere, die opfert er mit – ohne sie zu fragen, ob sie es wollen.« (Manès Sperber)

Mehr als ⅔ aller Leitungskräfte beklagen, dass ihnen Zeit für die Arbeit mit den Kindern oder für mittelbare Tätigkeiten wie Vorbereitung, Beobachtungen oder Dokumentationen fehlt (Viernickel/Voss 2013, S. 160 f.). Dabei fühlen sich viele Leiter/innen zunehmend unter Druck, die Aufgabenfülle und Komplexität innerhalb der vorhandenen Rahmenbedingungen bewältigen zu können bzw. müssen (vgl. Kapitel 2.1.6 und 2.2.2). Neben den gesundheitlichen Risiken, die von diesem psychischen Druck ausgehen, werden Erholungszeiten nach Feierabend und am Wochenende, aber auch Pausenzeiten im Arbeitsalltag immer häufiger den beruflichen Erfordernissen geopfert (ebd. S. 161). Weil diese Tatsache für mehr als 80 % der Betroffenen zur erheblichen Belastung wird, bilden ein solides Zeitmanagement und eine realistische Planung und Strukturierung die Voraussetzungen für Zufriedenheit und Gesundheit am Arbeitsplatz (ebd.). Grundlage des Zeitmanagements kann dabei die Durchführung einer Arbeitsplatz-Zeitanalyse sein (vgl. Fischer 2001, S. 190 f.):

Praxisübung

Notieren Sie im Laufe eines Arbeitstages stichwortartig jede Tätigkeit, die sie ausgeführt haben. Achten Sie hierbei auch darauf, kurze Handlungen wie z.B. das Tür- und Angelgespräch mit Eltern aufzuführen. Sehen Sie sich am Ende des Tages die Liste an und treffen Sie für jeden Punkt ihrer Liste folgende Entscheidungen:

- War die Tätigkeit zwingend notwendig?
- War der Zeitaufwand gerechtfertigt?
- War der Zeitpunkt richtig gewählt?
- War es zwingend, dass Sie die Tätigkeit selbst ausgeführt haben?

In der Auseinandersetzung mit obigen Fragen zeigt sich neben der Frage, wie dringlich die erledigten Dinge sind, dass ein vernünftiges Zeitmanagement immer auch Abwägungen zwischen dem Erfordernis, eine

Aufgabe zu erledigen, und dem damit in Verbindung stehenden Zeitaufwand beinhaltet. Weil Leitungskräfte in diesem Kontext häufig zu selbstausbeuterischem Verhalten neigen, bestehen die zentralen Herausforderungen des Zeitmanagements im Setzen von Prioritäten, sinnvollem Delegieren und in der Abgrenzung gegenüber Erwartungen. Die als Pareto-Prinzip bekannte Erkenntnis besagt, dass Personen in 20 % ihrer Zeit rund 80 % aller Ergebnisse erzielen. 80 % ihrer Zeit benötigen sie jedoch, um die verbliebenen 20 % einer Aufgabenerfüllung zu erarbeiten. Wenngleich die Grenze zwischen Gründlichkeit und Perfektionismus fließend ist, muss berücksichtig werden: Wer möglichst perfekte Ergebnisse anstrebt, muss mit einem hohen Einsatz an Zeit rechnen.

Dabei geraten vor allem diejenigen Leitungskräfte an ihre Grenzen, die ihre Rolle im Verständnis des Leitungstypus »Fürsorglichkeit« definieren (vgl. Nentwig-Gesemann et al. 2016). Sie fühlen sich in erster Linie als Mitglied des pädagogischen Teams und empfinden ihre Tätigkeit insbesondere dann als erfolgreich, wenn es ihnen gelingt, für alle Zeit zu haben. »Mit der Orientierung an einem derart fürsorglichen und harmonischen Umgang mit den Fachkräften im Team ist ein kraftintensives, in der Tendenz aufopferungsvolles Engagement im Rahmen emotional ausgestalteter persönlicher Beziehungen verbunden. Daher geht dieses professionelle Selbstverständnis mit einem hohen Belastungsempfinden einher« (Nentwig-Gesemann et al. 2016, S. 34). Das Gefühl, für alles und jeden zuständig zu sein, ein offenes Ohr für alle und jeden haben zu müssen, sich ganz den Mitarbeiterinnen und Mitarbeitern bzw. den Kindern einer Einrichtung hingeben zu müssen, mündet dabei fast unumgänglich in ein schlechtes Gewissen.

Praxishinweis

Erfolgreiche Leitungskräfte finden Wege aus der gefühlten Allzuständigkeit heraus und identifizieren sich mit ihrer Rolle als (Weiter-) Entwickler/in von Strukturen und Teamprozessen. Damit verbunden sind Abgrenzungshandlungen gegenüber Mitarbeiterinnen und Mitarbeitern ebenso wie gegenüber Dritten sowie die Schaffung sinnvoller Strukturen und die Verteilung von Aufgaben im Team. Die Identifikation als Leitungskraft fußt auf einer positiven Auseinandersetzung mit der Rolle als pädagogisches Vorbild bzw. konzeptionelle/r Weiterentwickler/in und schafft es dabei, pädagogische mit leitungsspezifischen Ansprüchen zu koppeln.

Die Umsetzung einer solchen Grundhaltung enthält dabei auch die Anforderung, Aufgaben und Anforderungen auszuschlagen oder auf einen späteren Zeitpunkt zu verschieben. Auch wenn ein »Nein« häufig zunächst gefühlsmäßig negativ besetzt ist, hat es keinesfalls etwas mit Egoismus oder Zurückweisung zu tun. Eine entsprechende Klarheit in der Kommunikation des eigenen Verantwortungs- und Aufgabengebietes trägt hingegen wesentlich mehr dazu bei, als kompetente Leitungskraft wahrgenommen zu werden, als sich jedwedes Anliegen und Ansinnen aufzubürden. Die kritische Prüfung eines Anliegens enthält dabei immer auch eine Wertschätzung dringlichen und wichtigen Themenstellungen gegenüber. Neben einer selbstsicheren Grundhaltung über die eigenen Zuständigkeitsbereiche unterstützen folgende Hinweise zur Gesprächsführung professionelle Abgrenzungshandlungen:

- Verzicht auf Begründungen bzw. Rechtfertigungen
- Blickkontakt aufrechterhalten
- Anliegen zunächst annehmen und sich bzgl. einer darauf bezogenen Reaktion oder Entscheidung Bedenkzeit erbeten
- an entsprechend zuständige Personen weiterverweisen
- nur realistische Bearbeitungsräume nennen
- implizite Botschaften versprachlichen

Basis einer solchen selbstreflektierten, aber auch selbstbewussten Grundhaltung sollte ein achtsamer Umgang mit sich selbst und mit anderen sein. Da sich die achtsame Fürsorge für andere und der achtsame Umgang mit sich selbst wechselseitig beeinflussen, bildet Selbstfürsorge die Basis einer professionellen Grundhaltung von Leitungskräften (Schmidt-Lellek 2008, S. 205; Philipsen/Ziemer 2013). Das Gegenkonzept zur in Kapitel 2.2.2 beschriebenen »Regenschirm-Taktik«, die versucht alle Aufgaben und Anforderungen schnellst- und bestmöglich zu erfüllen, bildet in diesem Verständnis das Konzept der Achtsamkeit[20]. Grundlegend ist dabei, dass sich Leitungskräfte zunächst die innere Erlaubnis erteilen, überhaupt auf sich selbst, ihre Bedürfnisse und Gefühle zu achten (vgl. Schulz 2015, S. 58). Neben den Bedürfnissen der Kinder, des Teams, der Eltern und der Kindertageseinrichtung als solcher, rangieren die Bedürfnisse der Leitungskräfte selbst häufig auf den hinteren Plätzen der Prioritätenliste. Demgemäß gilt es zunächst, sich zu vergegenwärtigen: »Ich bin wichtig. Meine Bedürfnisse sind wichtig. Es ist nicht egal, wie es mir geht. Nur wenn es mir gut

20. Das Konzept der Achtsamkeit ist im Buddhismus verwurzelt und fokussiert in erster Linie »das klare, unabgelenkte Beobachten dessen, was im Augenblick der gegenwärtigen Erfahrung (einer äußeren oder inneren) vor sich geht« (Nyanaponika 2000, S. 26)

geht, kann ich für andere da sein.« Wer diese Grundannahme ernsthaft verinnerlicht hat und bereit ist, auch sich selbst zuzuhören, kann die 3 zentralen Zielsetzungen des Achtsamkeits-Konzepts *Klarheit* (in Bezug auf die Wahrnehmung der eigenen Person und der Welt), *Gelassenheit/Gleichmut* (in Bezug auf die Bereitschaft und den Willen, etwas so zu erfahren, wie es ist) sowie *Konzentration* (in Bezug auf gezielte Aufmerksamkeitslenkung) erreichen (vgl. Weiss/Harrer/Dietz, 2015, S. 35). Eine mögliche Vorgehensweise bietet die Auseinandersetzung mit 5 Bausteinen:

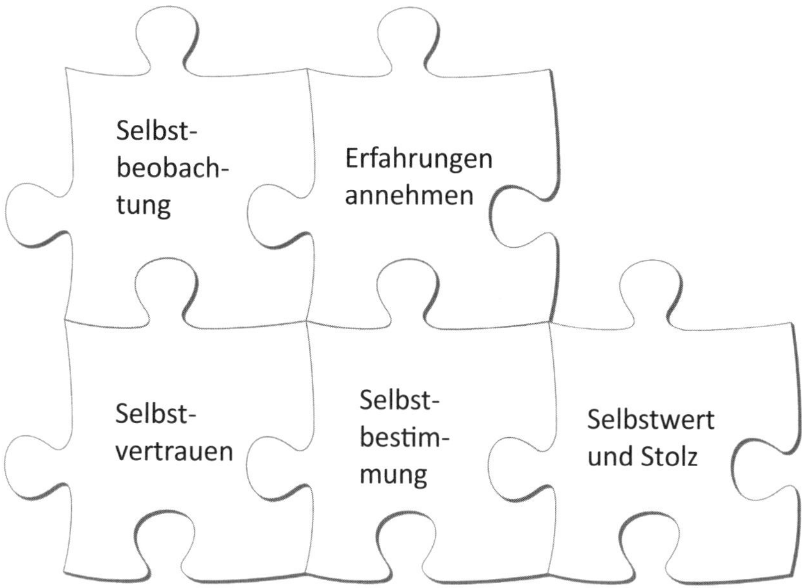

Abb. 51: 5 Bausteine der Achtsamkeit

1. Selbstbeobachtung

Im Rahmen einer Analyse gilt es zunächst einen freundlich-kritischen Blick auf sich selbst zu richten (Fengler 2012). Dabei sind beispielsweise sowohl die Beschreibung des eigenen Wertehorizonts wie in Kapitel 2.2.2 beschrieben, als auch eine realistische Einschätzung der eigenen Stärken und Schwächen hilfreich.

Neben eigenen Einschätzungen sind an dieser Stelle auch Einschätzungen von Freunden oder nahestehenden Personen nützlich, da sie vor allem in Bezug auf Stärken häufig Bereiche der Persönlichkeit ansprechen, die einem selbst nicht bewusst sind.

In einem weiteren Schritt gilt es, Belastungen und Ressourcen in den Blick zu nehmen, Ressourcen zu mobilisieren und weiterzuentwickeln. Die wichtigste Ressource wird bereits im Rahmen dieses Schrittes aktiviert: die Aufmerksamkeit. Im Rahmen einer aufmerksamen Grundhaltung werden auch diejenigen Aspekte wahrgenommen, die bisher kaum beachtet wurden (vgl. Kabat-Zinn 2011, S. 20). Voller Respekt und frei von Wertungen setzen wir uns mit denjenigen Dingen und Menschen auseinander, die uns guttun. Als eine mögliche Grundlage, die um weitere persönlich erlebte Belastungen und Ressourcen ergänzt werden kann, kann Abb. 51 dienen.

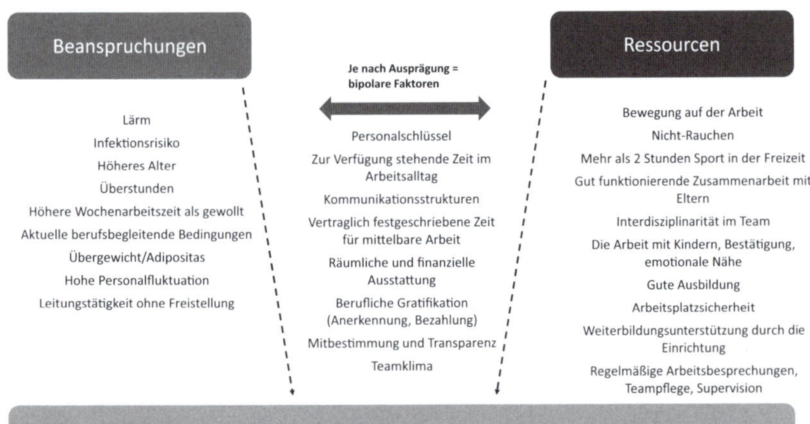

Abb. 52: Gesundheit und Wohlbefinden von Leitungskräften (eigene Darstellung auf Basis von Viernickel/Voss 2013, S. 175)

Eine andere Alternative bietet das »Selbstinterview« (Schneewind/Föhring/Chiles 2011, S. 60 ff.), das vor allem in schwierigen Situationen Belastungsfaktoren, Befindlichkeiten und Lösungswege sichtbar machen kann. Über die Beantwortung von 10 Leitfragen werden aktuelle Themen mit systemischem Blickwinkel lösungsorientiert betrachtet.

Praxisübung (basierend auf Schneewind et al., 2011 S. 249)

Notieren Sie Ihre Antworten auf folgende Fragestellungen. Lesen Sie sich diese Antworten ggf. mehrfach durch und ziehen Sie ein Resümee:

1. Welche Themen beschäftigen Sie nach Feierabend?
2. Woran denken Sie unmittelbar, bevor Sie einschlafen?
3. Woran denken Sie morgens als erstes?

4. Woran erkennen Ihre Kolleginnen/Kollegen und Mitarbeiter/innen, dass Sie ausgeglichen sind?
5. Wie würden Kolleginnen/Kollegen oder Mitarbeiter/innen Ihre momentane Stimmung beschreiben?
6. Was soll sich ändern?
7. Welche Fähigkeit kann Ihnen bei der Problemlösung nützlich sein? Welche Personen können Sie unterstützen?
8. Was müssten Sie tun, damit sich nichts ändert?
9. Wenn sich Ihre Probleme über Nacht in Luft auflösen würden, woran würden Sie dies am folgenden Tag merken?
10. Woran würden Ihre Kolleginnen/Kollegen oder Mitarbeiter/innen merken, dass das Problem sich in Luft aufgelöst hat?

Neben diesem selbstreflektierten Vorgehen, mit dem zahlreiche Situationen eher allgemein in den Blick genommen werden sollen, gilt es im Rahmen der Selbstbeobachtung auch insbesondere konkrete Situationen wahrzunehmen.

Welche (zumeist automatische) Reaktionen lösen bestimmte Verhaltensweisen/Reize in mir aus? Gelingt es mir, diese Verhaltensweisen zu unterdrücken? Kann ich ganz bewusst anders auf solche Reize reagieren?

2. Erfahrungen annehmen

In der Auseinandersetzung mit unterschiedlichen Erfahrungen, wie sie beispielsweise im Rahmen der Biografiearbeit (Kapitel 2.2.1) ermöglicht wird, geht es darum, Lebenswege, Lebensumwege und unterschiedlichste Erfahrungen zu akzeptieren und anzunehmen. Alle bisherigen Erfahrungen und all diejenigen, die noch hinzukommen werden, sollen wertfrei als Erfahrungen, als Wegstrecken oder Lebensbausteine angenommen werden ohne die das eigene Leben mit all seinen Facetten nicht wäre, was es ist. Dabei ist es hinderlich Situationen und Erlebnisse in gute oder schlechte Erfahrungen zu unterteilen. Stattdessen gilt es, jede Erfahrung anzunehmen in den Möglichkeiten, die sie für das weitere Leben bietet. Bezogen auf neue und bevorstehende Erfahrungen (z.B. ausgelöst durch die Herausforderung ein neues Hygienekonzept entwickeln zu müssen) bedarf es einer Grundhaltung des ‚Anfängergeistes', der die Dinge mit Neugierde und Interesse betrachtet und sich ihnen mit einer forschenden Grundhaltung nähert (vgl. Weiss et al. 2015, S. 21).

3. Selbstvertrauen

Die eigenen Stärken und Schwächen, die eigenen Potenziale und Möglichkeiten, der persönliche Werthorizont, die gemachten Erfahrungen, die sich im Rahmen des Lebenslaufes niederschlagen, all das macht IHRE Persönlichkeit aus. Legen Sie deshalb Vertrauen in sich selbst und ihre Fähigkeiten und bleiben Sie sich und ihren Grundwerten treu. Gestehen Sie sich Situationen der Über- oder Unterforderung ein und setzen Sie sich mit möglichen Handlungsalternativen auseinander. Aber vertrauen Sie auf sich selbst und Ihre Fähigkeiten, mit unterschiedlichen Situationen zurecht zu kommen. Unterstützt werden kann die Entwicklung einer in sich selbst ruhenden Grundhaltung durch ermutigende Gedanken wie:

- »Ich sorge für mich selbst, wie ein guter Freund/eine gute Freundin es tun würde.
- Ich darf Fehler machen.
- Ich kann andere nicht verändern, nur mich selbst.
- Ich mache nicht mehr andere für mein Lebensgefühl verantwortlich.
- Nur wenn ich mich abgrenzen kann, führt Hingabe nicht zur Selbstaufgabe.
- Ich nehme mir Zeit für Dinge, auf die ich mich freue.
- Ich begebe mich in die Nähe von Menschen, die mir guttun.
- Ich muss nicht perfekt sein.
- Ich bin berechtigt herauszufinden, was für mich gut ist.
- Ich ziehe meine eigenen Grenzen und achte auf sie.
- Ich habe keine Angst vor dem Urteil anderer.
- Ich traue meiner Selbstwahrnehmung« (Schulz 2015, S. 59)

4. Selbstbestimmung

In diesen Gedanken klingt der nächste zentrale Baustein bereits an: SIE sind die/der Regisseur/in Ihres (Berufs-)Lebens. Ein auf Achtsamkeit ausgerichteter Umgang mit sich selbst führt zu einem verantwortlichen Umgang mit den eigenen Ressourcen. Sichtbar wird dies einerseits, indem Grenzen gesetzt werden. Wenn Entscheidungen Ihren Verantwortungsspielraum überschreiten, wenn Fragen von Eltern oder Mitarbeitern Ihren Arbeitsprozess/Ihre Konzentration unentwegt unterbrechen, wenn Ihre Freizeit nicht mehr als solche genutzt werden kann, ist es nötig, anderen Personen selbstbestimmt aufzuzeigen, wo persönliche Grenzen sind. Andererseits kann ein fürsorglicher Umgang mit sich selbst auch bedeuten, Unterstützung oder Hilfe einzufordern. Darin eingeschlossen sind Unterstützung durch das Team oder einzelne Mitarbeiter, Angebote des Trägers wie Fachberatung oder Supervision oder externe Beratungsangebote/ Fortbildungen und Leitungskräfte-Coachings.

Neben den Fähigkeiten, sich abzugrenzen oder Unterstützung suchen zu können, bedeutet selbstbestimmtes Handeln auch sich in seinen Entscheidungen und seinem Verhalten nicht abhängig von den Meinungen und Erwartungen anderer zu machen. Denn selbstbestimmtes Handeln bedeutet auch, »dem Blick der anderen zu begegnen und ihm standzuhalten« (Bieri 2012, S. 31). Die Herausforderung besteht demgemäß darin, den Blick auf die eigenen Ziele, Wünsche und Bedürfnisse (in beruflicher und persönlicher Hinsicht) zu richten und sich nicht durch Anforderungen von außen bestimmen zu lassen. Denn »Eigene Entscheidungen – mögen sie noch so klein sein und bisweilen im Alltagsgeschehen übersehen werden – lösen ein emotionales Gefühl der Befreiung und Würde aus« (Schulz, 2015, S. 59).

5. Selbstwert und Stolz

Gerade weil die Berufe im Bereich der frühpädagogischen Bildung, Betreuung und Erziehung bislang keine besonders hohe gesellschaftliche Anerkennung genießen, ist es vonnöten, eigene Erfolge und Verdienste wertzuschätzen. Dabei geht es zum einen darum, sich Entwicklungs- und Veränderungsprozesse zu vergegenwärtigen, z.B. im Rahmen eines Wertschätzungs- und Erfolgstagebuchs:

Praxishinweis

(basierend auf einer Idee von Hitzenberger/Schuett 2016, S. 127)

Notieren Sie sich jeden Tag nach Feierabend in einem kleinen Notizbuch:

- Was habe ich heute geleistet?
- In welchen Situationen war ich heute wirksam?
- Wie habe ich das gemacht?
- Wie kann ich meine Leistungen beschreiben und benennen?
- Was hätte ich besser machen können und was möchte ich verändern?

Zum anderen soll dieser selbstbewusste Blick auf sich selbst und die eigene Arbeit nach außen wirken. Leitungskräfte, die stolz auf sich, auf ihr Team und/ oder ihre Einrichtung sind, sollten diese Haltung mitteilen: Eltern, dem Träger, politischen Entscheidungsträgern, Freunden und Bekannten.

Neben einem achtsamen Umgang mit der eigenen Person, den eigenen Grenzen und Möglichkeiten, bietet sich durch eine wertschätzende

Leitungskultur die Möglichkeit, den Aufgaben- und Verantwortungsbereich der Mitarbeiter/innen sinnvoll zu gestalten. Dabei spielt neben den eigentlichen Delegationsprozessen vor allem das Empowerment des Teams eine wichtige Rolle. Diese Form der Ermutigung und Aktivierung erhöht über ein regelmäßiges und wertschätzendes Feedback an die Mitarbeiter/innen sowohl deren Kompetenzempfinden als auch die Übernehme einer professionellen Haltung. Im Rahmen von Qualitätsentwicklungsprozessen, die von einem gemeinsamen Leitbild der Einrichtung her gestaltet sind, kann neben der Identifikation mit dem Beruf der pädagogischen Fachkraft auch und insbesondere die Identifikation mit der Einrichtung und ihren Zielen gelingen. Wenn es Leitungskräften also gelingt, implizites Handlungswissen im Rahmen von Coaching- und Reflexionsprozessen sichtbar zu machen, Professionalisierungsprozesse im Team anzustoßen und das Kompetenzempfinden der einzelnen Mitarbeiter/innen zu steigern, pflanzt sich das Konzept der Achtsamkeit und Wertschätzung auch im Klima des Teams fort. Den daraus hervorgehenden Ertrag stellt ein selbstbewusstes und selbstsicheres Team an pädagogischen Fachkräften dar, die bereit und in der Lage sind, Projekte und Prozesse auch in Eigenverantwortung zu gestalten.

Neben einer soliden Gestaltung des Dienstplanes (vgl. Kapitel 3.2.3), der entsprechend Freistellungen für verschiedene Aufgabenkomplexe miteinbezieht, und einem wertschätzenden Empowerment, bedarf es einer Auseinandersetzung mit Fragen der betrieblichen Gesundheitsförderung, um die Leistungsfähigkeit von Leitungskräften und Team zu erhalten. Die systemische Betrachtung unter Einbezug des Setting-Ansatzes stellt fest: »Gesundheit wird von Menschen in ihrer alltäglichen Umwelt geschaffen und gelebt: dort, wo sie spielen, lernen, arbeiten und lieben. Gesundheit entsteht dadurch, dass man sich um sich selbst und für andere sorgt, dass man in die Lage versetzt ist, selber Entscheidungen zu fällen und eine Kontrolle über die eigenen Lebensumstände auszuüben sowie dadurch, dass die Gesellschaft, in der man lebt, Bedingungen herstellt, die all ihren Bürgern Gesundheit ermöglichen« (WHO 1986). Die Umsetzung eines betrieblichen Gesundheitsmanagements berücksichtigt diesem Ansatz zufolge, eine partizipative Haltung in Planungs-, Umsetzungs- und Entscheidungsprozessen. Das Streben nach Gesundheit als Organisationsprinzip steht hierbei vor der partiellen Einführung gesundheitsförderlicher Aktivitäten. Methoden der Organisationsentwicklung gehen in diesem Verständnis Hand in Hand mit der Entwicklung einer gesundheitsförderlichen Arbeits- und Lebensumgebung. In der Übertragung auf das Feld der frühen Bildung, Betreuung und Erziehung lassen sich 5 Ebenen mit unterschiedlichen Handlungsoptionen aufzeigen (WHO 1986):

Handlungsebene (nach der Ottawa-Charta)	Aufgaben/Ziele	Mögliche Handlungsfelder
Auf der Ebene des Individuums/der Person	Stärkung der Persönlichkeit, Erweiterung der eigenen Handlungskompetenz; Suche, Erproben und Ermöglichen eines gesunden Lebensstils	Förderung gesundheitlicher Kompetenzen, Körperpflege, Qualität von Ernährung, Bewegung und Kleidung, Schutz vor Erkrankungen und Verletzungen
Auf der Ebene der Gruppen	Schaffung von Kooperationsformen und Arbeitsgemeinschaften/Teams, die ihre Interessen vertreten	Bereitschaft zur Teamarbeit; Akzeptanz von Fremdheit; Gruppendruck und Widersprüche aushalten; Konflikte bewältigen – Probleme lösen, Spiel-, Lern- und Arbeitszufriedenheit erhalten und herstellen; Eltern und Kinder an Planungen beteiligen
Auf der Ebene der Organisationen/Institutionen	Entwicklung eines »gesunden Kita-Profils« und Gestaltung eines Kindergartenalltags durch Kulturpflege, Organisationsentwicklung und Evaluation	Instandhaltung der Räume, Qualität der Luft- und Lichtverhältnisse; Lärmreduktion; Schutz vor Schadstoffen, angemessene Ausstattung; bedürfnisgerechte Bewegungsangebote; Beachtung ergonomischer Gesichtspunkte; Kräfte sammeln und in das Veränderbare investieren; Organisationen entwickeln; Selbstorganisation stärken; Evaluation und Reflexion des Arbeitsalltags und der eigenen Arbeit

Handlungsebene (nach der Ottawa-Charta)	Aufgaben/Ziele	Mögliche Handlungsfelder
Auf der Ebene der Lebenswelt/Umwelt	Schaffung gesundheitsförderlicher Lebenswelten für Kindertagesstätten durch Öffnung, Vernetzung und Nutzung öffentlicher Ressourcen	Kommunikation und Kooperation suchen und pflegen; Bereitschaft zur Öffnung und zum Austausch; Zusammenarbeit mit anderen Einrichtungen und der Kommune; Gemeinderessourcen zur Unterstützung ausloten
Auf der Ebene der Gesellschaft/Politik	Gesundheitsförderung und Kindertagesstätte in den Blickwinkel der Politik bringen	Lobbyarbeit für Kinder, Eltern und Erzieher/innen; politische Interessenvertretung für die Gesundheitsförderung in KiTa; Ausbildung zur Erzieherin weiterentwickeln

Tabelle 24: Aufgaben- und Handlungsfelder der Gesundheitsförderung im Setting Kindertageseinrichtung (Maasberg 2004, S. 91)

Eingebettet in die gesellschaftlichen, regionalen und organisationalen Ebenen stellt die Stärkung der Persönlichkeit wie bereits oben im Fokus des Empowerments beschrieben, ein zentrales Merkmal ganzheitlicher Gesundheitsförderung dar.

Praxishinweis

Basis eines gesundheitsförderlichen Arbeitsklimas sind Achtsamkeit, Anerkennung und Wertschätzung im Team. Sich hieraus ergebende Handlungsanforderungen für Leitungskräfte liegen in der Signalisierung von Gesprächsbereitschaft, dem Angebot von Beratung bzw. Coaching, der Schaffung eines von Verständnis und Interesse geprägten Arbeitsklima sowie der Schaffung von Transparenz in Bezug auf organisationale Abläufe und Entscheidungen (vgl. auch Viernickel/Voss 2013, S. 170 f.)

Literatur

80 Bild-Impulse als Erzähl- und Schreibanlässe (2012): Nachdruck 2017. Mülheim an der Ruhr: Verlag an der Ruhr.

Abs, H. J./Maag Merki/K., Klieme, E. (2006): Grundlegende Gütekriterien für Schulevaluation.

Ahrendt, H. (1970): Macht und Gewalt. München, Zürich.

AK DQR (Arbeitskreis Deutscher Qualifikationsrahmen) (2011): Deutscher Qualitätsrahmen für lebenslanges Lernen. verabschiedet vom Arbeitskreis Deutscher Qualifikationsrahmen (AK DQR) am 22.03.2011. URL: https://www.dqr.de/media/content/Der_Deutsche_Qualifikationsrahmen_fue_lebenslanges_Lernen.pdf (Zugriff am 28.02.2017).

Allport, G. (1971): Die Natur des Vorurteils. Köln: Kiepenheuer und Witsch.

Allport, G. (1974): Werden der Persönlichkeit: Gedanken zur Grundlegung einer Psychologie der Persönlichkeit. München: Kindler.

Andres, B./Laewen, H.-J. (2011): Das infans-Konzept der Frühpädagogik. Bildung und Erziehung in Kindertagesstätten. Berlin: das netz

Antonovsky, A. (1997). Salutogenese. Zur Entmystifizierung der Gesundheit. Tübingen: Dgvt-Verlag.

Arbeitsgemeinschaft für Jugendhilfe (AGJ)/Deutsches Nationalkomitee der Weltorganisation für Frühkindliche Erziehung (OMEP) (Hrsg.) (1999): Workshop zur Qualitätsdiskussion in Tageseinrichtungen für Kinder – Einführung und Praxiserfahrungen. Bonn.

Argyris, C./Schön, D. A. (1978): Organizational learning: A Theory of action perspective. Reading. MA: Addison-Wesley.

Argyris, C./Schön, D. A. (2008): Die lernende Organisation: Grundlagen, Methode, Praxis. 3. Aufl. Stuttgart: Schäffer-Poeschel.

Autorengruppe Fachkräftebarometer (2014): Fachkräftebarometer Frühe Bildung 2014. Weiterbildungsinitiative Frühpädagogische Fachkräfte. München.

Autorengruppe Fachkräftebarometer (2017): Fachkräftebarometer Frühe Bildung 2017. Weiterbildungsinitiative Frühpädagogische Fachkräfte. München.

Autorengruppe Fachkräftebarometer (2017): Fachkräftebarometer Frühe Bildung 2017. Weiterbildungsinitiative Frühpädagogische Fachkräfte. München.

Bachmann, W./Bachmann, F. (1997): Im Team zum Ziel. Die Entwicklung von Teamfähigkeiten unter dem Blickwinkel von NLP und Lernender Organisation. Paderborn: Junfermann Verlag.

Bayer, U./Gollwitzer, P. (2000): Selbst und Zielstreben. In: Greve, W. (Hrsg.): Psychologie des Selbst. Weinheim: Beltz. S. 208–225.

Beher, K./Lange, J. (2014): Kita-Leitung unter der Lupe. Forschungsergebnisse zu einem unbestimmten Berufsprofil. In: TPS (2), S. 14–18.

Bekemeier, M. (2011): Qualitätsanforderungen an Weiterbildnerinnen und Weiterbildner. In: Deutsches Jugendinstitut (Hrsg.): Kinder in den ersten drei Lebensjahren. WiFF Wegweiser Weiterbildung, Band 2. München. S. 136–144.

Belardi, N. (1998): Supervision: Eine Einführung für soziale Berufe. 2., akt. Aufl. Freiburg/Br.

Bengel J./Strittmatter R./Willmann H. (2001): Was erhält Menschen gesund? Antonovskys Modell der Salutogenese – Diskussionsstand und Stellenwert. Köln: BZgA Bundeszentrale für gesundheitliche Aufklärung.

Bertelsmann Stiftung (Hrsg.) (2017): Qualitätsausbau in KiTas 2017. 7 Fragen zur Personalausstattung für Führung und Leitung in deutschen KiTas. 7 Antworten der Bertelsmann Stiftung.

Wolters Kluwer (Hrsg.) (2015): BeWAK-Studie 2015. Befragung zur Wertschätzung und Anerkennung von Kitaleitungen. Eine Umfrage der Deutschen Kinderhilfe und Wolters Kluwer Deutschland. Köln.

Bieri, P. (2012): Wie wollen wir leben? 5. Aufl. St. Pölten, Salzburg: Residenz Verlag.

Birgmeiner, B. (2006): Coaching und Soziale Arbeit – Grundlagen einer Theorie sozialpädagogischen Coachings. Weinheim, München.

Blake, R. B./Mouton, J. S. (1964). The Managerial Grid: The Key to Leadership Excellence. Houston: Gulf Publishing.

Bohm, D. (2008): Der Dialog. Das offene Gespräch am Ende der Diskussionen. 5. Aufl. Stuttgart: Klett-Cotta.

Böhm, J./Jungmann, T./Koch, K. (2017): Professionalisierung pädagogischer Fachkräfte. In: Jungmann, T./Koch, K. (Hrsg.): Professionalisierung pädagogischer Fachkräfte in Kindertageseinrichtungen: Konzept und Wirksamkeit des KOMPASS-Projekts. Wiesbaden: Springer.

Böhmer, N. (2015): Nachhaltige Personalgewinnung – so gewinnen Sie langfristig gute Mitarbeiterinnen! In: Skalla, S. (Hrsg.): Handbuch für die Kita-Leitung. Köln/Kronach: Wolters Kluwer. S. 119–134.

Bombosch, J. (2015): Kreatives Qualitätsmanagement in Tageseinrichtungen für Kinder. In Skalla, S. (Hrsg.): Handbuch für die Kita-Leitung. Köln/Kronach: Wolters Kluwer. S. 377–410

Bostelmann, A./Metze, T. (Hrsg.) (2000): Der sichere Weg zur Qualität: Kindertagesstätten als lernende Unternehmen. Neuwied, Kriftel, Berlin: Luchterhand.

Bourdieu, P. (1996): Die feinen Unterschiede. Kritik der gesellschaftlichen Urteilskraft. Frankfurt a. M.: Suhrkamp.

Breitenbach, E./Nentwig-Gesemann, I. (2013): Die dokumentarische Interpretation von biografischen Interviews und narrativen Episoden aus dem pädagogischen Alltag – Möglichkeiten der Begleitung von Professionalisierungsprozessen in (früh-)pädagogischen Studiengängen. In: Nohl, A. M./Loos, P./Schäffer, B./Przyborski, A. (Hrsg.): Dokumentarische Methode. Grundlagen, Entwicklungen, Anwendungen. Opladen, Berlin, Toronto. S. 337–353.

Bröckermann, R./Müller-Vorbrüggen, M. (Hrsg.) (2006): Handbuch Personalentwicklung: Die Praxis der Personalbildung, Personalförderung, Arbeitsstrukturierung. Stuttgart: Schäffer-Poeschel.

Bröder, M. (2002): Gesprächsführung im Kindergarten. Anleitung, Modelle, Übungen. Freiburg i. B.: Herder.

Bronfenbrenner, U. (1993): Die Ökologie der menschlichen Entwicklung. Natürliche und geplante Experimente. Frankfurt a. M.: Fischer.

Bucci, W. (2002): The referential process, consciousness, and the sense of self. In: Psychoanalytical Inquiry, 22 (5), S. 776–793.

Bücklein, C. (2011): Selbstreflexion im frühpädagogischen Alltag. Eine Rekonstruktion des handlungspraktischen Wissens frühpädagogischer Fachkräfte. Unveröffentlichte Masterarbeit. Evangelische Hochschule, Freiburg i. Br.

Bundesagentur für Arbeit – Statistik/Arbeitsmarktberichterstattung (2016): Blickpunkt Arbeitsmarkt: Fachkräfte in der Kinderbetreuung und -erziehung. URL: http://statistik.arbeitsagentur.de (Zugriff am 23.10.2017).

Cohen, A./Fink, S./Gadon, H./Willits, R. (1996): Wirkungsvolles Verhalten in Organisationen. 6. Aufl. Stuttgart: Schäffer-Poeschel.

Cramer, M./Schaffranke, D. (2002, 04. April): Flexible Arbeitszeiten, Arbeitszeitkonten und Jahresarbeitszeitmodelle in Kindertagesstätten. Ein Beitrag auch zur Diskussion über die Qualität von Kitas. URL: http://www.landeszentrum-mv.de/fileadmin/Dokumente/ZIZ-Zeit_im_Zentrum/cramer_flexible_arbeitszeiten_in_Kitas_-_projekt_BB-ziz.pdf (Zugriff am 02.11.2017).

Cramer, M. (2003): Arbeitszeitmodelle und Dienstplangestaltung. Wie Kindergärten TOP werden; Team- und Organisationsentwicklung praktisch (TOP – Team und Organisationsentwicklung praktisch). Weinheim u.a.: Beltz.

Dann, H.-D./Cloetta, B./Müller-Fohrbrodt, G./Helmreich, R. (1978): Umweltbedingungen innovativer Kompetenz. Eine Längsschnittuntersuchung zur Sozialisation von Lehrern in Ausbildung und Beruf. Stuttgart: Klett-Cotta.

Dausien, B./Alheit, P. (2005): Biographieorientierung und Didaktik. Überlegungen zur Begleitung biographischen Lernens in der Erwachsenenbildung. In: REPORT, 28 (03), S. 27–36.

Deakins, E. (2007): The Role of Meaningful Dialogue in Early Childhood Education. In: Australian Journal of Early Childhood, 32 (01), S. 38–46.

Deutsches Jugendinstitut/Weiterbildungsinitiative Frühpädagogische Fachkräfte (Hrsg.) (2014): Leitung von Kindertageseinrichtungen. Grundlagen für die kompetenzorientierte Weiterbildung. WiFF Wegweiser Weiterbildung, Band 10. München.

Dickinson, D. K./Brady, J. P. (2006): Toward Effective Support for Language and Literacy Through Professional Development. In: Zaslow, M./Martinez-Beck, I. (Hrsg.): Critical Issues in Early Childhood Professional Development. Baltimore, London, Sydney. S. 141–170.

DIN Deutsches Institut für Normung (Hrsg.) (2016): Qualitätsmanagement. QM-Systeme und –Verfahren. 9. Aufl. Berlin: Beuth.

Dippelhofer-Stiem, B. (2000): Bildungskonzeptionen junger Erzieherinnen: Längsschnittliche Analysen zu Stabilität und Wandel. In: Empirische Pädagogik 4, S. 327–342.

Doppler, K./Lauterburg, C. (2008): Change Management. Den Unternehmenswandel gestalten. 2. Aufl. Frankfurt a. M.: Campus Verlag.

Dreiner-Tönnes, B./Sevenich-Mattar, U. (2005): AWO-Qualitätsmanagement in der Praxis. In: Diller, A./Leu, H./Rauschenbach, T. (Hrsg.): Der Streit ums Gütesiegel. Qualitätskonzepte für Kindertageseinrichtungen. München. S. 197–208.

Dreyfus, H. L./Dreyfus, S. E. (1987): Künstliche Intelligenz. Von den Grenzen der Denkmaschine und dem Wert der Intuition. Deutsche Erstausgabe. Reinbek: Rowohlt.

Drucker, P. (2009): Management. Frankfurt a.M.: Campus Verlag.

Drucker, P. F. (1995): The Practice of Management. 17. Aufl. New York.

Dubs, R. (2000): Selbstorganisation des Lernens. In: Harteis, D./Heid, H./Kraft, S. (Hrsg.): Kompendium Weiterbildung. Opladen: Westdeutscher Verlag. S. 97–109.

Elias, N. (1986): Was ist Soziologie? München: Juventa.

Ellebracht, H./Lenz, G./Osterhold, G. (2009): Systemische Organisations- und Unternehmensberatung – Praxishandbuch für Berater und Führungskräfte. Wiesbaden.

Emrich, S. (2015): Wie ich mich damit abgefunden habe, dass ich so bin, wie ich bin. In: Patak, M./Simsa, R. (Hrsg.): Kunststück Führung. Worauf es erfolgreichen Führungskräften ankommt. Wien: Linde Verlag Ges.m.b.H. S. 42–43.

Engelhardt, H. D. (2001): Total Quality Management. Augsburg.

Erath, P./Amberger, C. (2000): Das KitaManagement-Konzept: Kindertageseinrichtungen auf dem Weg zur optimalen Qualität. Freiburg: Herder.

Esch, K./Klaudy, E./Michell, B./Stöbe-Blossey, S. (2006): Qualitätskonzepte in der Kindertagesbetreuung. Wiesbaden.

Europäische Kommission (2008): Der europäische Qualifikationsrahmen für lebenslanges Lernen. Luxemburg: Amt für amtliche Veröffentlichungen der Europäischen Gemeinschaften

Eversheim, W. (1997): Qualitätsmanagement für Nonprofit-Dienstleister. Berlin, Heidelberg.

Feld, T./Meisel, K. (2010): Leitung im Entwicklungsprozess organisationaler Lernfähigkeit. Forschungsbasierte Erkenntnisse und praxisbezogene Reflexionen. Erschienen in: Göhlich, M./Weber, S./Seitter, W./Feld, T. (Hrsg.) (2010): Organisation und Beratung. Beiträge aus der AG Organisationspädagogik. Wiesbaden: VS Verlag für Sozialwissenschaften. S.135–143.

Felfe, J./Goihl, K. (2014): Deutscher Multifactor Leadership Questionnaire (MLQ). Zusammenstellung sozialwissenschaftlicher Items und Skalen.

Felfe, J. (2006a): Transformationale und charismatische Führung – Stand der Forschung und aktuelle Entwicklungen. In: Zeitschrift für Personalpsychologie, 5 (4), S. 163–176.

Felfe, J. (2006b): Validierung einer deutschen Version des »Mulitfactor Leadership Questionaire« (MLQ Form 5 X Short) von Bass und Avolio (1995). In: Zeitschrift für Arbeits- und Organisationspsychologie, 50 (N.F. 24) 2, S. 61–78.

Fellmann, A. (2014): Handlungsleitende Orientierungen und professionelle Entwicklung in der Lehrerbildung: Eine Studie zur Umsetzung eines innovativen Lehr-Lernformats im Mathematikunterricht der Klassen 1–6. Münster: Waxmann.

Fengler, J. (2012): Helfen macht müde. Zur Analyse und Bewältigung von Burnout und beruflicher Deformation. Stuttgart: Klett-Cotta.

Fischer, W. (2001): Pädagogische Führung in Kindergärten und anderen pädagogischen und sozialen Einrichtungen. Ein Lehr- und Trainingsbuch für die Leitung. Innsbruck, Wien, München, Bozen: Studienverlag.

Fløgstad, T. R./Helle, G. (2016): Ich leite eine Kita. Fachwissen, Werte und Erfolgsgeschichten. Berlin: Bananenblau.

Franz, M. (2014): Werte. Themenkarten für Teamarbeit, Elternabende, Seminare. München: Don Bosco Medien GmbH.

Friederich, T./Schoyerer, G. (2016): Professionalisierung des Systems Kindertagesbetreuung: Zum Verhältnis von Fachkräften, Strukturen und Kontexten. In: Friederich, T./Lechner, H./Schneider, H./Schoyerer, G./Ueffing, C. (Hrsg.): Kindheitspädagogik im Aufbruch: Professionalisierung, Professionalität und Profession im Diskurs. Weinheim: Beltz Juventa. S. 38–63.

Friederich, T. (2011): Die Zusammenarbeit mit Eltern – Qualifikationsanforderungen an frühpädagogische Fachkräfte. In: Deutsches Jugendinstitut (Hrsg.): Zusammenarbeit mit Eltern. WiFF Wegweiser Weiterbildung, Band 3. München. S. 18–66.

Fröhlich-Gildhoff, K./Kraus, G./Rönnau, M. (2006): Gemeinsam auf dem Weg. Eltern und ErzieherInnen gestalten Erziehungspartnerschaft. In: Kindergarten heute, H. 10, S. 6–15

Fröhlich-Gildhoff, K./Mischo, C./Castello, A. (2011): Entwicklungspsychologie für Fachkräfte in der Frühpädagogik. Kronach: Wolters-Kluwer.

Fröhlich-Gildhoff, K./Nentwig-Gesemann, I./Pietsch, S. (2011): Erfassung von Kompetenzentwicklung in frühpädagogischen Studiengängen mit dem Konzept der Dilemmasituationen. Freiburg i. Br.: FEL-Verlag.

Fröhlich-Gildhoff, K./Nentwig-Gesemann, I./Pietsch, S./Köhler, L./Koch, M. (2014): Kompetenzentwicklung und Kompetenzerfassung in der Frühpädagogik. Konzepte und Methoden. Freiburg: FEL-Verlag.

Fröhlich-Gildhoff, K./Weltzien, D./Kirstein, N./Pietsch, S./Rauh, K. (2014): Kompetenzen früh-/kindheitspädagogischer Fachkräfte im Spannungsfeld von normativen Vorgaben und Praxis. Expertise im Auftrag der AG Fachkräftegewinnung für die Kindertagesbetreuung in Koordination des BMFSFJ.

Fröhlich-Gildhoff, K./Nentwig-Gesemann, I./Pietsch, S. (2011): Kompetenzorientierung in der Qualifizierung frühpädagogischer Fachkräfte. DJI (Deutsches Jugend Institut) München (WiFF Expertise, 19). URL: http://www.weiterbildungsinitiative.de/uploads/media/WiFF_Expertise_Nr_19_Froehlich_Gildhoff_ua_Internet__PDF.pdf (Zugriff am 28.02.2017).

Fthenakis, W. E./Hanssen, K./Oberhuemer, P. (2003): Träger zeigen Profil: Qualitätshandbuch für Träger von Kindertageseinrichtungen. Weinheim, Basel, Berlin: Beltz.

Fuchs-Rechlin, K. (2010): »Und es bewegt sich doch …!«. Eine Untersuchung zum professionellen Selbstverständnis von Pädagoginnen und Pädagogen. Münster u.a.: Waxmann (Empirische Erziehungswissenschaft, 21).

Gaigl, A. (2014): Weiterbildung kompetenzorientiert gestalten – Anforderungen an Weiterbildnerinnen und Weiterbildner. In: Deutsches Jugendinstitut e.V. (DJI) (Hrsg.): Kompetenzorientierte Gestaltung von Weiterbildungen. Grundlagen für die Frühpädagogik. Ein Wegweiser der Weiterbildungsinitiative Frühpädagogische Fachkräfte (WiFF). München. S. 34–53.

Garske, K. (2003): Pädagogik in Kindertagesstätten. Eine Studie zu Konsequenzen pädagogischer Defizite für die Leitungstätigkeit. Europäische Hochschulschriften, Reihe 11, Pädagogik, Band 892. Frankfurt a. M.: Verlag Peter Lang.

Gartinger, S./Janssen, R. (Hrsg.) (2014): Erzieherinnen + Erzieher (Bd. 1, 1. Aufl., 2 Bände). Berlin: Cornelsen.

Gebert, D./von Rosenstiel, L. (1996): Organisationspsychologie. Stuttgart: Kohlhammer.

Gebhard, K. (2011): Bildung und Management in der Frühpädagogik – Aufgaben und Kompetenzen von Leitungskräften mit Blick auf die Bildungspläne im Elementarbereich. Dissertation an der pädagogische Hochschule Freiburg im Breisgau im Fach Erziehungswissenschaft. Oberried: PAIS-Verlag.

Glasl, F./Lievegoed, B. (2011): Dynamische Unternehmensentwicklung, Grundlagen für nachhaltiges Change Management. 4. Aufl. Stuttgart: Verlag Freies Geistesleben.

Goleman, D./Boyatzis, R./McKee, A. (2002): Emotionale Führung. München: Econ.

Graf-Götz, F./Glatz, H. (1998): Organisationen gestalten. Weinheim, Basel: Beltz.

Gragert, N./Peucker, C./Pluto, L./Seckinger, M (2008): Ergebnisse einer bundesweiten Befragung bei Kindertagesstätten. Zusammenfassung für die teilnehmenden Einrichtungen. München: DJI (Deutsches Jugendinstitut) (Hrsg.).

Gragert, N./Peuker, C./Pluto, L./Seckinger, M. (2010): Ergebnisse einer bundesweiten Befragung bei Kindertagesstätten. Zusammenfassung für die teilnehmenden Einrichtungen. Projekt Jugendhilfe und sozialer Wandel. München: DJI (Deutsches Jugendinstitut) (Hrsg.).

Grauwiler, D. (2016): Selbstmanagement im Job. Berufliches Wohlbefinden mit ZRM®. Bern: Hogrefe Verlag.

Griese, C./Marburger, H. (2011): Bildungsmanagement: Ein Lehrbuch. München: Oldenbourg.

Groeben, N./Wahl, D./Schlee, J./Scheele, B. (1988): Das Forschungsprogramm Subjektive Theorien. Eine Einführung in die Psychologie des reflexiven Subjekts. Tübingen: Francke Verlag.

Gudjons, H./Pieper, M./Wagener, B. (1999): Auf meinen Spuren. Das Entdecken der eigenen Lebensgeschichte. Vorschläge und Übungen für pädagogische Arbeit und Selbsterfahrung (PB-Buch, Bd. 17, 5. Aufl.). Hamburg: Bergmann + Helbig.

Haderlein, R. (2012): Qualität in Kitas – Was ist das eigentlich? In: Deutsche Kinder Hilfe Magazin, S. 18–19.

Hansen, R./Knauer, R./Sturzenhecker, B. (2011): Partizipation in Kindertageseinrichtungen. So gelingt Demokratiebildung mit Kindern. Weimar, Berlin.

Helmke, A. (2003): Unterrichtsqualität erfassen, bewerten, verbessern. Seelze: Kallmeyersche Verlagsbuchhandlung.

Hensge, K./Görmar, G./Lorig, B./Molitor, H./Schreiber, D. (2009): Kompetenzstandards in der Berufsausbildung. Abschlussbericht. BIBB (Bundesinstitut für Berufsbildung) (Hrsg.). Bonn (Forschungsprojekt, 4.3.201 (JFP 2006)). URL: https://www2.bibb.de/bibbtools/tools/dapro/data/documents/pdf/eb_43201.pdf (Zugriff am 28.02.2017).

Herbrechter, D. (2011): Leitung und Wissen in Weiterbildungsorganisationen. Befunde einer empirischen Analyse. In: Göhlich, M./Weber, S./Schiersmann, C./Schröer, A. (Hrsg.): Organisation und Führung: Beiträge der Organisationspädagogik. Wiesbaden: VS Verlag für Sozialwissenschaften. S. 77–86.

Hess, S. (2010): Aufgabenbereiche von Leitungskräften in Kindertageseinrichtungen. In: Neuß, N. (Hrsg.): Grundwissen Elementarpädagogik. Ein Lehr- und Arbeitsbuch (Frühe Kindheit: Ausbildung & Studium). Berlin: Cornelsen Scriptor. S. 231–240.

Heyse, V./Erpenbeck, J. (2004): Kompetenztraining. Stuttgart: Schäffer-Poeschel.

Hitzenberger, J./Schuett, S. (2016): Mitarbeiterführung in Krippe, Kindergarten & Hort. Angewandte Psychologie für die erfolgreiche Kita-Leitung. Berlin, Heidelberg: Springer-Verlag.

Hoch, V. (2015): Die kindorientierte Gestaltung von Essenssituationen. URL: http://www.kita-fachtexte.de/uploads/media/KiTaFT_Hoch_Essensituationen_2015_01.pdf (Zugriff am 10.03.2018).

Holz, F. (2009): Coaching: Das Prinzip und die Methoden. Unterlagen im Rahmen der Ausbildung zum Coach. Tübingen: Die Berater-Akademie RKW Baden-Württemberg.

Hopson B./Adams J. (1976): Towards an understanding: defining some boundaries of transition dynamics. In: Adams, J./Hayes, J./Hopson, B. (Hrsg.): Transition: Understanding and Managing Personal Change. London: Martin Robertson. S. 3–25.

Imai, M. (1992): Kaizen – Der Schlüssel zum Erfolg der Japaner im Wettbewerb. 6. Aufl. München.

JIM (2016): Jugend, Information, (Multi-) Media. Basisstudie zum Medienumgang 12- bis 10-Jähriger in Deutschland. Herausgegeben vom Medienpädagogischen Forschungsverbund Südwest (mpfs). Stuttgart. URL: https://www.mpfs.de/studien/jim-studie/2016/ (Zugriff am 31.10.2017).

Joyce, B./Showers, B. (1988): Student Achievement through Staff Development. New York.

Kabat-Zinn, J. (2011): Zur Besinnung kommen. Die Weisheit der Sinne und der Sinn der Achtsamkeit in einer aus den Fugen geratenen Welt. 4. Aufl. Freiamt im Schwarzwald: Arbor.

Kählig-Deutschmann, F./Rath, I. (2009): Schlüsselsituationen in der Krippe und ihre Bedeutung für die Qualitätsentwicklung. In: Bethke, C./ Schreiner, S. A. (Hrsg.): Die Jüngsten kommen. Kinder unter drei in Kindertageseinrichtungen. Weimar, Berlin: verlag das netz. S. 147–152.

Kanfer, F. H./Reinecker, H./Schmelzer, D. (2012): Selbstmanagement-Therapie. 5. Aufl. Berlin: Springer.

Kanfer, F./Reinecker, H./Schmelzer, D. (2000): Selbstmanagement-Therapien. Berlin: Springer.

Kany, P. (2015): Die Kindertagesstätte als sozialtätiges Unternehmen. In: Skalla, S. (Hrsg.): Handbuch für die Kita-Leitung. Köln, Kronach: Wolters Kluwer. S. 89–115.

Kast, V. (2011): Freuden-Biografie: Die Freuden der Kindheit wieder erleben. In Frank, R. (Hrsg.): Therapieziel Wohlbefinden. Ressourcen aktivieren in der Psychotherapie. 2. Aufl. Berlin, Heidelberg: Springer-Verlag. S. 129–140.

Kliche, T. (2008): Prävention und Gesundheitsförderung in Kindertagesstätten. Eine Studie zu Determinanten, Verbreitung und Methoden für Kinder und Mitarbeiterinnen. Weimar, München: Juventa Verlag.

Klieme, E./Avenarius, H./Blum, W./Döbrich, P./Gruber, H./Prenzel, M./ Reiss, K./Riquart, K./Rost, J./Tenorth, H. E./Vollmer, H. (2007): Zur Entwicklung nationaler Bildungsstandards. Expertise. BMBF (Bundesministerium für Bildung und Forschung) (Hrsg.). Bonn. URL: https://www.bmbf.de/pub/Bildungsforschung_Band_1.pdf (Zugriff am 28.02.2017).

Klingenberger, H. (2012): Mein Weg ist mein Weg. Bildkarten zur Biografiearbeit. München: Don Bosco.

Klug, W./Kratzmann, J. (2016): Erfolgreiches Kita-Management. Unternehmens-Handbuch für LeiterInnen und Träger von Kitas: mit 26 Abbildungen und 20 Tabellen (3. Aufl.). München, Basel: Ernst Reinhardt Verlag.

Knauer, R./Hansen, R. (2010): Zum Umgang mit Macht in Kindertageseinrichtungen. Reflexionen zu einem häufig verdrängten Thema. In: TPS (08/2010), S. 24–28.

König, C./Kleinmann, M. (2007): Selbst- und Zeitmanagement. In: Schuler, H./Sonntag, K. (Hrsg.): Handbuch der Arbeits- und Organisationspsychologie. Göttingen. S. 230–236.

Krause, F./Storch, M. (2010): Ressourcen aktivieren mit dem Unbewussten. Manual für die ZRM-Bildkartei. Berlin: Huber.

Krause, M. P. (2009): Elterngespräche Schritt für Schritt. München.

Krenz, A. (1996): Die Konzeption – Grundlage und Visitenkarte einer Kindertagesstätte. Freiburg i. Br.: Herder.

Kronberger Kreis für Qualitätsentwicklung in Kindertageseinrichtungen (1998): Qualität im Dialog entwickeln. Wie Kindertageseinrichtungen besser werden. Seelze.

Kruthaup, B. (2004): Qualität in der institutionellen Elementarpädagogik – ein beliebiges Konstrukt? Münster: LIT Verlag.

Kuhl, J. (2001): Motivation und Persönlichkeit. Interaktionen psychischer Systeme. Göttingen: Hogrefe.

Kuhl, J. (2010): Lehrbuch der Persönlichkeitspsychologie. Motivation, Emotion und Selbststeuerung. Göttingen: Hogrefe.

Lange, J. (2017): Leitung von Kindertageseinrichtungen. Eine Bestandsaufnahme von Leitungskräften und Leitungsstrukturen in Deutschland. Gütersloh: Bertelsmann Stiftung.

Lewin, K. (1947): Frontiers in group dynamics. In: Human Relations, 1, S. 5–41.

Lewin, K. (1958): Group decisions and social change. In: Macoby, E. E./Newcomb, T. M./Hartley, E. L. (Hrsg.): Readings in social psychology. 3. Aufl. New York: Holt, Rinehart and Winston. S. 197–211.

Liepelt, R./Dolk, T./Prinz, W. (2012): Bidirectional semantic interference between action and speech. In: Psychological Research, 76, 4, S. 446–455.

Lill, G./Sauerborn, J. (1995): Königin im eigenen Reich? Zum Berufsverständnis von Kindertagesstättenleiterinnen. Berlin: Luchterhand.

Linton, R. (1936): The study of man: An introduction. New York: D. Appleton-Century.

Lippmann, E. (2006, 2009): Grundlagen. In: Lippmann, E. (Hrsg.): Coaching. Angewandte Psychologie für die Beratungspraxis. 2. Aufl. Heidelberg: Springer Verlag. S. 11–46.

Loffing, C. (2003): Coaching in der Pflege. Bern: Huber (Pflegeberatung).

Maasberg, A. (2004): Überprüfung erprobter Settingansätze auf ihre Eignung zur Übertragung auf das Setting Kindertagesstätte. In: Richter, A./Holz, G./Altgeld, T. (Hrsg.): Gesund in allen Lebenslagen. Förderung von Gesundheitspotenzialen bei sozial benachteiligten Kindern im Elementarbereich. Frankfurt am Main: ISS-Eigenverlag. S. 89–92.

Malik, F. (2014): Führen, leisten, leben. Wirksames Management für eine neue Welt. New York, Frankfurt: Campus.

Malik, F. (2015): Navigieren in Zeiten des Umbruchs. Die Welt neu denken und gestalten. New York, Frankfurt: Campus.

McClelland, D. C./Koestner, R./Weinberger, J. (1989): How do self-attributed and implicit motives differ? In: Psychological Review, 96 (4), S. 690–702.

Mead, G. (1934/1968): Geist, Identität und Gesellschaft. Frankfurt a.M.: Suhrkamp.

Merkle, T./Wippermann, C. (2008): Eltern unter Druck – Die Studie. In: Henry-Huthmacher, C./Borchard, M. (Hrsg.): Eltern unter Druck. Selbstverständnisse, Befindlichkeiten und Bedürfnisse von Eltern in verschiedenen Lebenswelten. Stuttgart. S. 25–241.

Mienert, M./Vorholz, H. (2007): Gespräche mit Eltern. Entwicklungs-, Konflikt- und Informationsgespräche. Troisdorf.

Miethe, I. (2011): Biografiearbeit. Lehr- und Handbuch für Studium und Praxis. Weinheim: Juventa.

Möller, J.-C./Schlenther-Möller, E. (2007): Kita-Leitung. Leitfaden für Qualifizierung und Praxis. Berlin: Cornelsen Verlag Scriptor.

Moyles, J. (2006): Effective leadership and management in the early years. London: Maidenhead: Open University Press.

Moyles, J. (2006): Effective Leadership and Management in the Early Years. Berkshire: Open University Press.

Müller-Fohrbrodt, G./Cloetta, B./Dann, H.-D. (1978): Der Praxisschock bei jungen Lehrern. Stuttgart: Klett-Cotta.

Musiol, M./Nobis, B. (2002): Die eigene Biografie als Lernpotenzial für Erzieherinnen. Überlegungen zu einem beruflichen Selbstverständnis. In: Theorie und Praxis der Sozialpädagogik TPS (2), S. 26–29.

Nagel-Prinz, S. M./Paulus, P. (2012): Wie geht es KiTa-Leitungen? Gesundheitliche Belastungen von Führungskräften in Kindertageseinrichtungen. Prävention und Gesundheitsförderung (2), S. 127–134.

Nentwig-Gesemann, I. (2008): Rekonstruktive Forschung in der Frühpädagogik. In: von Balluseck, H. (Hrsg.): Professionalisierung der Frühpädagogik. Perspektiven, Entwicklungen, Herausforderungen. Opladen, Farmington Hills. S. 251–264.

Nentwig-Gesemann, I./Nicolai, K./Köhler, L. (Bertelsmann Stiftung, Hrsg.) (2016): KiTa-Leitung als Schlüsselposition. Erfahrungen und Orientierungen von Leitungskräften in Kindertageseinrichtungen. URL: http://www.bertelsmann-stiftung.de/fileadmin/files/BSt/Publikationen/GrauePublikationen/Studie_WB_kitaleitung_als_schluesselposition_2016.pdf (Zugriff am 12.07.2017).

Nerdinger, F. W. (2011): Führung von Mitarbeitern. In: Nerdinger, F. W./ Schaper, N./Blickle, G. (Hrsg.): Arbeits- und Organisationspsychologie. 2. Aufl. Heidelberg: Springer Medizin. S. 81–94.

Nerdinger, F. W./Blickle, G./Schaper, N. (Hrsg.) (2011): Arbeits- und Organisationspsychologie. 2., überarbeitete Aufl. Berlin.

Neuß, N./Zeiss, J. (2013): Biografiearbeit als Bestandteil von Professionalisierung. Die eigene Kindheit ins Bewusstsein rücken. In: TPS (1), S. 22–25.

Oevermann, U. (1996): Theoretische Skizze einer revidierten Theorie professionalisierten Handelns. In: Combe, A./Helsper, W. (Hrsg.): Pädagogische Professionalität. Untersuchungen zum Typus pädagogischen Handelns. Frankfurt a. M. S. 70–183

Oevermann, U. (2002): Professionalisierungsbedürftigkeit und Professionalisiertheit pädagogischen Handelns. In: Kraul, M./Marotzki, W./Schweppe, C. (Hrsg.): Biographie und Profession. Bad Heilbrunn. S. 19–63.

Olbrich, C. (1999): Pflegekompetenz. Bern, Göttingen, Toronto, Seattle: Hans Huber.

Ostermayer, E. (2010): Qualitätsdimensionen einer Weiterbildung im Qualifizierungsbereich »Elementardidaktik – Rolle der pädagogischen Fachkraft« (unveröffentlichtes Manuskript).

Pasternack, P. (2015): Die Teilakademisierung der Frühpädagogik: Eine Zehnjahresbeobachtung: Zentrale Ergebnisse. Leipzig: Akademische Verlagsanstalt. S. 15–22. URL: http://www.hof.uni-halle.de/web/dateien/pdf/InhVerz-u-Zentr-Ergebnisse-Frueh paed.pdf (Zugriff am 27.02.2017).

Pesch, L. (2007): Leitung und Personal. In: Ellermann, W. (Hrsg.): Organisation und Sozialmanagement für Erzieherinnen und Erzieher (Frühe Kindheit – Organisation und Management. Berlin, Düsseldorf, Mannheim: Cornelsen Scriptor. S. 83–115.

Philipsen, G./Ziemer, F. (xcellience Institut für organisationale Resilienz, Hrsg.) (2013): Resilienzentwicklung in Organisationen: Wie geht resiliente Führung? Vortrag auf der »Zukunft Personal 2013«». URL: http://www.xcellience.com/CMSms/uploads/docs/Resilienzentwicklung%20in%20Organisationen.pdf (Zugriff am 10.03.2018).

Pokora, F. (2012): Ressourcen- und lösungsorientierte Beratung: Ein integratives Konzept für Therapeuten, Coaches, Berater und Trainer. Stuttgart: Kohlhammer.

Preissing, C./Heller, E. (Hrsg.) (2003): Qualität im Situationsansatz: Qualitätskriterien und Materialien für die Qualitätsentwicklung in Kindertageseinrichtungen. Weinheim, Basel, Berlin: Beltz.

Prinz, T./Teuscher, L./Wünsche, M. (2014): Mentoring in Kindertageseinrichtungen – Gesetzliche Grundlagen, institutionelle Rahmenbedingungen, fachliche Anforderungen. In: Deutsches Jugendinstitut/Weiterbildungsinitiative Frühpädagogische Fachkräfte (Hrsg.): Mentorinnen und Mentoren am Lernort Praxis. Grundlagen für die kompetenzorientierte Weiterbildung. WiFF Wegweiser Weiterbildung, Band 8. München.

Rabaioli-Fischer, B. (2015): Biografisches Arbeiten und Lebensrückblick in der Psychotherapie. Ein Praxishandbuch.

Radatz, S. (2006): Beratung ohne Ratschlag: Systemisches Coaching für Führungskräfte und BeraterInnen; ein Praxishandbuch mit den Grundlagen systemisch-konstruktivistischen Denkens, Fragetechniken und Coachingkonzepten. 4. Aufl. Wien: Verlag Systemisches Management.

Rauner, F. (2007): Praktisches Wissen und berufliche Handlungskompetenz. In: Europäische Zeitschrift für Berufsbildung, 40 H. 1, S. 57–72. URL: http://www.cedefop.europa.eu/etv/Upload/Information_resources/Bookshop/468/40_de_rauner.pdf (Zugriff am 28.02.2017).

Rausch, J./Schwendemann, W./Howoldt, S. (2013): Qualität erleben – Religionsunterricht im Spiegel von Qualitätsmanagement-Systemen. Münster: Lit-Verlag.

Rauschenbach, T./Schilling (2017): Plätze. Personal. Finanzen – Der Kita-Ausbau geht weiter. Zukunftsszenarien zur Kindertages- und Grundschulbetreuung in Deutschland. Version 2–2017. URL: https://www.dji.de/fileadmin/user_upload/bibs2017/rauschenbach_schilling_plaetze_personal_finanzen.pdf (Zugriff am 28.11.2017).

Reddy, M. (1987): The Manager's Guide to Counselling at Work. London: Methuen.

Regel, G./Wieland, A. (Hrsg.) (2007): Offener Kindergarten konkret. Schenefeld: EB-Verlag.

Reich, K. (Hrsg.) (2010): Methodenpool. URL: http://methodenpool.uni-koeln.de/supervision/frameset_supervision.html (Zugriff am 20.11.2017).

Robbins, S./Coulter, M./Fischer, I. (2014): Management. Grundlagen der Unternehmensführung. Hallbergmoss: Pearson.

Robert Bosch Stiftung (2008): Frühpädagogik Studieren – ein Orientierungsrahmen für Hochschulen. Stuttgart. URL: http://www.bosch-stiftung.de/content/language1/downloads/PiK_orientierungsrahmen_druckversion.pdf (Zugriff am 28.02.2017).

Robert Bosch Stiftung (2011): Qualifizierungsprofile in Arbeitsfeldern der Pädagogik der Kindheit. Ausbildungswege im Überblick. Robert Bosch Stiftung. Stuttgart. URL: http://www.bosch-stiftung.de/content/language1/downloads/PiK_Qualifikationsprofile.pdf (Zugriff am 28.02.2017).

Robert-Koch-Institut (2012): Daten und Fakten: Ergebnisse der Studie »Gesundheit in Deutschland aktuell 2009«. Berlin: Robert Koch-Institut.

Rogers, C. R. (1991): Klientenzentrierte Psychotherapie. In: Rogers, C. R./ Schmid, P.F. (Hrsg.): Person-zentriert: Grundlagen von Theorie und

Praxis. Mit einem kommentierten Beratungsgespräch von Carl Rogers. Mainz: Matthias-Grünewald-Verlag. S. 185–237.

von Rosenstiel, L./Nerdinger, F. W. (2011): Grundlagen der Organisationspsychologie. Basiswissen und Anwendungshinweise. 7. Aufl. Stuttgart.

von Rosenstiel, L. (2007): Grundlagen der Organisationspsychologie. 6. Aufl. Stuttgart: Schäffer-Poeschel.

Rost, J. C. (1989): The Nature of Leadership in the Postindustrial Era: Manuscript.

Roux, S./Tietze, W. (2007): Effekte und Sicherung von (Bildungs-)Qualität in Kindertageseinrichtungen. In: Zeitschrift für Soziologie der Erziehung und Sozialisation, 27, S. 367–384.

Ruhe, H. G. (2009): Methoden der Biografiearbeit. Lebensspuren entdecken und verstehen (Edition Sozial, 4. Aufl.). Weinheim, München: Juventa.

Schäfer, G. (o.J.): Beobachten und Dokumentieren als Aufgabe der Bildungsvereinbarung. URL: http://www.hf.uni-köln.de/data/eso/File/Schaefer/BeobachtenDokumentierenAufgabeBildungsvereinbarung.pdf (Zugriff am 10.10.2017).

Schelle, R. (2015): Qualität und Qualitätsentwicklung in Kitas. In: Skalla, S. (Hrsg.): Handbuch für die Kita-Leitung. Köln, Kronach: Wolters Kluwer. S. 361–425.

von Schlippe, A./Schweitzer, J. (1998): Lehrbuch der systemischen Therapie und Beratung. 5. Aufl. Göttingen: Vandenhoeck & Ruprecht.

Schlummer, B./Schlummer, W. (2003): Erfolgreiche Konzeptionsentwicklung in Kindertagesstätten. Mit 7 Tabellen (Kita-Management). München u.a.: Reinhardt.

Schmidt-Lellek, C. (2008): Der Umgang von Fach- und Führungskräften mit sich selbst. In: Buer, F./Schmidt-Lellek, C. (Hrsg.): Über Sinn, Glück und Verantwortung in der Arbeit. Göttingen: Vandenhoeck & Ruprecht. S. 205–225.

Schnabel, M. (2008): Das Elterngespräch im Kindergarten. Donauwörth.

Schneewind, J./Landowsky, T. (2015): Persönlichkeitsentwicklung von Leitungskräften – Was Sie brauchen, um zu führen. Mit lösungsorientiertem Führungsstil zum Erfolg. In: Skalla, S. (Hrsg.): Handbuch für die Kita-Leitung. Köln, Kronach: Wolters Kluwer. S. 225–241.

Schneewind, J./Böhmer, N./Granzow, M./Lattner, K. (2012): Abschlussbericht des Forschungsprojektes »Studie zur Kompetenz und Zufriedenheit von Erzieherinnen in Niedersachsen« (Projektlaufzeit: 09/2010–10/2012). Osnabrück. URL: http://kitaundco.de/index.php/das-institut/projekte/alle-projekte?view=item&id=174 (Zugriff am 10.03.2018).

Schneewind, J./Föhring, A./Chiles, E. (2011): Gefühle, Stress und psychische Gesundheit – Persönlichkeitsbildung von Erzieherinnen. In: Schneewind, J. (Hrsg.): Persönlichkeit stärken – gesund bleiben. Kraft tanken im Erzieherinnen Alltag. Köln: Bildungsverlag EINS. S. 13 72.

Schön, D. A. (1983/2007): The reflective practitioner. How professionals think in action. Aldershot, Hants: Ashgate.

Schön, D. A. (1987): Educating the reflective practitioner. San Francisco: Jossey-Bass.

Schreyer, I./Krause, M./Brandl, M./Nicko, O. (2014): AQUA – Arbeitsplatz und Qualität in Kitas. Ergebnisse einer bundesweiten Befragung. München.

Schultheiss, O./Strasser, A. (2012): Referential processing and competence as determinants of congruence between implicit and explicit motives. In: Vazire, S./Wilson, t. D. (Hrsg.): Handbook of Self-Knowledge. New York: Guilford. S. 39–62.

Schulz von Thun, F./Ruppel, J./Stratmann, R. (2017): Miteinander reden: Kommunikationspsychologie für Führungskräfte. 17. Aufl. Reinbek bei Hamburg: Rowohlt.

Schulz, A. (2015): Einen liebevollen Blick auf sich selbst werfen. Selbstsorge und Selbstverantwortung. In: klein und groß (6), S. 56–59.

Schulz-Hardt, S./Brodbeck, F. C. (2014): Gruppenleistung und Führung. In: Jonas, K./Stroebe, W./Hewstone, M. (Hrsg.): Sozialpsychologie. 6. Aufl. Berlin/Heidelberg: Springer. S. 469–505.

Schütz, A./Luckmann, T. (1979): Strukturen der Lebenswelt (Bd. 1). Frankfurt a.M.: Suhrkamp.

Schütze, F. (1996): Organisationszwänge und hoheitsstaatliche Rahmenbedingungen im Sozialwesen: Ihre Auswirkung auf die Paradoxien des professionellen Handelns. In: Combe, A./Helsper, W. (Hrsg.): Pädagogische Professionalität. Untersuchungen zum Typus pädagogischen Handelns. Frankfurt a.M.: Suhrkamp. S. 183 275.

Senge, P. M. (2003): Die fünfte Disziplin. Kunst und Praxis der lernenden Organisation. 9. Aufl. Stuttgart: Klett-Cotta.

Senge, P. M. (2006): Die fünfte Disziplin. Kunst und Praxis der lernenden Organisation. 10. Aufl. Stuttgart: Klett-Cotta.

Senge, P. M./Kleiner, A./Roberts, C./Ross, R. B./Smith, B. J. J. (2004): Das Fieldbook zur Fünften Disziplin. 4. Aufl. Stuttgart: Klett-Cotta.

de Shazer, S. (1996): »…Worte waren ursprünglich Zauber. Lösungsorientierte Therapie in Beratung und Praxis«. Dortmund: Modernes Lernen.

de Shazer, S. (1997): Die Lösungsorientierte Kurztherapie – Ein neuer Akzent der Psychotherapie. In: Hesse, J. (Hrsg.): Systemisch-lösungsorientierte Kurztherapie. Göttingen: Vandenhoeck & Ruprecht. S. 55–74.

Siegrist, J./Dragano, N. (2008): Psychosoziale Belastungen und Erkrankungsrisiken im Erwerbsleben. Befunde aus internationalen Studien zum Anforderungs-Kontroll-Modell und zum Modell beruflicher Gratifikationskrisen. In: Bundesgesundheitsblatt – Gesundheitsforschung, 51 (3), S. 305–312.

Şıkcan, S. (2003): »Die verstehen uns nicht!« Den Dialog mit Immigranteneltern eröffnen. In: Preissing, C./Wagner, P. (Hrsg.): Kleine Kinder, kleine Vorurteile? Interkulturelle und vorurteilsbewusste Arbeit in Kindertageseinrichtungen. Freiburg i. Br. S. 77–89.

Simsa, R./Patak, M. (2010): Leadership in Nonprofit-Organisationen. Die Kunst der Führung ohne Profitdenken. Wien: Linde Verlag.

Simsa, R./Patak, M. (2016): Leadership in Non-Profit-Organisationen. Die Kunst der Führung ohne Profitdenken. 2. Aufl. Wien: Linde Verlag.

Siraj, I./Hallet, E. (2014): Effective and Caring Leadership in the Early Years. London: Sage.

Siraj-Blatchford, I./Manni, L. (2007): Effective Leadership in the Early Years Sector (The ELEYS study). London: Institute of Education: University of London.

Skalla, S. (Hrsg.) (2015): Handbuch für die Kita-Leitung. Köln, Kronach: Wolters Kluwer.

Skoluda-Feldes, S. (2014): Vorbemerkung der Expertengruppe. In: Deutsches Jugendinstitut/Weiterbildungsinitiative Frühpädagogische Fachkräfte (Hrsg.): Leitung von Kindertageseinrichtungen. Grundlagen für die kompetenzorientierte Weiterbildung. WiFF Wegweiser Weiterbildung, Band 10. München.

Spieß, E./von Rosenstiel, L. (2010): Organisationspsychologie. Basiswissen, Konzepte und Anwendungsfelder. München: Oldenbourg Verlag.

Steiner, E. (2004): Erkenntnisentwicklung durch Arbeiten am Fall. Ein Beitrag zur Theorie fallbezogenen Lehrens und Lernens in Professionsausbildungen mit besonderer Berücksichtigung des Semiotischen Pragmatismus von Charles Sanders Peirce. Universität Zürich, Zürich. Philosophische Fakultät. URL: http://www.ewi.tu-berlin.de/fileadmin/i49/dokumente/1143711480_diss_steiner.pdf (Zugriff am 20.11.2017).

Steiner, T./Berg, I. K. (2009): Handbuch Lösungsorientiertes Arbeiten mit Kindern. Heidelberg: Carl Auer.

Steinfeld, S./Vaudt, S. (2014): Rechtsstrukturen und Wirtschaftlichkeit. In: Dieckbreder, F./ Koschmider, S. M./Sauer, M. (Hrsg.): Kita-Management. Haltungen – Methoden – Perspektiven (Frühe Bildung und Erziehung). Göttingen: Vandenhoeck & Ruprecht. S. 158–177.

Steinmann, H./Schreyögg, G./Koch, J. (2013): Management: Grundlagen der Unternehmensführung; Konzepte, Funktionen, Fallstudien. 7. Aufl. Wiesbaden: Springer Gabler.

Stichweh, R. (1994): Wissenschaft, Universität, Professionen. Soziologische Analysen. Frankfurt a.M.

Stöger, G. (2000): Besser im Team. Stärken erkennen und nutzen. Weinheim.

Storch, M./Krause, F. (2014): Selbstmanagement – ressourcenorientiert. Grundlagen und Trainingsmanual für die Arbeit mit dem Zürcher Ressourcen Modell (ZRM) (ZRM-Bibliothek, 5., erw. u. vollst. überarb. Aufl. 2014). Bern: Verlag Hans Huber.

Strätz, R./Hermann, C./Fuchs, R./Kleinen, K./Nordt, G./Wiedemann, P. (2008): Qualität für Schulkinder in Tageseinrichtungen und Offenen Ganztagsschulen (QUAST): ein nationaler Kriterienkatalog. Berlin, Düsseldorf, Mannheim: Cornelsen Verlag Scriptor.

Strehmel, P./Ulber, D. (2014a): Leitung von Kindertageseinrichtungen. In: WiFF (Hrsg.): Leitung von Kindertageseinrichtungen. Grundlagen für die kompetenzorientierte Weiterbildung. Ein Wegweiser der Weiterbildungsinitiative Frühpädagogische Fachkräfte (WiFF-Wegweiser

Weiterbildung: 10 Leitung). München: Deutsches Jugendinstitut. S. 18–94.

Strehmel, P./Ulber, D. (2014b): Leitung von Kindertageseinrichtungen. Weiterbildungsinitiative Frühpädagogische Fachkräfte, WiFF Expertisen, Band 39. München

Strehmel, P. (2006): Personalmanagement in Bildungs- und Betreuungseinrichtungen. Remagen.

Strohmer, J./Mischo, C. (2014): Aufgaben und Funktionen von Kindertageseinrichtungen aus Sicht angehender pädagogischen Fachkräfte – welche Rolle spielen Ausbildungsart und Ausbildungszeitpunkt? In: Fröhlich-Gildhoff, K./Nentwig-Gesemann, I./Neuß, N. (Hrsg.): Forschung in der Frühpädagogik VII. Schwerpunkt: Profession und Professionalisierung. Freiburg: FEL. S. 173–195.

Strohmer, J./Mischo, C./Hendler, J./Wahl, S. (2012): AVE – Ausbildung und Verlauf von Erzieherinnen-Merkmalen. Ein Forschungsprojekt zur Professionalisierung von Fachkräften in der Frühpädagogik. In: Kägi, S./Stenger, U. (Hrsg.): Forschung in Feldern der Frühpädagogik. Grundlagen-, Professionalisierungs- und Evaluationsforschung. Baltmannsweiler: Schneider Hohengehren. S. 225–235.

Sylva, K./Melhuish, E./Sammons, P./Siraj-Blatchford, I./Taggart, B. (2004): The Effective Provision of Pre-School Education (EPPE) Project: Final Report. A Longitudinal Study funded by the DfES. 1997–2004. London. URL: https://www.education.gov.uk/publications/eOrderingDownload/SSU-FR-2004–01.pdf (Zugriff am 15.08.2011).

Tannenbaum, R./Schmidt, W. H. (1958): How to choose a leadership pattern. In: Harvard Business Review, 36/1958, S. 95–102.

Textor, M. R. (2015): Vom Erziehungspartner zum Haupterzieher: neue Anforderungen an die Elternarbeit. URL: http://www.kindergartenpaedagogik.de/2317.html (Zugriff am 26.11.2017).

Thiersch, R. (2006): Familie und Kindertageseinrichtung. In: Bauer, P./Brunner, E. J. (Hrsg.): Elternpädagogik. Von der Elternarbeit zur Erziehungspartnerschaft. Freiburg i. Br. S. 80–105.

Thole, W. (2010): Die pädagogischen MitarbeiterInnen in Kindertageseinrichtungen. Professionalität und Professionalisierung eines pädagogischen Arbeitsfeldes. In: Zeitschrift für Pädagogik 56 (2), S. 206–222.

Thom, N./Ritz, A. (2008): Public Management: Innovative Konzepte zur Führung im öffentlichen Sektor. 4. Aufl. Wiesbaden.

Tietze, W./Viernickel, S. (Hrsg.) (2016): Pädagogische Qualität in Tageseinrichtungen für Kinder. Ein Nationaler Kriterienkatalog. Berlin: Verlag das netz.

Tietze, W. (2004) (Hrsg.): Pädagogische Qualität entwickeln. Praktische Anleitung und Methodenbausteine für Bildung, Betreuung und Erziehung in Tageseinrichtungen für Kinder von 0–6 Jahren. Weinheim, Basel: Beltz.

Tietze, W. (2008): Qualitätsdimensionen in sozialpädagogischen Einrichtungen. In: Klieme, E./Tippelt, R. (Hrsg.): Qualitätssicherung im Bildungswesen (Zeitschrift für Pädagogik, Beiheft, Bd. 53). Weinheim u.a.: Beltz. S. 16–35.

Tietze, W. (Hrsg.) (1998): Wie gut sind unsere Kindergärten? Eine Untersuchung zur pädagogischen Qualität in deutschen Kindergärten. Neuwied, Kriftel, Berlin: Luchterhand.

Tietze, W./Becker-Stoll, F./Bensel, J./Eckhardt, A. G./Haug-Schnabel, G./ Kalicki, B./Keller, H./Leyendecker, B. (Hrsg.) (2013): NUBBEK – Nationale Untersuchung zur Bildung, Betreuung und Erziehung in der frühen Kindheit. Weimar, Berlin: Verlag das Netz.

Tietze, W./Schuster, K.-M./Roßbach, G. (1997): Kindergarten-Einschätz-Skala. Deutsche Fassung der Early Childhood Environment Rating Scale von Thelma Harms/Richard M. Clifford. Neuwied, Kriftel, Berlin: Luchterhand.

Tuckman, B.W. (1965): Developmental sequence in small groups. In: Psychological Bulletin, 63, S. 384–399.

Ulich, K. (1998): Schulische Sozialisation. In: Hurrelmann, K. (Hrsg.): Handbuch der Sozialisationsforschung. Weinheim: Beltz. S. 377–396.

Viernickel, S./Voss, A. (2013): STEGE – Strukturqualität und Erzieher_innengesundheit in Kindertageseinrichtungen.

Viernickel, S. (2006): Qualitätskriterien und -standards im Bereich der frühkindlichen Bildung und Betreuung. Remagen: Ibus-Verlag.

Viernickel, S./Nentwig-Gesemann, I./Weßels, H. (2014): Professionalisierung im Feld der Frühpädagogik – Zur Rolle von strukturellen Rahmenbedingungen und Organisationsmilieus. In: Fröhlich-Gildhoff, K./Nentwig-Gesemann, I./Neuß, N. (Hrsg.): Forschung in der Frühpädagogik VII. Schwerpunkt Profession und Professionalisierung. Freiburg i. Br.: FEL. S. 135–171.

Viernickel, S./Nentwig-Gesemann, I./Nicolai, K./Schwarz, S./Zenker, L. (2013): Schlüssel zu guter Bildung, Erziehung und Betreuung – Bildungsaufgaben, Zeitkontingente und strukturelle Rahmenbedingungen in Kindertageseinrichtungen. Berlin.

Vogt, H. (2013): Begleitet durch die Probezeit. Drei Fachkräfte einer Kita über ihr Mentorensystem. In: Kita-Leitung.Info, 1, S. 21–23. URL: http://www.kitaleitung.info/fileadmin/KitaLeitung_Uploads/Startseite/MagazinKitaLeitungInfo.pdf (Zugriff am 10.03.2018).

Wahren, H.-K. (1996): Das lernende Unternehmen. Berlin, New York: de Gruyter.

Watzlawick, P./Weakland, J./Fisch, R. (1974): Lösungen: Zur Theorie und Praxis menschlichen Wandels. Bern, Stuttgart, Wien: Huber.

Weber, J. (2013): Turning duty into Joy! Optimierung der Selbstregulation durch Motto-Ziele. Dissertation, Universität Osnabrück. Osnabrück.

Weinberger, S. (2013): Klientenzentrierte Gesprächsführung. Lern- und Praxisanleitung für Personen in psychosozialen Berufen. 14. Aufl. Weinheim: Juventa.

Weinert, F. E. (2001): Leistungsmessungen in Schulen. 2. Aufl. Weinheim: Beltz.

Weiß, H. (2007): Was brauchen Kinder und ihre Familien? In: Frühförderung interdisziplinär. Zeitschrift für Praxis und Theorie der frühen Hilfe für behinderte und entwicklungsauffällige Kinder, H. 2, S. 78–86.

Weiss, H./Harrer, M. E./Dietz, T. (2015): Das Achtsamkeitsbuch. Grundlagen, Übungen, Anwendungen. 7. Aufl. Stuttgart: Klett-Cotta.

WHO (1946): Preamble to the Constitution of the World Health Organization, International Health.

WHO (1986): Ottawa-Charta zur Gesundheitsförderung, autorisierte Übersetzung von Hildebrandt/Kickbusch. URL: http://www.euro.who.int/__data/assets/pdf_file/0006/129534/Ottawa_Charter_G.pdf (Zugriff am 24.11.2017).

Wichtl, E. (2011): Belastungsfaktoren von Leiterinnen in Kindertageseinrichtungen (Jugendhilfe und Sozialarbeit).

WiFF (2017): Trotz starkem Ausbau: Kitas stehen vor Fachkräftemangel. WiFF präsentiert zentrale Ergebnisse des Fachkräftebarometers Frühe Bildung 2017 in Berlin. Pressemitteilung der Weiterbildungsinitiative Frühpädagogische Fachkräfte (WiFF). URL: https://www.weiterbildungsinitiative.de/aktuelles/news/detailseite/data/trotz-starkem-ausbau-kitas-stehen-vor-fachkraeftemangel/ (Zugriff am 20.11.2017).

WiFF (Hrsg.) (2014): Leitung von Kindertageseinrichtungen. Grundlagen für die kompetenzorientierte Weiterbildung. Ein Wegweiser der Weiterbildungsinitiative Frühpädagogische Fachkräfte (WiFF) (WiFF-Wegweiser Weiterbildung: 10 Leitung). München: Deutsches Jugendinstitut.

WiFF (Hrsg.) (2014): Mentorinnen und Mentoren am Lernort Praxis. Grundlagen für die kompetenzorientierte Weiterbildung. München: WiFF Wegweiser Weiterbildung, Band 8.

Willke, H. (1999): Systemtheorie II. Stuttgart: Lucius & Lucius.

Wimmer, G. (2015): Über Pädagogik sprechen. Grenzsituationen. 20 Karten für das pädagogische Gespräch. Berlin: Bananenblau.

Wiswede, G. (1977): Rollentheorie. Stuttgart: Kohlhammer.

Wünsche, M. (2015): Konzeptualisierungen von Qualität und Kompetenzdiskurs im Feld der Kindheitspädagogik. In: Kalicki, B./Wolff-Marting, K. (Hrsg.): Qualität in aller Munde. Freiburg: Herder. S. 54–61.

Wünsche, M. (2015): Pädagogische Handlungskonzepte – Umsetzung und Effekte in Kindertagesstätten. Freiburg i. Br.: FEL.

Zech, R. (2008): Handbuch der Qualität in der Weiterbildung. Weinheim und Basel: Beltz

Abbildungsverzeichnis

Tabellenverzeichnis